크리스천
대표
기도문

크리스천 대표기도문

지은이 양재웅
펴낸이 임상진
펴낸곳 (주)넥서스

초판 1쇄 발행 2017년 1월 10일
초판 10쇄 발행 2022년 9월 15일

출판신고 1992년 4월 3일 제311-2002-2호
10880 경기도 파주시 지목로 5
Tel (02)330-5500 Fax (02)330-5555

ISBN 978-89-98454-55-5   03230

출판사의 허락 없이 내용의 일부를
인용하거나 발췌하는 것을 금합니다.

가격은 뒤표지에 있습니다.
잘못 만들어진 책은 구입처에서 바꾸어 드립니다.

www.nexusbook.com

대표기도 담당자의 필수 참고서

크리스천 대표 기도문

양재웅 지음

서문

대표기도는
은혜의 통로이다

예수님은 이렇게 기도하라고 가르쳐 주셨다.

> ⁹그러므로 너희는 이렇게 기도하라 하늘에 계신 우리 아버지여 이름이 거룩히 여김을 받으시오며 ¹⁰나라가 임하시오며 뜻이 하늘에서 이루어진 것 같이 땅에서도 이루어지이다 ¹¹오늘 우리에게 일용할 양식을 주시옵고 ¹²우리가 우리에게 죄 지은 자를 사하여 준 것 같이 우리 죄를 사하여 주시옵고 ¹³우리를 시험에 들게 하지 마시옵고 다만 악에서 구하시옵소서 (나라와 권세와 영광이 아버지께 영원히 있사옵나이다 아멘) _마태복음 6:9-13

그런데 우리는 이렇게 기도하지 못하고, 저렇게(?) 기도할 때가 많다. 특별히 우리는 예배에서 제대로 준비되지 않은 대표기도가 얼마나 심각한 문제를 발생시키는지 경험하고 있다. 예수님은 기도의 정석을 명료하게 보여 주셨지만, 대표기도의 실제에서는 이 모든 내용이 희미해졌다. 대표기도는 예배의 필수 요소인데 필수 함정이 된 듯하다. 대표기도만 시작되면 깊은 잠에 빠지거나 온갖 상상의 나래를 펴고 예배 밖으로 나가 버리는 성도들이 부지기수이다. 예배를 지루하거나 졸립거나 따분하거나 짜증나게 만드는 주범이 된 듯도 하다. 대표기도가 예배의 은혜로 깊이 들어가는 통로가 되기는커녕 은혜를 막는 고약한 녀석이 되어 버렸다.

대표기도가 바뀌어야 예배가 산다. 대표기도에 대한 인식이 바뀌어야 한다. 그렇다면 대표기도란 무엇인가?

1. 대표기도는 기도이다

대표기도는 성경에 대한 지식이나 암기력을 자랑하는 시간이 아니다. 교회를 홍보하거나 행사를 광고하는 시간도 아니다. 기도가 영적 호흡이듯 대표기도도 영적 호흡의 중요 기능과 역할을 해야 한다. 예배가 살아 호흡할 수 있도록 대표기도가 하나님과 연결되어 있어야 한다. 대표기도는 하나님이 주시는 생명의 통로가 되어야 한다. 한마디로 대표기도는 하나님께 모든 초점을 맞추어 하나님과 소통해야 한다.

2. 대표기도는 은혜이다

대표기도는 말 그대로 기도이며 이 기도는 하나님의 은혜로 채워져야 한다. 사람의 공로나 업적, 사람의 행위를 치하하는 것으로 채워진 대표기도에 은혜가 설 자리는 없다. 은혜가 있어야 영적 예배로 나아갈 수 있을 텐데, 그 은혜가 사라진 대표기도는 당연히 예배에 아무런 영향을 줄 수 없고, 생명 없는 순서일 뿐이다. 은혜는 하나님이 예수님의 십자가를 통해서 주신다. 은혜로 채워지는 대표기도에는 예수 그리스도의 보혈이 충만하다. 도저히 하나님 앞에 나아갈 수 없는 '불통 죄인'들을 하나님 앞에 나아갈 수 있는 '소통 죄인'으로 삼아 주신 은혜로 대표기도는 채워져야 한다. 한마디로 대표기도의 중심은 아무것도 할 수 없는 죄인들이 하나님을 예배할 수 있는 십자가 보혈의 은혜가 되어야 한다.

3. 대표기도는 사람이다

대표기도는 사람의 역할이 중요하다. 대표기도하는 기도자도 중요하고 함께 예배하는 예배자도 똑같이 중요하다. 일차적으로 대표기도하는 사람이 중요하다. 대표기도하는 사람은 예배 기도의 대표자이니 온전히 영적으로 준비해야 한다. 기도를 철저히 준비하는 것은 말할 것도 없다. 동시에 대표기도자와 함께 기도하는 예배자들도 대표기도자와 한마음으로 하나님을 바라보고 기도하며 은혜를 사모해야 한다. 이것이 조화를 이룰 때 대표기도는 은혜로운 예배의 기폭제가 된다. 한마디로 대표기도는 하나님의 은혜로 소통된 사람의 역할이 중요하다.

예수님이 우리에게 보여 주신 기도의 본(마 6:9-13)을 따라, 하나님의 은혜를 채워, 우리가 드리는 기도가 대표기도이다. 이제 예배의 함정을 파는 일을 멈추자. 이 책을 열고 상황에 맞는 기도를 찾아 은혜를 전하는 기도의 사람이 되자.

"대표기도, 이제 은혜의 통로이다."

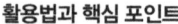

활용법과 핵심 포인트

대표기도문, 이렇게 활용하자

산소 호흡기는 고압 산소, 압축 공기 따위를 써서 인공적으로 호흡을 조절하여 폐에 산소를 불어넣는 장치이다. 일정한 압력이나 일정량의 공기를 일정한 간격으로 주입하거나 환자의 호흡에 맞추어 불어넣음으로 생명을 유지시켜 주는 중요한 의료기기인 것이다. 모든 병원의 필수품 중의 하나가 산소 호흡기이며, 특히 중환자실에 가면 가장 눈에 띄는 의료기 중의 하나이다. 생사의 갈림길에 있는 중환자들은 산소 호흡기에 의지한 채 가쁜 숨을 내쉬고 있다. 그들에게 산소 호흡기란 생존을 위한 최선이자 최후의 통로이다.

모든 그리스도인에게도 산소 호흡기가 필요하다. 이 산소 호흡기는 바로 기도이다. 기도는 그리스도인에게 새 생명의 호흡을 가능하게 해 주는 유일한 통로이다. 호흡하지 않은 모든 생명체가 죽음에 이르듯이, 기도하지 않은 그리스도인은 반드시 영적 죽음에 이르게 된다. 기도는 그리스도인의 영적인 건강을 유지하는 첫걸음이며 최고의 도구이다. 그래서 성경의 핵심 가르침에는 반드시 "기도하라"는 말씀이 빠지지 않는다(살전 5:17). 이 기본의 모델이 바로 대표기도이기에, 대표기도의 중요성을 강조하지 않을 수 없는 것이다. 기도 자체가 영적인 일이기에, 정형화된 기도문을 그대로 인용하는 것이 모순처럼 느껴질 수도 있다. 그러나 정반대로 영적인 일이기에 온전한 준비가 필요하다. 《크리스천 대표기도문》은 영적인 기도를 위한 온전한 준비 가이드이자 대표기도 담당자의 필수 참고서로서 매우 중요한 역할을 할 것이다. 《크리스천 대표기도문》 활용의 핵심 포인트는 아래와 같다.

✥ 《크리스천 대표기도문》 활용 핵심 포인트

1. 대표기도문을 활용하기 전 말씀 읽기와 기도 생활을 성실히 한다.
2. 상황에 맞게 찾은 대표기도문을 소리 내어 여러 번 읽는다.
3. 대표기도문 내용을 깊이 묵상한다.
4. 교회와 자신의 영적 상태에 따라 아래의 보기 중에 선택한다.
   - 묵상하는 중에 대표기도문을 그대로 암송하여 한다.
   - 묵상하는 중에 대표기도문을 교회의 상황에 맞게 조정하여 한다.
   - 대표기도문의 핵심 단어나 핵심 내용만 인용하여 새롭게 작성한다.
5. 대표기도문으로 기도문을 준비한 후 성령님의 도우심을 구한다.

서문 · 4
대표기도문, 이렇게 활용하자 · 8

1부 공예배 대표기도문

1장 주일 오전예배 대표기도문
1월 · 18 | 2월 · 28 | 3월 · 36 | 4월 · 44 | 5월 · 54 | 6월 · 62
7월 · 70 | 8월 · 80 | 9월 · 88 | 10월 · 96 | 11월 · 106 | 12월 · 114

2장 주일 오후예배 대표기도문
1월 · 124 | 2월 · 128 | 3월 · 132 | 4월 · 136 | 5월 · 140 | 6월 · 144
7월 · 148 | 8월 · 152 | 9월 · 156 | 10월 · 160 | 11월 · 164 | 12월 · 168

3장 수요예배 대표기도문
1월 · 174 | 2월 · 178 | 3월 · 182 | 4월 · 186 | 5월 · 190 | 6월 · 194
7월 · 198 | 8월 · 202 | 9월 · 206 | 10월 · 210 | 11월 · 214 | 12월 · 218

4장 교회력에 따른 예배 대표기도문
신년감사예배 · 224 | 종려주일 · 226 | 고난주간 · 228 | 성금요일 · 230
부활주일 · 232 | 어린이주일 · 234 | 어버이주일 · 236 | 스승의주일 · 238
성령강림주일 · 240 | 맥추감사주일 · 242 | 종교개혁주일 · 244
추수감사주일 · 246 | 성탄축하예배 · 248 | 송구영신예배 · 250

5장 총회 제정주일 예배 대표기도문
여전도회 주일 · 254 | 남전도회 주일 · 256 | 해외한인선교주일 · 258

세계선교주일 · 260 | 장애인선교주일 · 262 | 군선교주일 · 264
농어촌선교주일 · 266 | 환경선교주일 · 268 | 사회봉사주일 · 270
순교자기념주일 · 272 | 남북평화 공동기도주일 · 274
교회연합주일 · 276 | 기독교교육진흥주일 · 278 | 청년주일 · 280
평신도주일 · 282 | 나라를 위한 기도주일 · 284 | 성서주일 · 286

|6장| 교회학교 예배 대표기도문

영아부 · 290 | 유치부 · 292 | 유초등부 · 294 | 중등부 · 296 | 고등부 · 298
청년대학부 · 300 | 유소년부 학부모기도회 · 302
중등부 학부모기도회 · 304 | 고등부 학부모 기도회 · 306
고3 학부모기도회 · 308 | 수능고사일 기도회 · 310 | 교사기도회 · 312
입학예배 · 314 | 졸업예배 · 316 | 여름성경학교 · 318
겨울성경학교 · 320 | 여름수련회 · 322 | 겨울수련회 · 324
교사대학 · 326

|7장| 특별예배 대표기도문

교회창립기념예배 · 330 | 총동원 전도주일 · 332 | 부흥회 · 334
선교사파송예배 · 336 | 선교팀파송예배 · 338 | 성찬식 · 340
세례식 · 342 | 특별새벽기도회 · 344

|8장| 각종 모임 대표기도문

성경공부 · 350 | 찬양연습 · 351 | 체육대회 · 352 | 야외예배 · 353
당회 · 354 | 제직회 · 355 | 공동의회 · 356 | 임원회 · 357
셀(목장) 리더모임 · 358 | 셀(목장) 가정모임 · 359 | 새신자환영회 · 360
식사모임 · 361

2부 심방 대표기도문

|1장| 가정의 경사 대표기도문

믿음의 가정 · 366 | 믿음의 결혼 · 367 | 독신청년 · 368 | 신혼부부 · 369
임신 기원 · 370 | 임신 축하 · 371 | 출산 축하 · 372 | 백일 · 373 | 돌 · 374
생일 · 375 | 회갑 · 376 | 입주 · 377 | 이사 · 378 | 시험 합격 · 379

|2장| 학생과 청년 대표기도문

유치원 입학 · 382 | 초등학교 입학 · 383 | 중학교 입학 · 384
고등학교 입학 · 385 | 대학교 입학 · 386 | 수능 · 387
실기(논술)시험 · 388 | 재수생 · 389 | 대학교 합격 · 390
대학교 졸업 · 391 | 군 입대 · 392 | 군 면회 · 393 | 군 휴가 · 394
군 제대 · 395

|3장| 직장과 사업 대표기도문

신우회 · 398 | 취업준비 · 399 | 취직 · 400 | 이직 · 401 | 승진 · 402
퇴사 · 403 | 은퇴 · 404 | 실직 · 405 | 개업 준비 · 406 | 개업 · 407
폐업 · 408 | 사업장 이전 · 409 | 사업장 확장 · 410 | 출국 · 411
이민 · 412 | 유학 · 413 | 자격증 시험 · 414 | 수상 · 415

|4장| 병원심방 대표기도문

응급 입원 · 418 | 장기 입원 · 419 | 어린이 입원 · 420 | 청년 입원 · 421
학생 입원 · 422 | 여성 입원 · 423 | 남성 입원 · 424 | 노년의 병 · 425
수술 전 · 426 | 수술 후 · 427 | 퇴원 · 428 | 사고환자 · 429 | 중환자 · 430
암환자 · 431 | 유산 · 432 | 정신질환 · 433

|5장| 애도와 추모 대표기도문

임종예배 • 436 | 입관예배 • 437 | 하관예배 • 438 | 발인예배 • 439
위로예배 • 440 | 추모예배 • 441 | 부모의 장례 • 443
배우자의 장례 • 444 | 자녀의 장례 • 445 | 불신자의 장례 • 446
자살 • 447 | 사고로 인한 사망 • 448 | 지병으로 인한 사망 • 449

|6장| 각종 심방 대표기도문

새신자 등록 • 452 | 기신자 등록 • 453 | 유아세례 가정 • 454
세례 가정 • 455 | 직분자 가정 • 456 | 교사 가정 • 457
교회를 정하지 못해 갈등하는 가정 • 458 | 불신자가 있는 가정 • 459
하나님을 떠난 가족이 있는 가정 • 460 | 이단에 빠진 자가 있는 가정 • 461
주일 성수가 힘든 가정 • 462 | 교우 간에 문제가 있는 가정 • 463
헌금으로 시험에 든 가정 • 464 | 교회 문제로 시험에 든 가정 • 465
자녀 교육에 문제가 있는 가정 • 466 | 낙심했다가 다시 돌아온 가정 • 467
구원의 확신이 필요한 가정 • 468 | 부모님을 모시는 가정 • 469
부모님과 불화가 있는 가정 • 470 | 비전이 필요한 가정 • 471
공동체에 적응을 못하는 가정 • 472 | 이혼 가정 • 473
재혼 가정 • 474 | 조손 가정 • 475 | 독거노인 • 476 | 교도소 • 477
요양원 • 478 | 독신여성모임 • 479 | 독신남성모임 • 480

| 별책 | 심방 성구

축하하는 심방 | 위로하는 심방 | 권면하는 심방 | 애도(추모)하는 심방
환자를 위한 심방 | 일반 심방

대표기도는 예배에 참석한 성도들을 대표하여
하나님께 찬양과 영광과 존귀를 드리는 의식이다.

| 1장 | 주일 오전예배 대표기도문
| 2장 | 주일 오후예배 대표기도문
| 3장 | 수요예배 대표기도문
| 4장 | 교회력에 따른 예배 대표기도문
| 5장 | 총회 제정주일 예배 대표기도문
| 6장 | 교회학교 예배 대표기도문
| 7장 | 특별예배 대표기도문
| 8장 | 각종 모임 대표기도문

1부

공예배
대표기도문

크리스천 대표 기도문

1장
주일 오전예배 대표기도문

주일 오전예배 대표기도문

1월 첫째 주

보라 내가 새 일을 행하리니 이제 나타낼 것이라
너희가 그것을 알지 못하겠느냐
반드시 내가 광야에 길을 사막에 강을 내리니 _이사야 43장 19절

새 일을 행하시는 하나님!

새로운 한 해를 시작하는 첫 날이자 첫 번째 주일인 오늘, 주님의 교회로 나아와 성삼위 하나님을 예배하게 하시니 진실로 감사드립니다. 오직 하나님의 기쁨이 되며, 하나님께 모든 영광을 돌려 드리는 영과 진리의 예배가 되도록 성령 하나님께서 역사하여 주소서.

무엇보다도 이 시간 예배를 드리는 우리 모두의 심령을 예수 그리스도의 십자가 보혈로 깨끗하게 씻어 주소서. 새해를 맞이했지만 여전히 우리에게는 육체의 정욕, 안목의 정욕, 이생의 자랑만을 추구하는 옛 사람의 모습으로 가득합니다. 하나님께서 우리를 긍휼히 여기셔서 오직 예수 그리스도 안에서 의와 진리를 따라 하나님을 온전히 예배하게 인도하소서.

올해도 새 일을 행하시는 하나님의 일하심을 기대합니다. 지난 한 해도

오직 하나님의 은혜로 살아왔음을 고백하며 올해도 함께하실 하나님의 은혜를 간절히 구합니다. 우리의 삶에 예수 그리스도의 십자가와 부활이 중심이 되게 하소서. 우리가 안고 있는 수많은 삶의 문제에 짓눌리지 않도록 우리의 손을 잡아 주소서. 믿음의 눈을 떠서 십자가의 예수 그리스도를 바라보게 하소서.

우리 교회가 예수님의 피 값으로 세워진 주님의 교회로서의 사명을 온전히 감당하도록 인도하소서. 특별히 우리 교회의 2017년 목표, _____가 사역의 현장에서 풍성한 성령의 열매로 드러나도록 역사하소서. 그리하여 이 지역이 십자가의 은혜로 물들게 하시고, 대한민국을 비롯한 온 세계 나라가 하나님을 경외하고 예수님을 믿게 하소서.

새 일을 행하시는 하나님! 이 시간 말씀을 선포하시는 우리 목사님에게 은혜를 주셔서 오직 복음의 정결한 통로가 되게 하소서. 영육의 강건함을 주셔서 날마다 복음을 전하는 사역에 힘이 되어 주소서. 찬양으로 하나님께 영광드리는 찬양대에게 아름다운 소리를 주셔서 하나님을 선명하게 드러내는 신령한 찬양이 되게 하소서. 여러 가지 사정으로 함께 예배드리지 못하는 성도에게도 동일한 은혜를 주셔서 새 일을 행하시는 하나님을 바라보게 하소서.

예배를 받기에 합당하신 우리 주 예수님의 이름으로 기도합니다. 아멘.

TIP
1 2017년 교회 목표를 밝히면 간접 홍보가 됩니다.
2 2017년 교회 중점 사역을 밝히는 것도 유익합니다.

주일 오전예배 대표기도문

1월 둘째 주

너희는 이렇게 기도하라 하늘에 계신 우리 아버지여 이름이 거룩히 여김을 받으시오며 나라가 임하시오며 뜻이 하늘에서 이루어진 것같이 땅에서도 이루어지이다 _마태복음 6장 9~10절

하늘에 계신 우리 아버지 하나님!

지난 한 주간도 아버지 하나님의 은혜로 살다가 이 시간 거룩한 주의 날을 맞아 함께 모여 하나님을 예배하게 하시니 감사드립니다. 우리의 삶을 인도하신 아버지의 그 따스한 손을 놓지 않고, 아버지의 마음을 흡족하게 하는 예배를 드리게 하소서. 하늘에 계신 우리 아버지를 향한 뜨거운 사랑을 고백하는 온전한 예배가 되도록 성령 하나님께서 역사하소서. 우리의 삶을 바라볼 때 성전에서 기도하던 세리처럼 "하나님이여 불쌍히 여기소서. 나는 죄인입니다"라고 고백할 수밖에 없습니다. 갈보리 십자가의 보혈로 우리의 죄를 사하여 주시고 예배에 합당한 흰 옷을 입혀 주소서.

하늘에 계신 우리 아버지 하나님! 새해가 시작되어 많은 계획을 세웠지만 그 모든 계획이 저희의 욕심을 채우는 내용들은 아닌지 돌아보게 됩니다. 하나님의 뜻을 생각만 하고 입술로만 떠들며 경건의 모양만을 가

지고 있었습니다. 정작 삶의 주인은 하나님이 아니었습니다. 하나님의 뜻보다는 '내'가 중심이 되는 계획들이었고, 이것을 이루어달라고 하나님의 능력을 사용하고 싶은 욕망뿐이었습니다. 하나님, 용서하여 주십시오. 이 시간 그리스도의 십자가에 저희의 모든 정욕과 탐심을 못 박고, 오직 하나님의 뜻이 하늘에서 이루어진 것같이 땅에서도 이루어지기를 기도합니다. 저희의 삶에서 하나님의 뜻만을 선명하게 드러내 보이소서.

우리 교회가 세운 모든 계획이 오직 하나님의 뜻을 이루는 방편이 되게 하소서. 우리 교회의 탁월함을 드러내는 것이 아니라 예수 그리스도의 십자가와 부활의 복음을 전하는 모든 사역이 되게 하소서. 각 부서와 기관이 세운 세부적인 계획의 중심에도 복음이 살아 있게 하시어 이 지역과 대한민국, 온 세계 나라와 민족이 하늘에 계신 하나님을 아버지라 부르게 하도록 하소서. 이 시간 말씀을 전하시는 목사님을 통하여 아버지 하나님의 음성을 듣게 하시고, 믿음으로 준비한 찬양대의 찬양도 아버지를 향한 감사와 사랑의 노래가 되게 하소서.

하나님의 뜻을 이 땅에 이루신 예수님의 이름으로 기도합니다. 아멘.

TIP
1 지난주 설교 또는 이번 주 설교 제목을 언급하는 것도 효과적입니다.
2 날씨에 대한 간단한 언급(추위나 눈 오는 것)도 공감대를 형성하는 데 좋습니다.

주일 오전예배 대표기도문

1월 셋째 주

아브라함이 그 땅 이름을 여호와 이레라 하였으므로 오늘날까지 사람들이 이르기를 여호와의 산에서 준비되리라 하더라 _창세기 22장 14절

여호와 이레, 예비하시는 하나님!

날마다, 숨 쉬는 순간마다 우리가 가야 할 길을 예비하시어 갈 길을 밝히 보이시니 진심으로 감사드립니다. 하나님의 예비하심으로 우리의 삶을 채우셨기에 이 시간 이 자리에 나와서 하나님을 예배합니다. 여호와 이레, 예비하시는 하나님의 은총을 감사하는 신령한 예배를 드리게 하소서. 죄로 물든 우리의 심령을 샘물과 같은 보혈로 씻으시어 두 눈을 밝히시고 심령을 열어 주소서. 유일하신 하나님 한 분만을 높이게 하소서. 십자가 보혈의 공로를 의지해 드리는 죄인들의 예배를 기뻐 받아 주소서.

여호와 이레, 예비하시는 하나님! 새로운 한 해가 시작되었기에 준비할 것이 많습니다. 이 일로 인하여 매우 분주하게 하루하루를 보내고 있습니다. 내가 모든 것을 다 하려는 분주함으로 하나님의 말씀을 잊지 않도록 저희를 붙들어 주시옵소서. 성공적인 한 해만을 생각해 하나님과

의 관계를 끊어버린 채 생활하지 않도록 도와주소서. 예비하시는 하나님의 손길을 의지하는 믿음을 저희에게 주소서. 내가 하려는 욕심을 버리고 여호와 이레, 예비하시는 하나님을 통하여 하나님의 뜻을 이루어가게 하소서. 끝까지 믿음으로 나아갔던 아브라함에게 이삭 대신에 번제물을 예비하여 주신 하나님을 기억하고 당신만을 의지하게 하소서.

우리 교회가 복음의 사역을 감당하는 데 필요한 것을 예비하신 하나님을 바라봅니다. 온전한 예배, 복음의 일꾼 교육, 전도와 선교, 구제와 봉사의 사역 등 많은 것이 필요합니다. 하나님께서 예비하신 것을 보게 하시고, 하나님의 채우심을 기대하게 하소서. 주님의 교회로 세워지고 나아가는 데 하나님이 예비하신 대로 전진하게 하소서. 특별히 연약한 자들에게 자비와 긍휼을 베풀어 주소서. 하나님이 예비하신 것을 그들에게 베푸시고, 그들도 예비하여 채우시는 하나님을 경험하며 경외하게 하소서.

이 시간 말씀을 선포하시는 목사님을 강건하게 하시어 예비하시는 하나님의 음성을 듣게 하소서. 계속된 목사님의 사역에 은혜를 더하여 주셔서, 의의 열매를 맺게 하소서. 한 주간 기도로 연습하여 드리는 찬양대의 찬양을 통해 하나님 영광받아 주소서. 예배를 돕는 모든 일꾼에게도 은혜를 주셔서 그 행위가 자랑이 되지 말고 오직 은혜로만 남게 하소서.

우리를 위해 예비하고 채우시는 예수님의 이름으로 기도합니다. 아멘.

TIP
교회의 중점적 사역을 구체적으로 언급하는 것도 유익합니다.

주일 오전예배 대표기도문

1월 넷째 주

수고하고 무거운 짐 진 자들아
다 내게로 오라 내가 너희를 쉬게 하리라 _마태복음 11장 28절

수고한 우리들의 무거운 짐을 대신 지시는 하나님!

오늘 우리의 짐을 대신 지시고 예배의 자리로 불러 주시니 감사합니다. 지난 한 주간 죄와 불신으로 방황하며 죄 가운데 살았지만, 다시금 예수 그리스도의 보혈로 씻으시고 예배하게 하신 하나님의 무한하신 은혜를 찬송합니다. 도저히 감당할 수 없는 짐을 대신 지신 예수 그리스도의 십자가 공로만을 의지하오니 저희의 예배를 받아 주소서. 측량할 수 없는 십자가의 사랑으로 우리를 감싸 주시어, 순결한 신부로 하나님을 예배함으로써 하나님의 기쁨과 영광이 되게 하소서.

지난 한 주간 수고하였고, 무거운 짐을 안고 살았습니다. 이 시간 나올 때에도 여전히 우리의 짐은 어깨를 무겁게 짓누르고 있습니다. 오, 하나님! 우리의 믿음 없음을 긍휼히 여기소서. 무거운 십자가를 어깨에 지고 골고다 언덕을 오르셨던 예수님의 한 걸음 한 걸음 속에 담긴 참 자유의 은총으로 우리를 자유롭게 하소서. 모든 무거운 짐을 예수님의

십자가 앞에 내려놓고, 은혜의 보좌 앞으로 나아가게 하소서.

수고한 우리들의 무거운 짐을 대신 지시는 하나님! 삶의 무거운 짐으로 고통 속에 있는 우리의 이웃에게 은혜를 베풀어 주소서. 새로운 한 해가 시작되었지만 전혀 새롭지 않은 삶으로 겨우 하루를 살아 내고 있습니다. 육신의 고통, 경제적인 빈곤함, 인간관계에서 오는 어려움, 불확실한 미래라는 짐으로 인해 영육이 쇠약해지며 병들고 있습니다. 이 모든 삶의 짐으로부터 자유로워지도록 믿음을 더하여 주소서. 예수님의 못 자국 난 손을 붙들고 일어나 믿음의 길을 걷게 하소서. 현실의 무거운 짐에 고정된 우리의 시선이 예수 그리스도의 십자가를 향하게 하소서. 예수 그리스도 안에 있는 십자가의 은혜가 능력이 되게 하소서.

우리 사회의 소외된 이웃들에게도 자비를 베풀어 주소서. 하나님을 믿지 않기에 저들의 짐이 영원한 슬픔과 아픔이 되고 있습니다. 복음이신 예수님을 구주로 영접하여 우리들의 무거운 짐을 대신 져 주시는 하나님의 은혜를 충만하게 누리도록 하소서. 예수 그리스도 앞으로 나와 인생의 짐을 내려놓고 진정한 자유의 삶을 향해 나아가게 하소서. 이 시간 목사님을 통해서 선포되는 말씀이 자유의 복음이 되게 하시며, 찬양대의 찬양은 하나님의 영광이 되게 하소서.

우리를 자유케 하시는 예수님의 이름으로 기도합니다. 아멘.

TIP

고통과 슬픔 가운데 있는 성도들의 상황(이름을 밝히는 것은 본인의 허락을 받아야 함)을 언급하는 것도 유익합니다.

주일 오전예배 대표기도문

1월 다섯째 주

이스라엘아 들으라 우리 하나님 여호와는 오직 유일한 여호와이시니 너는 마음을 다하고 뜻을 다하고 힘을 다하여 네 하나님 여호와를 사랑하라
_신명기 6장 4-5절

유일하신 여호와 하나님!

많고 많은 사람 중에 우리를 택하여 하나님을 예배하는 거룩한 백성으로 세워 주시니 진심으로 감사합니다. 모든 존귀와 영광을 받으시기에 합당한 '유일하신 여호와 하나님' 앞으로 나아와 경배와 찬양을 드리오니 기쁘게 받아 주소서. 지난 주간에도 사건과 사고의 연속이었지만 하나님의 은혜로 좌절하지 않았습니다. 이 은혜를 베풀어 주신 하나님의 사랑에 보답하고자 그리스도의 보혈의 공로를 의지하여 하나님 앞에 무릎을 꿇었습니다. 이 예배를 기쁘게 받으소서.

영원한 죽음과 형벌이 확정된 우리에게 베풀어 주신 하나님의 은혜와 십자가의 사랑을 기억합니다. 그럼에도 여전히 죄의 노예가 되어 그리스도의 십자가의 원수로 살 때가 많았음을 이 시간 회개합니다. 하나님의 뜻대로 살 것을 결심했으면서도 우리의 뜻대로 살았습니다. 유일하신 하나님만을 경외할 것을 다짐하였지만 수없이 많은 거짓 우상을 만

들어 의지했습니다. 추위에 떨며 고통에 처한 이웃들을 외면하였고, 함부로 조롱하며 비판했습니다. 따뜻한 방 안에서 맛있는 음식으로 우리의 배만 채웠을 뿐 굶주린 자들을 전혀 생각하지 않았습니다. 오, 하나님! 어찌할 수 없는 이 죄인들을 불쌍히 여기소서. 한 해를 시작하는 1월의 마지막 주일, 다시금 가슴을 치며 통회하는 심정으로 십자가를 붙들고 회개하오니 오직 흠 없고 점 없는 어린양 그리스도의 보배로운 피로 씻어 주소서.

유일하신 여호와 하나님! 민족의 큰 명절 설날을 지내고 있습니다. 조상신을 예배하는 죄를 범하지 않도록 우리에게 믿음을 더하여 주소서. "나 외에 다른 신들을 섬기지 말라"고 명령하신 하나님의 말씀에 온전히 순종하게 하소서. 조상의 덕을 기리며 감사하는 설날이 되게 하시고, 이를 통해 천국을 소망하는 설날 연휴가 되게 하소서. 온 가족이 하나님을 경외하며 하나님의 말씀 안에서 한 몸을 이루게 하소서. 불신 가정에서 설날을 지내는 성도들을 긍휼히 여겨 주소서. 지혜롭게 말하고 행동하여 예수님의 빛을 내며, 소금의 맛을 내게 하소서. 우리나라가 조상신을 예배하는 행위를 멈추고, 오직 한 분 여호와 하나님을 전심으로 경외하며 예배하게 하소서.

이 시간 말씀을 선포하실 우리 목사님을 성령 충만하게 하시어, 인간의 말이 아닌 예수 그리스도의 복음만을 전하도록 하소서. 유일한 하나님을 향해 올려 드리는 찬양대의 찬양이 기쁨과 감사의 향기로 가득하게 하소서.

저희가 삶으로 드러낼 예수님의 이름으로 기도합니다. 아멘.

주일 오전예배 대표기도문

2월 첫째 주

오라 우리가 여호와께로 돌아가자 여호와께서 우리를 찢으셨으나 도로 낫게 하실 것이요 우리를 치셨으나 싸매어 주실 것임이라 _호세아 6장 1절

우리를 낫게 하시고 싸매어 치료하시는 하나님!

세상의 길로 나아가지 않고, 하나님께로 돌아와 기쁨의 예배를 드리게 하시니 감사합니다. 십자가의 은혜와 능력으로 우리를 감싸 주소서. 죄로 인하여 찢어지고 상처 난 우리의 심령을 치료하여 주소서. 이 시간 우리가 드리는 예배에 임재하셔서 모든 영광과 존귀를 하나님 홀로 받으소서. 우리가 드릴 것은 이 몸밖에 없습니다. 물과 피로 거듭나게 하시어 이 예배를 흠향하여 주시고, 한량없는 은혜를 베풀어 주소서. 이 시간 드리는 예배가 신령한 하늘 잔치, 천국 잔치가 되게 하소서.

지난 1월의 삶을 돌아볼 때 하나님 앞에 감히 고개를 들지 못하겠습니다. 새해, 새날을 시작하는 설렘으로 지냈던 저희의 삶에 예수님의 흔적은 없었습니다. 그리스도의 향기는 전혀 맡을 수 없었습니다. 우리 스스로가 만든 죄악의 사슬에 얽매인 상처투성이의 나약한 우리 자신을 보고 있습니다. 치료하시는 하나님, 예수 그리스도의 십자가 보혈로

우리를 고쳐 주소서. 그럴듯한 모습으로 자신을 치장하며, 화려한 경건의 모양만을 갖춘 외식과 위선을 온 마음으로 회개합니다. 매순간이 하나님의 은혜임을 잊은 채 세상에 취해 살았던 우리의 죄를 십자가 보혈로 씻어 주소서. 회복시켜 주소서. 예수 그리스도의 십자가가 우리 삶의 중심이 되게 하소서.

우리를 낫게 하시고 싸매어 치료하시는 하나님! 우리 교회를 치료하여 주소서. 우리 사회를 치료하여 주소서. 알게 모르게 서로에게 상처를 주며 아파하고 있습니다. 서로의 생각이 맞지 않아 불편한 마음으로 살고 있습니다. 무지와 어리석음, 교만과 독선으로 인하여 한마음을 품지 못하고 있습니다. 하나님, 우리 교회를 불쌍히 여겨 주소서. 하나님, 주의 성도에게 긍휼을 베풀어 주소서. 깊은 슬픔 중에 아파하는 모든 심령을 만져 주시고 낫게 하소서. 우리 사회의 상처를 싸매어 주소서. 서로를 향한 비난과 분열의 마음을 이해와 용서, 사랑과 배려의 마음으로 바꾸어 주소서. 세계 곳곳에서 일어나고 있는 전쟁과 테러의 소식들이 종전과 평화의 소식들이 되게 하소서.

이 기쁨의 복음이 선포되는 설교가 되도록 우리 목사님을 사용하여 주소서. 선포될 말씀을 통해 우리가 먼저 여호와께로 돌아가서 회복되게 하소서. 찬양대가 정성껏 준비하여 드리는 찬양 중에도 하나님만 홀로 영광받으소서.

예수님의 이름으로 기도합니다. 아멘.

TIP 세계의 전쟁과 테러 관련 소식을 선교적 차원에서 중보하는 것도 유익합니다.

주일 오전예배 대표기도문

2월 둘째 주

여호와여 주는 나의 방패시요 나의 영광이시요 나의 머리를 드시는 자이시니이다 내가 나의 목소리로 여호와께 부르짖으니 그의 성산에서 응답하시는도다 _시편 3편 3-4절

우리의 방패, 우리의 영광이신 여호와 하나님!

날마다 매순간 채우시는 하나님의 은혜 속에 살다가 주의 날에 모여 하나님을 예배하게 하시니 감사합니다. 지난 한 주간 매서운 날씨만큼이나 온갖 사건과 사고가 있었지만, 하나님이 방패가 되어 주셨기에 이 시간 하나님을 예배하는 영광을 누리고 있습니다. 죄로 무거워진 우리의 머리를 들어 주셔서 십자가의 보혈로 씻어 주소서. 온 마음과 정성을 다하여 하나님을 향해 목소리 높여 경배하게 하시며 성산에서 응답하시는 하나님의 은혜로 채워 주소서.

완전한 하나님이심에도 하늘의 영광 보좌를 버리시고 우리를 위해 완전한 인간이 되시어 십자가에 달려 죽으신 예수님의 사랑에 감사할 수밖에 없습니다. 사망이 선고된 우리가 도저히 기대할 수 없는 사랑과 은혜를 받았습니다. 그러나 우리의 삶은 여전히 죄와 관계된 것만을 추구하는 욕망으로 가득합니다. 죄와 허물로 죽은 인생을 살려 주신 십

자가의 대속의 은총을 받았음에도 여전히 썩어질 옛 구습을 따랐던 우리의 심령을 용서하소서. 조금이라도 더 가지려 이웃을 속였고, 시기하였고, 미워하였습니다. 입술로는 하나님의 사랑, 십자가의 은혜를 말하였지만, 마음은 항상 그것을 이용하려는 패역함으로 가득했습니다. 오, 하나님! 이 죄인을 긍휼히 여기소서. 무지하며 이기적이었고 교만한 삶을 살았던 우리의 더러워진 옷을 예수 그리스도의 십자가 보혈로 희게 하소서.

우리의 방패와 영광이시며, 우리의 머리를 드시는 하나님! 우리 교회의 방패가, 우리 교회의 영광이 되소서. 우리 교회의 머리를 들어 주소서. 오직 하나님 나라를 위해 예수 그리스도와 십자가만을 전하는 주님의 교회가 되게 하소서. 어둠의 세력이 수단과 방법을 가리지 않고 우리 교회를 위협하고 있습니다. 때로는 달콤한 말로 유혹합니다. 오직 성령의 능력으로 이 영적 전쟁에서 승리하게 하소서. 구원의 투구를 쓰고, 의의 흉배를 붙이고, 진리의 허리띠를 띠고, 평안의 복음의 예비한 신을 신게 하소서. 한 손에는 믿음의 방패 그리고 다른 손에는 성령의 검을 들고 나아가 악한 영들을 물리치게 하소서. 우리 대한민국의 방패와 영광이 되어 주셔서, 하나님을 의지하여 모든 악의 세력과 담대하게 맞서게 하소서.

최후 승리 얻기까지 험한 십자가를 붙잡고 나아가도록 이 시간 말씀의 종으로 우리 목사님을 세워 주셨습니다. 목사님의 입술에 성령의 기름 부으심이 있게 하소서. 찬양대의 찬양이 믿음의 선한 싸움의 승전가가 되게 하소서. 예수님의 이름으로 기도합니다. 아멘.

TIP
교회 앞에 당면한 구체적인 어려움을 언급하는 것도 유익합니다.

주일 오전예배 대표기도문

2월 셋째 주

이 일 후에 내가 들으니 하늘에 허다한 무리의 큰 음성 같은 것이 있어 이르되 할렐루야 구원과 영광과 능력이 우리 하나님께 있도다
_요한계시록 19장 1절

구원과 영광과 능력의 하나님!

모든 존귀와 영광을 하나님께 돌려 드립니다. 예수님의 부활을 기념하는 주의 날, 그 은혜를 감사함으로 모여 예배하게 하시니 무한 감사합니다. 예수님은 우리를 구원하시기 위해 근본은 하나님의 본체시나 하나님과 동등 됨을 취할 것으로 여기지 아니하시고 오히려 자기를 비워 종의 형체를 가진 사람들과 같이 되셨고, 사람의 모양으로 나타나 자기를 낮추시고 십자가에 죽기까지 복종하셨습니다. 이 십자가의 사랑으로 죄인 된 우리를 하나님의 자녀로 삼아 주시고 하나님을 예배하게 하시니 '할렐루야!' 경배와 찬양을 드립니다.

십자가의 은혜와 부활의 소망으로 살고 있음에도 지난 주간 우리의 모습을 돌아볼 때 부끄러운 모습뿐입니다. 이 시간 예수 그리스도의 십자가 앞에 우리의 전부를 내어 드립니다. 오, 주여! 우리를 정결하게 씻어 주소서. 외식과 위선적인 모습을 버리고 진정으로 구원과 영광과 능

력의 우리 하나님을 예배하게 하소서. 이제는 모든 죄악을 충분히 이길 수 있는 믿음의 전신갑주를 입겠습니다. 세상의 유혹에 빠지지 않도록 생명의 떡이신 예수 그리스도께 우리의 시선을 고정하겠습니다. 오, 예수님! 은혜를 베푸소서.

구원과 영광과 능력의 하나님! 이 시간 삶의 소망을 잃어버린 자들을 위해 기도합니다. 육신의 질병으로 곤고한 나날을 보내는 환우들을 위해 기도합니다. 가정의 문제와 직장의 문제 그리고 얽히고설킨 인간관계의 문제로 고민하는 이웃을 위해 기도합니다. 불확실한 미래 앞에 꿈을 잃어버린 젊은이들을 위해 기도합니다. 견디기 버거운 학업으로 인하여 패배 의식에 사로잡힌 학생들을 위해 기도합니다.

이 모든 고통이 육신의 병이 되고 있습니다. 마음의 상처로 정신질환이 되고 있습니다. 이들을 이 세상의 모든 무거운 짐으로부터 구원하여 주소서. 끝이 보이지 않는 고통의 터널 속을 비추고 있는 예수 그리스도의 빛을 보게 하소서. 십자가의 은혜와 능력이 이들의 삶의 원동력이 되게 하소서. 어떤 상황이나 무슨 일을 만날지라도 하나님의 자녀임을 기억하여, 오직 예수님이 유일한 인생의 해답이라는 사실을 믿게 하소서. '할렐루야' 찬양하게 하소서.

하나님을 경외하는 것이 지식과 지혜의 근본이라 하였으니, 세상의 가치들보다 하나님의 말씀을 아는 데 집중하도록 이 시간 말씀하소서. 목사님이 복음만을 전하도록 성령 하나님 역사하소서. 이 시간 찬양대의 찬양이 '전심으로' 드리는 우리 모두의 찬양이 되어 하나님 앞에 향기가 되게 하소서.

예수 그리스도의 이름으로 기도합니다. 아멘.

주일 오전예배 대표기도문

2월 넷째 주

나의 반석이시요 나의 구속자이신 여호와여 내 입의 말과 마음의 묵상이 주님 앞에 열납되기를 원하나이다 _시편 19편 14절

우리의 반석, 우리의 구속자이신 여호와 하나님!

2월 마지막 주일, 하나님 앞에 엎드려 예배드릴 수 있는 은혜를 주시니 감사합니다. 살면서 갈등으로 방황할 때 있었고, 다양한 상황 속에서 흔들려 쓰러질 수밖에 없었던 우리가 예수 그리스도의 십자가 공로를 의지하여 하나님 앞으로 나왔습니다. 오직 보혈의 공로 의지하며 하나님을 경배하오니 우리의 예배를 받아주소서. 오직 하나님의 이름만 높임을 받는 신령한 예배를 드리게 하실 줄 믿습니다. 세상 유혹에 넘어져 허우적거리며 외인外人되었을 때에도 흔들림 없는 반석처럼 우리의 손을 끝까지 놓지 않으시고 인도해 주셔서 진정으로 감사합니다. 하나님 홀로 영광 받으소서.

죄의 본성 가운데 있는 우리는 하나님의 사랑에 반응하기보다 육신의 욕망대로 살면서 예수님을 또 다시 십자가에 매달고 매정하게 못질했습니다. 예수님을 부인하며, 복음을 무가치하게 여겼습니다. 심지어 세

상 사람과 똑같이 예수님을 욕하며 그들과 친구가 되었습니다. 우리의 잘못은 보지 못하고 이웃의 허물만을 들추어 내 비난하고 정죄하기에 바빴습니다. 그릇된 자존심과 고집으로 나를 위해 하나님을 믿었습니다. 생각할수록, 정신 차리고 돌아볼 때마다 죄의 노예가 되어 살았던 어찌할 수 없는 죄인임을 고백합니다. 우리를 긍휼히 여기소서. 아무것도 할 수 없는 죄인들을 불쌍히 여기소서. 어린양 예수 그리스도의 보혈로 희게 하소서.

새 봄을 준비하는 이때, 하나님이 우리 교회를 통해 이루시고자 하시는 사역의 새순이 돋게 하소서. 우리의 계획과 열정에 따라 나아가는 것이 아니라, 오직 하나님의 계획과 열심에 따라 온전히 순종하는 주님의 교회가 되게 하소서. 하나님이 우리 교회에 주신 목표를 이룰 수 있도록 은혜를 베풀어 주소서. 이를 통해 우리 교회가 성장하고 성숙하게 하시며, 복음을 통해 진정한 부흥의 불길이 타오르게 하소서. 우리 교회 성도 한 명 한 명이 예수 그리스도를 구주로 고백하는 신앙으로 견고해지게 하소서. 은사를 따라 세워진 교회의 일꾼에게 능력을 주소서. 교회의 일을 하는 게 아니라 주님의 일을 하고 있음을 잊지 않도록 매순간 믿음을 더하소서. 각 부서와 기관이 교회의 지체로서 살아 움직이게 하소서. 주님의 교회가 하나님의 사랑과 예수 그리스도의 은혜 그리고 성령 하나님의 역사가 일어나는 현장이 되어, 영광스러운 복음으로 충만하게 하소서.

이 시간 선포되는 말씀이 십자가의 복음이 되게 하시고, 그 복음의 은총을 감사하는 찬양대의 찬양이 되게 하소서. 예수님의 이름으로 기도합니다. 아멘.

주일 오전예배 대표기도문

3월 첫째 주

은혜와 긍휼과 평강이 하나님 아버지와 아버지의 아들 예수 그리스도께로부터 진리와 사랑 가운데서 우리와 함께 있으리라 _요한이서 1장 3절

은혜와 긍휼과 평강의 하나님 아버지!

예수 그리스도를 통하여 주시는 진리와 사랑 가운데 살게 하시니 감사합니다. 새롭게 피조된 하나님의 자녀들이 하나님을 예배하기 위해 모였습니다. 영과 진리로 드리는 예배 중에 임하셔서 영광과 존귀를 홀로 받아 주소서.

거룩하신 하나님 앞에 선 우리의 때 묻은 모습을 볼 때 한없이 부끄러울 뿐입니다. 여전히 무지하게 행하고, 교만한 마음이 가득한 우리를 용서하소서. 예수님은 우리를 향해 세상의 소금과 빛이라 하셨지만 소금의 짠 맛을 잃어버리고 빛을 잃어버린 채 무기력하게 살아왔습니다. 그리스도의 빛을 내며, 십자가의 짠 맛을 내야 할 우리가 오히려 세상과 함께 어둠의 길을 걸으며 부패했습니다. 오, 하나님! 우리를 십자가의 보혈로 깨끗이 씻어 주소서. 죄의 짐을 안고 사는 죄인이 아닌, 십자가의 은혜로 거듭난 죄인이 되어 하나님을 예배하게 하소서.

3월에는 오직 한 분이신 하나님을 삶으로 예배하며 살게 하소서. 우리를 구원하신 예수 그리스도의 십자가 은혜를 잊지 않고, 그 감격으로, 그 은혜로 충만한 믿음의 삶이 되게 하소서. 교만한 생각을 버리고, 유혹의 손길을 뿌리치고, 오직 하나님의 말씀에 순종하게 하소서. 예수님이 피로 값 주고 사신 교회가 예수님의 지상명령을 온전히 실천하기에 부족하지 않도록 인도하여 주소서. 모든 족속을 제자 삼으라는 말씀에 따라 우리의 가정, 이웃, 우리나라와 온 세계를 향해 십자가의 복음을 들고 나아가게 하소서. 이 길을 걸을 때 십자가를 붙들고 기도하고 하나님을 향해 감사의 찬송을 하겠습니다. 오직 예수, 오직 믿음으로 열매 맺게 하소서.

은혜와 긍휼과 평강의 하나님 아버지! 고통과 슬픔 속에 있는 주의 성도들을 붙들어 주소서. 병마로 신음하며 죽음을 생각하는 환자들이 있습니다. 사업의 어려움으로 절망하는 경제인들이 있습니다. 자녀의 문제로 근심하며 걱정하는 부모들이 있습니다. 이 모든 문제를 십자가 앞에 내려놓게 하소서. 도저히 어찌할 수 없는 문제 너머에 계신 예수 그리스도를 바라보며 기도하게 하소서. 기도하는 종들에게 하나님의 뜻대로, 하나님의 방법으로, 하나님의 시간에 응답하여 주소서.

어려운 형편 속에서도 주님의 교회를 위해서 땀 흘려 섬기는 신실한 일꾼들에게 강건함을 주소서. 주님의 교회를 섬기며, 복음을 전하는 사역에 집중할 수 있도록 가정과 직장, 사업장을 긍휼히 여기소서. 이제 하나님의 말씀 앞에 섭니다. 우리로 하여금 하나님의 말씀대로 살게 하소서. 목사님을 말씀의 도구로 사용하여 주시고, 찬양대를 찬양의 나팔로 사용하여 주소서. 예수님의 이름으로 기도합니다. 아멘.

> 주일 오전예배 대표기도문

3월 둘째 주

아브람이 구십구 세 때에 여호와께서 아브람에게 나타나서 그에게 이르시되 나는 전능한 하나님이라 너는 내 앞에서 행하여 완전하라
_창세기 17장 1절

우리와 함께하시는 전능한 하나님!

전능하신 능력으로 은혜를 베푸시며 우리와 함께하시고 인도해 주시니 감사합니다. 놀라운 은혜를 감사하는 마음으로 주의 백성들이 모였습니다. 우리의 심령에서 우러나오는 온전한 마음과 진정한 마음으로 하나님을 예배합니다. 영과 진리로 예배드리는 자를 기뻐하신 하나님께 영광 돌리오니, 우리의 예배를 받으소서. 예배의 합당한 모습으로 우리를 바꾸어 주소서. 오직 예수님의 피만이 우리의 죄를 속량할 수 있음을 믿습니다. 그리스도의 보혈로 거룩한 신부가 되어 하나님을 예배하도록 역사하소서.

하나님의 은혜와 십자가의 사랑을 잊은 채 살았지만, 이 시간 예배를 통해 우리에게 은혜와 사랑을 베풀어 주셔서, 다시 한번 처음 사랑이 회복되게 하소서. 오직 예수 그리스도를 구주로 삼아 자기를 부인하고 자기 십자가를 지고 나아가게 하소서. 내 삶의 주인이 내가 아니라 예

수님임을 믿게 하소서. 오직 전능하신 하나님만이 우리의 심령을 주관하여 주소서. 구름 기둥 불 기둥으로 우리의 삶을 인도하여 주소서. 하나님의 뜻이 우리의 삶을 통해서 이루어지게 하소서. 습관적이고 형식적인 신앙에서 벗어나 날마다 십자가로 감격하게 하소서. 말씀이 삶이 되게 하소서. 고난 속에서 감사의 찬양을 드리게 하소서. 복음을 위해서 자기를 부인하고 십자가를 지게 하소서.

우리와 함께하시는 전능한 하나님! 연약한 자들과 함께하사 강건하게 하소서. 주님의 몸 된 교회를 위해서 헌신하는 모든 일꾼에게 은혜를 베푸셔서 섬김과 봉사가 기쁨의 열매를 맺게 하소서. 그들의 믿음을 견고히 하셔서 교회의 각 부서와 기관을 믿음으로 든든히 세우게 하소서.

오늘도 예배에 함께하기를 원하지만 여러 형편과 상황으로 나오지 못한 성도들을 긍휼히 여기소서. 질병이 가로막고, 가정의 일, 직장의 일, 기타 수많은 일로 인해 예배를 사모하지만 함께하지 못한 그들에게 '우리와 함께하시는 전능한 하나님'의 은총을 동일하게 베풀어 주소서. 그들의 애타는 마음을 위로하시고 하늘의 평안과 기쁨을 내려 주시며, 다음 주일에 꼭 나올 수 있도록 환경과 여건, 믿음을 허락하여 주소서.

예배를 통해서 주시는 하나님의 음성을 듣기 원합니다. 하나님의 말씀이 우리 목사님을 통해서 선포되게 하소서. 우리와 함께하시는 전능한 하나님의 말씀을 통해 우리의 삶이 하나님 능력의 현장이 되게 하소서. 찬양 중에 임하시는 하나님을 온 마음으로 경배하는 찬양대가 되게 하소서.

예수님의 이름으로 기도합니다. 아멘.

주일 오전예배 대표기도문

3월 셋째 주

오직 그에게만 죽지 아니함이 있고 가까이 가지 못할 빛에 거하시고 어떤 사람도 보지 못하였고 또 볼 수 없는 이시니 그에게 존귀와 영원한 권능을 돌릴지어다 아멘 _디모데전서 6장 16절

영원한 권능의 주 하나님!

주의 날, 거룩한 성일에 하나님의 백성 된 우리를 하나님을 경배하는 예배자로 세워 주시니 감사합니다. 지난 한 주간도 십자가의 은총으로 때를 따라 승리하게 하시고, 이 시간 한 자리에 모여 천국 잔치를 하게 하시니 감사합니다. 죄로 가득한 입술이지만 십자가의 은혜로 하나님을 아버지라 부를 수 있는 권세를 주시니 감사합니다. 감사와 존귀와 영광을 오직 하나님 홀로 받으소서.

하나님, 먼저 우리의 심령을 보혈로 정결하게 하소서. 예수님은 측량할 수 없는 사랑으로 극한의 십자가 고통 속에서 죽으시고 부활하심으로 우리를 구원해 주셨는데 우리는 여전히 육신에 속하여 육신의 욕심대로 살았습니다. 성령을 따라 행하기보다 육체의 소욕대로 살고 있습니다. 마음은 원이로되 육신이 약하기에 더욱 십자가를 의지해야 하는데, 연약한 육신을 핑계하며 변명만 하고 있습니다. 우리의 연약함을 가장

잘 아시는 하나님이 자비와 긍휼을 베풀어 주셔서 친히 감찰하여 주소서. 우리를 판단하소서. 오, 하나님! 우리를 살피시고 시험하사 우리 뜻과 양심을 단련하소서.

존귀와 권능의 주 하나님! 하나님이 우리 삶의 유일한 주인이 되게 하소서. 우리가 하나님을 섬기며 주님의 교회를 감히 섬길 수 있도록 직분을 주시니 감사합니다. 직분을 맡은 모든 주의 종에게 믿음을 주시어서 맡겨진 사명을 충성되게 감당하도록 역사하소서. 모든 성도가 그리스도의 몸이신 교회의 지체라는 사실을 기억하게 하시고, 오직 예수 그리스도 안에서 한 몸을 이루게 하소서. 하나님이 우리 각자에게 주신 달란트를 가지고 낭비하지 않도록 지혜와 용기를 주소서. 십자가를 통해 우리에게 주신 생명을 하나님을 경외하고 예수 그리스도의 복음을 전하는 일에만 사용하도록 믿음을 주소서.

지금 우리는 영적으로 혼탁한 시대를 살고 있습니다. 영적 무지의 혼돈 속에서 믿음의 끈을 놓지 않게 하시고, 무릎으로 사는 그리스도인들이 되어서 십자가의 길로 나아가게 하소서. 진리가 예수 안에 있음을 믿고 계속해서 하나님의 말씀을 배우며 그 말씀대로 살게 하소서. 이 시간 그 주님의 말씀이 목사님을 통해서 선포됩니다. 성령 하나님께서 우리 목사님을 온전한 말씀의 도구로 세워 주소서. 늘 강건하게 붙드셔서, 말씀을 준비하고 선포할 때 성령의 말씀이 되게 하소서. 기도와 성실함으로 찬양을 준비하여 드리는 찬양대에게도 은혜를 베풀어 주소서. 복음 안에서 찬양의 하모니를 이루어 하나님 앞에 드리는 최고의 찬양이 되게 하소서.

예수님의 이름으로 기도합니다. 아멘.

주일 오전예배 대표기도문

3월 넷째 주

만국의 모든 신은 헛것이나 여호와께서는 하늘을 지으셨도다 존귀와 위엄이 그의 앞에 있으며 능력과 즐거움이 그의 처소에 있도다
_역대상 16장 26-27절

존귀와 위엄이 있으신 만국의 참 하나님!

이 세상의 거짓 신들이 아닌, 참 하나님을 예배할 수 있도록 은혜를 주시니 감사합니다. 천지만물을 창조하시고 섭리하신 하나님 앞에 모든 존귀와 영광을 돌려 드립니다. 하나님 앞에 감히 고개를 들 수 없는 죄인이지만 그리스도의 보혈을 의지하여 나왔습니다. 한 주간의 삶을 돌아보며 하나님 앞에 죄를 회개할 수 있도록 기회를 주셔서 감사합니다.

믿음의 주이신 예수님을 바라보라고 말씀하셨지만, 우리의 나약함으로 예수님을 바라보지 못했습니다. 모든 정욕과 탐심을 십자가에 못 박으라고 하셨지만, 예수님의 손과 발에 또다시 못 질을 할 뿐이었습니다. 자기를 부인하고 자기 십자가를 지는 삶을 살아야 하건만, 끊임없이 우리의 주장을 내세우며, 우리의 자존심을 지키기에 급급했습니다. 우리의 연약함을 긍휼히 여기시고, 오직 십자가의 보혈로 우리의 죄를 흰 눈보다 더 희게 씻어 주소서.

예배와 삶이 분리된 이중적인 예배, 위선적인 삶이 반복되고 있습니다. 온전한 예배와 예배가 숨 쉬는 삶을 원하지만 여전히 변하지 않는 우리 자신, 우리의 삶을 보며 무거운 죄책감에 사로잡혀 있습니다. 매주일 하나님을 예배하지만, 여전히 세속적인 가치들을 예배합니다. 음행과 더러움과 음란과 우상 숭배와 마술과 미움과 다툼과 질투와 화내기와 이기심과 편 가르기와 분열과 시기와 술 취하기와 흥청거리는 잔치에 취해 있습니다. 이 모든 죄 짐을 참 하나님께서 권능으로 해결하여 주소서. 우리가 날마다 십자가에 못 박혀, 그리스도와 함께 죽고 그리스도와 함께 사는 새 인생이 되게 하소서. 우리 안에 사시는 분이 예수 그리스도가 되어 삶의 매순간 하나님을 예배하고, 그 예배의 감격이 주일 예배 속에서 열매 맺게 하소서. 예배와 삶이 하나가 되어, 날마다 하나님을 예배하며 천성을 향해 나아가게 하소서.

존귀와 위엄이 있으신 만국의 참 하나님! 간절히 간구하기는 이 시간, 주의 성도들의 믿음을 더 깊게 더 넓게 더 크게 하셔서 세상을 향하여 예수 그리스도의 복음을 외치게 하소서. 거짓 신들의 미혹에 빠진 온 세계 나라와 민족이 이 십자가의 복음을 듣고 영원한 죽음의 길에서 벗어나게 하소서. 만국의 참 하나님을 경외하며 예수님을 믿음으로 구원을 받도록 은총을 베풀어 주소서. 이 세상의 그 무엇과도 바꿀 수 없는 예수 그리스도의 십자가가 모든 사람 심령에 깊이 각인되게 하소서. 특별히 세계 복음화의 제일선에서 헌신하시는 모든 선교사님에게 은혜를 주셔서 오직 예수 그리스도의 십자가와 부활의 복음을 전하게 하소서. 이 시간 말씀을 전하시는 목사님의 설교가 복음이 되게 하시고, 찬양대의 찬양도 복음의 기쁜 소리가 되게 하소서. 예수님의 이름으로 기도합니다. 아멘.

> 주일 오전예배 대표기도문

4월 첫째 주

여호와께서 말씀하시기를 보라 내가 너희 앞에 생명의 길과 사망의 길을 두었노라 너는 이 백성에게 전하라 하셨느니라 _예레미야 21장 8절

생명의 길과 사망의 길을 우리 앞에 두신 하나님!

예수 그리스도의 십자가의 은혜로 사망의 길에서 벗어나 생명의 길로 나아가게 하시니 감사합니다. 사탄의 권세 속에서 헤매다가 영원한 죽음에 이를 죄인들을 구원하여 주시고, 하나님의 자녀라 불러 주시니 더욱 감사합니다. 하나님이 아니고서는 여전히 그 죄악과 육신의 탐욕대로 살아 영원한 형벌을 받게 될 죄인들을 하나님을 예배하는 기쁨과 영광의 자리로 인도해 주시니 더욱 감사합니다. 이 시간 이 놀라운 은총을 감사하며 생명의 주인이신 하나님을 예배합니다.

그러나 하나님! 예수 그리스도의 은혜를 받은 하나님의 자녀로서 우리 자신이 너무나 부끄럽습니다. 우리의 삶은 여전히 어둠을 더 좋아하고, 어둠의 일에 더 열광하고 있습니다. 빛의 자녀들처럼 행하는 삶이어야 하건만, 빛의 자녀라는 신분을 가지고 어둠의 길을 걷는 우리의 연약함을 불쌍히 여기소서. 언제나 눈에 보이는 것만을 추구하는 우리의 어리

석음을 깨뜨려 주소서. 항상 손에 만져지는 것만을 추구하는 욕망을 멀리 날려 버리게 하소서. 예수 그리스도의 은혜를 입은 자로서 '위의 것'을 바라보도록 우리의 눈을, 우리의 손을 십자가 보혈로 정결하게 해주소서. 오직 십자가라는 프리즘으로 세상을 바라보게 하소서. 그래서 눈에 보이지 않는 하늘의 은혜를 소망하며, 오직 예수 그리스도를 푯대로 삼아 힘차게 전진하도록 은혜를 베풀어 주소서.

생명의 길과 사망의 길을 우리 앞에 두신 하나님! 완연한 봄날의 분위기에 취해서 생명의 길을 잃어버리고 있지는 않은지 우리 자신을 돌아보게 하소서. 하나님의 선하고 기쁘신 뜻을 분별하여 오직 하나님의 말씀대로 나아가도록 우리의 삶을 일깨우시고, 우리 교회를 사용하여 주소서. 하나님의 전신갑주를 입고 불의와 싸워 이길 수 있는 성도, 하나님의 나라를 확장하는 데 앞장 서는 교회가 되게 하소서. 이 땅에 십자가가 세워진 모든 교회가 참된 교회가 되게 하소서. 교회 안에 많은 부서와 기관이 있습니다. 당회와 제직회가 주님의 교회를 앞서 이끌어갈 때 먼저 말씀과 기도의 본이 되어 예수 그리스도의 향기를 내게 하소서. 남녀 전도회의 사역도 하나님께서 은혜로 인도하여 주셔서 본질적인 전도회의 사역에 집중하며, 복음 전도의 열매를 거둘 수 있도록 역사하여 주소서. 주일학교 각 부서들이 예수 그리스도의 복음의 기치 아래 하나님의 말씀대로 학생들을 천국 일꾼으로 양육하도록 인도하여 주소서.

생명의 길로 나아가도록 우리 목사님을 통해서 하나님이 말씀하실 때 우리 모두, 좋은 마음의 밭이 되어 삶으로 열매를 맺게 하소서. 찬양대의 찬양이 생명의 길로 나아가는 성도들의 기쁨의 함성이 되게 하소서. 예수님의 이름으로 기도합니다.

주일 오전예배 대표기도문

4월 둘째 주

하나님은 사람이 아니시니 거짓말을 하지 않으시고 인생이 아니시니 후회가 없으시도다 어찌 그 말씀하신 바를 행하지 않으시며 하신 말씀을 실행하지 않으시랴 _민수기 23장 19절

거짓말하지 않으시고 후회가 없으신 하나님!

근본부터 악으로 가득 찬 죄인을 구속하여 주시고, 하나님을 예배하는 영광의 자리로 불러 주셔서 감사합니다. 오늘 이 시간, 하나님의 백성들이 하나님을 경배하며 찬양하고자 머리를 숙이고 무릎을 꿇었습니다. 성삼위 하나님께서 이 예배를 기쁘게 받아 주소서.

한 주간을 살면서 우리에게 주신 십자가의 은혜를 망각한 채, 앞만 보고 정신없이 달려왔습니다. 영원한 평안과 기쁨을 주셨건만 유한하고 세속적인 평안과 기쁨을 위해서 예수 그리스도를 외면하였습니다. 말씀을 부정하고, 말씀을 우리의 욕심대로 이용하려고 할 뿐이었습니다. 단순히 눈에 보이는 것만이 진리인 줄 알고 살다가 배신당하여 상처받은 채로 나왔습니다. 십자가를 붙들고 회개하오니 우리의 때 묻은 심령을 용서하여 주소서. 우리의 상처받은 영혼을 하나님의 손길로 만지시고 치료하여 주소서.

진심으로 회개할 때 하늘에서 잔치가 열린다고 하신 예수님의 말씀을 기억합니다. 이 시간 진심으로 회개하오니 우리의 심령을 회복하여 주소서. 오직 하나님이 주신 은혜와 기쁨 그리고 하늘의 신령한 복으로 가득한 예배가 되게 하소서. 이 예배를 통해 다시 한번 우리가 하나님의 자녀임을 확증하여 주시고, 세상을 향해 담대히 나아가도록 능력을 부어 주소서. 우리의 건강과 가정, 우리의 직장과 미래를 놓고 거래하려는 사탄의 유혹에 넘어지지 않도록 예수 그리스도만 바라보게 하소서. 우리의 얄팍한 지식과 경험, 우물 안의 개구리와 같은 식견을 버리게 하소서. "너는 너의 고향과 친척과 아버지의 집을 떠나 내가 네게 보여 줄 땅으로 가라"고 하신 하나님의 말씀에 믿음의 여정을 떠났던 아브라함의 믿음이 우리의 믿음이 되게 하소서. 거짓이 없으시고, 말씀하신 바를 반드시 완성하시는 하나님만을 의지하게 하소서.

거짓말하지 않으시고 후회가 없으시며 말씀을 반드시 실행하시는 하나님! 우리 사회가 정직한 사회가 되게 하소서. 사회의 크고 작은 모든 기업이 정직한 기업 윤리를 가지고 정당한 이윤을 창출하는 데 땀 흘리게 하소서. 모든 직장인도 기업의 방침에 따라 정직하게 일하며 그 대가를 받아 만족하게 하소서. 그리하여 우리 사회가 서로를 신뢰하며, 더불어 사는 행복한 곳이 되도록 하나님께서 이루어 주소서.

이 일에 우리 교회의 성도들이 앞장서게 하소서. 사회의 각 현장에서 그리스도를 느낄 수 있는 향기를 뿜어내며, 가는 곳마다 예수님의 흔적을 남기게 하소서. 이렇게 살아가는 힘을 얻도록 목사님을 세우신 줄 믿습니다. 능력의 말씀이 되게 하소서. 또한 기쁨의 찬양을 드리는 찬양대가 되게 하소서. 예수님의 이름으로 기도합니다. 아멘.

주일 오전예배 대표기도문

4월 셋째 주

주는 계신 곳 하늘에서 들으시고 사하시며 각 사람의 마음을 아시오니 그들의 모든 행위대로 행하사 갚으시옵소서 주만 홀로 사람의 마음을 다 아심이니이다 _열왕기상 8장 39절

우리의 마음을 아시고 그 모든 행위대로 갚으시는 하나님!

연약한 죄인들을 긍휼히 여겨 주셔서 주님의 교회로 인도하여 주시고 하나님을 예배하게 하시니 진실로 감사합니다. 이 시간 지치고 나약한 우리의 모습을 외면하지 않으시고 은혜로 감싸 주시니 감사합니다. 우리의 지혜와 경험으로 열심히 살아보겠다고 동분서주했던 우리를 늘 사랑의 눈으로 지켜보시고 기다려 주셔서 감사합니다. 하늘의 문을 열어 주셔서 하나님이 기뻐 받으시는 예배가 되며 우리에게는 하나님이 주신 은혜에 감격하는 예배가 되게 하소서. 곤고한 영혼을 채우시는 하나님의 생명의 기운이 예배하는 우리 모두의 심령을 강건하게 하시어 더욱 견고한 하나님의 백성이 되게 하소서.

교만과 불순종으로 가득한 우리를 하나님께서 의롭다 거룩하다 인정하여 주시어 하나님의 백성으로 삼아 주신 것을 생각할 때마다 무한 감사할 따름입니다. 그러나 우리의 삶은 예수님의 은혜, 십자가의 사랑보

다는 늘 세상의 은혜와 권력의 사랑을 갈망하였습니다. 매일 만나와 메추라기, 구름 기둥과 불 기둥이라는 놀라운 기적을 경험하면서도 하나님을 향해서 원망하고 불평했던 이스라엘 백성의 불신앙이 우리의 삶에 반복되지 않기를 소망합니다. 이 시간 드려지는 예배를 통해 다시 한번 우리의 신앙이 예수 그리스도뿐인 신앙이 되게 하소서. 세속에 물든 우리의 소망을 예수 그리스도께 두게 하시고, 세속의 자랑에 목마른 우리의 심령이 십자가만을 자랑하도록 하여 주소서.

우리의 마음을 아시고 그 모든 행위대로 갚으시는 하늘에 계신 하나님! 온 세계 나라와 민족을 바라볼 때 많이 안타깝고 슬픕니다. 전쟁과 기근, 테러와 분쟁의 소식들, 그리고 설명할 수 없는 이상 기후로 인한 자연 재해가 많은 사람을 슬픔과 고통, 절망과 두려움 가운데로 몰아가고 있습니다. 더욱 슬프고 안타까운 사실은 이들 중 많은 사람이 여전히 하나님을 경외하지 않고 예수님을 믿지 않고 있다는 것입니다. 오, 하나님! 열악한 환경으로 인한 육신의 고통과 절망도 크겠지만, 이제 곧 모든 행위대로 선고될 영원한 심판의 고통을 두려워하게 하소서. 비록 모든 상황과 여건이 힘들고 험난할지라도 하나님을 바라보며 예수님을 믿는 신앙을 갖게 하소서. 온 세계 나라와 백성을 긍휼히 여기소서.

우리 교회가 온 세계 나라와 민족을 품에 안고 기도하게 하소서. 저들의 아픔과 슬픔을 공감하며 눈물을 닦아 주실 예수 그리스도를 전하게 하소서. 이 시간 복음 전도의 힘을 얻고자 하나님의 말씀에 심령의 문을 엽니다. 목사님을 통하여 말씀하여 주소서. 전심으로 하나님을 찬양합니다. 찬양대의 찬양을 받으소서.

예수님의 이름으로 기도합니다. 아멘.

주일 오전예배 대표기도문

4월 넷째 주

하나님이 우리를 사랑하시는 사랑을 우리가 알고 믿었노니 하나님은 사랑이시라 사랑 안에 거하는 자는 하나님 안에 거하고 하나님도 그의 안에 거하시느니라 _요한일서 4장 16절

외아들 예수 그리스도를 내어 주신 사랑의 주 하나님!

형용할 수 없는 하나님의 사랑을 찬송합니다. 독생자 예수 그리스도의 십자가 사랑으로 인하여 하나님만을 경배합니다. 이 시간 사랑의 본체이신 하나님을 온전히 찬양하고 경배하는 예배가 되도록 은혜를 베풀어 주소서. 거룩한 날, 주의 날을 맞아 모인 우리의 심령에 예수 그리스도로 말미암아 주신 하나님의 사랑이 가득가득 채워지게 하소서.

죄인들인 우리가 이 은혜의 자리까지 나올 수 있던 것은 오직 하나님의 사랑 때문임을 믿습니다. 늘 입으로만 하나님을 사랑하고, 이웃을 사랑한다고 떠들었습니다. 남들 앞에 거룩한 척, 경건의 모양새만을 드러내던 위선자들이었습니다. 오, 주님! 이 죄인들에게 자비를 베풀어 주소서. 하나님의 사랑, 그 십자가의 보혈로 우리의 심령이 양털보다 희어져 순결한 심령으로 하나님을 예배하게 하소서.

지난 주간 우리 사회에 많은 사건과 사고가 있었습니다. 그로 인해 많

은 사람이 다쳤고, 심지어 죽기도 했습니다. 사랑하는 가족과 이웃의 고통 앞에 우리도 함께 울게 하소서. 우리 사회의 아픔이 우리 교회의 아픔이 되어, 그들의 회복을 위해서 기도하게 하소서. 고통과 슬픔을 가지고 나온 성도들이 있다면, 이 시간 사랑의 주 하나님의 품에 안겨 참된 안식을 누리게 하소서. 예수님의 손을 붙들어 세상이 절대로 줄 수 없는 참 평안을 체감하게 하소서. 오직 인생의 유일한 답이신 예수님을 믿고, 그분의 말씀이 복음이 되게 하소서.

우리를 사랑하시어 독생자 예수 그리스도를 내어 주신 사랑의 주 하나님! 우리 교회가 사랑의 울타리가 되게 하소서. 세속적이고 탐욕적인 사랑이 아닌, 예수 그리스도의 십자가 사랑으로 넘치는 공동체가 되게 하소서. 우리 교회로 나온 모든 자가 하나님의 사랑을 예수 그리스도의 십자가를 통해서 보게 하시고, 그 사랑의 은혜를 감사함으로 예배하고, 그 사랑의 십자가를 전하는 출발점이 되게 하소서. 그리하여 우리 교회가 예수 그리스도 십자가 은혜로 성령의 열매를 풍성히 맺게 하소서. 우리 교회가 겟세마네 동산이 되며, 갈보리 언덕이 되게 하소서.

이 시간을 말씀을 전하실 우리 목사님이 사랑의 목자가 되어, 선포하시는 말씀에 십자가의 사랑의 복음이 넘치게 하소서. 매주일 찬양을 준비하여 드리는 찬양대원이 날마다 십자가의 사랑으로 감격하며, 그 은혜와 사랑을 감사하는 찬양이 되게 하소서. 예수님의 이름으로 기도합니다. 아멘.

TIP 사건과 사고가 무엇인지 구체적으로 언급하면 기도의 공감대를 형성할 수 있습니다.

주일 오전예배 대표기도문

4월 다섯째 주

너희는 눈을 높이 들어 누가 이 모든 것을 창조하였나 보라 주께서는 수효대로 만상을 이끌어 내시고 그들의 모든 이름을 부르시나니 그의 권세가 크고 그의 능력이 강하므로 하나도 빠짐이 없느니라 _이사야 40장 26절

권세가 크고 능력이 강한 창조주 하나님!

우리를 불쌍히 여기시어 오늘도 변함없이 하나님을 예배할 수 있는 여건과 환경, 건강과 믿음을 주시니 진정으로 감사합니다. 일주일간의 삶을 하나님의 강한 능력으로 인도하여 주시고, 밝은 빛을 비추어 믿음의 길로 가도록 인도해 주셔서 감사합니다.

우리는 넘어지고 쓰려져 주저앉기 일쑤였습니다. 항상 부족한 것투성인 우리를 긍휼히 여기셔서 손잡아 일으켜 세우시고, 은혜와 사랑으로 새로운 피조물이 되게 하시는 하나님의 은혜를 찬송하며 경배합니다. 이곳에 하나님께서 임하시어 영광과 찬양을 받아 주소서. 창조주 하나님 앞에 드리는 예배를 통해 우리의 심령을 새롭게 창조하여 주시고, 권세와 능력으로 우리를 입혀 주소서. 우리 안에 있는 모든 더러운 죄악이 십자가 은혜를 녹아 내려 완전히 소멸되게 하소서. 하늘의 문을 넓게 여시어 하늘 아버지의 은혜로 가득한 예배가 되게 하소서.

4월 마지막 주일입니다. 변함없는 하나님의 은혜로 이 시간까지 인도해 주심을 그저 감사할 뿐입니다. 매순간 하나님은 우리의 삶에 친히 말씀해 주셨고, 성령의 인도하심으로 우리의 삶을 이끄셨습니다. 이 은혜를 생각할 때, 우리의 생명을 드려도 아깝지 않습니다.

그럼에도 우리는 여전히 우리가 해결할 수 없는 많은 문제로 괴로워하고 있습니다. 가정의 문제, 직장과 사업의 문제, 인간관계의 문제, 건강의 문제, 진리의 문제 같은 것들이 우리의 길을 막고 서 있습니다. 이 문제의 산 앞에서 우리는 하나님의 은혜를 망각합니다. 예수님의 십자가 능력을 무가치하게 만듭니다. 오, 하나님! 우리의 무지한 눈을 열어 주소서. 우리의 교만한 심령을 깨뜨려 주소서. 우리 앞에 산적한 그 어떤 문제보다 '더 크신' 하나님을 보게 하소서. 우리의 심령을 꿰뚫을 것 같은 고통스런 문제보다 이미 '더 깊은 상처의 흔적'을 지니신 예수님을 만지게 하소서. 우리 안에 있는 모든 고통과 두려움보다 더 강력한 하나님을 향해 믿음으로 나아가게 하소서.

권세가 크고 능력이 강한 창조주 하나님! 이제 내 삶을 하늘의 권세를 가지신 하나님에게 내어 드리겠습니다. 크고 강한 능력의 하나님만을 의지하겠습니다. 날마다 내 삶을 창조하실 하나님만을 바라보겠습니다. 오직 하나님만이 내 삶의 주인이 되어 주소서. 단지 예수 그리스도 안에 거하는 믿음의 삶이 되게 하소서. 이 시간 내 삶의 주인이신 하나님의 말씀을 듣습니다. 우리 목사님을 세워 주셨으니 영육의 강건함을 주소서. 찬양대의 찬양을 통해 창조주 하나님만 홀로 영광받아 주소서.

예수님의 이름으로 기도합니다. 아멘.

주일 오전예배 대표기도문

5월 첫째 주

그러므로 우리는 기회 있는 대로 모든 이에게 착한 일을 하되 더욱 믿음의 가정들에게 할지니라 _갈라디아서 6장 10절

믿음의 가정을 세워 주시는 하나님 아버지!

완연한 봄날의 행복을 주님의 교회, 예배의 자리에서 가족과 함께 누릴 수 있도록 기회를 주셔서 감사합니다. 가정의 달 5월을 맞아 온 가족이 함께 하나님을 예배합니다. 우리 교회의 모든 성도가 주 안에서 한 몸을 이룬 가족이 되어 예배하게 하셔서 감사합니다. 서로의 생김새, 성격, 직업, 환경 등 모든 것은 다르지만 하나님을 경외하며 예수님을 믿는 믿음으로 하나가 되어 예배를 드리게 하셔서 감사합니다. 주 안에서 한 몸을 이루어 오직 하나님의 기쁨이 되는 예배가 되게 하소서. 이 시간 예수 그리스도의 십자가 공로를 의지하며 예배하는 주의 가정들이 믿음의 가정이 되어 하나님을 온전히 예배하도록 은혜를 베풀어 주소서.

오, 하나님! 이 자리에 모여 예배하는 주의 가정들을 하나님께서 감찰하여 주소서. 다양한 갈등으로 인해 위기를 맞은 가정을 지켜 주소서. 부자간, 모자간, 형제자매간, 고부간의 갈등은 우리 안에 계속해서 쓴

뿌리가 되고 있습니다. "예배를 드리기 전에 형제와 먼저 화목하고 예배하라"는 예수님의 말씀에 비추어볼 때 지금 우리에게 무엇이 필요한지 깨닫게 됩니다. 먼저 우리 가족 안에 도사리고 있는 불편한 감정들을 해결하여 주소서. 내가 먼저 손을 내밀어 화해하여 화목한 마음으로 하나님을 예배하도록 성령 하나님께서 역사하여 주소서. 오해, 시기, 욕심을 버리고 예수 그리스도 안에서 누리는 진정한 평화가 우리의 가정을 덮으소서. 그리하여 우리의 가정이 하나님을 예배하는 예배처가 되게 하여 주소서.

믿음의 가정을 세워 주시는 하나님 아버지! 결혼을 꿈꾸며 연애하는 많은 젊은이가 있습니다. 또한 결혼을 준비하는 예비부부들도 있습니다. 이들의 꿈이 일장춘몽一場春夢이 되지 않게 도우소서. 하나님께서 이들에게 지혜를 주셔서 믿음의 가정이 되도록 인도하여 주소서. 서로를 향한 사랑이 이해와 양보, 배려와 겸손으로 나타나도록, 그렇게 연애하며 결혼을 준비하도록 도와주소서. 하나님의 정하신 결혼 예식 전까지 순결함을 유지하도록 성령 하나님께서 이들의 욕망을 잠재워 주소서. 오, 주님! 이혼을 생각하는 가정들도 있사오니, 이들에게 다시 사랑의 마음을 주시고, 하나님의 말씀에 따라 결정하도록 인도하여 주소서. 결손가정의 자녀들을 하나님께서 크고 넓은 사랑의 품에 안아 주셔서 세상의 유혹에 빠지지 않게 하소서.

이 시간 목사님을 통해서 선포되는 말씀으로 믿음의 가정을 세우시는 하나님의 메시지를 되새기게 하시고, 믿음의 가정이 드리는 찬양대의 찬양을 흠향하여 주소서. 예수님의 이름으로 기도합니다. 아멘.

주일 오전예배 대표기도문

5월 둘째 주

우리가 이 땅에 들어올 때에 우리를 달아 내린 창문에 이 붉은 줄을 매고 네 부모와 형제와 네 아버지의 가족을 다 네 집에 모으라 _여호수아 2장 18절

우리의 가족이 구원받기를 원하시는 하나님!

구원의 증표인 붉은 줄, 예수 그리스도의 십자가를 세워 주시고, 그 십자가 아래로 우리 가족을 모이게 하시어 구원의 주 하나님을 예배하게 하시니 감사합니다. 많고 많은 사람들 중에 우리 가족을 택하여 주시고, 하나님을 알고 믿어 예배하게 하시는 하나님의 깊고 넓고 크신 섭리를 소리 높여 찬송합니다. 이 은총을 누리며 매일 매순간 하나님을 경외하고 예배하게 하소서.

이 예배를 통해 우리 가족이 구주 하나님을 온전히 예배하기 원하지만, 여전히 하나님과 우리 사이를 가로막는 죄의 장벽이 높습니다. 우리 가족을 불쌍히 여겨 주소서. 각각의 마음에 회개의 영을 부어 주셔서, 죄인 중의 괴수임을 인정하며 그리스도의 십자가 앞으로 나아가게 하소서. 참 깊고 넓은 보혈의 생수를 마시고, 그 보혈로 우리를 씻어 하나님을 예배하기에 합당한 모습으로 변화시켜 주소서.

우리의 가족이 구원받기를 원하시는 하나님! 오늘 열리는 '행복한 가정, 건강한 가족 세미나'(가정의 달을 맞아 교회 내에서 운영되는 프로그램)을 통해 우리 가족이 더욱 하나님의 말씀에 견고히 세워지기 원합니다. 아버지들이 가부장적 권위를 버리고 섬기는 아버지가 되게 하소서. 어머니들이 자녀들을 향한 지나친 기대와 욕심을 내려놓고 하나님 앞에 드리게 하소서. 자녀들이 세상의 놀이 문화에서 빠져 나와 하나님 안에 있는 기쁨을 발견하게 하소서. 우리 가정이 하나님의 은혜와 사랑으로 행복하게 하시고, 십자가의 복음으로 건강해지도록 역사하소서.

우리 주변을 돌아보면 위기에 처한 가정이 많습니다. 마치 위기에 처한 라합의 가정을 생각나게 합니다. 라합의 가정이 주신 말씀대로 창문에 붉은 줄을 매달았을 때 구원을 받았습니다. 이처럼 위기에 처한 가정의 문에 예수 그리스도의 십자가가 세워지게 하소서. 그들의 가정에 진정 필요한 것이 재산이나 학력, 건강 같은 어떤 세속적인 능력이 아니라 예수 그리스도임을 깨닫게 하소서. 예수 그리스도를 통해서 가정이 회복되고 화목을 이룰 수 있다는 믿음을 그들에게 내려 주소서. 이 시간 선포되는 말씀을 통해 우리의 가정이 붉은 줄 예수 그리스도를 바라보게 하시고, 찬양대의 찬송이 구원의 주 하나님을 향한 온전한 찬양이 되게 하소서.

예수님의 이름으로 기도합니다. 아멘.

TIP
교회에서 운영하거나 특별히 준비한 가정 관련 세미나를 기도 중에 언급하는 것도 효과적입니다.

주일 오전예배 대표기도문

5월 셋째 주

주의 크신 긍휼로 그들을 아주 멸하지 아니하시며 버리지도 아니하셨사오니 주는 은혜로우시고 불쌍히 여기시는 하나님이심이니이다
_느헤미야 9장 31절

크신 긍휼로 은혜를 베풀어 주시는 하나님!

아담의 원죄로 이미 사망을 선고받은 죄인들을 십자가 은혜로 구원하시고 예배할 수 있는 특별한 존재로 만들어 주셔서 감사합니다. 버림받고 멸망받는 것이 마땅함에도 긍휼을 베풀어 주시고 거룩하신 하나님을 예배할 수 있는 은혜를 베풀어 주셔서 진심으로 감사합니다.

우리가 받고 있는 이 은혜와 사랑을 어찌 갚을 수 있겠습니까! 그저 하나님 앞에 머리를 조아리고 온 마음과 정성을 다하여 하나님을 예배하는 것 외에 아무것도 할 수 없음을 고백합니다. 성령 하나님께서 예배 순서마다 역사하셔서, 오직 하나님만 영광을 받으시는 예배가 되게 하소서. 하나님이 정하신 주의 날에 감사와 기쁨의 찬양이 예배당 안을 가득 채워 이 은혜가 복음의 파도가 되어 온 세상을 덮게 하소서.

소도 그 주인을 알고, 나귀도 주인의 구유를 알지만 내 백성은 나를 알지 못한다고 탄식하신 하나님의 말씀을 기억합니다. 이 시간의 예배가

주인을 모른 채 드리는 예배가 되지 않도록, 먼저 우리 심령의 찌든 죄들을 십자가의 보혈로 씻어 주소서. 외식적인 신앙에 사로잡혀 습관적인 예배를 반복하고 있는 우리를 불쌍히 여겨 주소서. 우리를 움직이는 심장이 그리스도의 심장이 되고, 우리의 손과 발에 십자가에 못 박히신 예수님의 흔적이 있게 하소서. 오직 예수님의 공로를 의지하여 하나님을 예배하며, 믿음의 길로 나아가기를 기도합니다.

크신 긍휼로 은혜를 베풀어 주시는 하나님! 우리는 하나님의 긍휼과 은혜로 살기를 원하면서도 정작 삶에서 물질과 명예, 이 세상의 부요함을 추구하고 있습니다. 하나님의 복음을 위해서 자신을 드리기보다, 세상에서의 성공을 위해서 물불을 가리지 않습니다. 하나님의 이름을 망령되게 말하며, 교회에 다니는 것을 이용하여 자신의 영리를 취할 때가 한두 번이 아닙니다. 이처럼 연약한 믿음을 가진 우리를 긍휼히 여기시어서 어떤 상황에 있을지라도 '오직 예수, 오직 믿음, 오직 은혜'의 삶이 되게 하소서. 믿음의 행함이 없어서 병들고 죽어가지 않도록, 늘 믿음으로 실천하며 살게 하소서.

이 세상의 많은 사람도 성공적인 삶, 행복한 삶을 꿈꾸며 동분서주하지만, 결국 유한한 삶을 살다가 죽음을 향해 달려가고 있을 뿐이라는 것을 깨닫게 하소서. 하나님의 긍휼하심이 있을 때, 하나님의 은혜로 살아가도록 성령님께서 역사하여 주소서. 이 시간 목사님을 통해서 선포될 말씀으로 다시 한번 새 힘을 얻게 하시고, 찬양대의 찬양을 통해 은혜 충만하게 하소서.

예수님의 이름으로 기도합니다. 아멘.

주일 오전예배 대표기도문

5월 넷째 주

내가 내 자녀들이 진리 안에서 행한다 함을 듣는 것보다 더 기쁜 일이 없도다 _요한삼서 1장 4절

우리가 진리 안에서 행하는 것을 기뻐하시는 하나님!

이 시간 진리이신 예수 그리스도로 말미암아 성삼위 하나님을 예배하게 하시니 진심으로 감사합니다. 진리의 빛으로 부르심을 받은 우리가 순종함으로 나와 예배를 드립니다. 영광 중에 계신 하나님께서 우리를 만나 주시고, 하나님의 은총을 갈망하며 나온 우리를 영원한 생명수로 채워 주소서. 은혜의 단비로 인하여 메마른 우리의 영혼이 깨어나 이 시간에만 드리는 예배가 아닌, 매일 매순간 하나님을 온전히 경외함으로 하나님을 예배하는 예배자가 되게 하소서.

예배는 우리에게 그 어느 시간보다 소중합니다. 더욱 하나님에게 집중하기 원합니다. 예배의 자리에는 앉아 있지만 여전히 마음은 세상을 향해 관심을 갖고 있습니다. 예배의 순서에 따라 찬양을 드리며 함께 기도하고 고개 숙이지만, 여전히 주변의 것들에 더욱 신경이 쓰입니다. 오, 하나님! 예배에 집중하지 못하는 연약한 우리를 긍휼히 여겨 주소

서. 예배를 방해하는 모든 생각, 문제, 환경을 초월하여 하나님만 바라며, 모든 시선을 예수 그리스도의 복음에 맞추도록 역사하소서.

하나님의 자녀들이 진리 안에서 행하는 것을 기뻐하시는 하나님! 이제 진리 안에서 행하는 하나님의 자녀가 되기를 원합니다. 진리 안에서 행하는 가정과 교회가 되기를 원합니다. 진리를 잃어버린 영혼을 향해서 "진리가 예수 안에 있다"고 외치는 복음 전도자가 되게 하소서. 이 땅의 것을 구하며, 이 땅의 기쁨을 따라 그것만을 구하는 사람들을 향해서 "인생의 해답이 예수 안에 있다"고 전하게 하소서. 특별히 이 지역 사회를 향해서 진리의 복음을 전하게 하소서. 주님의 교회로서 각 부서와 기관들이 지역 사회를 위해 해야 할 일들을 능히 감당하도록 역사하소서.

5월의 마지막 주일, 다시 한번 우리 모두를 깨워 주소서. 완전한 하나님이심에도 예수님은 하나님의 뜻에 순종하며 하나님을 영화롭게 하셨습니다. 우리의 삶도 오직 하나님의 뜻에 순종하여 하나님을 영화롭게 하며, 우리 교회의 사역도 하나님의 영광을 위한 열매로 나타나게 하소서. 일용할 양식으로 채워 주시는 하나님의 은혜를 감사하며 나누며 섬기며 살게 하시고, 섬기는 교회가 되게 하소서.

늘 생명의 양식으로 채워 주시는 우리 목사님의 건강을 붙들어 주시며 목양의 사역에 성령 하나님께서 역사하여 주소서. 이 시간에 말씀을 전하실 때 강건함을 주셔서, 예수 그리스도의 복음을 담대히 전하게 하소서. 정성으로 준비하여 하나님을 찬양하는 찬양대도 하늘 향기가 가득한 찬양을 하게 하소서.

예수님의 이름으로 기도합니다. 아멘.

> 주일 오전예배 대표기도문

6월 첫째 주

모든 사람에게 구원을 주시는 하나님의 은혜가 나타나 우리를 양육하시되 경건하지 않은 것과 이 세상 정욕을 다 버리고 신중함과 의로움과 경건함으로 이 세상에 살고 _디도서 2장 11-12절

모든 사람에게 구원을 주시는 하나님!

승리의 날을 믿음의 눈으로 바라보며 이 시간 주님의 교회로 모여 하나님을 경배하고 찬양하는 특권을 주셔서 감사합니다. 하나님이 예수 그리스도를 통해 주신 구원의 감격을 잊은 적이 더 많았음에도, 십자가의 은혜로 불러 주시어 하나님을 향한 신앙을 회복하게 하시니 감사합니다. 하나님이 베풀어 주시는 은혜가 헛되지 않았음을 감사하며 예배를 드립니다. 우리의 예배를 받아 주소서.

마지막 피 한 방울까지 십자가에서 쏟으심으로 구원을 완성하신 예수 그리스도의 은혜가 이 시간 예배를 드리는 우리 모두를 덮어 주소서. 감히 고개조차 들지 못할 완악한 우리이지만 십자가의 보혈을 의지하여 죄를 자백하고 회개하오니, 하나님께서 용서하여 주소서. 예수님이 우리 대신 당하시고 맞으신 조롱과 채찍으로 우리가 나음을 입었고, 십자가에서 쏟으신 보배로운 피로 인하여 우리는 영원한 생명을 얻게 되

었습니다. 이처럼 형언할 수 없는 예수님의 은혜와 십자가의 사랑을 회복시켜 주소서.

모든 사람에게 구원을 주시는 하나님! 호국보훈의 달, 6월이 시작되었습니다. 이 땅의 자유를 위해 장렬히 순국하신 모든 분을 기념하며 자유의 소중함을 새삼 깨닫게 됩니다. 조국을 수호하기 위해 자신의 몸을 기꺼이 바친 순국자들에게 "모든 사람에게 구원을 주시는 하나님"의 은총을 내리어 주소서. 무엇보다도 조국의 자유와 번영을 위해 우리가 먼저 법과 질서 앞에 솔선수범하도록 우리를 이끄소서. 또한 진정한 자유가 예수 그리스도 안에 있음을 이 땅의 백성들이 믿도록 역사하여 주소서.

조국의 주권을 수호하기 위해서 희생하신 모든 분처럼, 복음을 위해 자신의 한 몸을 아끼지 않고 희생하고 계시는 복음 선교사들을 기억하여 주소서. 아프리카의 오지에서, 아마존의 정글에서, 사람이 살기 힘든 환경을 마다하지 않고 예수 그리스도의 복음을 전하고 있습니다. 전쟁과 기근이 있는 곳에서 강도와 테러를 당하는 절체절명의 순간이 한두 번이 아니었습니다. 오, 하나님! 모든 사람에게 구원을 주시는 하나님이심을 믿기에 이처럼 온 세계 열방의 족속을 향해서 복음을 전하고 있으니, 모든 선교사와 그의 가정을 보호하여 주소서. 그들의 헌신과 노력이 헛되지 않도록 날마다 그리스도의 십자가를 붙들어 하나님이 기뻐하시는 열매를 맺게 하소서.

이 시간에 말씀을 전하시는 목사님의 입술에 성령의 기름부으심이 있게 하시며 찬양대의 찬양을 하나님께서 받아 주소서. 예수님의 이름으로 기도합니다. 아멘.

주일 오전예배 대표기도문

6월 둘째 주

여호와께서 그의 앞으로 지나시며 선포하시되 여호와라 여호와라 자비롭고 은혜롭고 노하기를 더디 하고 인자와 진실이 많은 하나님이라
_출애굽기 34장 6절

노하기를 더디 하고 인자와 진실이 많으신 하나님!

예수님의 십자가 보혈로 구원받아 영생을 얻은 주의 백성들이 무릎 꿇고 하나님을 경배하게 하시니 감사합니다. 세상의 많고 많은 사람 중에 저희를 선별하여 주시어 주님의 교회로 발걸음을 인도하시니 감사합니다. 주님의 백성들이 이렇게 한 자리에 모여 한마음으로 한 분이신 하나님을 예배하게 하시니 더욱 감사합니다. 거룩한 주일 오전에 하나님을 향해 우리의 몸과 정성을 다 바쳐 예배를 드립니다. 오직 하나님만 홀로 영광을 받으시고 한량없는 은혜로 이 시간 우리의 심령을 채워 주소서.

지난 주간에도 우리는 자비로운 눈길, 은혜로운 손길, 노하기를 더디 하시는 하나님의 인자와 진실로 말미암아 잘 살았습니다. 그러나 우리는 하나님께 필요한 것을 달라고 요구하였을 뿐, 하나님이 원하시는 삶을 전혀 살지 못했습니다. 오, 주님! 자비를 베풀어 주소서. 십자가의 보

혈로 우리를 새롭게 하소서. 이 시간 드리는 예배를 통해 우리의 심령을 바꾸시고, 우리의 생각과 모든 행위가 인자와 진실이 많으신 하나님을 닮게 하소서.

자비로우시고 은혜로우신 하나님! 이 시간 하나님이 주시는 새 힘으로 독수리가 날개를 치며 올라가듯 역동적인 삶을 소망합니다. 예수님이 가신 고난의 길, 십자가의 죽음을 생각하면 우리의 삶은 비교할 수 없을 정도로 편하지만, 나약하기에 흔들려 넘어지고 실의에 빠지기도 합니다. 푯대이신 예수 그리스도를 향하여 전진하지 못하고 방황하여 돌고 돌 때도 많습니다. 때로는 하나님을 모르는 불신자들처럼, 때로는 예수님을 믿는 척하는 위선자들처럼 행동할 때가 종종 있습니다. 매순간 악한 사탄은 모든 수단과 방법을 동원하여 우리를 막아서고, 때로는 달콤한 말로 유혹합니다. 이 모든 영적 전투에서 승리하도록 은총을 베풀어 주소서. 말씀을 힘입어 무장하고, 기도로 호흡하며 믿음의 길을 향해 전진하게 하소서.

특별히 이 나라와 민족이 하나님 앞으로 돌아오기를 간절히 간구합니다. 복음의 은혜로 우리나라가 부강해졌지만, 이 은혜를 주신 하나님 대신 온갖 우상과 이단과 사이비들이 판치고 있습니다. 외적으로는 발전하고 있지만 영적으로 점점 어두워지고 있습니다. 부정한 생각, 부패한 마음으로 복음이 무시당하고 있습니다. 복음을 외면하며 왜곡하고 있습니다. 이 악함을 회개하게 하시고, 하나님을 경외하고 예배하는 나라와 민족이 되게 하소서. 그런 복음의 역사를 위해 우리 교회를 사용하여 주소서. 이 시간에 목사님이 전하시는 설교가 우리에게 능력이 되게 하시고, 찬양대의 찬양이 하늘의 기쁨이 되게 하소서. 예수님의 이름으로 기도합니다. 아멘.

주일 오전예배 대표기도문

6월 셋째 주

대저 여호와께서 이같이 말씀하시되 하늘을 창조하신 이 그는 하나님이시니 그가 땅을 지으시고 그것을 만드셨으며 그것을 견고하게 하시되 혼돈하게 창조하지 아니하시고 사람이 거주하게 그것을 지으셨으니 나는 여호와라 나 외에 다른 이가 없느니라 _이사야 45장 18절

만물의 창조주가 되시는 유일하신 하나님!

특별한 은혜로 구원받은 하나님의 백성들이 여기 한 자리에 모여 하나님을 경외하며 예배하게 하시니 감사합니다. 만물을 창조하신 그 섬세한 손길과 말씀의 권능으로 죄인들을 구원하여 주셔서 감사를 드립니다. 완전한 하나님이시지만 완전한 인간이 되어 십자가에서 죽으시고 부활하심으로 구원의 은총을 죄인들에게 거저 주시고, 새 하늘과 새 땅을 소망하게 하시니 감사합니다. 성령 하나님께서 우리 가운데 역사하시어 우리가 온전히 하나님을 예배할 수 있도록 하여 주소서.

유일하신 하나님의 은혜로 이 시간 예배를 드리지만, 예수 그리스도의 보혈이 없다면 온전한 예배가 될 수 없음을 우리는 잘 알고 있습니다. 알게 모르게 지은 죄, 무의식중에 품은 죄, 탐심으로 범한 죄가 우리를 하나님께로 온전히 나아가지 못하도록 막고 있습니다. 시시때때로 육신의 욕망에 사로잡혀 죄의 노예로 살았던 우리를 불쌍히 여기소서. 십

자가의 보혈이 우리의 죄를 씻기는 유일한 능력이오니 보혈로 우리의 머리끝부터 발끝까지 정결하게 씻어 주소서. 말씀으로 천지를 창조하신 하나님의 능력으로 우리를 회복하시어 하나님의 형상으로 새롭게 빚어 주소서.

만물의 창조주 되시는 유일하신 하나님! 부끄러움을 개의치 않으시고 모든 치욕과 수치를 당하며 십자가의 길을 가신 예수님을 깊이 생각합니다. 생각하면 할수록 그 사랑과 은혜가 크지만, 예수님의 말씀대로는 살지 못했던 연약함을 이 시간을 고백합니다. 만물을 창조하신 능력이 우리의 삶에 실재하는 능력으로 나타나, 오직 예수님의 말씀에 순종하는 복된 인생이 되게 하소서. 하나님을 예배하는 입술이 복음을 부인하는 입술이 되지 않게 하소서. 자기중심적이고 이기적인 신앙의 굴레에서 벗어나 사나 죽으나 하나님의 영광을 위하게 하소서. 질병 때문에, 경제적인 곤고함 때문에, 연속되는 실패로 인해 유일하신 하나님 외에 다른 거짓 우상들에게 현혹당하지 않게 하시고 십자가의 길을 걷게 하소서.

우리 교회의 모든 사역의 방향이 그리스도의 십자가가 되게 하소서. 세상의 풍조를 따라, 세상 사람이 선호하고 인정하는 길을 가려고 타협하지 않도록 보호하여 주소서. 하나님이 우리에게 주신 유일한 구원의 길 예수 그리스도만을 담대히 전하게 하시고, 이 복음에 모든 것을 거는 교회가 되게 하소서. 우리 목사님을 비롯하여 모든 청지기가 예수 그리스도의 복음 안에서 한 몸을 이루고 십자가의 길을 걷게 하소서. 이 시간의 말씀이 우리에게 능력이 되고, 찬양대의 찬양이 우리 삶의 고백이 되게 하소서. 예수님의 이름으로 기도합니다. 아멘.

> 주일 오전예배 대표기도문

6월 넷째 주

기약이 이르면 하나님이 그의 나타나심을 보이시리니 하나님은 복되시고 유일하신 주권자이시며 만왕의 왕이시며 만주의 주시요
_디모데전서 6장 15절

복되시고 유일하신 주권자이며 만왕의 왕이신 하나님!

예수님을 통해서 하나님이 주신 복을 우리 삶에 채우셔서 이 시간 하나님을 예배하게 하시니 감사합니다. 변함없는 사랑으로 주일마다 우리를 이끄시어 은혜의 자리로 불러 주셔서 진심으로 감사합니다. 하나님을 예배할 수 있는 아름답고 아담한 예배당을 주심도 감사합니다. 함께 하나님의 사랑을 느끼고 나누며 예배할 수 있는 주의 백성들 가운데 있게 하시니 감사합니다. 이 모든 은혜를 주시는 유일하신 주권자 하나님을 전심으로 예배하게 하소서. 만왕의 왕이시며 만주의 주이신 하나님의 백성답게 최선의 마음을 담아 드리는 최고의 예배가 되게 하소서.

만왕의 왕이신 하나님을 예배하는 우리가 먼저 그리스도의 십자가 앞에 서게 하소서. 십자가 앞에서 우리의 죄가 얼마나 심각하며, 교묘하게 숨겨져 있는지 깨닫게 하시어 가식적인 모습이 아닌 진심을 담은 눈물의 회개가 있게 하소서. 말로만 떠드는 최선이 아닌, 그리스도의 십

자가로 말미암은 온전한 예배가 되도록 우리의 심령을 보혈로 채우소서. 두 주인을 섬기는 얄팍한 신앙의 가면을 벗고, 유일하신 하나님만 높이는 예배가 되도록 은혜에 은혜를 더하여 주소서. 십자가 보혈로 씻음 받은 하나님의 자녀가 되게 하소서.

복되시고 유일한 주권자이시며 만왕의 왕이시며 만주의 주이신 하나님! 전쟁과 테러, 질병과 자연 재해로 고통을 겪는 사람이 많습니다. 그들을 볼 때마다 잠깐의 동정심만 가졌을 뿐, 나만 아니고 우리나라만 아니면 된다는 이기적인 생각을 할 때가 많았습니다. 그들의 고통을 우리의 고통이라고 생각하지 않았으며 형식적이고 지극히 제한적인 나눔만 있었을 뿐이었습니다. 한 달에 정기 후원금 얼마정도만 하면 된다는 생각뿐이었습니다. 오, 주님! 우리의 이기적인 마음이 그리스도의 마음이 되게 하소서. 모든 사람에게 복 주시기 위해 왕이신 하나님이 친히 성육신하신 그 사랑의 마음을 품고 온 세계를 바라보게 하소서. 우리나라를 마음에 품게 하소서. 우리 교회를 품게 하소서. 우리 가정을 품게 하소서.

지금 많은 사람이 교회를 향해 손가락질을 하고 있습니다. 교인들을 향해서 심한 욕설을 내뱉고 있습니다. 오, 주님! 이 모든 것이 우리 때문입니다. 나 때문입니다! 예수 그리스도의 십자가를 지기 싫어 타협했던 믿음이 문제의 원인이었습니다. 더 이상 우리 때문에 예수님의 거룩하신 이름이 욕되지 않게 그리스도의 십자가를 지고 예수님을 따르게 하소서. 하나님의 이름을 높이는 예배가 삶에서 열매를 맺게 하소서. 이 시간 선포될 말씀을 통해서 십자가를 지고 갈 능력을 주시고, 찬양대의 찬송이 십자가의 길을 걷는 기쁨의 노래가 되게 하소서. 예수님의 이름으로 기도합니다. 아멘.

주일 오전예배 대표기도문

7월 첫째 주

오직 주는 여호와시라 하늘과 하늘들의 하늘과 일월성신과 땅과 땅 위의 만물과 바다와 그 가운데 모든 것을 지으시고 다 보존하시오니 모든 천군이 주께 경배하나이다 _느헤미야 9장 6절

모든 것을 지으시고 보존하시는 하나님!

주의 날 주의 백성이 한 자리에 모여 하나님을 예배하게 하시니 진실로 감사합니다. 무더운 날씨 속에서 만물을 주관하시는 하나님의 섭리를 느끼게 하시니 감사합니다. 눈꽃 세상의 겨울, 새싹이 돋는 봄날 그리고 작열하는 태양의 한 여름을 지내며 선선한 가을바람을 기대하게 하시니 감사합니다. 사시사철 늘 하나님이 주관하시는 일월성신과 만물의 흐름을 보며 하나님을 예배할 수밖에 없음을 고백합니다. 이 시간 피조물이 드리는 예배가 보잘것없지만, 하나님께서 받아주시고 홀로 영광을 받으소서.

지난 한 주간 우리의 삶을 돌아볼 때, 각기 제 길을 고집하는 양 같은 삶이었음을 자백합니다. 그럼에도 하나님은 예수님의 십자가를 매번 선명하게 보여 주셨고, 사람과 환경에 역사하시어 은혜의 울타리를 만들어 주셨습니다. 이 놀라운 은혜를 받은 자로서 이 시간 십자가를 붙

들고 진심으로 회개하여 거듭나게 하소서. 예수 그리스도 안에서 새로운 피조물이 되도록 우리의 영육을 보혈로 씻어 주소서. 교묘하고 교활한 생각과 행위로 찌들어 있는 우리의 영혼과 마음과 생각을 십자가의 보혈로 새 사람이 되게 하소서. 육체의 정욕과 안목의 정욕, 이생의 자랑을 버리게 하시고 하나님이 기뻐하시는 대로 회복시켜 주소서.

모든 것을 지으시고 보존하시며 경배받기 합당하신 하나님! 120여 년 전에 우리나라가 복음을 알도록 역사하심을 생각할 때 감사합니다. 선교사님들은 이름도 없이 빛도 없이 예수 그리스도의 복음을 전하였습니다. 환난과 핍박 중에 죽음을 각오하고 전한 복음의 열매를 지금 우리가 누리고 있습니다. 그런데 이 복음의 생명력이 점점 약해지고 있습니다. 복음은 변함이 없지만, 복음을 대하는 우리의 심령이 굳어져서 복된 소식이신 예수 그리스도를 삶의 주인으로 섬기지 않고 있습니다. 믿음의 선배들이 순교의 피를 흘리며 전하고 지켰던 신앙이 왜곡되거나 변질되고 있습니다. 오, 주님! 우리나라를 긍휼히 여기셔서, 복음의 빚진 자의 심령으로 온 힘을 다하여 복음을 수호하고, 복음을 전하게 하소서. 경배받기에 합당하신 분이 하나님이심을 만방이 듣도록 전하게 하소서.

우리 교회가 이 복음 전도의 중심이 되기를 원합니다. 세상의 가치와 사상에 잠식당하지 않도록 우리 교회를 깨워 주시고, 복음 앞에 한 치도 양보하지 않고, 오직 예수 그리스도의 십자가와 부활의 복음을 전하게 하소서. 모든 성도가 이를 위해 한마음과 한뜻으로 기도하며 협력하게 하소서. 이 시간 복음의 말씀을 선포하시는 목사님을 붙들어 주시고, 찬양대의 찬양을 받아 주소서. 예수님의 이름으로 기도합니다. 아멘.

주일 오전예배 대표기도문

7월 둘째 주

주여 주는 대대에 우리의 거처가 되셨나이다 산이 생기기 전, 땅과 세계도 주께서 조성하시기 전 곧 영원부터 영원까지 주는 하나님이시니이다
_시편 90편 1-2절

영원부터 영원까지 우리의 주이신 하나님!

한 주간도 하나님께서 주신 건강을 가지고 맡은 바 삶에서 성실하게 살다가 이 시간 예배의 자리로 인도하여 주셔서 감사합니다. 하나님께서 주신 은혜와 사랑으로 살게 하셨고, 함께 모여 드리는 예배를 소중히 여기는 마음을 주시니 감사합니다. 이 은혜 앞에 하나님께 영광을 돌립니다. 우리에게 평안과 복을 주시려고 이곳으로 불러 주신 은혜를 감사합니다. 분주한 일상이지만, 예배하는 일을 최우선으로 삼아 하나님 앞에 나왔사오니 우리의 예배를 받아 주소서.

하나님의 은혜로 이 시간 나왔지만, 하나님 앞에 송구한 마음뿐입니다. 우리가 받은 은혜에 비해 우리의 삶이 너무나 형편없었기 때문입니다. 일주일 내내 말씀 한 절 읽기 힘들어했고, 조용히 기도의 무릎을 꿇기도 귀찮아했으며, 무더운 날씨를 핑계 삼아 시간을 공허하게 허비했습니다. 삶에서 하나님과 단절되었고, 예수님의 십자가의 은혜를 철저하

게 외면했습니다. 이 시간 이 모든 연약함을 통회 자복하오니, 예수 그리스도의 십자가 보혈로 게으르고 나태한 우리를 고쳐 주소서. 신실한 모습으로 하나님을 예배하도록 우리 안에 새 영을 부어 주소서.

대대에 우리의 거처가 되시며 영원부터 영원까지 우리의 주이신 하나님! 한 번 죽는 것은 사람에게 정한 것이요 그 후에 심판이 있다고 말씀하시지만 우리는 지금 이 삶이 영원할 것이라는 심각한 착각 속에 있습니다. 우리의 거처이신 하나님을 무시한 채, 이 세상에 거처를 만들기 위해서 발버둥치고 있습니다. 영원부터 영원까지 우리의 주인이신 하나님의 말씀에 불순종하며 세상을 주인삼아 세상에 복종하고 있습니다. 천년이 하루 같고 하루가 천년 같은 하나님의 시간표 속에서 우리의 영원한 삶을 보증하시는 하나님만을 경외하게 하소서. 세상의 거처가 아닌 영원한 거처인 천국에서의 삶을 소망하는 나그네로 살도록 인도하소서.

매순간 자기를 부인하고 자기 십자가를 지며 예수님을 따르는 참된 제자로 살기 원합니다. 예수 그리스도 안에서 그 풍성한 대로 우리의 쓸 것을 채우시는 하나님의 은혜만을 갈망하는 삶을 살기 원합니다. 어떠한 시련 속에서도 오직 예수 그리스도를 믿는 믿음으로 만족하며 감사하는 삶을 살기 원합니다. 그리하여 이 세상이 감당할 수 없는 믿음의 영향력을 끼치며, 강력한 복음의 빛을 발하게 하소서. 우리의 심장을 뛰게 하는 그리스도의 은혜를 우리 가정, 우리 교회, 우리나라를 통해 모든 나라와 백성이 볼 수 있도록, 예수 그리스도의 십자가를 세우게 하소서. 이 시간 말씀하여 주소서. 찬양을 통해서 영광받아 주소서. 예수님의 이름으로 기도합니다. 아멘.

주일 오전예배 대표기도문

7월 셋째 주

하나님은 이르시되 어리석은 자여 오늘 밤에 네 영혼을 도로 찾으리니 그러면 네 준비한 것이 누구의 것이 되겠느냐 하셨으니 자기를 위하여 재물을 쌓아 두고 하나님께 대하여 부요하지 못한 자가 이와 같으니라
_누가복음 12장 20-21절

하나님께 대하여 부요하지 못한 영혼을 취하시는 하나님!

두려운 마음으로 이 시간 하나님 앞에 나옵니다. 세상 것들을 얻기에 분주하여 하나님께 대하여 전혀 부요하지 못한 죄인들을 거룩하신 하나님의 보좌로 인도하여 주셨기 때문입니다. 이 한량없는 하나님의 은혜와 사랑을 감사하며 찬양합니다. 하나님의 사랑 때문에, 예수님이 십자가에서 쏟으신 눈물 때문에, 이 시간 하나님을 예배합니다. 죄인들을 긍휼히 여기사 우리의 예배를 받아 주소서.

죄와 짝하며 살았던 우리 자신의 모습이 부끄러워 감히 고개를 들 수 없지만, 예수 그리스도의 십자가 공로를 의지하여 고개를 듭니다. 죄뿐인 우리의 몸을 주의 피로 이룬 샘물로 인도하여 주셔서 그 피로 씻어 맑혀 주소서. 아무리 흉악한 괴수라도 보혈의 은혜와 능력으로 바뀔 수 있음을 확신하오니 유월절 그 양의 피로 우리를 정결하게 하소서. 우리의 의지와 결단이 아닌 순전한 십자가의 은혜로만 하나님을 예배하도

록 이 시간 역사하여 주소서.

어리석은 삶으로 하나님께 대하여 부요하지 못한 영혼을 취하시는 하나님! 집안의 창고를 다 채운 뒤 이제 되었다며 기뻐했던 어리석은 부자를 떠올리며 그 모습이 우리의 모습임을 발견합니다. 한 사람이 하나님과 재물, 두 주인을 섬기지 못할 것이라는 예수님의 경고를 잊은 채 살았습니다. 하나님과 재물 사이에 양다리를 걸치며 하나님을 이용하여 물질적인 부요를 얻으려고 했습니다. 우리의 영혼에 대한 관심보다 몸의 욕망을 채우려 했던 어리석음을 깨닫게 하소서.

물질만능시대를 사는 대부분의 사람이 돈이면 다 된다는 사슬에 매여 있습니다. 교회에서는 헌금의 액수에 따라 신앙의 순위를 매기려 하고, 사회에서는 재산의 정도에 따라 대우가 천차만별입니다. 돈 때문에 부모님을 죽이는 패륜 범죄가 일어나고, 돈 때문에 스스로 목숨을 끊고, 돈 때문에 신앙마저도 팔아먹는 일이 일어나고 있습니다. 돈 때문에 교회에 나가기 싫다는, 돈이 있어야 예수님을 믿을 수 있다는 말도 종종 들리고 있습니다. 돈의 멍에를 벗어버리고 예수님 앞으로 나아가게 하소서. 과부의 두 렙돈 헌금을 기뻐하신 예수님의 말씀대로 우리의 중심을 보시는 하나님을 믿게 하소서. 돈에 비할 수 없는 복음의 가치를 알고 믿게 하소서. 돈의 노예 생활을 마감하고 영원한 주인이신 예수 그리스도의 종이 되게 하소서.

이 시간 목사님의 말씀을 통해 복음의 가치를 확실히 깨닫게 하시며, 그 은혜를 노래하는 찬양대의 찬양이 되게 하소서.

예수님의 이름으로 기도합니다. 아멘.

주일 오전예배 대표기도문

7월 넷째 주

구하라 그리하면 너희에게 주실 것이요 찾으라 그리하면 찾아낼 것이요 문을 두드리라 그리하면 너희에게 열릴 것이니 구하는 이마다 받을 것이요 찾는 이는 찾아낼 것이요 두드리는 이에게는 열릴 것이니라
_마태복음 7장 7-8절

구하고 찾고 두드리는 자에게 주시는 하나님!

독생자 예수 그리스도를 보내셔서 생명의 길을 보여 주시고 그 길을 향해 나아가도록 인도해 주셔서 감사합니다. 그 길을 온전히 가고자 이 시간 하나님의 은혜를 구하고 찾고 두드립니다. 예배를 통해 성부 하나님을 만나고, 성자 예수님의 십자가 은혜를 찾고, 성령 하나님의 두드리심을 경험하도록 역사하여 주소서. 오직 하나님을 전심으로 예배하는 신실한 예배자가 되게 하소서. 완전하신 하나님을 향하여 내 마음 전부를 드리는 예배가 되게 하소서.

하나님을 구하고 찾고 두드리고 싶지만 죄로 인하여 할 수 없는 죄인들을 기억하여 주소서. 늘 하나님을 경외하고 예수님을 믿기를 소원하지만 실제 삶은 정반대의 길을 걸었습니다. 먼저 하나님의 나라와 하나님의 의를 구해야 하지만 여전히 세상의 것들에 매여 있었습니다. 이 연약함을 우리 하나님께서 가장 잘 아시오니 십자가로 우리 허물을 덮으

시고, 우리의 중한 죄를 사하여 주소서. 십자가 은혜로 말미암아 한없는 감사와 찬송을 드리는 예배가 되게 하소서.

구하고 찾고 두드리는 자에게 주시는 하나님! 연약한 자들을 회복하여 주소서. 질병으로 치료를 받으며 고통의 시간을 보내고 있습니다. 하나님 앞에 나와 예배를 드리고 싶지만 아픔 속에 있기에 불가능합니다. 경제적 문제로 시름과 걱정 속에 살고 있습니다. 사업의 부진과 실패, 실직의 충격 속에 좌절하고 있습니다. 우리를 사랑하시어 가장 선한 길로 인도하시는 하나님께서 이들을 도우소서. 현실적인 삶의 문제로 인하여 세상을 믿고 받들지信仰 않게 하소서. 고통스러운 삶이지만 더욱 하나님을 신앙하며 구하고 찾고 두드릴 수 있는 믿음을 주시고, 구하고 찾고 두드리는 우리에게 응답하여 주소서. 고통 속에서 하나님을 신앙할 수 있는 대답을 보게 하소서. 무엇보다도 말씀이 능력이 되어 연약한 자들을 회복하여 주소서. 말씀이 육신이 되신 예수 그리스도의 생명이 연약함을 치료하여 주시고, 강건하게 하소서.

우리 교회의 후반기 사역을 위해 간구합니다. 여름을 맞아 각 부서에서 진행되고 있는 여름성경학교와 수련회를 통해 주일학교 학생들을 단련시켜 주시고, 복음의 빛을 발하는 하나님의 자녀들이 되게 하소서. 후반기에 추진하려고 계획하며 준비하는 모든 사역 위에 하나님께서 은혜를 더하셔서 섬기는 일꾼들이 하나님을 향해 더욱 구하고 찾고 두드리게 하소서. 이 시간에도 말씀의 은혜를 구합니다. 목사님을 통하여 주실 하나님의 말씀을 목마른 사슴이 되어 듣게 하소서. 매주일 찬양을 통하여 하나님께 영광 돌리는 찬양대의 노래가 하나님의 기쁨이 되는 찬양의 나팔이 되게 하소서. 예수님의 이름으로 기도합니다. 아멘.

주일 오전예배 대표기도문

7월 다섯째 주

몸은 죽여도 영혼은 능히 죽이지 못하는 자들을 두려워하지 말고 오직 몸과 영혼을 능히 지옥에 멸하실 수 있는 이를 두려워하라
_마태복음 10장 28절

몸과 영혼을 능히 지옥에 멸하실 수 있는 하나님!

지옥에 가야 마땅한 죄인들이 천국을 소망하며 신령한 예배를 드리게 하시니 감사합니다. 우리 눈물과 탄식을 기쁨의 예배로 새롭게 해주셔서 감사합니다. 우리가 할 수 있는 것, 모든 것을 다해서 해야만 하는 것은 하나님을 예배하는 것임을 깨닫게 하시니 감사합니다. 이 시간에도 마음과 뜻과 정성을 다하여 하나님을 예배하게 하소서.

거룩한 시간에 하나님을 예배하러 나왔지만 온전한 예배를 드릴 준비가 되어 있지 않은 우리 자신을 봅니다. 시선은 하나님께 있지만 마음은 세상사世上事에 두고 있습니다. 손과 발은 예배의 모습이지만 그 중심은 위선과 외식, 형식과 습관뿐입니다. "화 있을진저 외식하는 서기관들과 바리새인들이여!" 하고 예수님이 꾸중하셨던 그들이 바로 우리 자신과 똑같습니다. 오, 주님! 우리의 악함을 십자가의 보혈로 깨끗이 씻어 주소서. 우리의 간사함, 교활함, 교만 방자함, 무지함을 처절하게

회개하오니 예수 그리스도의 십자가에 못 박혀 죽고 거듭나게 하소서.

몸과 영혼을 능히 지옥에 멸하실 수 있는 하나님! 복음이신 예수 그리스도를 믿으며 살기를 원합니다. 우리가 구원을 받을 수 있는 유일한 길이 예수 그리스도라는 '복음'이 더 이상 우리 삶에 '복음'이 되지 못함을 안타까워하면서도 정작 복음 중심의 삶을 살지 못합니다. 가룟 유다가 자신의 것을 버리고 예수님을 따르는 제자가 되었지만 그의 삶의 중심이 예수 그리스도가 되지 않았을 때 결국 그는 예수님을 배신하고 자살하여 영원한 고통을 형벌로 받게 되었습니다. 우리도 하나님을 예배하고, 복음을 알고, 교회에서 신앙생활은 하지만 복음이 내 삶의 중심이 되지 않고 있습니다. 다시금 우리를 일깨우셔서 예수 그리스도를 내 삶의 중심으로 삼게 하소서.

특별히 우리 교회의 중심도 복음이 되도록 역사하여 주소서. 우리 교회에 은혜를 주셔서 많은 사역을 감당하고 있지만, 그 사역의 중심에 복음이 희미해지거나 사라지고 있지는 않습니까? 빈껍데기뿐인 종교 행위 또는 종교 활동에만 만족하고 있지는 않습니까? 지역 사회와 협력하며 선한 일을 도모하고 있을 뿐 정작 그들의 사상에 복음이 함몰되어 썩어가고 있지는 않습니까? 우리 교회의 모든 청지기를 붙들어 주셔서 예수 그리스도의 복음에 기초하고, 예수 그리스도의 복음으로 부흥하고, 예수 그리스도의 복음을 전하는 교회가 되는 데에만 사용하여 주소서.

우리 목사님이 복음의 선봉에 서서 오직 십자가와 부활의 복음을 전하도록 사용하여 주시고, 이 시간에도 예수님의 피 묻은 복음을 설교하도록 역사하소서. 복음의 은총과 영광으로 가득한 찬양대의 찬양이 되게 하소서. 예수님의 이름으로 기도합니다. 아멘.

주일 오전예배 대표기도문

8월 첫째 주

그러나 무릇 여호와를 의지하며 여호와를 의뢰하는 그 사람은 복을 받을 것이라 _예레미야 17장 7절

여호와를 의지하며 의뢰하는 사람에게 복 주시는 하나님!

오늘도 거룩한 주의 날, 늘 넘어지고 연약한 죄인들에게 여호와를 의지하며 의뢰하는 마음을 주시고 하나님 앞으로 인도해 주셔서 감사합니다. 유혹의 손길이 많았지만, 예수 그리스도의 은혜가 더욱 강력했기에 이 시간 하나님을 예배하는 자리로 나온 줄 믿습니다. 하나님의 은혜를 잊지 않도록 붙들어 주시고, 오직 하나님께 모든 영광을 돌려 드리는 예배가 되도록 역사하여 주소서.

우선, 죄에 물들어 있는 우리의 심령을 씻어 주소서. 지난 한 주간의 삶을 돌아볼 때 범죄한 것뿐입니다. 생각하는 것과 행동하는 것이, 심지어 교회 안에서의 모습조차도 온전히 하나님을 향해 있지 못했음을 이 시간 회개합니다. 우리의 죄를 놓고 구차하게 변명하거나 핑계하지 말게 하시고, 진심으로 참회하며 통회 자복하게 하소서. 오, 예수님! 우리를 긍휼히 여기소서. 뼛속까지 악함으로 채워진 우리들의 죄를 씻을 수

있는 유일한 방법이 예수 그리스도의 십자가임을 믿습니다. 보배로운 피로 우리의 죄를 깨끗하게 씻어 주시는 은총을 입어 하나님을 예배하게 하소서.

여호와를 의지하며 의뢰하는 사람에게 복을 주시는 하나님! 우리가 하나님을 의지한다고 하지만 실상 하나님을 이용하려고 할 때가 많습니다. 하나님의 능력을 이용하여 우리의 꿈을 이루고자 하는 교활한 마음을 깨뜨려 주소서. 우리 교회가 하나님을 의뢰한다고 하지만, 교회의 발전을 위한 수단으로 하나님을 생각하는 것은 아닌지 돌아보게 하소서. 우리나라와 온 세계에 흩어진 모든 성도와 교회가 하나님의 의지하고 의뢰함으로써 하나님이 주시고자 하는 복을 받게 하시고, 그 복음으로 인하여 기뻐하며 감사하게 하소서.

특별히 복잡한 문제들로 인하여 괴로워하고 절망하는 성도들을 붙들어 주소서. 저들이 고통과 위기의 순간에 세상의 힘을 의지하지 않도록 믿음을 주소서. 오직 하나님을 의지하며 의뢰하는 믿음을 주셔서 고통과 위기의 순간이 믿음이 깊어지는 계기가 되게 하소서. 예수 그리스도의 십자가로 가까이 나아가는 은혜로 채워 주소서. 또한 해결할 수 없는 현실적 문제로 슬퍼하며 좌절 가운데 있는 사람들을 긍휼히 여겨 주소서. 슬픔과 좌절의 순간에 복 주시는 하나님을 보게 하시고, 알게 하시고, 믿게 하소서. 모든 문제 해결의 열쇠를 가지고 계시고, 그 열쇠 자체이신 하나님을 신앙하며 예수님을 믿어 하늘의 복을 누리게 하소서. 이 시간 말씀과 찬양을 통해 하늘의 복을 경험하도록 역사하소서.

예수님의 이름으로 기도합니다. 아멘.

주일 오전예배 대표기도문

8월 둘째 주

죄를 짓는 자는 마귀에게 속하나니 마귀는 처음부터 범죄함이라 하나님의 아들이 나타나신 것은 마귀의 일을 멸하려 하심이라 _요한일서 3장 8절

예수 그리스도를 통해 마귀의 일을 멸하신 하나님!

영원한 패배자로 살 수밖에 없는 죄인들에게 영원한 승리를 주셔서 감사합니다. 승리의 날, 하나님의 자녀들이 모여 하나님을 향해 기쁨의 예배를 드리게 하시니 진정 감사합니다. 예수 그리스도의 십자가와 부활의 은총이 가득한 예배가 되도록 역사하소서. 주리거나 목마르지 않는 생명수가 예배드리는 모든 주의 자녀의 심령을 채워 주소서.

영광스러운 보좌 앞으로 나아가기를 원하지만, 여전히 우리 안에 있는 죄의 본성은 하나님을 향해 나아가는 것을 막고 있습니다. 죄인들의 심령에 새 영을 부어 주셔서 하나님의 형상을 회복시켜 주소서. 죄인들이 회개하고 돌아오기를 간절히 원하시는 하나님 앞에 흰 옷 입고 찬송하며 달려가게 하소서. 회개하여 죄 씻음 받은 죄인들의 예배를 받아 주소서.

하나님의 아들 예수 그리스도를 통해 마귀의 일을 멸하신 하나님! 공

중의 권세를 잡은 사탄의 영들이 마지막 발악을 하고 있습니다. 그러나 이미 예수 그리스도의 십자가와 부활을 통해 마귀의 일을 멸하셨음을 믿습니다. 이미 승리하신 예수님이 내 삶의 전부가 되도록, 날마다 자기를 부인하고 자기 십자가를 지게 하소서.

우리의 대장 되신 예수 그리스도를 따라 승리의 깃발을 높이 세우고 전진하게 하소서. 믿음의 길을 걷지 못하게 우리를 막는 것이 가정 문제, 경제 문제, 건강의 문제, 인간관계의 문제가 아니라, 예수님을 따르지 않는 것임을 알게 하소서. 하나님의 편에 있는 것이 영적 전투에서 승리하는 유일한 길이라는 진리를 잊지 않게 하소서.

특별히 간구하기는 마귀의 일에 노예가 되어 있는 이단과 사이비를 영적으로 분별할 수 있도록 지혜를 주소서. 하나님의 이름을 망령되이 사용하며 성도들을 미혹하고 있습니다. 자칭 메시아, 예수 또는 대언자, 계시자라고 떠들며 성도들을 현혹하고 있습니다. 성경을 왜곡하고, 신앙의 전통을 무시하며 성도들을 속이고 있습니다. 우리 주변 곳곳에 도사리고 있으며, 심지어 교회 안으로 들어와서 양의 탈을 쓴 채 호시탐탐 기회를 노리고 있습니다. 이 모든 악한 이단과 사이비를 멸하여 주소서. 신앙적으로나 윤리적으로 우리의 가정과 교회, 이 사회를 어지럽히는 악한 행위가 뿌리 뽑혀 사라지게 하소서. 혹 미혹당했거나 유혹당하고 있는 성도들을 깨워 벗어나게 하소서.

이 시간 목사님의 말씀을 통해 복음으로 삶의 기초가 세워지게 하소서. 찬양을 통해 복음의 삶이 은혜로 채워지게 하소서. 예수님의 이름으로 기도합니다. 아멘.

주일 오전예배 대표기도문

8월 셋째 주

우리가 아직 죄인 되었을 때에 그리스도께서 우리를 위하여 죽으심으로 하나님께서 우리에 대한 자기의 사랑을 확증하셨느니라 _로마서 5장 8절

십자가를 통해 죄인들을 향한 사랑을 확증하신 하나님!

감사합니다! 또 감사합니다! 계속 감사합니다. 영원히 감사합니다. 늘 넘어지고 쓰러지고 배반하고 부인하는 죄인들이지만, 하나님의 사랑으로 다시금 하나님을 예배할 수 있다는 것 자체가 은혜이며, 감사이며, 찬송이며, 영광입니다. 한 여름에 작열하는 태양보다 더 뜨겁게 하나님을 예배하게 하소서. 더 열정적으로 예수 그리스도의 십자가 은총을 경배하게 하소서. 하여 한 여름에 찾는 냉수보다 더 시원한 성령 하나님의 생명수를 갈급한 마음으로 찾게 하소서.

이 시간 그리스도의 십자가를 붙들고 나아가게 하소서. 하나님을 향한 온전한 예배가 되도록 그리스도의 십자가로 우리의 모든 것을 깨뜨려 주소서. 잃어버린 하나님의 형상을 회복하도록 예수 그리스도만을 바라보게 하소서. 십자가의 보혈로 우리를 완전히 새롭게 창조하여 주소서. 오, 주님! 죄인들에게 자비와 긍휼을 베풀어 주소서. 십자가 보혈로

거듭난 죄인이 되게 하소서. 예수 그리스도의 사랑의 도장圖章 십자가를 통해 예배하오니 하나님이 받으소서.

예수 그리스도의 십자가를 통해 죄인들을 향한 사랑을 확증하신 하나님! 우리의 삶에 하나님의 사랑의 흔적이 희미해지고 있습니다. 우리 자신이 죄인이라는 사실을 인정하기 싫어합니다. 십자가의 은혜가 나와는 상관없는 장식품이 되어가고 있습니다. 하나님의 사랑을 세속적인 가치 속에서 찾으려고 합니다. 오, 주님! 우리가 예수 그리스도께서 십자가를 통해 확증해 주신 하나님의 사랑으로 인해 거듭난 죄인인 것을 절대로 잊지 않게 하소서. 매순간 기억나게 하시어, 하나님이 확증해 주신 사랑 때문에 살게 하소서. 십자가에 예수님이 쏟으신 물과 피 때문에 생명 얻게 하소서.

연일 계속되는 무더위에 우리의 심신이 점점 약해지고 있습니다. 쉽게 짜증내고 불평하며, 삶에서 감사와 예배가 사라지고 있습니다. 저희를 도우시어 견디기 힘든 찜통더위지만 이러한 날씨도 하나님의 섭리 안에 있음을 잊지 않도록 하소서. 또한 골고다 언덕이라는 가장 뜨거운 장소에서 가장 뜨거운 시간에 십자가에 매달려 땀방울뿐만 아니라 피 범벅인 채로 죽으셨던 예수님의 사랑을 기억하게 하소서. 독생자 예수 그리스도를 보내 주신 하나님의 사랑의 불꽃이 우리의 삶에서 타오르게 하소서. 이 시간 목사님을 통해서 선포되는 말씀이 사랑의 복음이 되게 하소서. 찬양대의 찬양이 십자가 사랑의 고백이 되게 하소서.

예수님의 이름으로 기도합니다. 아멘.

주일 오전예배 대표기도문

8월 넷째 주

여호와 이스라엘의 하나님을 영원부터 영원까지 찬양할지어다 모든 백성들아 아멘 할지어다 할렐루야 _시편 106편 48절

영원부터 영원까지 찬양받으시기에 합당하신 하나님!

8월 마지막 주일에도 변함없는 은혜를 베풀어 주셔서 하나님께 예배를 드리게 하시니 감사합니다. 잘못된 길로 갈 때마다 길이신 예수 그리스도의 이정표를 보여 주셔서 하나님을 예배하는 이곳까지 인도해 주심을 감사합니다. 건강과 물질, 명예와 권력의 함정에 빠질 때마다 하나님이 크신 팔을 벌려, 예수님의 못 박힌 손으로 붙잡아 주셔서 감사합니다. 형용할 수 없는 하나님의 은혜와 사랑을 받은 우리의 고백은 오직 하나, "할렐루야, 아멘!"입니다. 영원부터 영원까지 경배와 찬양을 받으소서.

영원한 죄의 사슬에서 해방시켜 주신 예수 그리스도를 바라봅니다. 찬양받으시기에 합당하신 하나님을 예배하기에 합당한 몸과 영혼이 되도록 예수님의 은혜로 인印쳐 주소서. 참 깊고 넓은 십자가 보혈의 샘물로 우리를 씻어 새롭게 하소서. "할렐루야, 아멘!"을 외치며 하나님

을 예배하기에 합당한 성도가 되게 하소서. 악한 사탄이 역사하지 못하도록 모든 예배의 순서에 십자가 보혈로 가득히 채워 주소서. 하나님이 기뻐 받으시는 예배를 드리도록 이 시간 성령 하나님께서 우리의 심령에 역사하여 주소서.

영원부터 영원까지 찬양받으시기에 합당하신 하나님! 하나님의 은총을 입은 우리나라 온 백성이 하나님을 찬양하는 그날이 속히 오도록 인도하여 주소서. 세계의 유일한 분단국가가 되어 반세기 이상 지내오고 있습니다. 우리는 하나님의 은혜로 자유롭게 하나님을 예배하고 있습니다. 그러나 북한은 사망의 그늘 진 땅이 되어 더욱 메말라가고 있습니다. 독재 정권의 폭정 아래 수많은 사람이 고통당하고 있습니다. 진실을 모른 채 악한 사상에 세뇌당하고 있습니다. 오, 주님! 예수 그리스도의 십자가를 북한 땅에 세워 주소서. 하나님의 방법대로 평화통일의 그날이 임하게 하소서.

그러나 죽음의 땅에도 생명의 기운이 있음을 감사합니다. 종교의 자유가 없는 그곳에서 목숨을 내놓고 신앙생활을 하는 지하교회의 성도들을 긍휼히 여기소서. 숨 죽여 가며 신앙을 지키고 있습니다. 발각될 때 곧바로 죽음이라는 사실을 알고 있지만 하나님을 예배하고 있습니다. 그들을 통해 북한 땅이 변화되게 하소서. 그들이 이스라엘의 남은 자처럼 끝까지 신앙을 지킬 수 있도록 믿음을 더하여 주소서. 얼어붙은 동토凍土의 땅에 그루터기가 되게 하소서. 그들이 환난과 핍박 속에서 신앙을 잃지 않도록 더욱 기도하는 우리가 되게 하소서.

이 시간 목사님의 말씀이 영의 양식이 되게 하시고, 찬양대의 찬양이 하늘의 향기가 되게 하소서. 예수님의 이름으로 기도합니다. 아멘.

주일 오전예배 대표기도문

9월 첫째 주

너는 마음을 다하여 여호와를 신뢰하고 네 명철을 의지하지 말라 너는 범사에 그를 인정하라 그리하면 네 길을 지도하시리라 _잠언 3장 5-6절

하나님을 인정할 때 우리의 길을 지도하시는 하나님!

오늘도 우리의 길을 지도하시어 주님의 교회로 나와 하나님을 예배하게 하시니 감사합니다. 범사에 하나님을 신뢰하고 인정하는 믿음을 주셔서 하나님의 기쁨이 되는 예배가 되도록 은혜를 베풀어 주소서. 하나님이 은혜의 표징인 예수 그리스도의 십자가를 바라보게 하시고, 그 은혜로 말미암아 하나님을 온전히 예배하도록 인도하여 주소서.

먼저 이 은혜에 합당한 우리의 모습이 되도록 우리의 죄를 사하여 주소서. 우리가 우리 죄를 자백할 때 미쁘시고 의로우신 하나님이 우리 죄를 깨끗하게 하시고, 우리를 모든 불의에서 정결하게 해주실 것을 믿습니다. 할 수 없는 죄인을 긍휼히 여기시어 예수 그리스도의 십자가 보혈로 깨끗이 씻어 주소서. 그리스도와 함께 십자가에 못 박혀 죽고, 그리스도와 함께 다시 살아나 거룩한 예배자가 되게 하소서.

범사에 하나님을 신뢰하고 인정하기를 원하시는 하나님! 매순간 하나

님을 신뢰하는 믿음을 내리어 주소서. 주일에는 하나님을 예배하며 믿음의 삶을 살겠다고 결단하지만 막상 삶에서는 전혀 하나님을 신뢰하지 못하는 모습이 우리에게 가득합니다. 예배의 은혜, 말씀의 생명을 잃어버린 채 힘 있는 사람을 신뢰하고, 세상의 사상과 가치를 신봉하는 어리석음을 반복하고 있습니다. 나보다 나를 더 잘 아시는 하나님을 모든 일에서 신뢰하게 하소서. 매사에 하나님을 인정하는 믿음의 삶이 되게 하소서.

범사에 우리의 길을 지도하시는 하나님! 은혜를 베풀어 주소서. 불확실한 미래로 말미암아 매일 불안해하고 두려워하면서 생활하고 있습니다. 가정에서나 직장에서나 늘 어느 길을 가야 맞는지 헷갈려 하고 있습니다. 예수님이 길, 진리, 생명이심을 믿사오니 하나님께서 우리의 길을 지도하여 주소서. 우리 목사님, 장로님들, 권사님들, 집사님들을 지도하여 주소서. 머리이신 예수 그리스도의 말씀에 따라 교회를 섬길 때 자기를 온전히 부인하고, 자기 십자가를 지고 하나님이 지도하시는 길을 걷게 하소서.

특별히 갈 길을 잃어버린 연약한 사람들의 길을 인도하여 주소서. 인생의 길을 잃어버려 방황하는 자들을 지도하여 주소서. 건강을 잃고, 가정을 잃고, 직장을 잃고, 사랑하는 사람을 잃어 괴로움과 고통 속에서 슬퍼하는 사람들을 지도하여 주소서. 모든 일을 하나님께 맡기고, 하나님이 이끌어 주시는 대로 순종하게 하소서. 이 시간 목사님을 통해서 주시는 말씀이 하나님이 지도하시는 '그 길'이 되게 하소서. 찬양대의 찬송이 '그 길'을 가는 순례자의 노래가 되게 하소서. 예수님의 이름으로 기도합니다. 아멘.

주일 오전예배 대표기도문

9월 둘째 주

여호와께서 겸손한 자들은 붙드시고 악인들은 땅에 엎드러 뜨리시는도다
감사함으로 여호와께 노래하며 수금으로 하나님께 찬양할지어다
_시편 147편 6-7절

겸손한 자들을 붙드시고 악인들을 멸하시는 하나님!

겸손히 하나님 앞에 무릎을 꿇었습니다. 많고 많은 사람 중에 우리를 택하시고 불러 주시니 감사합니다. 하나님이 아니고서는 단 1분 1초도 살 수 없는 사람들이오니, 하늘보다 더 높고, 바다보다 더 깊은 은혜와 사랑을 우리에게 베풀어 주소서. 이 시간 먼저 우리의 죄를 사하여 주소서. 우리의 힘으로 도저히 끊을 수 없는 죄의 사슬을 끊어 주시고, 죄의 짐을 해결하여 주소서. 오직 갈보리 십자가 보혈의 능력으로만 우리를 덮으소서. 골고다 언덕으로 나아가오니, 그리스도의 십자가 보혈로 우리를 성결하게 하소서. 보혈의 공로를 의지하여 하나님을 예배하오니, 어린양 혼인잔치가 되도록 역사하여 주소서.

겸손한 자들을 붙드시는 하나님! 교만이 패망의 선봉이며 지름길이라는 말씀을 기억합니다. 우리 모두가 십자가 그늘 아래로 모여 겸손한 삶을 살게 하소서. 그리스도인에게 겸손은 스스로의 판단이나 경험이

아닌 하나님의 말씀을 따르는 것임을 아나이다. 하나님의 뜻에 순종하는 것이 겸손임을 고백하오니, 저희로 겸손한 자가 되게 하소서.

지금 우리 사회는 끊이지 않는 사건과 사고 속에서 서로를 의심하며, 쉽게 비난하는 이기적인 사회가 되어 가고 있습니다. 우리가 다른 사람을 존중하고 스스로를 내세우지 않는 겸손한 사람들이 되도록 역사하소서. 겸손한 마음으로 사랑하며 이해하는 온기溫氣가 온 세계에 충만하게 하소서. 그리하여 겸손한 자들을 붙드시는 하나님의 능하신 손으로 하루하루를 살게 하소서.

교만한 악인들을 멸하시는 하나님! 우리의 교만을 꺾어 주소서. 하나님의 심판대 앞에 서기 전, 지금 기회가 있을 때 교만의 함정, 자만의 늪에 있음을 깨닫게 하소서. 하나님을 믿지 않는 교만이 있지 않습니까? 말씀을 무시하거나 이용하려고만 하는 오만이 있지 않습니까? 힘없고 돈 없는 사람들을 경멸하고 속이려는 자만이 있지 않습니까? 교만한 악인들이 되지 않도록 날마다 우리의 심령을 감찰하여 주소서. 날마다 십자가 앞에서 자기를 부인하고, 날마다 그리스도의 복음이 전부가 되는 삶을 살도록 도와주소서.

찬양받기 원하시는 하나님! 오직 하나님만을 찬양합니다. 예수 그리스도의 십자가 은혜로 말미암아 하나님을 찬양합니다. 우리 교회가 예배 가운데 임하시는 하나님을 찬양하며, 주님이 오실 그때까지 복음의 사명을 감당하기 원합니다. 이 시간 목사님의 설교와 찬양대의 찬양을 통해 하나님을 바라보며 영광 돌리게 하소서.

예수님의 이름으로 기도합니다. 아멘.

주일 오전예배 대표기도문

9월 셋째 주

너희가 전에는 양과 같이 길을 잃었더니 이제는 너희 영혼의 목자와 감독 되신 이에게 돌아왔느니라 _베드로전서 2장 25절

우리 영혼의 목자와 감독이 되시는 하나님!

죄인들을 향하신 하나님의 변함없는 사랑과 은혜를 감사합니다. 하나님의 은혜로 한 주간 살았습니다. 하나님의 능력으로 넘어질 때마다 다시 일어날 수 있었습니다. 길을 잃어버릴 때마다 예수 그리스도의 십자가를 이정표 삼아 믿음의 길로 나아갔습니다. 삶의 무게에 짓눌려 힘들 때마다 예수 그리스도의 못 자국 난 손으로 우리를 이끌어 주신 하나님, 감사합니다. 이 모든 은혜를 베풀어 주신 하나님을 전심으로 예배합니다.

온전한 예배로 나아가기 전에 먼저 우리를 그리스도의 보혈로 씻어 주소서. 하나님의 은혜로 살았지만 그 은혜를 금방 잊었습니다. 예수님의 손으로 이끌어 주실 때마다 억지로 불평하며 끌려갈 뿐이었습니다. 오, 하나님! 우리의 완악한 영혼을 불쌍히 여기소서. 헤어날 수 없는 죄의 늪에 반복해서 빠져, 상처 나고 병든 우리의 영혼을 치료하여 주소서.

우리 영혼의 목자와 감독이 되시는 하나님! 지금도 하나님을 모르고 예수님을 믿지 않은 채 죽어가는 영혼이 많습니다. 이들의 목자와 감독이 되어 주소서. 세상에서의 성공을 위해서 자신의 영혼을 사탄에게 팔아버리는 안타까운 영혼을 많이 봅니다. 거짓 목자, 삯군 목자에 의해서 갈 길을 잃어버리고 방황하는 영혼이 우리 주변에 많습니다. 양의 큰 목자이신 예수님께서 친히 저들의 목자가 되어 주셔서 갈 길을 인도하여 주소서. 우리를 사용하시어 저들이 하나님을 알게 하소서. 우리 교회를 사용하시어 예수님을 믿게 하여 주소서. 우리가 예수 그리스도만을 드러내게 하소서. 그리스도의 십자가 향기만을 뿜게 하시어, 우리 교회를 통해 목자와 감독이 되신 하나님을 보게 하소서.

특히 이 땅에 있는 교회들을 긍휼히 여기소서. 우리 교회를 포함하여, 이 땅의 모든 교회는 예수 그리스도를 머리로 삼은 주님의 몸 된 교회임을 믿습니다. 그러나 교회 안에 예수 그리스도가 보이지 않습니다. 세속적인 축제와 이벤트, 인본주의적인 프로그램으로 교회의 본질이 희미해지고 있습니다. 목자와 감독 되신 하나님께서 지도하여 주소서. 다시금 예수 그리스도의 십자가와 부활이 중심이 되게 하소서. 세상의 풍조와 타협하고 세속적인 문화에 물들지 않도록 매순간 그리스도의 보혈로 막아 주소서. 오직 예수 그리스도의 십자가 외에 자랑할 것이 없는 주님의 교회가 되도록 역사하여 주소서.

감사합니다. 복음으로 충만하신 목사님을 통하여 복음을 듣게 하시니 참으로 감사합니다. 찬양합니다. 복음의 은총을 노래하는 찬양대를 세워 주시니 감사합니다. 이 예배를 하나님 홀로 영광 받으소서. 예수님의 이름으로 기도합니다. 아멘.

주일 오전예배 대표기도문

9월 넷째 주

여호와께서 말씀하시되 오라 우리가 서로 변론하자 너희의 죄가 주홍 같을지라도 눈과 같이 희어질 것이요 진홍같이 붉을지라도 양털같이 희게 되리라 _이사야 1장 18절

죄인들의 붉은 죄를 양털같이 희게 하시는 하나님!

기쁨으로 하나님 전에 나와 영광의 예배를 드리게 하시니 감사합니다. 하나님이 기뻐 받으시는 예배가 되도록 인도하여 주소서. 예수 그리스도의 보혈로 우리를 거룩하게 하사, 흰옷을 입고 하나님을 예배하도록 은혜를 베풀어 주소서. 사랑하는 주의 성도들이 하나님의 말씀에 귀를 기울이게 하시고, 자비의 아버지이신 위로의 하나님을 만나게 하소서. 힘들고 지친 우리의 심령에 은혜의 단비를 내려 주시어 다시 한번 믿음의 길로 힘찬 여정을 시작할 수 있도록 채워 주소서. 예수 그리스도의 보혈로 진홍같이 붉은 우리 죄를 양털같이 깨끗하게 하소서. 하나님이 원하시고 기뻐하시는 합당한 몸과 마음을 가지고, 온 마음과 정성을 다하여 하나님을 예배하게 하소서.

십자가의 은총을 입은 우리는 하나님의 말씀을 기억하며, 그 말씀에 순종하며, 그 말씀을 지켜 생활해야 함에도 그렇게 하지 못했습니다. 하

나님의 소리보다 세상의 소리에 더 끌렸습니다. 목자의 음성을 듣지 못한 채 사탄의 음성에 따라 힘과 시간을 허비했습니다. 오, 주님! 우리의 연약함을 긍휼히 여기소서. 우리의 죄를 용서하여 주시고, 예수 그리스도 안에 거하는 새로운 피조물이 되게 하소서. 하나님의 형상을 회복시켜 주셔서, 진정한 그리스도인이 되도록 인도하여 주소서. 예수 그리스도를 믿는 자로서 소금과 빛이 되게 하소서. 복음 안에 있는 소망을 품고 험한 십자가의 길을 향해 전진하게 하소서.

죄인들을 초청하여 진홍같이 붉은 죄를 양털같이 희게 하시는 하나님! 결실의 계절을 향해가고 있습니다. 알곡과 가라지가 점점 드러나고 있습니다. 우리의 모습이 어떤 모습으로 자라고 결실하고 있는지 보게 하소서. "오라"고 초청하시는 하나님의 말씀을 듣고 달려가게 하소서. 그리하여 우리의 삶이 성령의 열매를 맺게 하소서. 사랑, 희락, 화평, 오래 참음, 자비, 양선, 충성, 온유, 절제의 열매가 우리 교회 각 부서와 기관을 통해서 추수되도록 역사하여 주소서. 여전히 죄책감에 짓눌려 자라지 못하는 연약한 성도들에게 참 자유를 주소서. 모든 죄 짐을 대신 지시는 예수님께 모든 것을 내어 맡기고 추수의 일꾼이 되게 하소서.

복음이 필요한 곳이 아직도 많습니다. 그곳에 십자가와 부활의 복음이 선포되게 하소서. 주님께서 세우신 교회와 흩어져 있는 선교사들을 통하여 예수님이 증거되게 하시어, 영원한 저주와 죽음에서 해방되도록 역사하여 주소서. 이 시간 선포되는 말씀을 통해 복음의 빛을 비추어 주시고, 찬양대의 찬양이 우리 모두의 찬양이 되게 하소서.

예수님의 이름으로 기도합니다. 아멘.

주일 오전예배 대표기도문

10월 첫째 주

그가 우리를 흑암의 권세에서 건져 내사 그의 사랑의 아들의 나라로 옮기셨으니 그 아들 안에서 우리가 속량 곧 죄 사함을 얻었도다
_골로새서 1장 13-14절

우리를 흑암의 권세에서 아들의 나라로 옮기신 하나님!

흑암의 권세에서 건져 내 참 빛의 나라로 이끌어 주시니 감사합니다. 예수 그리스도를 통해 구원해 주시고 영원한 생명을 주셔서 감사합니다. 이 시간 드리는 예배를 통해 앞으로 영원토록 열릴 천국 잔치를 미리 맛보게 하시니 감사합니다. 오직 하나님만이 기뻐 받으시는 예배가 되도록 역사하여 주소서. 예배에 합당하지 못한 모습이 있다면, 그리스도의 보혈로 바꾸어 주소서. 우리의 몸과 영혼을 성결하게 하시고, 예배를 드리는 모든 환경도 예배에 방해되는 것이 없도록 인도하여 주소서. 오직 예수 그리스도의 십자가 보혈로 정결한 신부가 되어 신랑 되신 예수 그리스도를 향한 사랑의 예배가 되게 하소서.

흑암의 권세에서 우리를 구원하신 하나님! 10월을 시작하는 첫 주일, 우리의 삶을 돌아봅니다. 하나님은 예수 그리스도를 우리를 위해 내주셨습니다. 그러나 우리는 여전히 우리의 것을 움켜쥐고, 나만을 위해

생활하고, 내 것만을 주장하고 있습니다. 이기적인 우리를 용서하여 주시고, 온전히 자기를 부인하고 자기 십자가를 지는 삶을 살도록 이끄소서. 예수님을 구주로 삼고, 십자가의 은혜에 감격하여 날마다 살아가게 하소서. "너희도 하나님이 기쁘게 받으실 신령한 제사를 드릴 거룩한 제사장이 될지니라"는 말씀대로 거룩한 제사장이 되어 우리의 삶이 예배가 되게 하소서.

사랑의 아들의 나라로 인도하신 하나님! 우리 교회의 사역을 돌아봅니다. 주님의 은혜로 우리 교회를 설립하여 지금까지 주님의 교회가 되도록 무한한 은혜를 매순간 중요한 고비마다 주셨습니다. 그러나 우리 교회가 하나님의 은혜를 잊어버리고, 우리 교회의 외적인 성장에만 치중하여 교회의 이름만 드러내려고 애쓰고 있는 것은 아닌지 돌아봅니다. 주님, 예수 그리스도의 오심으로 임한 하나님의 나라가 우리 교회의 복음 사역으로 말미암아 완성되도록 역사하소서. 사랑의 아들의 나라를 전하고, 그 나라의 확장을 위해 온 힘을 집중하도록 역사하여 주소서. 예수님이 기초가 되어, 예수님의 복음을 전하고, 예수님이 원하시는 열매로 가득한 교회가 되게 하소서.

온 세계의 진정한 통치자이신 하나님! 우리가 살고 있는 온 세계의 나라와 민족을 돌아봅니다. 지금 이 순간에도 그들은 테러와 전쟁의 공포 속에 있습니다. 가뭄과 홍수 등 예측할 수 없는 자연 재해와 재난 그리고 끔찍한 사건과 참혹한 사고 속에 하루하루 고통과 슬픔을 견디고 있습니다. 그들을 흑암의 권세에서 건져 내어 사랑의 아들의 나라로 이끌어 주소서. 이 시간 선포되는 설교와 찬양을 통해 다시 힘을 내어 우리 모두가 나아가게 하소서. 예수님의 이름으로 기도합니다. 아멘.

주일 오전예배 대표기도문

10월 둘째 주

그리스도 예수 안에 있는 속량으로 말미암아 하나님의 은혜로 값없이 의롭다 하심을 얻은 자 되었느니라 _로마서 3장 24절

값없이 은혜를 주신 하나님!

그지없는 하나님의 은혜와 사랑을 찬양하며 감사합니다. 죄인들을 향한 사랑의 끈을 놓지 않으시고, 오늘 이 시간까지 인도하여 하나님을 예배하며 하나님의 살아 있는 은혜를 찬양하게 하시니 감사합니다. 한량없는 하나님의 사랑에 역동적으로 반응하여 하나님을 향한 생동적인 예배가 되도록 역사하여 주소서. 우리가 원하는 예배가 아닌, 하나님이 원하시는 예배가 되도록 우리의 심령을 감찰하여 주소서. 모든 영광을 하나님께 돌리도록 이 시간 역사하여 주소서.

우리는 하나님을 예배할 수 없는 죄인들이었습니다. 그러나 예수님이 십자가에서 우리의 죄를 속량하심으로 하나님의 영광의 보좌에 나아가게 되었습니다. 갈보리 십자가 보혈의 공로를 의지하여 이 시간 하나님을 예배합니다. 생각하는 것, 행동하는 것이 죄뿐인 우리를 긍휼히 여겨 주셔서, 그리스도의 것이 되어 하나님을 예배하게 하소서. 그리하

여 예배 중에 하늘의 신령한 복을 내리어 주셔서 하나님의 은혜와 평강이 넘치는 예배가 되게 하소서.

그리스도 예수 안에 있는 속량으로 말미암아 값없이 은혜를 주신 하나님! 거저 받은 하나님의 은혜, 십자가의 사랑을 버리고 있지 않은지 우리를 돌아보게 하소서. 값없는 은혜를 값싼 은혜로 바꾸는 악행을 저지르고 있지 않은지 우리를 깨우소서. 우리가 치러야 할 모든 죄 값을 하나님이 대신 치르셨기에 우리가 값없이 받을 수 있는 비밀을 알게 하소서. 오, 예수님! 값없이 받았지만, 값을 정할 수 없는 크고 귀한 은혜라는 사실을 잊지 않게 하소서. 십자가에 흘리신 보혈을 날마다 기억하고 감격하며, 감사하여 전하게 하소서.

값없는 은혜를 주신 하나님! 우리 주변에는 하나님이 주신 값없는 은혜를 거절하는 사람들이 너무 많습니다. 세상의 일에 분주하거나 자신의 신념과 가치에 맞지 않아서 은혜의 복음을 거부합니다. 다양한 이유와 변명, 핑계를 대며 거절하고, 복음을 전하는 우리를 욕하며 핍박하기도 합니다. 저들의 무지한 눈과 귀를 열어 주소서. 값없이 하나님의 은혜를 받을 수 있을 때 감사함으로 영접하게 하소서. 하나님이 예수 그리스도를 통해서 주신 은혜가 아니고서는 구원을 받을 수 없다는 사실을 깨닫게 하소서. 저들을 구원하여 주소서.

하나님! 교회를 섬기는 모든 일꾼이 값없이 받은 은혜를 감사하며 사역을 감당하게 하소서. 이 시간 은혜로운 예배를 위해서 자리를 지키는 종들도 하나님의 은혜, 십자가의 사랑으로 넉넉하게 감당하게 하소서. 말씀을 전하시는 목사님을 붙들어 주시고, 찬양대의 준비된 찬양을 받아주소서. 예수님의 이름으로 기도합니다. 아멘.

주일 오전예배 대표기도문

10월 셋째 주

아름다운 열매를 맺지 아니하는 나무마다 찍혀 불에 던져지느니라 이러므로 그들의 열매로 그들을 알리라 _마태복음 7장 19-20절

아름다운 열매를 원하시는 하나님!

죄인들에게 그지없는 은혜를 베풀어 주시니 감사합니다. 은혜와 상관없이 살다가 영원한 죽음을 향해 가야 하지만 하나님의 사랑으로 우리를 붙들어 주시고, 우리를 하나님의 자녀 되게 하시는 은혜를 무한 감사합니다. 하나님의 뜻을 깨닫도록 늘 말씀하여 주시고, 지도하며 인내해 주시어, 이 시간 하나님의 전에 나와 예배하게 하시니 감사합니다. 이 모든 영광을 하나님께 드립니다.

죄로 가득한 우리가 하나님의 은혜로 충만하도록 십자가 보혈로 거룩하게 하소서. 어둠으로 가득한 우리의 심령이 빛이신 예수 그리스도로 충만하도록 십자가 능력으로 역사하소서. 타락하여 소망이 없는 우리가 회복되어 산 소망이 넘치도록 십자가 은혜로 인도하소서. 오, 예수님! 십자가 앞으로 나갑니다. 보혈로 씻어 주소서. 보배로운 피로 우리를 정결하게 하시어 온전히 하나님을 예배하게 하소서. 감사와 기쁨의

예배가 되도록 은혜를 베푸소서.

아름다운 열매를 원하시는 하나님! 결실의 계절입니다. 우리의 삶에 맺힌 열매가 어떤지 믿음의 눈을 떠서 보게 하소서. 아름다운 열매를 맺지 않을 때 도끼로 찍어 불에 던지신다고 말씀하시니 심히 두렵습니다. 오곡백과가 무르익어 추수하는 이들에게 기쁨을 주듯이, 우리의 삶에 아름다운 열매가 맺혀 하나님의 기쁨이 되게 하소서. 예수 그리스도로 말미암아 의의 열매를 가득 맺어 하나님께 영광을 드리는 존재가 되게 하소서.

우리 교회도 아름다운 열매를 맺도록 역사하여 주소서. 각 부서와 기관의 모든 사역에 하나님이 원하시는 열매가 있는지 아니면 전혀 쓸모없는 것만 달려 있는지 복음에 기준하여 분별하게 하소서. 주 안에 있을 때, 복음 안에 있을 때 모든 수고가 헛되지 않음을 믿사오니 계속해서 예수 그리스도 안에 있는 열매를 주렁주렁 맺도록 은총을 베푸소서. 모든 청지기에게 충성된 믿음을 주셔서, 끝까지 포기하지 않고 인내하며 아름다운 열매를 맺도록 일하게 하소서.

우리 목사님의 사역도 아름다운 열매로 채워지도록 은혜를 베풀어 주소서. 날마다 목양의 사역을 감당하며 눈물과 땀을 쏟고 계십니다. 그리스도의 심장을 가지고 영육의 강건함을 가지고 계속해서 보혈의 정결한 통로가 되도록 사용하여 주소서. 목사님의 가정도 하나님께서 은혜를 주셔서, 사모님과 자녀들이 아름다운 열매가 되도록 인도하소서. 이 시간 말씀을 전하실 때에도 성령 충만하게 하시어, 하나님이 원하시는 말씀을 전하도록 붙들어 주소서. 찬양대의 찬양도 하나님께서 기뻐 받아 주소서. 예수님의 이름으로 기도합니다. 아멘.

주일 오전예배 대표기도문

10월 넷째 주

너희 무리는 마땅히 일어나 영원부터 영원까지 계신 너희 하나님 여호와를 송축할지어다 주여 주의 영화로운 이름을 송축하올 것은 주의 이름이 존귀하여 모든 송축이나 찬양에서 뛰어남이니이다 _느헤미야 9장 5절

영원부터 영원까지 찬양을 받기에 합당하신 하나님!

무한 감사합니다. 존귀하신 하나님 앞에 감히 설 수 없는 죄인들임에도 하나님 앞에 나와 예배하게 하시니 감사합니다. 지난 칠 일 동안도 하나님의 은혜가 아니었다면 이 시간 하나님을 예배할 수 없었습니다. 눈동자와 같이 우리를 보호해 주시고 우리의 길을 가르쳐 주심을 감사합니다. 세상의 모든 근심과 걱정을 내려놓고, 존귀하신 하나님을 향하여 기쁨의 찬양을 드리는 예배가 되게 하소서.

우리는 존귀하신 하나님 앞에 설 수 없는 죄의 때가 묻은 존재입니다. 하나님을 볼 수 없는 탐욕의 눈, 말씀을 들을 수 없는 욕망의 귀, 나아갈 수 없는 정욕의 육신이 바로 우리의 실상입니다. 오, 하나님! 죄로 완전히 오염되어 부패한 우리의 영혼과 육신을 긍휼히 여기소서. 예수 그리스도의 십자가 보혈로 우리를 씻어 주소서. 다시 보게 하소서. 듣게 하소서. 나아가게 하소서. 오직 예수 그리스도의 보혈의 공로만을 의지하

오니, 죄 사함 받은 하나님의 자녀가 되어 하나님을 예배하게 하소서.

존귀하신 하나님! 마음과 정신의 질환으로 고통받는 성도들을 기억하여 주소서. 치료되지 않는 육신의 질병으로 절망하는 성도들을 긍휼히 여겨 주소서. 삶의 다양한 문제에 파묻혀 갈 길을 몰라 방황하는 성도들을 인도하여 주소서. 하나님께서 모든 아픔의 문제를 해결하여 주소서. 그리고 우리로 하여금 오직 하나님의 뜻대로, 하나님의 방법으로, 하나님의 때에 이루어질 것을 믿으며 잠잠히 기다리게 하소서. 믿음으로 십자가를 붙들게 하소서.

영원부터 영원까지 계신 하나님! 유한한 삶을 사는 우리가 영원한 삶을 소망하도록 인도하여 주심을 감사합니다. 유한한 삶속에 하나님을 잃어버리고 복음을 잊어버린 채 살고 있다면 우리의 신앙을 회복시켜 주소서. 사랑과 평화를 외치지만, 정작 개인주의와 이기주의, 야욕과 탐욕, 분쟁과 전쟁에 빠져 있는 모든 나라와 민족을 긍휼히 여기소서. 진정한 사랑과 평화는 영원부터 영원까지 계신 하나님을 경외하는 삶에 있음을 알게 하소서. 우리의 삶으로부터 시작하여 온 세계의 나라와 민족에 이르기까지 오직 하나님을 바라보게 하소서.

모든 찬양을 받으시기에 합당하신 하나님! 우리의 삶을 통해서 찬양을 받아 주소서. 우리 교회와 우리나라, 온 세계 나라와 민족을 통해 찬양을 받는 그날이 속히 오도록 역사하여 주소서. 이 시간, 그날을 소망하며 하나님을 예배합니다. 선포되는 말씀을 통해 하나님의 음성을 듣게 하소서. 찬양대의 찬양이 그날에 드리는 기쁨의 찬양이 되게 하소서.

예수님의 이름으로 기도합니다. 아멘.

주일 오전예배 대표기도문

10월 다섯째 주

복음에는 하나님의 의가 나타나서 믿음으로 믿음에 이르게 하나니 기록된 바 오직 의인은 믿음으로 말미암아 살리라 함과 같으니라 _로마서 1장 17절

믿음으로 말미암아 살리시는 하나님!

종교개혁주일을 맞아 하나님을 예배하게 하시니 감사합니다. 오직 의인은 믿음으로 말미암아 살리라는 말씀대로 살도록 늘 기회를 주셨고, 계속 기회를 주시니 감사합니다. '하나님의 의'이신 예수 그리스도를 믿는 믿음이 작을지라도 그 작은 믿음을 귀히 여겨 주셔서 하나님 앞으로 인도해 주시니 감사합니다. 이 시간 복음의 은총을 베풀어 주신 하나님을 예배하게 하소서.

하나님은 의인의 삶을 살도록 복음을 주셨건만 이 은혜를 잊은 채 죄인의 삶만을 고집하였던 우리의 악함을 이 시간 회개합니다. 오, 예수님! 십자가 앞으로 나아갑니다. 예배에 합당한 모습이 되도록 거룩한 보혈로 우리의 온몸을 깨끗하게 씻어주소서. 믿음으로 하나님을 예배하도록 우리를 정결한 하나님의 백성이 되게 하소서. 온전히 하나님 앞에 영광 돌리는 예배가 되도록 역사하여 주소서.

하나님의 의를 복음을 통해 보여 주신 하나님! 하나님의 의이신 예수 그리스도를 믿습니다. 복음이 예수 그리스도임을 믿습니다. 우리가 예수님을 믿는다고 하면서, 정작 우리의 믿음의 대상이 예수님이 아닐 때가 대부분임을 고백합니다. 내가 원하는 것이 이루어지기를 원하는 '거짓된 믿음'을 버리고, 믿음의 주이신 예수님, 유일한 믿음의 대상이신 예수님만을 믿고 바라보게 하소서.

믿음으로 살게 하시는 하나님! 밤이나 낮이나 어제나 오늘이나 항상 예수님을 믿는 믿음으로 살게 하소서. 우리는 예수님을 알고, 십자가의 은혜를 감사하다고 말할 뿐 정작 그렇게 살지 못할 때가 많습니다. 회칠한 무덤과 같은 '위선적이고 외식적인 믿음', '관념적이고 추상적인 믿음'을 버리고 행함이 있는 믿음이 되게 하소서. 예수님을 믿는 '그 믿음'으로 살도록 용기를 주시고 담대함을 주소서. 종교개혁자들이 생명을 내어놓고 살았던 '그 믿음'이 우리의 믿음이 되게 하소서.

믿음으로 살지 못하도록 우리를 지배하고 있는 세속 문화들이 있습니다. 사탄의 영이 다스리는 문화에 지배당하지 않도록 더욱 예수 그리스도를 바라보며 십자가의 은혜로 살게 하소서. 예수님 중심의 기독교 문화가 보편화되도록 성령님께서 사회 각 분야의 그리스도인들을 사용하여 주소서. 대중 매체를 통해 은밀하고 교묘하게 전해지는 사탄의 메시지에 현혹당하지 않도록 보호하여 주소서. 오직 하나님의 의와 복음을 믿고, 하나님의 말씀으로 이 세대를 분별하게 하소서. 이 시간 목사님을 통해서 주시는 말씀이 믿음의 삶을 위한 능력이 되게 하소서. 찬양대의 찬양이 믿음의 여정 속에 드리는 신령한 노래가 되게 하소서. 예수님의 이름으로 기도합니다.

주일 오전예배 대표기도문

11월 첫째 주

감사로 하나님께 제사를 드리며 지존하신 이에게 네 서원을 갚으며 환난 날에 나를 부르라 내가 너를 건지리니 네가 나를 영화롭게 하리로다
_시편 50편 14-15절

환난 날에 우리를 건지시어 예배하게 하시는 하나님!

11월 첫 주일, 하나님을 예배할 수 있도록 불러 주셔서 감사합니다. 우리가 하나님을 찾기 전에 먼저 우리를 찾아 주시고 귀하고 복된 자리로 인도해 주셔서 감사합니다. 겨울로 가는 길목에 웅크리고 있는 우리의 영혼과 몸을 펴고 하나님을 예배하게 하시니 진정 감사합니다. 우리를 구원하시는 지존하신 하나님께 감사로 예배하며 영광 돌리는 시간이 되기를 기도합니다.

우리를 건지시는 하나님의 은혜로 예배를 드리지만, 여전히 우리의 모습은 합당하지 못합니다. 위의 것보다 땅의 것을 향한 욕망이 우리를 강하게 사로잡고 있습니다. 사탄이 주는 악한 생각들로 여전히 정신 못 차리고 있습니다. "환난 날에 나를 부르라 내가 너를 건지리니"라는 말씀에 의지하여 회개하오니 우리의 죄를 용서하여 주소서. 하나님을 영화롭게 해드리는 신실한 예배자가 되도록 우리를 예수 그리스도의 보

혈로 씻어 주소서.

환난 날에 부르짖으라고 하신 하나님! 간절히 하나님께 기도합니다. 전심으로 구하고, 찾고, 두드립니다. 부모 자녀의 갈등이 있습니다. 질병의 고통이 있습니다. 힘겨운 직장 생활과 실직의 아픔이 있습니다. 복잡하게 얽히고설킨 인간관계의 오해가 있습니다. 이 모든 문제를 하나님께서 해결하여 주소서. 어떤 환난 속에 있을지라도 믿음 잃지 않고 십자가의 길을 걷게 하소서. 얍복 나루의 야곱이 되어 하나님과 기도의 씨름을 합니다. 하나님, 응답하여 주소서.

우리를 건지시어 예배하게 하시는 하나님! 힘써 모여 예배하게 하소서. 하나님을 예배하며, 말씀을 묵상하고 기도하며, 성도들과 교제하는 주의 날을 지키게 하여 주소서. 지금 우리는 우리를 건지신 하나님의 은혜를 잊어버렸습니다. 세상의 도리는 지키려 하면서 하나님을 향해서 배은망덕하고 있습니다. 하나님이 지키라 명하신 주의 날, 주의 백성이 모두 함께 하나님을 예배하도록 믿음을 주소서.

지존至尊하신 하나님! 우리 삶의 왕이 되어 주소서. 하나님을 지존하신 분이라고 말로만 할 뿐 전혀 그렇게 대우하지 않는 우리의 모순된 신앙을 바로잡아 주소서. 진정 내 삶의 왕, 우리의 통치자, 우리의 주권자가 하나님이 되도록 나를 완전히 깨뜨려 주소서. 하나님이 우리의 지존이심을 고백하며, 지존하신 하나님의 종으로서 섬기며 살게 하소서. 이 시간 지존하신 하나님의 말씀을 대언하시는 목사님을 붙들어 주시어 일점일획도 오류 없이 말씀을 선포하게 하소서. 찬양대의 찬양도 지존하신 하나님만을 높이는 찬양이 되게 하소서.

예수님의 이름으로 기도합니다. 아멘.

주일 오전예배 대표기도문

11월 둘째 주

주께서 사랑하시는 형제들아 우리가 항상 너희에 관하여 마땅히 하나님께 감사할 것은 하나님이 처음부터 너희를 택하사 성령의 거룩하게 하심과 진리를 믿음으로 구원을 받게 하심이니 _데살로니가후서 2장 13절

처음부터 우리를 택하신 하나님!

감사합니다. 창세전에 우리를 택하여 주심을 감사합니다. 성령의 거룩하게 하심으로 진리이신 예수 그리스도를 믿게 하시니 감사합니다. 그 믿음으로 구원을 베풀어 주셔서 감사합니다. 구원의 은총을 주신 하나님 앞에서 예배하게 하시니 감사합니다. 새 힘을 주시고 새 마음을 주시어 하나님이 원하시는 '그 예배'를 드릴 수 있도록 이 시간 은총을 베풀어 주소서.

회개합니다. 하나님을 예배하기에는 우리의 몸에서 악취가 진동합니다. 몸 구석구석에 스며든 악취를 우리의 능력으로 도저히 제거할 수 없습니다. 어찌하여야 합니까! 오직 예수 그리스도의 십자가만이 이 모든 냄새를 향기로 바꿀 수 있음을 믿습니다. 보혈로 씻어 주소서. 십자가의 은혜로 그리스도를 아는 냄새, 그리스도의 향기를 진하게 내도록 역사하소서. 그리하여 하나님 앞에 향기로운 예배가 되게 하소서.

처음부터 우리를 택하신 하나님! 하나님이 우리를 택하여 주셨건만 우리는 하나님을 마치 종처럼 부리려고 시도할 때가 많습니다. 하나님을 향한 신앙이 아니라 하나님이 나만 보게 만들어 성공하고 싶은 욕망이 우리 안에 있습니다. 삶의 중심이 아닌 변두리에 하나님을 두었다가 필요할 때만 찾고 있습니다. 우리의 교만과 악함을 하나님께서 완전히 깨뜨려 주시고, 오직 십자가의 은혜로 우리를 택하여 주신 하나님 앞에 우리의 왕관, 우리의 중심, 우리의 전부를 내어 드리게 하소서. 하나님 중심의 신앙이 되게 하소서.

우리를 거룩하게 하신 하나님! 성령의 능력으로 우리를 덮어 주소서. 성령 충만한 삶이 되게 하소서. 보혜사 성령님이 우리의 삶에 역사하여 주셔서 오직 하나님을 신앙하게 하소서. 우리 교회가 성령의 능력으로 거룩한 신부가 되게 하소서. 십자가와 부활의 복음을 전하게 하시고, 성령의 열매를 거두어 추수감사주일을 준비하게 하소서. 우리나라의 모든 기관을 성령의 능력으로 거룩하게 하시어 부정과 부패가 사라지고, 정의롭고 투명한 정치와 사회가 되게 하소서, 특별히 북한 땅을 성령의 능력으로 거룩하게 하시어 속히 악랄한 독재 정권이 붕괴되어 자유의 땅이 되게 하소서.

진리를 믿음으로 구원을 주신 하나님! 지금 우리 사회는 거짓 진리들로 인하여 혼탁해지고 있습니다. 혼탁한 사회 속에서, 진리가 예수 그리스도 안에 있음을 믿게 하소서. 이 시간 목사님을 통해서 선포되는 말씀이 진리이신 예수 그리스도를 드러내게 하시고, 찬양대의 찬양이 구원의 은총을 주신 하나님의 어린양 예수 그리스도를 향한 찬양이 되게 하소서. 예수님의 이름으로 기도합니다. 아멘.

주일 오전예배 대표기도문

11월 셋째 주

신들 중에 뛰어난 하나님께 감사하라 그 인자하심이 영원함이로다 주들 중에 뛰어난 주께 감사하라 그 인자하심이 영원함이로다 _시편 136편 2~3절

신들 중에 뛰어나시며 인자하심이 영원한 하나님!

한 해 동안 살게 하신 하나님의 인자하심을 감사하며 추수감사주일로 지켜 예배를 드리게 하시니 감사합니다. 수많은 거짓 신에 미혹당하지 않고, 유일하고 참 신이신 하나님의 은혜와 사랑 속에 살게 해주셔서 감사합니다. 추수의 계절, 삶의 오곡백과로 풍성하거나 혹은 그렇지 못할지라도 하나님의 인자하심이 영원하기에 그저 감사, 감사할 뿐입니다. 하나님의 인자하심으로 살아온 우리의 예배를 받아 주소서.

감사의 예배를 드리기 전에 회개합니다. 우리가 숨 쉬는 순간마다 하나님은 은혜와 사랑을 베풀어 주셨지만, 죄 된 본성을 가지고 있는 우리는 계속해서 하나님을 부인하였습니다. 하나님의 말씀을 외면하였습니다. 정욕과 탐심으로 살았습니다. "나는 죄인입니다." 이 시간 예수 그리스도의 십자가를 의지하여 진심으로 회개하여, 예수 그리스도로 말미암아 우리에게 승리를 주시는 하나님께 온전한 예배를 드릴 수 있

도록 은총을 베풀어 주소서. 오직 십자가의 보혈로 우리를 정결하게 씻어 주시어, 진정한 감사를 드리는 추수감사주일이 되게 하소서.

유일한 참 신이신 하나님! 우리의 삶을 인도하여 주시니 감사합니다. 수많은 사건과 사고 속에서도 이 시간 하나님을 예배하고 있습니다. 때로는 아프기도 했고, 크게 좌절하며 주저앉고 싶을 때도 있었고, 거짓 신들의 미혹으로 흔들려 넘어지기도 했지만 하나님이 붙들어 주셨습니다. 예수 그리스도를 통하여 선명하게 자신을 계시하신 하나님을 바라보며, 지금까지 믿음의 길을 걸을 수 있었습니다. 변하지 않는 신神은 오직 하나님뿐이셨기에 이 시간 감사의 예배를 하나님께 드립니다. 유일한 참 신이신 하나님을 향해 넘치는 감사를 드리게 하소서.

인자하심이 영원한 하나님! 우리의 감사가 형식적이고 습관적인 것이 되지 않도록, 더욱 풍성해지도록 역사하여 주소서. 추수감사주일을 지켰다고 감사하는 일을 멈추지 않도록 도우소서. 오늘 드리는 감사의 예배가 더 깊고 넓은 감사의 시작이 되도록 인도하셔서, 다음 추수감사주일은 오늘보다 더 풍성한 감사의 제목을 가지고 하나님을 예배하도록 은혜를 베풀어 주소서. 감사할 제목을 찾지 못해서 감사하지 못하는 사람들이 있습니까? 죄인들을 향해 베풀어 주신 하나님의 인자하심, 예수 그리스도의 십자가 사랑이 감사가 되게 하소서. 내가 무엇인가를 풍성히 누리고 충분히 가지고 있기에 드리는 감사가 아닌, 인자하심이 영원한 '하나님'이 최고의 감사 제목이 되게 하소서.

목사님의 설교를 통해 감사의 이유를 재확인하게 하시고, 찬양대의 찬양을 통해 온 성도가 하나님께 감사를 드리게 하소서. 예수님의 이름으로 기도합니다. 아멘.

주일 오전예배 대표기도문

11월 넷째 주

말할 수 없는 그의 은사로 말미암아 하나님께 감사하노라
_고린도후서 9장 15절

말할 수 없는 은사를 베풀어 감사하게 하시는 하나님!

우리를 택하셔서 예배의 자리로 불러 주시니 감사합니다. 이 세상의 부귀영화를 따르지 않고 하늘의 영광을 소망하며 하나님께로 가까이 나아가게 하셔서 감사합니다. 늘 연약하고 넘어졌음에도 꾸짖지 않고 용서해 주시며 믿음으로 살도록 기회를 주셔서 감사합니다. 이 시간 이 모든 하나님의 은혜로 하나님 앞으로 나왔사오니 신령한 예배를 드리도록 역사하소서.

죄인인 나를 위해 오신 예수님! 우리의 중심에 남아 있는 죄의 찌꺼기들을 제거하여 주시고, 주의 보혈로 새로운 피조물이 되게 하소서. 그리스도의 십자가를 붙들고 회개하오니, 우리의 모든 죄를 사하여 주소서. 내가 가진 모든 것이 하나님의 것임을 인정하며, 모두 십자가 앞에 내려놓고 정결한 마음으로 하나님을 예배하도록 역사하여 주소서.

말할 수 없는 은사를 베풀어 주신 하나님! 한 겨울로 가는 길목에 있습니다. 낭만적인 겨울을 감사하며 즐기는 이들도 있지만, 겨울의 매서운 추위를 두려워하는 가난한 이들이 많습니다. 저들에게 따스한 하나님의 사랑의 손길을 내밀어 주소서. 저들의 얼어붙은 마음을 십자가의 사랑으로 녹이는 일에 우리 교회를 사용하여 주소서. 그리스도의 뜨거운 심장을 가지고 뜨거운 보혈의 사랑의 손으로 가난하고 연약한 자들과 함께하도록 인도하여 주소서. 특별히 연로하신 어르신들의 건강을 보살펴 주셔서 주님을 만나는 그때까지 건강한 모습으로 하나님을 예배하는 은혜를 내리어 주소서.

감사하게 하시는 하나님! 불평과 불만이 사라지도록 역사하여 주소서. 우리 자신이 불만스러워 스스로를 비하하여 어둠 속에서 살 때가 있습니다. 우리 교회를 향해서 불평하며 목사님을 비롯하여 많은 일꾼을 향해 비난의 화살을 날릴 때도 많습니다. 우리 사회를 불신하며 일어나는 극단적인 이기적 행동들로 많은 문제가 끊임없이 야기되고 있습니다. 이 모든 불만, 불평, 불신의 장벽이 허물어지고, 감사가 넘치게 하소서. 연약한 모습 그대로 하나님의 형상을 닮아가려는 자신을 향해서 감사하게 하소서. 완전하지 못하지만 성실히 복음의 사역을 감당하는 교회를 향해서 감사하게 하소서. 정의롭지 못한 사회 이면에, 묵묵히 법을 준수하며 성실하게 사는 많은 사람이 있음을 감사하게 하소서.

말할 수 없는 은사를 베풀어 감사하게 하시는 하나님! 감사합니다. 하나님을 예배하며, 목사님을 통하여 하나님의 음성을 듣게 하시니 감사합니다. 늘 최선의 준비와 마음으로 찬양을 드리는 찬양대가 있음을 감사합니다. 이 모든 것을 통해 하나님을 예배하게 하시니 감사드리며 예수님의 이름으로 기도합니다. 아멘.

주일 오전예배 대표기도문

12월 첫째 주

그러므로 주께서 친히 징조를 너희에게 주실 것이라 보라 처녀가 잉태하여 아들을 낳을 것이요 그의 이름을 임마누엘이라 하리라 _이사야 7장 14절

친히 징조를 보여 주신, 임마누엘의 하나님!

오늘도 하나님의 은혜로 12월 첫 주일예배를 드리게 하시니 감사합니다. 하나님이 우리에게 허락하신 귀하고 복된 시간을 헛되게 보내지 않게 하셔서 감사합니다. 가장 귀한 하나님을 예배하는 일에 우리의 시간을 드리며, 우리의 삶을 드리게 하셔서 감사합니다. 이 시간 오직 하나님만이 홀로 영광을 받으소서.

하나님의 은혜의 보좌 앞으로 나아가기 전에 우리의 죄를 씻어 주소서. 한 주간 살면서 셀 수 없이 무수한 죄 가운데 있었음을 회개합니다. 죄를 이겨 보려고 했지만, 죄의 노예로 살 때가 더 많았음을 회개합니다. 하나님이 원하시는 일이 아닌 것을 알면서도 그랬기에 더 부끄럽습니다. 오, 주님! 우리의 죄를 예수 그리스도의 보혈로 씻어 주소서. 하나님을 예배하기에 합당하고 온전한 모습이 되도록 역사하여 주소서.

친히 징조를 보여 주신 하나님! 하나님은 늘 우리와 동행하여 주셨고,

사랑의 징조를 보여 주셨습니다. 그러나 우리의 어두운 눈이 그것을 보지 못했습니다. 우리의 닫힌 귀가 그것을 듣지 못했습니다. 우리의 굳어진 마음이 그것을 느끼지 못했습니다. 어두운 눈을 뜨게 하시고, 닫힌 귀를 열어 주시고, 굳어진 마음을 녹여 주소서. 내가 원하는 징조를 보여 달라는 초보적인 신앙에서 자라나서, 하나님이 친히 보여 주신 징조인 예수 그리스도를 바라보며 믿음의 삶을 살게 하소서. 이 한 해가 끝나기 전에 우리의 신앙이 하나님이 보여 주신 길을 따라 나아가는 성숙함에 이르게 하소서.

임마누엘의 하나님! 우리와 함께하심을 감사합니다. 올 한 해도 하나님이 함께하셨기에 죽을 고비를 넘기며 살 수 있었습니다. 흔들려 넘어질 때도 있었지만 신앙을 지킬 수 있었습니다. 임마누엘의 역사로 우리 교회가 수많은 사역을 감당할 수 있었습니다. 각 부서와 기관들을 통해 예수 그리스도의 복음이 전해지도록 역사하셨습니다. 우리가 한 것은 없습니다. 임마누엘 하나님의 역사가 이 모든 열매의 원동력입니다. 계속해서 우리를 사용하여 주셔서 임마누엘의 역사가 삶과 사역의 현장에서 나타나도록 인도하여 주소서.

성탄의 계절을 보내고 있는 우리 모두의 시선이 '임마누엘'에 있기를 원합니다. 성탄의 분위기에 취해 흥청망청 보내지 않도록 이 시간 선포되는 말씀에 귀를 기울여 듣게 하시고, 찬양대의 찬양을 함께 드리게 하소서. 예수님의 이름으로 기도합니다. 아멘.

TIP
교회에서 준비하고 있는 성탄절 특별 행사나 축제를 언급하는 것도 유익합니다.

주일 오전예배 대표기도문

12월 둘째 주

미쁘다 모든 사람이 받을 만한 이 말이여 그리스도 예수께서 죄인을 구원하시려고 세상에 임하셨다 하였도다 죄인 중에 내가 괴수니라
_디모데전서 1장 15절

그리스도 예수를 세상에 보내 주신 하나님!

감사합니다. 인류 구원을 위한 하나님의 계획에 따라 이 땅에 오신 그리스도 예수를 알게 하시고, 그분을 통하여 하나님 앞으로 나아가게 하시니 감사합니다. 우리를 부르셔서 진정한 성탄의 의미를 되새기도록 예배를 드리게 하시니 참으로 감사합니다. 이 시간 성탄하신 예수 그리스도를 통하여 하나님이 기뻐하시는 예배가 되도록 역사하여 주소서.

죄인을 구원하기 위해서 오신 예수님이 계셔서 정말 감사합니다. 바로 나 같은 죄인을 위해서 예수님이 오셨다는 사실로 인하여 감사하며, 이 시간 회개합니다. 성탄하신 예수님이 십자가에 달려 죽으심으로 죄인들의 구주가 되어 주셨건만 이것을 믿지 못했습니다. 이 복음대로 살지 못했습니다. 내 뜻대로, 내 마음대로 살았던 우리의 완악함과 패역함을 용서하여 주소서. 성도가 아닌 척, 예수님을 모른 척, 성경을 처음 본 척 스스로를 속이며 살았던 교활함을 예수 그리스도의 십자가 보혈로 씻

어 주소서. 모든 불법에서 우리를 속량하시고 우리를 깨끗하게 하사 하나님을 온전히 예배하는 하나님의 백성이 되게 하소서.

그리스도 예수를 세상에 보내 주신 하나님! 성탄하신 예수님을 찬송합니다. 예수님은 하나님과 똑같이 높은 분이셨지만, 결코 높은 자리에 있기를 원하지 않으셨습니다. 오히려 높은 자리를 버리시고 낮은 곳으로 임하셨습니다. 사람의 모습으로 이 땅에 오시고 종과 같이 겸손한 모습을 취하셨습니다. 이 땅에 계신 동안 스스로 낮은 자가 되시며, 하나님께 순종하셨습니다. 예수님은 목숨을 버려 십자가에 달려 돌아가시기까지 하나님의 말씀을 따랐습니다. 이처럼 하나님의 뜻에 따라 자신의 전부를 드려 순종하신 예수님을 닮게 하소서. 낮은 자리로 나아가는 겸손한 모습이 십자가를 전하는 모습으로 드러나도록 역사하소서.

죄인을 구원하시는 하나님! 예수님을 통하여 죄인인 우리를 구원하시고자 성탄의 기적을 베풀어 주시니 감사합니다. 완전한 하나님이 완전한 인간이 되신 성탄이야말로 진정한 기적입니다. 이 기적의 이유가 바로 나 때문이라는 사실에 더욱 감격합니다. 죄인인 나를 구원하시기 위해서 성탄하신 예수님의 은총이 우리의 삶을 채워 주소서. 진정한 기적의 날이 성탄절임을 기뻐하며 메리 크리스마스, 기쁨으로 그리스도를 경배하게 하소서. 예수님을 경배하기 위해 나아갔던 동방박사들의 마음으로 하나님을 예배하며, 성탄절을 향해 나아가게 하소서.

이 시간 하나님의 말씀을 통하여 성탄하신 예수님을 만나게 하시고, 찬양을 통해 성탄의 기쁨을 노래하게 하소서. 예수님의 이름으로 기도합니다. 아멘.

주일 오전예배 대표기도문

12월 셋째 주

지극히 높은 곳에서는 하나님께 영광이요 땅에서는 하나님이 기뻐하신 사람들 중에 평화로다 하니라 _누가복음 2장 14절

평화를 이 땅에 내려 주신 하나님!

가장 높은 보좌를 떠나 가장 낮고 천한 이 땅에 오신 예수님을 기뻐하며 찬송합니다. 사랑하는 독생자 예수님을 보내 주실 정도로 우리를 사랑하신 하나님을 경배합니다. 세상의 그 어떤 말이나 단어로 표현할 수 없는 하나님의 사랑과 은혜를 감사하며 예배합니다. 세상의 그 어떤 사람도 할 수 없는 겸손과 순종의 본이신 예수님을 예배합니다. 우리의 예배, 은총을 입은 자들의 예배를 받아 주소서.

하나님이 예수님을 통해서 베풀어 주신 은혜를 입은 우리의 모습을 돌아볼 때 감히 고개를 들 수가 없습니다. 하나님의 사랑과 예수님의 순종을 배반하는 모습뿐입니다. 사랑의 배신자, 순종의 반역자인 우리의 죄를 용서하여 주소서. 늘 하나님의 은혜를 기억하여 예수님을 믿는다고 결심하지만 여지없이 무너졌습니다. 오, 주님! 예수 그리스도의 보혈만이 우리를 살리오니, 이 죄인의 악함을 사하여 주소서. 도저히 가망 없

는 죄인들에게 십자가의 은혜를 베풀어 주셔서, 그 보혈의 능력으로 성탄하신 예수 그리스도를 경배하며, 하나님을 온전히 예배하게 하소서.

지극히 높은 곳에서 영광받으시며 평화를 이 땅에 내려 주신 하나님! 진정한 평화가 이 땅에 임하였습니다. 평강의 왕이신 예수님이 이 땅에 오셨습니다. 예수님이 주시는 하늘의 평화가 우리의 삶에 넘치게 하소서. 다양한 삶의 문제로 좌절하고 실망한 자들, 두려움과 불안에 떨고 있는 연약한 자들의 심령을 만져 주소서. 이웃 간의 분쟁과 지역 간의 싸움, 나라와 민족 간의 전쟁 중에 있는 온 누리의 사람들에게도 예수님이 친히 가셔서 막힌 담을 허물어 뜨리시고 진정한 평화가 되어 주소서. 우리가 절대로 이룰 수 없는 진정한 평화가 예수 그리스도를 통해 완성되도록 역사하여 주소서.

'메리 크리스마스'를 외치며 성탄을 기뻐하고 있습니다. "기쁨으로 그리스도를 경배하라"는 메리 크리스마스의 의미를 우리의 삶에서 살아내도록 도와주소서. 성탄의 분위기를 위해서 아기 예수님을 이용만 하려는 함정에 빠지지 않도록 우리를 깨우소서. 화려한 파티와 선물로 향하는 우리의 시선이 초라하지만 이 땅의 진정한 평화를 이루시기 위해서 오신 말구유의 예수님께 고정되도록 인도하여 주소서.

이 시간 조용히 말구유에 누워 계신 예수님을 바라보며, 하나님의 은혜와 사랑을 감사합니다. 말씀을 통해 복음의 비밀을 깨닫게 하시고, 찬양대의 찬양을 통해 이 땅에 임한 평화의 노래를 드리게 하소서. 예수님의 이름으로 기도합니다. 아멘.

TIP
지역사회에 성탄의 기쁨을 나누는 교회 행사가 있다면 공유하는 것도 유익합니다.

> 주일 오전예배 대표기도문

12월 넷째 주

우리 구원의 하나님이여 주의 이름의 영광스러운 행사를 위하여 우리를 도우시며 주의 이름을 증거하기 위하여 우리를 건지시며 우리 죄를 사하소서
_시편 79편 9절

우리를 도우시며 구원하시는 하나님!

한 해의 마지막 주일까지 인도하시어 하나님을 예배하게 하시니 진실로 감사합니다. 수많은 사건과 사고가 있었지만 변함없는 사랑으로 인도해 주셨습니다. 끝까지 참고 우리의 손을 붙들어 주셔서 이 시간까지 올 수 있었습니다. 돌아볼 때, 그 어느 한 순간이라도 하나님의 은혜로 살지 않았던 때가 없었습니다. 매순간 눈동자와 같이 보호하여 주셨고, 때로는 호되게 꾸짖기도 하셨습니다. 영원히 변치 않는 인자하심으로 우리를 인도하여 주신 하나님께 모든 영광을 돌려 드립니다.

이 시간 먼저 예배에 합당한 모습이 되도록 우리의 죄를 예수 그리스도의 보혈로 씻어 주소서. 오직 보혈의 능력만이 우리를 깨끗하게 할 수 있음을 믿사오니 정결하게 하소서. 순결한 신부가 되어 하나님이 기뻐 받으시는 예배를 드리도록, 십자가의 보혈로 깨끗해진 흰 옷을 입게 하소서. 흰 옷을 입은 거룩한 신부가 되어 하나님을 예배하게 하소서.

주의 이름의 영광스러운 행사를 위해 우리를 도와주신 하나님! 올 한 해도 하나님의 도와주심으로 살았습니다. 하나님이 우리의 삶에 깊이 간섭하시어 도와주셨기 때문에, 최고의 모습은 아닐지라도 지금 존재할 수 있음을 믿습니다. 이제 모든 죄악을 이길 수 있는 믿음으로 나아가 주의 영광스러운 행사를 위해 헌신하겠습니다. 악한 사탄의 유혹을 이길 수 있도록 날마다 생명의 말씀, 십자가의 복음으로 무장하겠습니다. 육신의 정욕과 탐심에 빠지지 않기 위해서 날마다 무릎으로 하루를 시작하고 하루를 마치겠습니다. 계속해서 우리를 도와주시어 이 모든 일을 실천하도록 역사하여 주소서.

무엇보다도 예수 그리스도의 복음의 사역을 감당하도록 우리 교회를 도와주신 하나님의 은혜를 감사합니다. 올해 _____ 라는 표어를 가지고 비전과 목표를 이루기 위해서 온 성도가 마음을 모았습니다. 한마음과 한뜻으로 기도하며 헌신하였고, 땀 흘리며 희생하였습니다. 자신의 유익을 위해서가 아닌 오직 주님의 교회의 사명을 온전히 이루고자 수고하였습니다. 이 모든 수고가 헛되지 않도록 오늘까지 도와주신 하나님의 은혜와 크신 능력을 찬송합니다. 계속해서 우리 교회를 도와주시어 내년의 사역도 주님의 뜻대로 나아가도록 역사하소서. 목사님을 중심으로 모든 청지기에게 영육의 강건함을 주셔서 달려갈 길을 마칠 때까지 전진하도록 인도하여 주소서.

우리를 구원하시는 하나님! 구원의 백성으로서 한 해를 살 수 있어서 정말 행복했습니다. 구원의 복음이 주는 진정한 행복의 비밀을 이 시간 설교를 통해 듣게 하시고, 찬양대의 찬양을 통해서 구원의 은총을 기뻐하게 하소서. 예수님의 이름으로 기도합니다. 아멘.

크리스천
대표
기도문

2장

주일 오후예배 대표기도문

주일 오후예배 대표기도문

1월 1

태초에 하나님이 천지를 창조하시니라 _창세기 1장 1절

천지를 창조하신 하나님!

천지의 주재이시며, 지금도 살아 역사하시는 하나님을 이 시간 예배합니다. 하나님의 능력으로 새해를 시작하는 우리 모두의 심령을 새롭게 하시고, 오직 하나님을 경외하는 복된 한 해가 되도록 역사하여 주소서. 먼저 우리의 심령을 예수 그리스도의 보혈로 씻어 주소서. 예수님의 십자가 공로 아니면 하나님을 예배할 수 없는 죄인들이오니 보배로운 피로 정결하게 하소서. 주일예배를 통해서 은혜를 주신 하나님께서, 이 시간 다시 한번 우리의 심령에 성령의 단비를 내려 주셔서 하나님이 영광받으시고, 그 영광스러운 은혜를 우리의 심령에 채워 주소서.

올해도 하나님을 예배하는 시간을 가장 소중히 여기는 예배자가 되도록 인도하여 주시기 원합니다. 형식적이고 습관적인 주일성수가 되지 않도록 우리를 일깨워 주시기 원합니다. 하나님께서 명하신 대로 하나님 안에서 안식하며 예수님의 십자가와 부활을 기념하는 주의 날이 되

도록 역사하여 주소서. 주일에만 성수聖守하는 예배가 아닌, 매일의 삶 속에서 성수하는 예배를 드릴 수 있도록 인도하여 주소서. 이를 위해서 주일 오전예배만 드리는 신앙에서 진보하여 주일 오후예배까지 지켜 드리는 성도가 많아지도록 믿음에 믿음을 더하여 주소서. 예배가 짐이 되는 것이 아니라, 예배 안에서 모든 삶의 짐을 벗어버리고 참 자유를 누릴 수 있도록 역사하여 주소서.

천지를 창조하신 하나님! 예배를 섬기는 모든 청지기의 마음을 새롭게 창조하여 주소서. 이른 새벽부터 오후 이 시간까지 온 마음을 다하여 주님의 몸 된 교회를 위해서 땀 흘리고 있습니다. 그러나 예배를 섬기는 것 때문에 하나님을 온전히 예배하지 못할 때가 한두 번이 아닙니다. 하나님을 예배하는 기쁨을 잃어버릴 때도 있고, 그냥 일의 연속이 되어 피곤한 어깨를 늘어뜨리고 집으로 돌아갈 때도 많습니다. 오, 주님! 예배를 섬기는 모든 청지기를 위로하여 주시고 새 힘을 주시어서, 섬기는 그 자리에서 하나님을 예배하며, 섬기는 그 자리에서 하나님이 주시는 풍성한 은혜를 누리도록 역사하여 주소서.

이 시간 목사님을 통하여 받을 말씀을 기대합니다. 목사님의 영육을 강건하게 붙들어 주셔서, 오직 하나님의 말씀만을 전하는 정결한 통로가 되도록 하여 주소서. 하나님을 찬양하는 _____ 찬양팀(찬양대)에게도 크신 은혜를 베풀어 주셔서, 천지를 창조하신 하나님 앞에 합당한 찬양을 드리도록 사용하여 주소서. 예수님의 이름으로 기도합니다. 아멘.

TIP
찬양팀을 섬기는 이들을 위해 함께 기도하는 것도 유익합니다

주일 오후예배 대표기도문

1월 2

태초에 말씀이 계시니라 이 말씀이 하나님과 함께 계셨으니 이 말씀은 곧 하나님이시니라 _요한복음 1장 1절

말씀이 육신이 되신 하나님!

매순간 말씀하여 주시고, 그 말씀을 힘입어 거룩한 주일에 온 종일 하나님을 예배하게 하시니 감사합니다. 천지를 주관하시는 능력으로 우리의 삶에 역사하여 주셔서 계속해서 하나님을 경외하며 예수님을 온전히 신앙하며 살도록 인도하여 주소서. 이 시간 예배를 통해 다시 한 번 올해를 살아갈 힘을 얻게 하시고 말씀 안에 거하는 은총을 베풀어 주소서. 예수 그리스도의 보혈의 공로를 의지하여 하나님을 예배하오니 우리의 예배를 받아 주소서. 하나님의 기쁨이 되는 영적 예배가 되도록 역사하여 주소서.

새해를 시작하면서 굳은 결심과 함께 많은 계획을 세웠습니다. 신앙의 계획들, 인생의 계획들을 비롯한 다양한 계획을 세웠습니다. 그러나 점점 처음 가지고 있던 마음이 흔들리고, 결심이 약해지고 있습니다. 세워 놓은 계획들을 제대로 실천하지 못한 채 유야무야되고 있습니다. 말

쏨 읽기와 묵상하는 것이 힘들어지고 있습니다. 기도하는 것은 더 어려워지고 있습니다. 주님을 위해 사는 인생이 되리라고 결심했지만 또 다시 나를 위해 몰두하고 있습니다. 이처럼 연약한 우리가 다시 한번 근신하도록 말씀하여 주소서. 말씀이신 하나님이 친히 말씀하여 주셔서, 정신 차려 일어나게 하소서. 주님이 주시는 새 마음을 가지고, 주님을 위해 사는 인생이 되도록 역사하여 주소서.

말씀이 육신이 되신 하나님! 예수 그리스도를 바라봅니다. 예수님은 우리를 위해서 십자가에 달려 죽으시기까지 오직 하나님의 뜻에 순종하셨습니다. 이처럼 하나님의 아들이심에도 불구하고 하나님의 뜻에 순종하신 것처럼 우리의 삶을 하나님 앞에 내어 드리고, 예수님이 가신 십자가의 길을 걷게 하소서. 말씀이 비추어 주시는 천국을 향해 가는 밝은 길을 걷게 하소서. 우리를 유혹하는 많은 것이 있습니다. 십자가의 길보다 아주 편하고 넓은 길로 오라고 끊임없이 손짓합니다. 이 사탄의 속임수에 미혹당하지 않도록 믿음을 더욱 견고하게 세워 주소서.

이제 말씀을 듣습니다. 목사님을 통해서 주시는 말씀을 사모하는 심령으로 받게 하소서. 성령님께서 우리의 심령을 기경起耕하여 주셔서, 좋은 땅이 되어 말씀을 받아 삶에서 열매를 맺도록 인도하소서. 목사님과 교역자들을 늘 강건하게 붙들어 주셔서 목양의 사역을 감당할 때 성령의 능력으로 복음을 전하게 하소서. 사모님과 자녀들도 하나님께서 보호하여 주시고, 본이 되게 하소서. 귀한 찬양을 드리는 _____찬양팀(대)에게 성령의 충만함을 주시어, 하늘을 향한 신령한 찬양을 드리게 하소서.

예수님의 이름으로 기도합니다. 아멘.

주일 오후예배 대표기도문

2월 1 찬양팀과 함께하는 찬양예배

만군의 여호와가 이르노라 해 뜨는 곳에서부터 해 지는 곳까지의 이방 민족 중에서 내 이름이 크게 될 것이라 각처에서 내 이름을 위해 분향하며 깨끗한 제물을 드리리니 이는 내 이름이 이방 민족 중에서 크게 될 것임이니라 _말라기 1장 11절

모든 민족에게 찬양받기 합당하신 하나님!

모든 영광을 돌려 드립니다. _____찬양팀과 함께 전심으로 기뻐하며 하나님을 찬양하며 경배하게 하시니 감사합니다. 주 앞에서 어린아이가 되어 온 마음과 온 몸으로 찬양하며 살도록 역사하여 주소서. 이 시간 우리가 드리는 찬양이 하나님을 향한 찬양이 되게 하시고, 신앙의 진정한 고백이 되도록 역사하소서.

"내가 주인 삼은 모든 것 내려놓고 내 주 되신 주 앞에 나가 내가 사랑했던 모든 것 내려놓고 주님만 사랑해"(찬양팀의 노래 가사 중 한 구절 인용) 라는 가사 그대로, 우리가 가장 소중히 여기는 것들, 우리가 의식 또는 무의식중에 따르던 모든 것을 예수 그리스도의 십자가 아래 내려놓습니다. 이제부터 우리는 그리스도와 함께 못 박혀 죽고, 그리스도와 함께 다시 새로운 삶을 사는 하나님의 자녀입니다. 오직 예수님을 주인 삼아, 예수님과 동행하게 하소서. 억지로 노래하는 것이 아니라, 예수

님과 동행하기에 저절로 터져 나오는 찬양이 되게 하소서.

새로운 한 해를 새 마음으로, 새로운 각오로 힘차게 출발하고 2월이 되었지만 여전히 앞에 놓인 현실의 장벽은 우리의 마음을 헌 것으로 만들어 버립니다. 모든 각오를 날려 버립니다. 우리를 절망하게 합니다. 특별히 청년들은 이 추운 겨울 더 매서운 바람을 맞으며 보내고 있습니다. 이 시간 주님을 향해 찬양하며 복음을 위해 땀 흘리고 있는 주의 청년들에게 능력을 허락하여 주소서. 이 매서운 바람 앞에 주눅 들어 몸을 움츠리지 않도록 손 내밀어 주소서. 이 세찬 바람에 맞서게 하시고, 그 바람 속에서 더욱 십자가를 붙들고 몸부림치게 하소서. 바람을 두려워하고 피하지 말게 하시고, 오히려 그 바람 속에서 강하신 하나님을 찬양하는 청년들이 되도록 역사하여 주소서.

해 뜨는 곳에서부터 해 지는 곳까지 모든 민족에게 찬양을 받으시기에 합당하신 하나님! 우리 모든 성도가 하나님을 찬양하며 살도록 인도하여 주시기를 원합니다. 이 찬양의 향기를 우리가 거하는 곳곳에 퍼뜨리어 모든 민족이 하나님을 찬양하는 그날이 속히 임하는 것을 보기를 원합니다. 우리 성도들을 사용하여 주소서. 우리 교회를 사용하여 주소서. 이 땅 곳곳에서 지금도 하나님을 예배하는 주님의 교회를 사용하여 주소서.

이제 말씀을 듣습니다. 말씀을 전하시는 목사님을 하나님께서 말씀의 통로로 온전히 사용하여 주소서. 예수님의 이름으로 기도합니다. 아멘.

주일 오후예배 대표기도문

2월 2

찬송하리로다 주 이스라엘의 하나님이여 그 백성을 돌보사 속량하시며 우리를 위해 구원의 뿔을 그 종 다윗의 집에 일으키셨으니
_누가복음 1장 68-69절

주의 백성을 돌보시고 속량하시어 구원하는 하나님!

찬송합니다. 모든 영광을 하나님께 돌립니다. 우리의 예배를 하나님께서 받아 주소서. 하나님이 정하신 주일을 온전히 지킬 수 있도록 우리에게 믿음을 주시니 감사합니다. 세상 안에서의 안식이 아닌, 주 안에서의 안식을 누리도록 인도하셔서 감사합니다. 이 시간 그리스도의 보혈을 의지하여 예배하오니, 죄인들의 죄를 말갛게 씻어 주시고, 정결한 신부되어 하나님을 예배하도록 인도하여 주소서.

주의 백성을 돌보시는 하나님! 졸업 시즌입니다. 많은 학생이 상급학교로 진학하거나 사회에 첫 발을 내디디고 있습니다. 이들을 하나님께서 돌보아 주시기 원합니다. 유치원(어린이집)을 졸업하고 초등학교 입학하는 어린이들이 학교생활에 잘 적응하도록 은혜를 주소서. 초등학교를 졸업하고 중학생이 되는 청소년들이 푸른 꿈을 꾸도록 말씀하여 주소서. 중학교를 졸업하고 고등학생이 되는 학생들이 더욱 치열해진 입

시 위주의 경쟁 구조에 짓눌리지 않도록 지혜를 주소서. 고등학교를 졸업하고 대학생이 되는 청년들이 하나님이 주신 비전을 가지고 담대하게 나아가게 하소서. 대학을 졸업하고 사회의 첫 발을 내딛는 젊은이들이 그동안 준비하고 연마한 것들을 마음껏 펼치며 일하게 하소서.

무엇보다도, 졸업하는 모든 학생이 각자 스스로가 하나님의 백성이라는 사실을 잊지 않도록 일깨워 주소서. 하나님이 주신 은혜 안에 거하여 그리스도를 아는 향기를 풍기는 하나님의 백성이 되도록 역사하여 주소서. 저들이 먼저 자신의 백성을 돌보시는 하나님 앞으로 나오게 하시고, 무릎을 꿇어 간절히 주의 이름을 부르게 하소서. 특별히 사회에 첫 발을 내딛는 청년들에게 믿음과 용기를 주셔서 타협하지 않도록 인도하여 주소서. 그리스도인이라는 정체성을 잃지 않고, 어디서나 무엇을 하든지 예수의 흔적을 남기도록 은혜에 은혜를 더하여 주소서. 이들 모두가 육신의 건강함을 가지고 새로운 환경에서 그리스도의 빛과 소금이 되도록 세밀하게 인도하여 주소서.

주의 백성을 구원하여 주시는 하나님! 아직도 하나님의 은혜와 사랑을 모르는 사람들이 주변에 많습니다. 이 사회의 병약자들, 가난한 이들, 소외된 자들, 실직자들, 가정이 깨어진 자들의 아픔과 고통을 하나님께서 어루만져 주시고, 저들을 일으켜 세워 주소서. 세상의 모든 것을 잃어버리고, 가진 것이 없을지라도 구원을 주시는 예수 그리스도의 생명이 저들의 삶에 역동할 수 있도록 은총을 베풀어 주소서. 새 봄이 오기 전에 막바지 매서운 추위로 인하여 얼어버린 저들의 마음을 뜨거운 십자가의 사랑으로 녹여 주소서. 이 시간 말씀을 전하시는 목사님을 강건하게 붙들어 주시고, 찬양대의 찬양을 받아주소서. 예수님의 이름으로 기도합니다. 아멘.

주일 오후예배 대표기도문

3월 1

여호와의 말씀에 시온의 딸아 노래하고 기뻐하라 이는 내가 와서 네 가운데에 머물 것임이라 _스가랴 2장 10절

노래하고 기뻐하라고 말씀하시는 하나님!

그 크신 은혜와 사랑으로 죄인들에게 말씀하여 주셔서 감사합니다. 여전히 죄로 인하여 넘어지고 쓰러지는 죄인들을 주일 오후예배 시간으로 인도하여 주시니 그저 감사할 뿐입니다. 무한한 은혜를 주신 하나님을 노래하고, 예수 그리스도로 말미암아 기뻐하는 예배가 되도록 역사하여 주소서. 먼저 우리가 예수 그리스도의 십자가를 통과하여, 우리 안에 구석구석 남아 있는 모든 죄를 제거하게 하여 주소서. 하나님 앞에 가장 합당하고 온전한 모습으로 나아가도록 십자가 보혈로 정하게 씻어 주소서. 이 시간 보혈의 은혜를 노래하고, 십자가의 능력을 기뻐하는 예배가 되도록 역사하여 주소서.

노래하고 기뻐하라고 하신 하나님! 만물이 생명을 피우는 이때, 여전히 노래하지 못하고 기뻐하지 못하는 연약한 자들이 있습니다. 어두운 방에 홀로 누워 괴로워하며 고통 가운데서 눈물로 밤을 지새며 죽음을

생각하는 자들이 있습니다. 이들의 어둡고 힘겨운 삶에 빛을 비추어 주소서. 이들을 위해 우리를 사용하여 주소서. 우리만 노래하고 기뻐하는 예배로 끝나지 않도록 이들의 삶으로 우리를 인도하여 주소서. 그들에게 먼저 하나님의 손을 내밀고 예수님의 십자가의 사랑을 전하게 하소서. 하나님의 은혜와 십자가의 사랑으로 그들과 함께 노래하고, 함께 기뻐하는 예배를 드릴 수 있도록 역사하여 주소서. 생명의 빛이신 예수님으로 인하여 그들의 어둠이 사라지게 하시고, 그 빛 안에서 살게 하소서. 그런 주님의 일에 우리 모두를 사용하여 주소서.

말씀하시는 하나님! 교회 안에서의 모습과 교회 밖에서의 우리의 모습이 너무나도 다릅니다. 경건의 모양만 있을 뿐 경건의 능력을 상실한 채로 힘겹게 살아갈 뿐입니다. 신앙 생활이 기쁘고 즐거운 것이 아니라 억지로 마지못해서 끌려가는 종교 생활이 되고 있습니다. 우리의 삶에 말씀하여 주소서. 교회 안에 있거나 밖에 있거나 동일한 삶을 살도록 인도하여 주소서. 광야의 이스라엘 백성들을 구름 기둥과 불 기둥으로 인도하신 것처럼 우리의 길을 인도하여 주소서. 이 세대를 말씀으로 분별하여, 하나님의 뜻을 따라 살게 하소서.

이 시간 주일 오후예배를 드리는 주의 성도들의 삶에 말씀하여 주소서. 삶을 이끌어 주소서. 불신자들과 확실히 다른 믿음의 생각, 지혜로운 말, 담대한 행동을 하도록 인도하여 주소서. 세상이 감당할 수 없는 믿음의 사람이 되어 빛을 발하게 하소서. 말씀을 전하시는 목사님의 영육을 강건하게 하시며, 세상의 허튼 이야기가 아닌 오직 하나님의 말씀만을 선포하도록 사용하여 주소서. 찬양대의 찬양이 감정을 자극하는 노래가 아닌, 하나님을 향한 신령한 노래가 되도록 역사하여 주소서. 예수님의 이름으로 기도합니다. 아멘.

주일 오후예배 대표기도문

3월 2

그 아이의 손을 잡고 이르시되 달리다굼 하시니 번역하면 곧 내가 네게 말하노니 소녀야 일어나라 하심이라 _마가복음 5장 41절

우리의 손을 잡고 일어나라고 말씀하시는 하나님!

죄인들의 손을 잡아 주시니 감사합니다. 이 시간 죄인들을 향해서 내밀어 주시는 손을 붙들고, 하나님 은혜의 보좌로 나아가오니 은혜를 베풀어 주소서. 예수 그리스도의 십자가 보혈로 죄로 더럽혀진 우리의 몸과 마음을 새롭게 하소서. 형식적이며 습관적인 예배를 버리고, 하늘 영광으로 가득한 예배가 되도록 역사하여 주소서.

우리의 손을 잡으시는 하나님! 우리 교회를 붙들어 주소서. 날마다 마음을 같이하여 모이기를 힘쓰고, 예배 후에 주 안에서 기쁨과 순전한 믿음으로 교제하며 서로를 위해 기도하는 교회가 되게 하소서. 하나님을 향한 예배를 드릴 때마다 성령의 충만한 은혜를 부어 주시고, 우리의 손을 잡으시는 하나님을 온전히 높여 드리는 찬양과 경배를 드리게 하소서. 함께 예배를 드리지 못하는 성도들에게도 하나님께서 손을 내밀어 주셔서 함께 은혜를 받게 하시고, 다음에는 꼭 함께 예배를 드릴

수 있도록 회복시켜 주소서.

교회에 처음 나온 새가족의 손을 붙들어 주소서. 천하보다 귀한 영혼을 우리 교회로 보내 주셨습니다. 이 귀한 영혼을 또 다시 잃어버리지 않도록 인도하여 주소서. 많은 것이 낯설고 어색하겠지만 잘 적응하도록 은혜를 베풀어 주소서. 우리가 이들을 주의 사랑으로 품을 수 있도록 먼저 손 내밀게 하시고, 새가족과 함께 하나님을 온전히 신앙하는 삶을 살도록 역사하여 주소서. 새가족부를 담당하는 일꾼들이 그들을 말씀으로 양육하며, 교회의 한 지체를 이루며 그리스도 안에서 한 몸을 이룰 수 있도록 기도하며 땀 흘리게 하소서.

일어나라고 말씀하시는 하나님! 만물이 싹을 내며, 아름다운 꽃을 피우고 있습니다. 우리의 영혼도 일어나도록 깨우소서. 여전히 영적인 깊은 잠에 빠져 있지는 않습니까? 봄바람 앞에 기지개를 켜기보다 춥다고 움츠리고 있지 않습니까? 죽은 소녀를 향하여 "일어나라"고 선포하신 예수님의 음성으로 우리의 영혼을 깨워 주소서. 새 생명의 역사를 시작하도록 인도하여 주소서. 우리의 신앙이 늘 어린아이에 머무는 것이 아니라 우리 구주 예수 그리스도의 은혜와 그를 아는 지식에서 자라가도록 역사하소서. 그리스도의 십자가 생명으로 일어나, 십자가 생명의 기운을 모든 사람에게 전하도록 인도하여 주소서. 이 시간 말씀하여 주소서. 목사님을 통해서 전하시는 하나님의 음성을 듣게 하시고, 찬양대의 찬양을 받아주소서. 예수님의 이름으로 기도합니다. 아멘.

TIP
교회에서 진행하는 새가족 프로그램에 동참하기를 권하는 것도 유익합니다.

> 주일 오후예배 대표기도문

4월 1

만군의 여호와가 이같이 말하노라 조금 있으면 내가 하늘과 땅과 바다와 육지를 진동시킬 것이요 또한 모든 나라를 진동시킬 것이며 모든 나라의 보배가 이르리니 내가 이 성전에 영광이 충만하게 하리라 만군의 여호와의 말이니라 _학개 2장 6-7절

하늘과 땅과 바다와 육지, 모든 나라를 섭리하는 하나님!

거룩한 주일 오후 시간에 하나님을 예배하게 하시니 감사합니다. 하나님이 주신 은혜로 풍성한 주일이 되게 하시니 더욱 감사합니다. 이 시간 하나님을 예배할 때 우리의 심령에 성령 하나님께서 역사하여 주시어 하나님이 가장 기뻐하시는 예배를 드릴 수 있도록 은혜를 베푸소서. 어린양 예수님이 십자가에서 흘리신 보혈의 공로만 의지하여 드리는 예배가 되길 원합니다. 우리의 예배를 받아 주소서.

만물을 섭리하시는 하나님! 온 세상이 아름다운 꽃을 피우고, 푸른색으로 옷을 갈아입고 있습니다. 하나님의 오묘한 섭리하심에 그저 찬양과 존귀와 영광을 돌릴 뿐입니다. 이처럼 만물이 새 옷으로 갈아입는 것처럼 우리도 예수 그리스도의 옷을 입도록 역사하소서. 세속적인 문화와 풍조에 따라 그리스도의 옷을 버리고, 탐욕의 옷을 입지 않도록 우리를 깨우소서. 지금 우리가 처한 세상을 바라볼 때 안타까운 일들이 많이

일어나고 있습니다. 복음을 무시하고, 복음을 왜곡하고, 복음을 혼합해 타협하도록 만드는 일이 빈번하게 일어나고 있습니다.

오, 주님! 기독교가 배타적이며 독선적이라고 공격당하고 있습니다. 교회의 연약함과 실수로 복음마저도 연약하고 잘못된 것인 양 욕을 먹고 있습니다. 그러나 이 모든 것조차도 주님의 섭리 안에 있는 줄 믿사오니, 이 모든 영적 혼란 속에서 더욱 복음이신 예수 그리스도를 바라보며 십자가를 지게 하소서. 우리의 연약함과 실수를 매일 매순간 회개하며, 오직 예수 그리스도만이 드러나는 교회, 복음의 빛이 선명하게 드러나는 우리의 삶이 되도록 역사하여 주소서. 더욱 치밀하고 교묘해지는 사탄의 공격에 맞서 싸울 수 있는 성령의 검과 믿음의 방패를 주소서.

모든 나라를 섭리하시는 하나님! 온 세계의 각 나라들이 전쟁과 테러, 가뭄과 홍수, 지진과 정체불명의 질병으로 신음하고 있습니다. 사랑과 평화를 외치고 있지만 진정한 사랑을 잃어버린 지 오래되었고, 평화를 빙자한 참혹한 전쟁만 점점 심화되고 있습니다. 가뭄과 홍수, 지진과 정체불명의 질병은 전 세계인의 공포가 되고 있습니다. 이 두려움과 공포 속에 있는 전 세계 각 나라들을 하나님께서 위로하여 주시고, 예수님을 믿는 기회가 되도록 섭리하여 주소서. 이 모든 재난 배후에 인간의 탐욕이 있습니다. 또한 그 배후에 사탄이 있습니다. 끊임없이 절망의 늪에 빠져들게 하는 악한 영들과의 싸움에서 대장되신 예수님이 앞장서 주시고, 저들이 절망과 공포를 극복할 수 있도록 인도하여 주소서. 오, 하나님! 우리의 예배를 받아주소서. 하나님의 말씀을 듣게 하시고, 우리의 찬양을 받아 주소서.

예수님의 이름으로 기도합니다. 아멘.

주일 오후예배 대표기도문

4월 2

이같이 한즉 하늘에 계신 너희 아버지의 아들이 되리니 이는 하나님이 그 해를 악인과 선인에게 비추시며 비를 의로운 자와 불의한 자에게 내려주심이라 _마태복음 5장 45절

모든 사람에게 공평하신 하늘에 계신 하나님!

베풀어 주신 은혜를 감사합니다. 악인과 선인, 의로운 자와 불의한 자를 공평히 대하시는 하나님의 자비와 사랑을 찬송합니다. 이처럼 모든 사람에게 구원의 기회를 주셨기에 오늘 우리도 하나님을 예배할 수 있습니다. 이 은혜와 사랑을 감사드리며 예배할 때, 우리의 심령을 십자가 보혈로 깨끗하게 씻어 주셔서 하나님 앞으로 나아갈 수 있도록 인도하여 주소서.

하나님은 구원의 공평한 기회를 예수 그리스도의 십자가를 통해 모든 사람이 알 수 있도록 하셨습니다. 그러나 무지한 사람들은 거저 받을 수 있는 구원의 기회를 거부하고 있습니다. 아직도 많은 사람이 예수님을 구주로 믿지 않습니다. 탁월한 성인군자 정도로 생각하거나 새로운 세상을 꿈꾸다가 십자가에서 죽은 선생이나 철학자 정도로 여기고 있습니다. 오, 하나님! 구원을 받을 수 있는 기회가 있을 때 예수님을 구주

로 영접하도록 은총을 베풀어 주소서. 저들의 눈을 여셔서 하나님이 주신 구원의 표적, 예수 그리스도의 십자가를 바라보게 하소서.

하늘에 계신 하나님! 구원의 복음을 전하는 귀중한 사역에 헌신한 많은 선교사가 있습니다. 지금도 각처에서 예수 그리스도의 복음을 전하기 위해 자기를 부인하고, 자기를 희생하고 있습니다. 특별히 우리 교회에서 후원하고 있는 _____ 선교사와 그의 가정을 긍휼히 여기소서. 어려운 여건 속에서 복음을 전하고 있습니다. 이들과 동행하여 주시어 오직 복음의 귀한 사역을 온전히 감당하게 하소서.

복음을 위해서 세움을 받은 대중 매체들이 있습니다. 라디오나 텔레비전을 통해 예수 그리스도의 복음을 전하는 방송 사역 위에 하나님이 은총을 베풀어 주소서. 세속적인 매체들과의 경쟁에서는 이기기 어렵지만, 기독교 방송만이 영혼을 살릴 수 있는 통로임을 믿습니다. 상업주의와 황금만능주의에 찌든 대중 매체 속에서 예수 그리스도의 복음을 전하는 일에 온전히 헌신하는 기독교 방송 사역이 되도록 역사하여 주소서. 그곳에서 일하는 모든 직원을 선교사로 세워 주셔서, 하나님의 부르심에 온전히 순종하도록 역사하여 주소서. 현지 선교사들과 함께 전파 선교사로서의 사명을 온전히 감당하게 하소서.

이제 말씀을 듣습니다. 말씀을 전하실 목사님을 강건하게 붙들어 주셔서, _____ 제목으로 말씀을 전하실 때 하나님의 음성을 듣게 하소서. 하나님을 찬양하는 _____ 찬양대에게도 성령의 은혜를 주소서. 예수님의 이름으로 기도합니다.

TIP
교회에서 파송한 선교사의 구체적인 기도 제목을 나누면 더 은혜가 됩니다.

주일 오후예배 대표기도문

5월 1

그 가운데에 계시는 여호와는 의로우사 불의를 행하지 아니하시고 아침마다 빠짐없이 자기의 공의를 비추시거늘 불의한 자는 수치를 알지 못하는도다 _스바냐 3장 5절

공의로우신 하나님!

아침마다 빠짐없이 비추어 주시는 공의로운 해로 말미암아 완연한 봄날의 기운을 느끼도록 은혜를 주시니 감사합니다. 하나님의 공의이신 예수 그리스도로 말미암아 이 시간 하나님을 예배할 때, 더러운 죄를 희게 하는 보혈의 능력으로 우리를 씻어 주소서. 예배에 합당하지 못한 예복을 하나님 앞에 다 벗어서 십자가의 보혈로 깨끗하게 씻어 하나님께 영광 돌리는 예배를 드리도록 역사하여 주소서.

늘 하나님을 예배하지만, 늘 부족합니다. 늘 예수님을 믿는 믿음이 있다고 자부하지만, 늘 그 믿음이 세상을 향해 있음을 봅니다. 오, 주님! 우리의 연약함을 아시오니 하나님을 향한 우리의 열정이 아닌, '하나님의 열심'으로 우리를 인도하여 주시어 날마다 예배하게 하소서. 날마다 믿음을 드러내며 살게 하소서. 이 예배를 통해 다시 한번 우리의 심령을 붙들어 주시고, 예수 그리스도께 초점을 분명히 맞추는 은혜가 넘치

기를 기도합니다.

공의로우신 하나님! 우리의 가정이 공의로우신 하나님의 통치를 받게 하소서. 가정의 질서가 무너지고 있습니다. 부모를 공경하며, 자녀를 돌보는 기본적인 가르침이 세속적인 가치와 사상으로 변질되거나 희미해지고 있습니다. 변함없는 진리에 기초한 가정이 아니라, 변하는 사상과 가치에 기초한 가정이 되어 매번 흔들리고 있습니다. 하나님께서 붙들어 주소서. 하나님을 예배하고, 예수님을 온전히 믿는 가정이 되도록 역사하소서. 가정의 위기를 이야기하지만, 예수 안에 거하는 가정은 어떤 상황에 있을지라도 위기를 극복할 수 있음을 믿사오니, 우리의 가정을 다스려 주소서.

안타깝게도 깨어진 가정이 우리 주변에 많습니다. 부모가 자녀를 학대하고, 자녀가 부모를 폭행하거나 살인하는 패륜 범죄가 발생하고 있습니다. 도저히 해결할 수 없고, 회복할 수 없는 지경에 이른 가정이 점점 많아지고 있습니다. 이 모든 가정이 하나님의 공의로우신 통치 아래 있게 하소서. 서로 상처받은 가족들, 남겨진 가족들을 하나님이 위로하셔서, 다시 소망을 가지고 행복한 가정을 이룰 수 있도록 역사하여 주소서. 마음속에 응어리진 상처를 하나님께서 십자가의 사랑으로 보듬어 주시고, 싸매시어 회복시켜 주소서.

이 시간 목사님을 붙들어 주셔서 하나님의 말씀만을 선포하게 하소서. 찬양대의 찬양이 하나님이 기뻐하시는 향기로운 노래가 되게 하소서.

예수님의 이름으로 기도합니다. 아멘.

주일 오후예배 대표기도문

5월 2

다른 이로써는 구원을 받을 수 없나니 천하 사람 중에 구원을 받을 만한 다른 이름을 우리에게 주신 일이 없음이라 하였더라 _사도행전 4장 12절

구원받을 유일한 이름을 알게 하신 하나님!

감사합니다. 구원의 유일한 이름을 알게 하시고 믿게 하시어 거룩한 주일에 온종일 예배하게 하신 것 진심으로 감사합니다. 오직 예수님밖에 없기에 교회가 좋고, 예배가 좋습니다. 이 믿음으로 예배하오니, 우리를 예수 그리스도의 십자가 보혈로 정결하게 하소서. 하나님 앞에 올라가는 향기로운 예배가 되게 하소서. 예수님이 다시 오실 그때까지 이 땅에서의 예배가 끊이지 않도록 역사하소서. 우리 세대뿐만 아니라 다음세대의 자녀들도 하나님을 예배하는 일을 최우선하며 복음의 사명을 다하도록 역사하여 주소서. 이를 위해서 주일학교가 더욱 부흥되기를 원합니다. 예수 그리스도의 십자가와 부활의 복음으로 역동적인 주일학교가 되도록 인도하여 주소서.

오, 하나님! 영아부, 유치부, 어린이부, 청소년부, 대학청년부(교회의 주일학교 부서에 따라 조정)에 이르는 모든 주일학교 학생이 주일에만 예수

님을 믿는 위선적이고 형식적인 신앙생활을 하지 않도록 붙들어 주소서. 모여 예배하고 성경을 공부한 대로 살아가도록 역사하여 주소서. 그들이 하나님을 예배하거나 성경이나 예수님을 이야기하면 조롱을 받고 무시를 당하는 환경입니다. 학교 점심시간에 식기도조차 눈치를 보며 할까 말까 고민하고 있습니다. 이처럼 열악한 영적 환경을 이길 수 있도록 주일학교 학생들에게 담대한 믿음을 내리어 주소서. 다니엘과 같이 어떤 상황 속에서도 타협하지 않고, 복음을 기준 삼아 나아가도록 인도하여 주소서.

특별히 주일학교 선생님들을 붙들어 주소서. 맡겨진 양무리들의 본이 되게 하시고, 예수 그리스도의 복음으로 온전히 양육할 수 있도록 기름 부어 주소서. 주일학교 선생님들도 주중에는 많이 분주합니다. 주중에 맡겨진 학생들을 심방하고 양육하는 것이 너무나 어렵습니다. 심지어 본인의 경건 생활도 제대로 하지 못하는 경우가 허다합니다. 주일에 가르쳐야 할 성경 공부를 준비하는 것도 힘이 듭니다. 오, 주님! 주일학교 선생님들의 믿음을 견고히 세워 주시고, '자기 십자가'를 지고 예수님을 따르게 힘을 주소서. 맡겨진 영혼들을 위해서 더욱 기도하며 헌신하도록 인도하소서. 무언가를 가르치기보다, 선생님 자신이 복음의 향기를 풍기어 학생들이 자연스럽게 그리스도의 향기를 느끼며 배우게 하소서. 예수님께서 도우소서.

구원을 받을 만한 유일한 이름 예수 그리스도를 보내 주신 하나님! 목사님을 세워 주시고, 말씀을 전하게 하시니 감사합니다. 그리스도의 은혜를 찬송하는 찬양대를 세워 주시고 노래하게 하시니 감사합니다. 예수님의 이름으로 기도합니다. 아멘.

주일 오후예배 대표기도문

6월 1

두려워하지 말라 내가 너와 함께 함이라 놀라지 말라 나는 네 하나님이 됨이라 내가 너를 굳세게 하리라 참으로 너를 도와주리라 참으로 나의 의로운 오른손으로 너를 붙들리라 _이사야 41장 10절

우리를 굳세게 하시고 붙들어 주시는 하나님!

감사합니다. 오늘도 온 종일 하나님을 예배하며, 주 안에서 서로 교제할 수 있는 은혜를 주셔서 감사합니다. 예배를 통해 하나님이 주신 은혜로 한 주간 쌓인 죄의 때가 깨끗하게 씻겼습니다. 그리고 순결한 몸에 예수님이 친히 입혀 주시는 보혈의 옷을 입었습니다. 새 사람이 되어 새 옷을 입고 하나님을 예배하는 기쁨을 누리니 이곳이 진정 천국입니다. 이 그지없는 은혜를 주신 하나님의 성호를 영원히 찬양하며 예배하게 하소서. 이 시간 다시 한번 하나님의 은혜의 보좌로 나아갑니다. 오직 어린양 예수님의 보혈을 지나 하나님을 예배하도록 우리를 인도하여 주소서.

우리와 함께하시는 하나님! 복음을 위해 자신의 목숨을 아낌없이 드려 순교한 신앙의 선진들을 기억할 때마다 절로 고개가 숙여집니다. 하나님이 함께하심을 믿었기에 신앙의 선배들은 기꺼이 자신의 목숨을 하

나님 앞에 드렸습니다. 이 신앙의 유산을 이어받아 우리도 죽기까지 주의 복음을 위해 헌신하는 믿음의 용기를 주소서. 유한한 이 땅에서의 삶이 전부가 아님을 잊지 않아, 영원한 삶을 소망하며 이 땅에서 나그네가 되어 천국을 향해 나아가도록 인도하여 주소서. 좁고 험한 십자가의 길을 걸을 때 예수님이 동행하시어, 능히 이겨 최후 승리자가 되도록 붙들어 주소서.

우리를 굳세게 하시고 도와주시는 하나님! 나라와 민족을 위해 자신의 몸을 희생하신 호국 영령들을 기억합니다. 침략자로부터 나라를 지키고, 정의를 수호하기 위해서 자신을 내어던진 열사들과 국군장병들을 기억하여 주소서. 우리도 나라와 민족을 위해 늘 기도하게 하시고, 조국을 수호하기 위해 헌신하며 살도록 역사하여 주소서. 특별히 이 땅의 국군장병들을 기억하여 주소서. 조국을 위해 젊음을 불태우고 있습니다. 산과 바다 그리고 하늘에서 위험을 무릅쓰고 나라를 지키는 저들을 보호하시어 어떠한 위험 속에서도 용기 잃지 않는 용맹스러운 군인이 되게 하소서. 사랑하는 아들과 딸을 군軍에 보내 놓고 노심초사 밤낮 기도하는 부모들에게도 평안을 주소서.

우리를 붙들어 주시는 하나님! 나라와 민족에게 가장 시급한 것이 복음임을 확신합니다. 복음이야말로 모든 공포와 두려움을 이길 수 있는 원동력임을 알게 하소서. 반만년의 역사 속에서 수많은 대적의 공격을 받았음에도 지금까지 그 역사를 이어가게 하신 하나님의 은혜를 깨닫게 하시고, 복음을 통해 나라와 민족이 나아가도록 붙들어 주소서.

너무나 아름다운 오후 시간입니다. 이제 말씀과 찬양을 통해서 더 깊은 은혜의 강가로 나아가게 하소서. 예수님의 이름으로 기도합니다. 아멘.

주일 오후예배 대표기도문

6월 2

그러므로 우리가 믿음으로 의롭다 하심을 받았으니 우리 주 예수 그리스도로 말미암아 하나님과 화평을 누리자 _로마서 5장 1절

예수 그리스도로 말미암아 화평을 이루신 하나님!

참 평안을 주시니 감사합니다. 진정한 평화를 잃어버린 시대 속에서, 평화의 왕이신 예수 그리스도를 보내 주시어 하늘의 평화를 맛보게 하시니 감사합니다. 이 예배의 시간이 예수 그리스도의 십자가 보혈로 말미암아 천국 잔치가 되도록 역사하여 주소서.

화평을 이루신 하나님! 지금 우리가 예배를 통해 누리는 천국 잔치의 기쁨을 온 누리의 사람들과 나누길 원합니다. 여전히 사는 것 자체가 지옥인 사람들, 불치의 병에 걸려 하루하루 힘겹게 생명을 유지하는 사람들, 사고로 인하여 사랑하는 사람을 갑작스럽게 잃어버리고 깊은 절망 가운데 있는 사람들에게 하나님께서 은혜를 베풀어 주소서. 저들의 발걸음을 하나님 앞으로 인도하여 주소서. 주님의 교회로 나와, 함께 하나님을 예배하며 하늘의 진정한 평화를 누리도록 역사하여 주소서.

죽음과 결박의 위협에 쫓겨 다니는 탈북자들이 많습니다. 압제당하며

신음하는 가난한 외국인 근로자들이 점점 늘어나고 있습니다. 뿐만 아니라 지구촌 곳곳에 굶주리는 무수한 영혼이 있습니다. 이들의 고통을 함께 나누며, 이들의 눈물을 닦아 줄 수 있도록 우리를 사용하여 주소서. 예수 그리스도의 평화의 복음을 가지고 이 모든 자에게 나아가도록 우리 교회를 사용하여 주소서. 십자가로부터 흘러나오는 생명의 물이 이들의 갈증을 해소하여 영원히 목마르지 않도록 역사하여 주소서. 세상의 부요함과 형통함이 주는 일시적인 평화가 아닌, 하나님이 예수 그리스도를 통하여 주시는 영원한 평화를 누리게 하소서.

오, 하나님! 우리가 신앙생활을 하면서 평화를 잃어버릴 때가 많습니다. 특정한 날(day)만 주일이라거나, 특정한 일(work)만 주의 일이라거나, 특정한 사람(person)만 제사장이라는 잘못된 고정 관념을 버리게 하소서. 날마다 매순간 예수 그리스도를 바라보는 온전한 신앙생활이 되도록 역사하여 주소서. 매일 하나님을 예배하며, 매일 예수 그리스도의 평화가 넘치도록 우리를 인도하여 주소서. 크고 작은 사건과 사고 속에서 평화를 잃지 않도록 믿음을 주시고, 어떤 상황 속에서 무슨 일을 만나든지 예수님을 의지하는 신앙이 되게 하소서.

이제 평화의 복음을 들고 설교하실 목사님에게 은총을 베풀어 주소서. 이른 새벽부터 오후 이 시간까지 주의 복음을 전하기에 온 힘을 쏟고 있습니다. 강건하게 붙들어 주셔서, 하나님이 주시는 새 힘으로 복음을 힘차게 선포하도록 사용하여 주소서. 찬양대 위에도 하나님이 은혜를 내리어 주셔서, 은혜가 흠뻑 묻어 나오는 아름다운 찬양이 되게 하소서.

예수님의 이름으로 기도합니다. 아멘.

주일 오후예배 대표기도문

7월 1

여호와는 선하시며 환난 날에 산성이시라 그는 자기에게 피하는 자들을 아시느니라 그가 범람하는 물로 그곳을 진멸하시고 자기 대적들을 흑암으로 쫓아내시리라 _나훔 1장 7-8절

선하시며, 환난 날에 산성이신 하나님!

악한 원수들의 꾐에 빠지지 않고, 이 시간 하나님 앞에 나와 예배하게 하시니 감사합니다. 쉬고 싶은 마음, 놀고 싶은 유혹을 뿌리치고 하나님이 가장 기뻐하시는 예배의 시간을 지키게 하시니 감사합니다. 하나님이 주실 은혜를 기대하고 사모합니다. 예수 그리스도의 십자가 보혈의 공로를 의지하여 하나님을 예배하오니, 이 시간 이 예배가 생애 최고의 예배가 되도록 역사하여 주소서.

선하신 하나님! 우리의 길이 선한 길이 되게 하소서. "오직 예수!"를 외치며 믿음의 길을 걷는다고 하지만 여지없이 육신의 연약함으로 넘어지고 흔들리는 우리의 신앙을 바라봅니다. 베풀어 주시는 은혜에 감격하고 감사하지 않고 원망과 불평, 짜증과 게으름 속에서 살게 됩니다. 날씨를 탓하지 말게 하시고, 사람들과 환경을 핑계하지 말게 하소서. 오직 죄의 본성을 가지고 있는 '어찌할 수 없는' 죄인임을 회개하며 날

마다 그리스도와 함께 십자가에 못 박히고, 그리스도와 함께 다시 살아나는 은혜를 베풀어 주소서.

환난 날에 산성이신 하나님! 환난과 핍박 중에 있는 성도들을 도우소서. 선하신 하나님의 인도하심에 순종하며 믿음의 길을 걷고 있지만, 현실의 장벽은 높기만 합니다. 가정에서 홀로 신앙생활하는 성도는 가족의 눈치를 보는 게 여간 힘든 게 아닙니다. 믿지 않는 동료와 상사가 있는 직장에서 신앙을 지킨다는 게 거의 불가능해 보입니다. 학교에서 친구들끼리 어울려 욕설이나 재미있는 농담을 하지 않으면 왕따 되기 쉽습니다. 이와 같은 성도들의 고통과 아픔을 잘 아시는 하나님께서 이들의 산성이 되어 주소서. 예수님을 부인하고 믿음의 길을 포기하고 싶은 상황에 처할 때마다 산성이신 하나님께로 달려 나아가게 하소서.

산성이신 하나님! 한 여름의 날씨 속에서 자연을 섭리하시는 하나님의 손길을 느낍니다. 그러나 연일 계속 이어지는 폭염으로 많이 지치고 힘듭니다. 열대야로 밤잠을 설치며, 새벽기도회 나오는 것조차 놓칠 때가 종종 생깁니다. 하나님께서 긍휼히 여기사 폭염 속에서 지치지 않도록 새 힘을 허락하여 주소서. 내리쬐는 뜨거운 태양 아래 구슬땀을 흘리며 일하는 분들의 건강도 지켜 주시고, 병실에서 치료받고 있는 환우들도 여름을 잘 이겨 내도록 은혜를 베풀어 주소서. 무엇보다도 이 시간 고개 숙여 함께 기도하는 모든 성도의 심령을 붙들어 주셔서 독수리가 날개 치며 올라감 같은 새 힘을 부어 주소서.

목사님의 건강을 지켜 주시고, 찬양대원에게도 은혜를 부어 주시사 아름다운 소리를 내기에 부족함이 없도록 하소서. 예수님의 이름으로 기도합니다. 아멘.

> 주일 오후예배 대표기도문

7월 2

> 그런즉 심는 이나 물 주는 이는 아무것도 아니로되 오직 자라게 하시는 이는 하나님뿐이니라 심는 이와 물 주는 이는 한가지이나 각각 자기가 일한 대로 자기의 상을 받으리라 _고린도전서 3장 7~8절

자라게 하시며 일한 대로 상을 주시는 하나님!

오늘도 우리에게 믿음을 주셔서 주의 날을 기념하며 거룩한 모습으로 지키게 하시니 감사합니다. 늘 연약하여 넘어질지라도 끝까지 포기하지 않으시는 하나님의 은혜와 사랑에 무한 감사합니다. 이 시간에도 자라게 하시는 주님의 능력을 사모하며 예배를 드립니다. 우리의 죄를 십자가 보혈로 깨끗하게 씻어 주셔서 하나님의 영광스러운 보좌 앞으로 나아가는 신령한 예배가 되도록 역사하여 주소서. 오직 은혜로만, 오직 믿음으로만 하나님께 영광 돌리게 하소서.

약속하신 대로 예수님은 경건하지 않은 우리를 위해 십자가에 달려 죽으셨습니다. 우리가 죄인이었을 때 예수님은 십자가에서 물과 피를 쏟고 죽으심으로 하나님의 사랑을 확실하게 증명하셨습니다. 우리가 원수 되었을 때 예수님이 손과 발에 못 박히시고, 옆구리에 창 자국을 남기며 죽으심으로 하나님과 더불어 화목하여 하늘의 신령한 복을 누릴

수 있게 하셨습니다. 이처럼 형언할 수 없는 하나님의 은혜와 사랑으로 값진 생명을 얻었사오니, 빚진 자의 심정으로 날마다 예수님을 바라보며, 예수님을 위해 살게 하소서.

자라게 하시는 하나님! 십자가의 은혜로 거듭난 우리를 자라게 하소서. 죄와 허물로 죽은 우리 몸을 거듭나게 하시어 예수 그리스도의 십자가 안에서 새 피조물이 되었지만, 여전히 자라지 못하여 기형적인 신앙을 가지고 있습니다. 몸은 자라고 있는데 영은 어린아이 같습니다. 하나님이 예수 그리스도를 통하여 주신 생명을 나만을 위해서 쓰는 어린아이가 되지 않게 하소서. 십자가를 통해 받은 고귀한 사랑과 생명을 나누고 전하며 살게 하소서. 우리끼리 교회 안에서만 나누고 기뻐하며 만족하지 말게 하시고, 이 지역과 이 사회에 하나님의 사랑과 십자가의 생명 복음을 나누고 전하도록 우리를 자라게 하소서.

상을 주시는 하나님! 하늘의 상급을 소망합니다. 이 땅에서 얻는 유한한 상을 받기 위해서 수단과 방법을 가리지 않는 악인이 되지 않게 하소서. 입술로만 봉사하고, 겉으로만 섬기는 척하는 위선이 우리 안에서 사라지도록 하소서. 예수님이 자신의 전부를 드렸듯이 우리도 주님의 복음을 위해서 온전히 헌신하여 하나님이 주시는 상을 받게 하소서. 세상 사람들의 칭찬과 인정, 존귀와 영광을 받으려는 삶을 내려놓고, 하나님의 상, 영원한 기업을 얻는 복을 내리어 주소서. 이 시간 하나님의 말씀으로 우리를 깨워 주시고, 찬양대의 찬양이 우리 모두의 믿음의 고백이 되게 하소서.

예수님의 이름으로 기도합니다. 아멘.

주일 오후예배 대표기도문

8월 1

사람아 주께서 선한 것이 무엇임을 네게 보이셨나니 여호와께서 네게 구하시는 것은 오직 정의를 행하며 인자를 사랑하며 겸손하게 네 하나님과 함께 행하는 것이 아니냐 _미가 6장 8절

겸손하게 하나님과 함께 행하길 원하시는 하나님!

주님과 함께 온 종일 행복하게 보내게 하시니 감사합니다. 이른 새벽 시간부터 석양이 지는 오후 이 시간까지 하나님을 예배하는 기쁨으로 설레었고 감사할 뿐이었습니다. 이 설렘과 감사함으로 하나님을 예배하오니, 우리의 예배를 받아 주소서. 예수 그리스도의 보혈의 능력으로 이 예배가 하나님 앞에 상달되게 하소서.

하나님! 많은 성도가 휴가를 떠났습니다. 그들이 휴가지에서 세속적인 유흥에 빠져 범죄하지 않도록 믿음을 더하여 주소서. 또한 이곳저곳으로 이동할 때마다 교통사고가 나지 않도록 보호하여 주소서. 휴가지에서도 주일을 성수하도록 인도해 주시고, 더불어 본 교회를 위해서 무릎을 꿇어 기도하게 하소서. 예수님 안에서의 쉼이 되어 육체의 피로가 풀리는 것을 넘어 영혼의 안식을 얻는 휴가가 되도록 역사하여 주소서.

한편으로 휴가 없이 일하는 성도들도 많습니다. 더위에 지친 저들의 육

신을 위로하여 주시고, 다른 사람들과 자신의 삶을 비교하면서 좌절하지 않도록 은혜로 채워 주소서. 모든 무거운 짐을 예수님 앞으로 가지고 나와 예수 안에서 참된 안식을 누리도록 은총을 베풀어 주소서.

정의를 행하며 인자를 사랑하며 겸손한 삶을 원하시는 하나님! 주일학교 각 부서의 여름성경학교와 수련회가 거의 끝나가고 있습니다. 성경학교를 마친 주일학교 학생들이 주제 말씀을 기억하고, 그 말씀대로 살도록 인도하여 주소서. 복음을 온전히 깨달아 성경학교의 가르침이 삶으로 이어지도록 역사하소서. 수련회를 마친 청소년들과 젊은이들이 더욱 인자이신 예수님을 사랑하며, 예수님처럼 겸손하게 살도록 인도하여 주소서. 수련회 기간을 통해 울부짖으며 기도했던 기도의 소리가 더욱 커지게 하셔서 청소년부와 청년부가 다시금 영적으로 부흥하도록 역사하여 주소서.

여러 가지 형편상 성경학교와 수련회에 함께하지 못한 주일학교 학생들도 많습니다. 저들에게도 하나님이 동일한 말씀의 은혜를 내리어 주소서. 성경학교와 수련회에 참석한 학생들을 통해 말씀을 듣게 하시고, 은혜를 나누게 하시어, 부흥의 불길을 함께 일으키도록 사용하여 주소서. 다음 성경학교와 수련회 때에는 반드시 참석해 말씀을 통해 주시는 하나님의 은혜를 체험하도록 인도하소서. 특별히 수고하신 선생님들을 축복합니다. 자신의 휴가를 희생하고, 물질과 힘을 다하여 영혼 구원을 위한 귀한 사명을 감당하였습니다. 이 모든 수고가 헛되지 않도록 온전히 주 안에 거하는 사역이 되도록 역사하여 주소서. 이제 말씀을 듣습니다. 하나님이 말씀하여 주소서.

예수님의 이름으로 기도합니다. 아멘.

주일 오후예배 대표기도문

8월 2

항상 우리를 그리스도 안에서 이기게 하시고 우리로 말미암아 각처에서 그리스도를 아는 냄새를 나타내시는 하나님께 감사하노라
_고린도후서 2장 14절

그리스도 안에서 우리를 이기게 하시는 하나님!

감사합니다. 죄와 사망의 권세 아래에서 고통당할 수밖에 없는 우리가 예수 그리스도의 십자가로 승리하게 하시니 진실로 감사합니다. 승리를 주시는 하나님의 은혜를 감사하며 이 시간 찬양과 경배를 드립니다. 우리의 예배가 어린양 보혈로 말미암아 향기로운 예배가 되도록 역사하여 주소서. 온전히 하나님의 기쁨이 되는 예배가 되게 하소서.

주님의 은총으로 조국의 광복을 맞은 지 72주년(2017년 기준)입니다. 100여 년 전에 조선 땅에 성경을 주시어 먼저 신앙을 갖게 하시고, 이어 선교사들을 보내 주시어 교회의 부흥을 허락해 주셨습니다. 이 은혜 속에 하나님은 고난과 연단의 시간을 갖게 하셨습니다. 일제강점기 속에서 수많은 신앙인이 신사 참배를 거부하며 신앙을 지켰고, 조국의 광복을 위해서 가장 앞자리에 섰던 사람들도 기독교인이었음을 알고 있습니다. 오, 주님! 조국의 광복이 있기까지 눈물과 피를 쏟은 선열들의

피와 땀이 헛되지 않도록 우리를 사용하여 주소서. 광복의 은총을 늘 기념하며, 조국과 복음의 소중함을 잊지 않도록 우리를 일깨워 주소서.

그리스도 안에서 우리를 이기게 하시는 하나님! 날마다 조국의 부흥과 복음화를 위해서 기도하게 하소서. 오직 예수 그리스도 안에 있을 때 우리가 승리할 수 있음을 믿습니다. 건강과 물질, 명예와 권력을 가지고 있기에 승리한 것이 아닌, 예수 그리스도 안에 거함으로 인한 승리의 깃발을 높이 들게 하소서. 조국의 부흥이 단순히 물질적인 부요함에 있지 않다는 사실을 깨닫게 하소서. 압제와 불의가 사라지고, 하나님의 공의가 바로 세워지는 게 진정한 의미의 부흥이라는 사실을 알게 하여 주소서.

이 귀한 사역에 우리 교회가 온전히 쓰임받기를 원합니다. 각 부서의 사역들을 통해 이 지역이 복음화 되고 더 나아가 나라와 민족이 복음화 될 수 있도록 역사하여 주소서. 뜨거운 8월의 열기가 우리의 뜨거운 열정이 되게 하시어, 조국 부흥을 위해 기도하며 예수 그리스도의 복음을 들고 나아가게 하소서. 진정한 광복의 빛이 복음을 통해 나라와 민족을 비추어 주소서.

사망의 그늘 진 땅에 살고 있는 북한 동포들에게 광복의 은총을 베풀어 주소서. 악랄한 독재 정권 아래 신음 소리조차 내지 못하고 있습니다. 하나님께서 자비와 긍휼을 베풀어 주소서. 평화적으로 통일되게 하시고, 저 북한 땅을 영원한 생명의 빛 가운데로 인도하여 주소서.

이 시간 말씀과 찬양으로 승리를 주시는 하나님을 만나게 하소서. 예수님의 이름으로 기도합니다. 아멘.

> 주일 오후예배 대표기도문

9월 1

무리가 여호와께 부르짖어 이르되 여호와여 구하고 구하오니 이 사람의 생명 때문에 우리를 멸망시키지 마옵소서 무죄한 피를 우리에게 돌리지 마옵소서 주 여호와께서는 주의 뜻대로 행하심이니이다 하고 _요나 1장 14절

부르짖는 기도를 외면하지 않으시는 하나님!

주님의 뜻을 이루시기 위해 죄인들을 구속하시고 하나님을 예배하도록 인도해 주셔서 감사합니다. 연약한 죄인들을 통해 주의 크신 뜻을 이루소서. 예수 그리스도의 보혈의 공로를 의지하여 드리는 이 예배에서 하나님의 기쁘신 뜻이 이루어지도록 은혜를 베풀어 주소서.

부르짖는 기도를 외면하지 않으시는 하나님! 무더운 여름을 지나 선선한 바람이 부는 가을이 시작되었습니다. 부르짖는 기도를 외면하지 않으시는 하나님께 간절히 기도하게 하소서. 새벽을 깨워 기도하게 하소서. 날마다 예배당으로 나와 한마음으로 기도하는 성도들이 많아지게 하소서. 모이면 예수 그리스도의 이름으로 기도하게 하시고, 흩어지면 예수 그리스도의 편지가 되게 하소서. 날마다 하나님 앞에 간구하는 기도 제목들이 있습니다. 이 모든 기도의 제목이 하나님의 뜻에 합당한 것이 되도록 하여 주시고, 예수의 이름으로 날마다 간구하게 하소서.

우리의 기도가 우리의 뜻을 이루기 위한 수단이 되지 않게 하소서. 오직 하나님의 나라가 예수 그리스도를 통하여 완성되기를 소망하는 기도가 되게 하소서. 하나님의 나라가 이루어지도록 우리가 어떻게 무엇을 해야 할지 말씀하여 주시고, 기도를 통해 인도하여 주소서. 그리하여 우리를 하나님의 비전을 이루는 통로로 사용하여 주소서. 우리 교회의 각 부서와 각 기관들을 사용하여 주소서.

주의 뜻을 행하시는 하나님! 우리나라를 통해 주의 뜻이 이루어지길 원합니다. 사법부, 입법부, 행정부가 정상적인 기능과 역할을 다하도록 인도하여 주소서. 대한민국 대통령을 비롯하여 정부의 각 기관에서 일하는 모든 공무원에게 정직함과 성실함을 주시고, 국가를 위한 일을 처리할 때에 지혜를 허락하여 주소서. 모든 나라의 권세가 하나님께 있음을 인정하도록 역사하여 주소서. 특별히 예수님을 믿는 모든 공무원을 더욱 붙들어 주셔서 본本이 되게 하시고, 일하는 각각의 자리에서 그리스도의 향기를 진하게 낼 수 있도록 사랑과 믿음을 주소서. 모든 경제인들이 건전한 윤리 의식을 가지고 경제 활동을 하도록 인도하여 주시고, 사회 각 분야 이곳저곳에서 일하는 모든 사람이 정직하게 맡겨진 일에 충실하도록 인도하여 주소서.

오, 하나님! 서로를 향한 비판과 정죄를 멈추고 서로 사랑하고 이해하고 배려하는 사회가 되도록 은혜를 베풀어 주소서. 대한민국이 하나님의 사랑으로 화합하며, 예수 그리스도의 평화가 넘치는 나라가 되도록 역사하여 주소서. 이 시간 말씀을 통해 가르쳐 주시고, 찬양을 통해 영광을 받아 주소서.

예수님의 이름으로 기도합니다. 아멘.

주일 오후예배 대표기도문

9월 2

너희가 아들이므로 하나님이 그 아들의 영을 우리 마음 가운데 보내사 아빠 아버지라 부르게 하셨느니라 그러므로 네가 이 후로는 종이 아니요 아들이니 아들이면 하나님으로 말미암아 유업을 받을 자니라
_갈라디아서 4장 6-7절

우리에게 아빠 아버지라 부르도록 허락하신 하나님!

감사합니다. 감히 부를 수 없는 이름이건만 "아빠 아버지"라 부를 수 있는 아들의 특권을 주시니 그저 감사할 따름입니다. 전지전능하신 하나님께 도저히 나아갈 수 없는 죄인들이었지만, 예수 그리스도의 십자가 은혜로 하나님께 나아가 예배를 드리며 아버지의 사랑을 누리게 하시니 무한 감사합니다. 놀라운 은혜를 베풀어 주신 하나님을 향한 감사의 예배가 되도록 역사하여 주소서. 먼저 우리의 몸과 마음을 십자가 보혈로 정결하게 씻어 주시고, 하나님을 예배하기에 합당한 모습으로 거듭나게 하소서.

아들의 영을 우리 마음 가운데 보내신 하나님! 하나님의 자녀가 되게 하시어 하늘의 유업을 상속받게 하시니 감사합니다. 우리를 위해 하늘에 간직하신 유업, 썩지 않고 더럽지 않고 쇠하지 아니하는 하늘의 유업을 상속하신 은혜를 기억하게 하소서. 이 땅에 소망을 두지 말게 하

시고, 오직 하늘에 소망을 두며 살아가도록 인도하여 주소서. 탐욕의 노예가 되어 헛되고 헛된 세상과 함께 멸망당하는 어리석은 삶이 되지 않도록 역사하여 주소서. 아들의 영, 예수 그리스도를 밝히 가르쳐 주시는 성령 하나님의 인도하심에 순종하여 성령의 열매로 가득한 삶이 되게 하소서.

풍성한 결실을 위해 농부가 땀을 흘리듯이 이 땅에서 하나님이 원하시는 열매를 맺도록 눈물을 흘리며 씨를 뿌리게 하소서. 아빠 아버지께서 일하도록 허락하신 이 땅에서 부지런히 맡겨진 일을 감당하도록 역사하여 주소서. 기회가 있을 때, 일할 수 있을 때 온 마음과 뜻과 정성을 다하여 하나님의 나라를 위해 땀 흘리는 하나님의 자녀가 되도록 인도하여 주소서. 우리의 가정에서부터 시작하여 교회, 직장, 학교 등 우리가 거하는 모든 곳이 하나님이 허락하신 일터인 줄 알고 있으니 최선을 다하여 일하게 하소서. 뒤를 돌아보지 말게 하시고, 오직 푯대를 향하여 달려 나아가게 하소서.

아빠 아버지라 부르게 허락하신 하나님! 우리의 예배가 아버지를 만나는 쉼과 평안의 시간이 되게 하소서. 예배를 섬기는 일꾼들에게 이 은혜가 넘치도록 하소서. 주일오후 찬양예배 때마다 _____찬양팀이 찬양을 인도하고 있습니다. 인도하시는 전도사님(선생님)을 비롯한 모든 찬양팀원에게 은혜를 주셔서 아빠 아버지를 향한 기쁨의 찬양이 되도록 하여 주소서. 노래와 악기로 함께 하나님을 찬양하는 모든 성도의 심령이 노래하고 춤추는 다윗과 같게 하소서.

이제 말씀을 듣습니다. 자녀를 향한 아빠 아버지의 말씀으로 받게 하소서. 예수님의 이름으로 기도합니다. 아멘.

> 주일 오후예배 대표기도문

10월 1 찬양팀과 함께하는 찬양예배

여호와는 위대하시니 우리 하나님의 성, 거룩한 산에서 극진히 찬양받으시리로다 터가 높고 아름다워 온 세계가 즐거워함이여 큰 왕의 성 곧 북방에 있는 시온 산이 그러하도다 _시편 48편 1-2절

거룩한 산 시온에서 극진히 찬양받으실 하나님!

주의 이름을 찬양합니다. 온 마음과 정성을 다하여 찬양합니다. 영원부터 영원토록 찬양합니다. 오직 하나님 홀로 영광을 받으소서. _____ 찬양팀과 함께 마음껏 하나님을 찬양하며 예배하게 하시니 감사합니다. 모든 악기를 동원하여 호흡이 있는 자라면 찬양하라 명하신 하나님의 말씀에 순종하여 기뻐 찬양하오니, 우리의 예배를 받아주소서.

"보혈을 지나 하나님 품으로, 보혈을 지나 한걸음씩 나가네. 주 보혈 내 영을 새롭게 하시네. 존귀한 주 보혈이 내 영을 새롭게 하시네."(찬양 곡 중에 보혈에 관련된 찬양 가사를 인용)

예수 그리스도의 보혈로 우리의 심령을 적시어 주소서. 오직 보혈의 은혜로 새 생명을 얻었사오니, 그 은혜를 찬송하며 그 보혈의 복음을 전하며 살게 하소서. 예수 그리스도의 생명의 역사가 우리 심령을 불태워 주심으로, 우리의 삶이 하나님을 향한 기쁨의 노래, 성령 충만한 시와

찬미가 되게 하소서.

거룩한 산 시온에서 극진히 찬양받으시는 하나님! 이곳이 예수 그리스도의 보혈로 거룩한 산, 시온 산이 되게 하시니 감사합니다. 화려한 예배당이 아니더라도, 최고의 악기들은 아니더라도, 오직 믿음으로 하나님을 찬양하게 하시니 감사합니다. "구원하심이 보좌에 앉으신 우리 하나님과 어린양에게 있도다" 하고 선포하게 하시니 감사합니다. 가끔 음정이 떨어지고 박자를 못 맞추지만, 하나님이 보시는 것이 우리의 중심이기에 전심으로 찬양하였나이다. 우리의 찬양을 흠향하여 주시고, 온전한 예배의 향기로움으로 충만하게 하소서.

위대하신 하나님! _____찬양팀을 찬양의 귀한 도구로 세워 주셔서 감사합니다. 올 한 해도 찬양팀을 통해 주일 오후예배가 찬양으로 풍성해지고, 찬양의 은혜와 기쁨으로 넘치게 해주셔서 감사합니다. 찬양팀의 모든 단원을 축복합니다. 인도자와 싱어, 반주하는 모든 멤버가 한마음과 한뜻으로 하나님을 찬양하기에 온 힘을 쏟게 하소서. 모여서 연습할 때부터 은혜를 부어 주셔서, 먼저 찬양으로 뜨거워지게 하시고, 그 은혜의 열기가 찬양할 때 고스란히 전달되도록 역사하여 주소서. 영적으로 늘 깨어 있게 하시고, 세속적인 음악이 되지 않도록 더욱 십자가를 붙들고, 십자가를 지게 하소서.

오, 주님! 하나님을 향한 찬양의 뜨거운 열기가 말씀의 은혜로 이어지도록 역사하여 주소서. 이 시간 말씀을 전하시는 목사님을 복음의 통로로만 사용하여 주시어, 복음의 말씀으로 우리의 심령이 충만하도록 인도하여 주소서.

예수님의 이름으로 기도합니다. 아멘.

주일 오후예배 대표기도문

10월 2

모든 일을 그의 뜻의 결정대로 일하시는 이의 계획을 따라 우리가 예정을 입어 그 안에서 기업이 되었으니 이는 우리가 그리스도 안에서 전부터 바라던 그의 영광의 찬송이 되게 하려 하심이라 _에베소서 1장 11-12절

모든 일을 그의 뜻의 결정대로 일하시는 하나님!

우리의 삶을 결정하여 주시고, 이 시간 예배의 자리로 나오게 하시니 감사합니다. 몸만 이 자리에 있는 게 아니라 우리의 마음을 다해 하나님께 예배하게 하소서. 오전부터 예배를 드린 성도에게는 더 깊은 은혜를, 오전에 드리지 못하고 이 시간 예배하는 성도에게는 새로운 은혜로 채워 주소서. 예수 그리스도의 보혈의 공로만을 의지하오니 우리의 예배를 받아 주소서.

하나님의 계획에 따라 우리의 삶을 예정하신 하나님! 날마다 최선을 다함으로 감사하는 삶이 되길 원합니다. 날마다 성실함으로 열매를 맺길 원합니다. 우리의 계획대로 되지 않을 때 쉽게 원망하고 불평합니다. 원하는 것을 얻지 못할 때 좌절하고 실망합니다. 이것이 반복되어 하나님의 계획과 하나님의 예정하심을 무시한 채 적당히 세상과 타협할 때가 많습니다. 이와 같은 우리의 연약함을 긍휼히 여겨 주셔서, 선하신

하나님의 계획과 예정하심을 믿고 날마다 최선을 다하여 일하는 성실함을 주소서. 그 결과에 순복하고, 더 나은 열매를 얻기 위해 전진하게 하소서.

특별히 우리 교회를 향하신 하나님의 뜻이 온전히 이루어지기 원합니다. "내 아버지의 뜻은 아들을 보고 믿는 자마다 영생을 얻는 이것이니 마지막 날에 내가 이를 다시 살리리라" 하는 말씀대로 예수 그리스도의 복음을 전하는 일에 집중하여 하나님의 뜻을 이루어 드리는 교회가 되게 하소서. 교회의 본질을 잃어버리지 않도록 세우신 모든 청지기가 "주는 그리스도시요 살아 계신 하나님의 아들이십니다" 하고 고백하며 살도록 역사하여 주소서. 잃어버린 영혼들을 향하여 복음을 전하는 일에 온 성도가 한 몸을 이루게 하시고, 각양 은사대로 맡겨진 복음 사역을 기쁨으로 감당하도록 인도하여 주소서.

이를 위해 온 성도에게 건강을 주시고, 원치 않는 질병으로 고통당하지 않게 하소서. 영적으로 도전하는 사탄의 시험에 빠지지 않도록 하나님께서 보호하여 주소서. 정직한 기업 정신을 가지고 성실히 경영함으로 사업이 번창하고 형통하도록 인도해 주소서. 상사에게 인정받고 후배에게 존경받는 직장인이 되게 하소서. 사제 간의 도리를 지키며 성실히 학업에 임하도록 우리 학생들의 삶을 인도하여 주소서. 교회 안에서 일하는 모든 직원에게도 은혜를 주셔서, 맡겨진 일을 잘 감당함으로 교회의 사무 행정, 건물 관리 등의 모든 일이 하나님을 예배하고 말씀을 배우며 교제하는 데 지장이 없도록 역사하여 주소서. 이 시간 말씀을 전하실 목사님의 영육을 강건하게 붙들어 주소서. 예수님의 이름으로 기도합니다. 아멘.

주일 오후예배 대표기도문

11월 1

나는 감사하는 목소리로 주께 제사를 드리며 나의 서원을 주께 갚겠나이다 구원은 여호와께 속하였나이다 하니라 _요나 2장 9절

구원의 은총을 감사하며 예배하게 하시는 하나님!

십자가의 은혜를 죄인들에게 베풀어 주시어 하나님을 찬양하고 경배할 수 있도록 건강 주시고 믿음을 주시니 감사합니다. 이 은총의 시간을 헛되이 보내지 않도록 예수 그리스도의 십자가 보혈로 우리를 씻어 주소서. 보혈의 공로를 의지함으로 이 시간 하나님을 예배하오니, 죄인들의 예배를 받아 주소서. 하나님의 기쁨이 되며, 하나님의 마음에 흡족한 예배가 되도록 역사하여 주소서.

구원의 은총을 베풀어 주신 하나님! 감사의 계절에 우리가 "얼마나 많이 먹었고, 많이 마셨고, 많이 입었는가?"를 감사하지 않게 하소서. 예수님 한 분만으로 감사하게 하소서. 예수 그리스도의 십자가 은혜로 우리에게 구원과 영생을 주셨습니다. 이미 영원한 죽음과 지옥 형벌이 확정된 죄인에게 베풀어 주신 은혜임을 잊지 말게 하셔서, 날마다 감사하며 살게 하소서. 진실로 예수 그리스도의 십자가로 구원의 은총을 베푸

신 하나님께 감사드립니다.

오, 하나님! 우리의 삶을 돌아볼 때 오직 감사뿐입니다. 특별히 세계 유일한 분단 국가에서 국방의 의무를 다하는 대한민국 군인들을 볼 때마다 감사합니다. 지금도 추위와 싸우며 휴전선 최전방을 지키는 육군이 있음을 감사합니다. 세찬 파도와 맞서 해상을 지키는 해군이 있음을 감사합니다. 하늘의 공기를 가르며 영공을 사수하는 공군이 있음을 감사합니다. 국방의 의무를 다하고 있는 젊은이들의 건강을 지켜 주시고, 복무를 잘 마칠 수 있도록 은총을 베풀어 주소서. 군인들을 위해 복음의 사역을 감당하는 모든 군인교회의 군종 목사님과 섬기는 종들을 강건하게 붙들어 주소서.

예배하게 하시는 하나님! 교회에 모여 예배할 때마다 생명의 복음을 전하시는 목사님, 각 부서의 목사님(전도사님)을 통해 은혜를 받게 하시니 감사합니다. 헌신적으로 교회를 위해 수고하시는 장로님들을 세워 주셔서 감사합니다. 기도의 어머니로서 사명을 감당하고 계신 권사님들을 세워 주셔서 감사합니다. 교회의 이런저런 궂은 일을 말없이 감당하고 계신 집사님들을 세워 일하게 하시니 감사합니다. 이 모든 주의 종들을 통해 감격이 넘치는 예배, 생명의 복음을 전하는 교육, 서로의 마음을 나누며 섬기는 삶을 실천하는 주님의 교회가 되게 하시니 그저 감사할 뿐입니다. 늘 감사가 넘치는 교회가 되게 하소서.

이제 말씀을 듣습니다. 오늘도 변함없이 하나님의 말씀을 듣고 설교하실 목사님에게 성령님께서 기름 부어 주셔서 생명의 복음을 담대하게 선포하게 하소서.

예수님의 이름으로 기도합니다. 아멘.

주일 오후예배 대표기도문

11월 2

아무것도 염려하지 말고 다만 모든 일에 기도와 간구로, 너희 구할 것을 감사함으로 하나님께 아뢰라 _빌립보서 4장 6절

염려하지 말고 감사함으로 기도하라시는 하나님!

감사합니다. 수많은 염려와 근심의 제목들을 십자가 앞에 내려놓고, 기쁨과 평안의 자리로 인도해 주셔서 감사합니다. 무엇보다 도저히 감당하거나 해결할 수 없는 죄의 짐을 십자가 은혜로 해결하여 주셔서 하나님을 예배하게 하신 것을 진심으로 감사합니다. 이 시간 예배할 때에 오직 보혈의 공로만을 의지하오니, 감사와 감격이 넘치는 예배가 되도록 인도하여 주소서.

감사하라고 명하신 하나님! 날마다 매순간 하나님을 향한 감사가 끊이지 않도록 역사하여 주소서. 감사의 삶이 '선택'이 아닌 '필수'라는 사실을 그리스도의 십자가를 통해 깨닫게 하소서. 특별히 추수감사주일을 통해 하나님의 은혜를 다시 한번 되새기며 감사의 시간을 보내게 하셔서 감사합니다. 추수감사주일이 끝났다고 해서 감사를 잃어버리지 않도록 날마다 일깨워 주소서. 감사주일을 통해 드린 감사의 고백들이 이

제 우리의 삶의 현장에서 그대로 실천되도록 인도하여 주소서. 감사의 고백과 감사의 삶이 일치되도록 우리에게 믿음을 더하여 주소서.

염려하지 말고 감사하라고 하신 하나님! 우리 앞에 놓인 많은 염려 거리가 있습니다. 가정 안에서의 염려, 사회생활 속에서의 염려, 인간관계에서의 염려, 건강에 대한 염려 등 너무나 많은 염려 속에 불안해하고 두려워하는 연약함이 우리에게 있습니다. 이 연약함을 십자가의 능력으로 강건하게 하시어, 십자가의 은혜로 살아감으로 모든 염려와 근심의 짐에서 벗어나게 하소서. 염려는 우리를 병들게 할 뿐 아무런 해결책도 제시할 수 없다는 사실을 잊지 말게 하소서. 오직 하나님의 말씀만 기억하여 어떤 상황 속에 있을지라도 감사하게 하소서.

감사함으로 기도하라고 하신 하나님! 감사의 삶을 위해서 더욱 기도하게 하소서. 우리의 의지로 감사의 삶을 살거나 우리의 능력으로 감사의 분위기를 만들 수 없음을 고백합니다. 그저 주님께서 은혜를 주실 때 내가 감사할 수 있음을 인정합니다. 하나님의 사랑을 기억하도록 기도하게 하소서. 예수 그리스도의 십자가 사랑이 우리 삶에서 떠나지 않도록 간구하게 하소서. 무언가 가지고 있기에 감사함으로 기도하는 것이 아니라, 하나님의 사랑과 십자가의 은혜로 날 살리신 은총을 감사함으로 기도하게 하소서. 진정한 감사가 회복되도록 우리의 삶에 그리스도의 십자가가 전부가 되게 하소서.

오, 하나님! 주일 오후예배를 드리게 하시니 감사합니다. 많은 교회가 오후예배를 폐지하는 영적 상황 속에서 이처럼 모여 하나님을 예배하며 하나님의 말씀을 듣습니다. 우리에게 합당한 말씀을 내리어 주소서. 예수님의 이름으로 기도합니다. 아멘.

주일 오후예배 대표기도문

12월 1

또 죽은 자들 가운데서 다시 살리신 그의 아들이 하늘로부터 강림하실 것을 너희가 어떻게 기다리는지를 말하니 이는 장래의 노하심에서 우리를 건지시는 예수시니라 _데살로니가전서 1장 10절

장래의 노하심에서 우리를 건지시는 하나님!

올해의 마지막 달에도 여전히 우리를 죄 가운데서 건져 주시어 하나님을 예배하게 하시니 감사합니다. 특별히 성탄의 계절을 맞아 예수 그리스도의 오심을 기대하며 준비하게 하시니 더욱 감사합니다. 이 땅에 오시어 십자가에서 죽으시고 삼일 만에 부활하신 예수 그리스도를 힘입어 하나님을 예배하오니 우리의 예배를 받아 주소서. 임마누엘의 은총을 내리어 주소서.

오, 주님! 예수님의 탄생을 온 세상이 기뻐하는 듯 보입니다. 그러나 대부분의 사람은 예수님의 탄생을 기쁨으로 맞이하며 경배하기보다, 예수님의 탄생을 이용하여 자신의 욕망을 채우기에 급급합니다. 오히려 더 많은 사람이 범죄하고 있으며, 죄의 유혹을 받고 있습니다. 죄로 더욱 어두워지는 때, 진정한 빛이신 예수님의 탄생을 준비하는 믿음의 사람이 되도록 역사하여 주소서. 하늘 보좌의 영광을 떠나 가장 초라한

말구유에 누워 계신 예수님을 향해 기쁨으로 나아가도록 인도하여 주소서.

우리를 건지시는 하나님! 오직 예수님을 통하여 구원하여 주셔서 감사합니다. 구주 예수님의 오심을 기뻐하며 우리 교회의 각 부서에서 찬양과 율동, 성극과 뮤지컬을 준비하고 있습니다. 이 시간 예배 후에도 남아서 연습할 예정입니다. 하나님께서 은혜를 내리어 주셔서, 이들이 아기 예수님을 경배하는 믿음으로 준비하도록 역사하소서. 성실하게 최선을 다하여 연습하며 준비하도록 능력을 주소서.

성탄의 은총을 내리어 주신 하나님! 성탄을 준비하는 하루하루가 장래의 노하심에서 죄인들을 구원해 주신 예수 그리스도를 향한 기쁨의 축제가 되게 하소서. 구원받은 죄인들이 드리는 찬양과 경배가 되게 하소서. 우리끼리 즐기고 만족하는 시간이 아니라, 소외되고 연약한 자들을 향해 나아가는 나눔의 기간이 되게 하소서. 성탄의 은총을 모르는 이들, 성탄의 은총을 오해하는 이들, 성탄의 은총을 믿지 않는 이들이 이번 성탄절을 통해 하나님 앞으로 돌아오는 역사를 일으켜 주소서. 우리를 사용하시고, 우리 교회의 각 부서를 사용하여 주소서.

성탄의 소망을 마음에 품고 이 시간 예배하는 우리 모두에게 말씀의 은혜를 내리어 주소서. 목사님을 통하여 성탄의 복음이 선포될 때, '아멘' 하게 하시고, 우리 자신이 이 임마누엘의 복음이 되어 나아가도록 인도하소서. 예수님의 이름으로 기도합니다. 아멘.

TIP 성탄절을 위하여 교회가 준비하는 것을 세부적으로 언급하는 것도 유익합니다.

주일 오후예배 대표기도문

12월 2

내 구원의 능력이신 주 여호와여 전쟁의 날에 주께서 내 머리를 가려 주셨나이다 _시편 140편 7절

구원의 능력이신 주 하나님!

올해도 며칠 남지 않았습니다. 이처럼 귀한 시간을 쪼개어, 하나님을 예배하는 데 사용하도록 인도해 주시니 감사합니다. 이 모든 것이 주님의 은혜이기에 그저 감사합니다. 이 시간 구원의 은총을 베풀어 주신 하나님을 예배하게 하소서. 십자가로 사망의 권세를 이기시고 부활하신 능력의 주님을 온전히 기념하며 예배하는 은총을 내리어 주소서. 우리를 구원할 힘은 오직 예수 그리스도의 피밖에 없사오니, 우리를 정결하게 씻어 주시고 성결한 예배자가 되어 하나님을 기쁘시게 해드리도록 역사하여 주소서.

올 한 해를 돌이켜 볼 때 하나님의 은혜로 살았음을 고백합니다. 졸지도 않고 주무시지도 않으시는 하나님의 손길로 한걸음씩 나아가 오늘까지 오게 되었습니다. 위기의 순간마다 십자가의 능력으로 새 힘을 주시어 오늘까지 살 수 있었습니다. 기쁨의 순간에 하나님이 더 기뻐해

주셨고, 슬픔의 순간에 같이 눈물을 흘리며 하나님의 손으로 눈물을 친히 닦아 주셨습니다. 고통의 순간에 함께 아파하셨고, 땀 흘려 일할 때 함께 일하고 지도해 주셨습니다. 오직 하나님의 은혜였습니다. 오직 십자가의 능력으로 가능했습니다. 오, 하나님! 감사합니다.

구원의 능력이신 하나님! 이 한 해가 가기 전에 해결해야 할 영적 문제가 있다면 주님께서 해결하여 주소서. 진리가 예수 안에 있음을 믿게 하소서. "오직 너희의 심령이 새롭게 되어 하나님을 따라 의와 진리의 거룩함으로 지으심을 받은 새 사람을 입으라" 하는 말씀이 우리의 삶에서 이루어지도록 역사하여 주소서. 이 세상의 모든 것이 헛될 뿐이라는 〈전도서〉 기자의 고백을 기억하여 진리이신 예수 그리스도 안에서 새로워지도록 역사하여 주소서.

능력의 주 하나님! 전능하신 능력으로 우리의 묵은 때를 벗겨 주소서. 우리 교회의 묵은 때를 씻어 주소서. 온전히 하나님의 자녀 그리고 하나님의 교회로서의 빛을 선명하게 드러내도록 성령 충만하게 하소서. 세상의 소금과 빛이 되라는 것이 아니라, 이미 세상의 소금이며 빛이라고 말씀하신 주님. 한 해의 마지막을 지내는 이 소중한 시간에 생명의 빛을 밝히며 마무리하고, 새해를 빛 가운데 맞이하도록 역사하여 주소서.

오, 주님! 감사합니다. 올해도 주일 오후예배에 빠지지 않게 하시고, 나른한 오후가 아닌 예수님의 생명으로 풍성한 주일 오후로 만들어 주셔서 감사합니다. 내년에도 이 은혜가 이어지도록 믿음과 건강, 모든 환경과 여건을 열어 주소서. 이제 말씀 앞에 무릎을 꿇으오니 주님께서 말씀하여 주소서.

예수님의 이름으로 기도합니다. 아멘.

크리스천
대표
기도문

3장
수요예배 대표기도문

수요예배 대표기도문

1월 1

보좌에 앉으신 이가 이르시되 보라 내가 만물을 새롭게 하노라 하시고 또 이르시되 이 말은 신실하고 참되니 기록하라 하시고 _요한계시록 21장 5절

만물을 새롭게 하시는 하나님!

신실하고 참되신 말씀으로 만물을 창조하신 하나님의 은총을 감사합니다. 주일 후 삼일 동안에도 하나님의 강한 팔로 우리를 인도하여 주시어 수요예배로 나와 하나님을 예배하게 하시니 감사합니다. 예수 그리스도의 십자가 보혈의 공로를 의지하여 하나님을 예배하오니, 죄인들의 심령을 새롭게 하소서.

능력의 하나님! 하나님의 은혜로 한 해를 잘 마무리하고 새로운 한 해를 시작할 수 있도록 인도하여 주시니 감사합니다. 하나님의 부르심에 아브람이 갈 바를 알지 못하였지만 믿음으로 나아간 것처럼, 오직 하나님을 믿음으로 나아가는 한 해가 되도록 인도하여 주소서. 우리가 스스로 나아갈 방향을 정하고, 우리의 목표가 이루어지기를 원하는 자기중심적인 신앙을 버리고, 오직 하나님의 선하시고 기뻐하시고 온전하신 뜻이 무엇인지 분별하며 한걸음씩 예수님과 동행하도록 인도하여 주

소서. 자기를 부인하고 자기 십자가를 지고 예수님이 가신 좁고 험한 십자가의 길을 기쁨으로 걷게 하소서.

새롭게 하시는 하나님! 우리의 영혼을 새롭게 하소서. 하나님의 은혜를 감사하며, 예수 그리스도의 십자가 사랑을 찬양하는 믿음의 삶이 무엇인지 알고 있지만 여전히 죄의 본성이 우리 안에 꿈틀거립니다. 지난 주일예배를 통해 믿음의 삶을 결단하였고, 십자가의 은혜로 의인의 신분이 되었다는 사실을 다시 한번 되새기며 감격의 눈물을 흘렸건만 지나간 삼 일의 삶은 여전히 죄를 탐닉하며, 죄와 벗하는 죄인의 모습이었습니다. 오, 주님! 어찌할 수 없는 이 죄인을 십자가 보혈로 새롭게 하소서. 복음을 알면서, 복음을 온전히 믿지 못하는 연약한 죄인들의 심령을 권능의 손길로 만져 주시어 매일 매순간 새롭게 하소서. 잠시라도 예수 그리스도의 십자가를 놓지 말게 하시고, 그 십자가만 붙들고 그 십자가의 은혜와 능력으로 나아가도록 역사하소서.

보좌에 앉으신 하나님! 이 시간 수요예배에 나와 예배하는 모든 주의 백성이 보좌에 앉으신 하나님 앞으로 나아가기 원합니다. 함께 모여 드리는 예배뿐만 아니라 삶에서도 하나님을 예배하기 원합니다. 날마다 삶이 예배가 되게 하시고, 날마다 예수 그리스도를 믿음으로 은혜의 보좌 앞에 나아가도록 인도하여 주소서. 모일 때만 예배하는 반쪽짜리 신앙이 아닌, 삶 전체를 산 제물로 드리는 영적 예배가 되도록 역사하여 주소서. 올 한 해, 이 은혜로 감격하며 기뻐하는 예배를 드리도록 은총을 베풀어 주소서. 이 시간 말씀을 준비하여 강해하시는 목사님의 영안을 열어 주시어, 복음의 비밀을 선명하게 드러내도록 사용하여 주소서.

예수님의 이름으로 기도합니다. 아멘.

> 수요예배 대표기도문

1월 2

여호와의 인자와 긍휼이 무궁하시므로 우리가 진멸되지 아니함이니이다
이것들이 아침마다 새로우니 주의 성실하심이 크시도소이다
_예레미야애가 3장 22-23절

인자와 긍휼, 성실하심으로 우리를 인도하시는 하나님!

오늘도 우리를 인도해 주시니 감사합니다. 세상의 분주함 속에서 고요히 주님 앞으로 나아와 예배 드리도록 믿음과 특권을 주시니 무한 감사합니다. 수요예배로 나와 하나님을 예배함이 세상이 주는 즐거움과 비할 수 없음을 고백하오니, 이 시간 우리의 몸과 마음을 십자가 보혈로 정결하게 씻어 주소서. 신랑을 맞이하는 거룩하고 정결한 신부가 되어 하늘의 천국잔치와 같은 향기로운 예배가 되게 하소서.

아침마다 새로운 인자와 긍휼을 베풀어 주시는 하나님! 오늘도 하나님의 인자하심과 긍휼하심으로 호흡하며 지금까지 왔습니다. 출애굽한 이스라엘 백성들을 구름 기둥과 불 기둥으로 인도하여 갈 길을 환히 비추신 것처럼 지난 삼 일 동안 주님이 인도해 주셨습니다. 매일 만나와 메추라기 같은 일용할 양식을 주셨습니다. 이처럼 하나님의 인자와 긍휼하심은 무한한데, 우리는 늘 유한합니다. 늘 유죄有罪입니다. 진실로

이 죄인들은 아침마다 새로운 하나님의 인자가 없다면 살 수 없습니다. 아침마다 새로운 하나님의 긍휼하심이 십자가를 통해서 나타나지 않으면 호흡할 수 없습니다. 늘 하나님을 배반하고, 예수님을 부인하는 악한 본성을 하나님께서 깨뜨려 주소서. 아침마다 새로운 인자와 긍휼로 덧입혀 주셔서 하루를 믿음으로 살게 하소서.

성실하심으로 우리를 인도하시는 하나님! 찬양합니다. 전심으로 감사합니다. 성실하신 '하나님의 열심'으로 창세전부터 세워진 구원의 계획을 예수 그리스도의 십자가와 부활을 통해 완성하신 줄 믿습니다. 아담의 불순종으로 인한 인류의 타락은 영원한 죽음에 이를 수밖에 없었지만 하나님이 친히 완전한 인간이 되시어 화목 제물 되심으로 말미암아 구원을 주셨습니다. 이토록 성실하신 '하나님의 열심'이 오늘도 이 시간 우리를 예배자로 세워 주시고, 복음을 위한 헌신자로 사용하고 계신 줄 압니다. 올 한 해도 '우리의 열심, 열정'이 아닌, '하나님의 열심, 은혜'로 예배하며, 복음을 위해 헌신하도록 역사하여 주소서. 성실하신 하나님의 인도하심이 우리의 삶에 능력으로 나타나소서.

오, 하나님! 수요예배를 드리는 믿음의 사람이 되게 하시니 감사합니다. 그러나 한편으로 예수님께 호되게 꾸지람을 들었던 바리새인, 서기관, 제사장이 될까 두렵습니다. 예배 드림이 우리의 신앙의 자랑과 공로가 되지 말게 하시고, 오직 그리스도의 십자가만이 남는 예배가 되도록 역사하소서. 경건의 모양만 있을 뿐 경건의 능력을 잃어버린 외식의 함정에 빠지지 않도록, 이 시간 선포되는 말씀 앞에 더욱 굴복하고, 말씀만을 의지하게 하소서.

예수님의 이름으로 기도합니다. 아멘.

> 수요예배 대표기도문

2월 1

사랑하는 자들아 너희는 너희의 지극히 거룩한 믿음 위에 자신을 세우며 성령으로 기도하며 하나님의 사랑 안에서 자신을 지키며 영생에 이르도록 우리 주 예수 그리스도의 긍휼을 기다리라 _유다서 1장 20-21절

그리스도의 긍휼을 기다리라고 말씀하신 하나님!

십자가의 보혈로 씻김을 받은 거룩한 믿음 위에 우리를 세워 주시어 예배의 자리로 나오게 하시니 감사합니다. 갈 곳도, 즐길 곳도, 쉴 곳도 많은 세상에 살면서 성령으로 기도하며 하나님의 사랑 안에서 자신을 지킬 수 있도록 주님의 교회로 모였습니다. 이렇게 예배하게 하심을 진정으로 감사합니다. 한량없는 하나님의 은혜를 감사하며, 보혈의 공로 의지하여 하나님을 예배하오니 이 시간 역사하여 주소서. 형식적인 수요예배가 아닌, 십자가의 은혜로 충만한 살아 있는 예배가 되게 하소서.

거룩한 믿음 위에 자신을 세우라고 하신 하나님! 오랫동안 신앙생활을 하지만, 여전히 거룩한 믿음 위에 자신을 세우는 일이 어렵기만 합니다. 날마다 솟구치는 죄의 욕망들이 우리를 믿음에서 떠나도록 만들기 때문입니다. 음행과 온갖 더러운 것과 탐욕은 그 이름조차도 부르지 않는 것이 성도에게 마땅한 것이라고 말씀하셨지만, 여전히 욕망의 노

예로 살아가고 있습니다. 장로님, 권사님, 집사님으로 불리지만 회칠한 무덤 같아서 안으로 심하게 병들어 있습니다. 오, 주님! 이 죄와 싸워 이길 힘이 예수 그리스도의 십자가밖에 없음을 고백합니다. "형제들아 내가 그리스도 예수 우리 주 안에서 가진 바 너희에 대한 우리의 자랑을 두고 단언하노니 나는 날마다 죽노라"고 선포했던 바울처럼, 날마다 그리스도와 죽는 것이 우리의 자랑이 되게 하소서. 예수 그리스도의 십자가 외에 자랑할 것이 없는 삶이 되어 그 십자가 은혜로 거룩한 믿음의 길을 걷게 하소서.

영생을 주신 하나님! 영생은 곧 유일하신 참 하나님과 그가 보내신 자 예수 그리스도를 아는 것이라고 말씀하신 것을 기억합니다. 시한부 인생에서 벗어나 영원한 삶을 살도록 예수 그리스도를 보내 주시어 감사합니다. 그런데 살다 보면, 이 세상에 대한 애착이 생겨 영원히 살 것처럼 먹을 것, 입을 것, 마실 것에만 관심을 갖게 됩니다. 그러다 보면 욕심과 원망, 분투와 시기, 근심과 걱정의 짐에 짓눌리게 됩니다. 더 갖고 싶고, 더 누리고 싶은 욕망으로 밤잠을 설칩니다. 이 세상을 살고 있는 우리가 '흩어진 나그네'라는 사실을 잊지 않게 하소서. 우리의 본향은 예수님이 손수 건축하신 영원한 천국 집이라는 사실을 기억하게 하소서. 결국 죽음을 향해 달려가는 인생에게 가장 필요한 것은 돈과 명예가 아닌 예수 그리스도라는 사실을 절대로 잊지 않게 매순간 우리를 깨우소서.

예수 그리스도의 긍휼을 기다리라고 말씀하신 하나님! 오늘도 목사님을 통해서 주실 예수 그리스도의 복음을 기대하며 기다립니다. 복음 속에 담겨진 사랑과 은혜, 자비와 긍휼로 새 힘을 얻게 하소서.

예수님의 이름으로 기도합니다. 아멘.

수요예배 대표기도문

2월 2

보라 산들을 지으며 바람을 창조하며 자기 뜻을 사람에게 보이며 아침을 어둡게 하며 땅의 높은 데를 밟는 이는 그의 이름이 만군의 하나님 여호와 시니라 _아모스 4장 13절

만물을 섭리하시는 만군의 여호와 하나님!

오늘도 하나님의 창조 섭리 안에 살게 하시니 감사합니다. 창조의 섭리 속에서 하나님의 뜻을 알도록 이 시간 수요예배로 인도하여 주셔서 감사합니다. 예수 그리스도의 십자가 보혈로 우리의 부정한 몸과 마음을 씻어 주시어, 예배에 합당하도록 새롭게 하소서. 누구든지 그리스도 안에 있으면 새로운 피조물이라고 하셨습니다. 그리스도 안에 거함으로 새 피조물 되어, 하나님을 영화롭게 해드리도록 인도하여 주소서.

자기 뜻을 사람에게 보이시는 하나님! 오늘도 예배를 통해 하나님의 뜻을 깨닫고, 그 뜻에 순종하며 살게 하소서. 요나 선지자가 하나님의 뜻에 불순종하여 다시스로 가다가 죽을 고비를 넘겼습니다. 인간적인 감정과 민족주의에만 사로잡혀 있을 때 그는 하나님이 친히 말씀하신 뜻을 정면으로 거역하였습니다. 이처럼 하나님께서 뜻을 보여 주셨는데도 그 뜻에 불순종하는 일이 없도록 성령님 도와주소서. "내 생각이 너

희의 생각과 다르며 내 길은 너희의 길과 다름이니라" 하고 말씀하신 대로 우리의 뜻에 맞지 않다고 하나님의 뜻을 저버리는 악인이 되지 않도록 인도하여 주소서. 때로는 말씀을 통해, 때로는 사람들과 환경을 통해 보여 주시는 하나님의 뜻을 분별하여 오직 하나님의 뜻에 순종하며 살게 하소서.

아침을 어둡게 하며 땅의 높은 데를 밟으시는 심판주 하나님! 한 해를 시작한 지가 엊그제 같은데 벌써 2월을 지내고 있습니다. 유수流水와 같은 세월 속에서 하나님의 심판이 점점 가까이 오고 있다는 사실을 잊지 않게 하소서. 한 번 죽는 것은 사람에게 정한 것이며 이후에는 하나님의 심판이 있다는 사실을 기억해, 날마다 깨어 있게 하소서. 신랑을 기다리며 등불과 기름을 준비하여 깨어 있던 슬기로운 처녀가 되도록 은총을 베풀어 주소서. "외모로 보시지 않고 각 사람의 행위대로 심판하시는 이를 너희가 아버지라 부른즉 너희가 나그네로 있을 때를 두려움으로 지내라" 하시는 말씀대로 늘 깨어 있게 하소서. 그날과 그때가 언제인지 모르지만, 하늘의 나팔 소리와 천사장 호령 소리에 귀를 기울이도록 역사하여 주소서.

만군의 하나님! 하나님을 온전히 경외하는 자들에게는 심판의 때가 천국에 입성하는 감격스러운 순간임을 믿습니다. 그 순간, 그 환희를 기대하며 오늘을 기쁨으로 살도록 은혜를 주소서. 온 세상 만물의 주인이 하나님이심을 믿으며, 이 시간 만군의 하나님을 향하여 최고의 예배, 최선의 예배를 드리도록 역사하여 주소서. 말씀을 대언하실 종으로 목사님을 세워 주셨습니다. 강건하게 붙들어 주셔서 오직 하나님의 말씀만을 담대히 선포하도록 사용하여 주소서. 예수님의 이름으로 기도합니다. 아멘.

수요예배 대표기도문

3월 1

사랑하는 자여 악한 것을 본받지 말고 선한 것을 본받으라 선을 행하는 자는 하나님께 속하고 악을 행하는 자는 하나님을 뵈옵지 못하였느니라
_요한삼서 1장 11절

악한 것을 본받지 말고 선한 것을 본받으라시는 하나님!

선한 것을 본받으며 살도록 인도하여 주셔서 감사합니다. 늘 악한 것을 따라갈 때마다 선한 길로 방향을 제시하여 옳은 길, 진리의 길을 향해 나아가게 하셔서 감사합니다. 하나님께서 연약한 우리를 선한 길로 인도하여 주셨기에 이 시간 하나님 앞으로 나와 예배를 드립니다. 하나님이 베풀어 주신 은혜를 감사하며 드리는 신령한 예배가 되도록 역사하여 주소서. 예수 그리스도의 보혈의 공로만이 하나님을 예배할 수 있는 유일한 길이오니 보혈을 힘입어 하나님 앞으로 나아가게 하소서.

선을 행하라고 명하신 하나님! 진정한 선이 예수 그리스도 안에 있음을 믿게 하소서. 어떤 사람이 예수님을 찾아와 "내가 무슨 선한 일을 하여야 영생을 얻으리이까"라고 질문했을 때 "네가 온전하고자 할진대 가서 네 소유를 팔아 가난한 자들에게 주라 그리하면 하늘에서 보화가 네게 있으리라 그리고 와서 나를 따르라" 하고 말씀하셨습니다. 그 사람

은 예수님을 따르지 않았습니다. 우리의 모습도 이와 같지 않습니까? 선한 일, 영생에 대한 관심이 있어 율법적으로 살지만, 정작 예수님을 믿음으로 따르지 못하는 모순된 신앙은 아닙니까? 가식적이고 위선적인 신앙의 굴레에서 벗어나, 진실로 예수님이 말씀하시는 선한 일을 통해 영생에 이르는 은혜를 베풀어 주소서.

오, 주여! 예수 그리스도를 믿고 그분의 말씀을 따르는 '선한 삶'을 살도록 역사하여 주소서. 죄인, 연약한 자, 소외된 고아와 과부를 먼저 찾아가신 예수님을 따라 우리도 그들을 향해 나아가도록 인도하여 주소서. 그들의 아픔과 슬픔을 함께 나누며, 그들의 필요를 채워 주는 그 중심에 예수 그리스도의 십자가 복음이 새겨지도록 역사하여 주소서. 세상의 사람들이 인정해 주는 선인善人이 아닌, 하나님이 인정해 주시는 선인이 되도록 역사하여 주소서. 연약한 자들의 육신적인 필요만을 채워 주는 데 그치지 말고, 영적인 갈급함이 채워지도록 예수 그리스도의 복음을 전하게 하소서. 십자가의 사랑의 향기를 풍기도록 인도하여 주소서.

선하신 하나님! 지난 삼일의 삶도 선하게 인도해 주신 것처럼, 남은 한 주간의 삶도 선하신 하나님의 뜻대로 인도하여 주소서. 더욱 말씀과 기도로 거룩해지는 삶을 사모하게 하시고, 새벽을 깨워 기도하며 금요기도회에도 나올 수 있는 믿음을 허락하여 주소서. 목사님의 사역을 선하게 인도하여 주셔서, 오직 예수 그리스도의 복음을 전하는 일에 초점을 맞추어 목양하도록 역사하여 주소서. 이 시간에도 말씀을 전하실 때 선하신 하나님을 전하는 복음의 말씀이 되게 하소서. 예수님의 이름으로 기도합니다. 아멘.

수요예배 대표기도문

3월 2

너희는 옷을 찢지 말고 마음을 찢고 너희 하나님 여호와께로 돌아올지어다 그는 은혜로우시며 자비로우시며 노하기를 더디 하시며 인애가 크시사 뜻을 돌이켜 재앙을 내리지 아니하시나니 _요엘 2장 13절

노하기를 더디 하시며 인애가 크신 하나님!

말로 형언할 수 없는 하나님의 사랑을 죄인들에게 베풀어 주셔서 감사합니다. 만물이 소생하는 3월에 베풀어 주신 하나님의 사랑과 은혜를 감사하며 수요예배로 나왔습니다. 노하기를 더디 하시며 크신 인애로 범죄한 죄인들을 용납하시는 하나님. 예수 그리스도의 보혈로 죄인을 정결하게 씻어 주셔서 하나님 앞에 산 제물이 되어 드려지는 예배가 되도록 우리 모두를 사용하여 주소서.

은혜로우시며 자비로우신 하나님! 무지한 우리들은 하나님의 은혜와 자비를 잊은 채 살아갈 때가 많습니다. "누구든지 목마르거든 내게로 와서 마시라"고 초청하시는 예수님의 자비로우신 음성을 외면하고 세상의 소리에만 귀를 기울이고 있습니다. 그럼에도 불구하고 은혜와 자비의 손길을 내밀어 주시니 감사합니다. 집 나간 탕자를 기다리시는 아버지의 심정으로 우리를 기다리고 맞으시는 하나님의 은혜와 자비에

절로 고개가 숙여집니다. 의인의 신분을 망각한 채 매번 죄의 본성대로 살아가려는 죄인들을 붙드시어 성화聖化되도록 인도해 주소서.

노하기를 더디 하시는 하나님! 늘 연약한 모습으로 범죄하는 우리에게 돌이킬 수 있는 기회를 주시니 감사합니다. 이 은총의 기회를 입은 자로서 더욱 주님을 의지하며, 더욱 주님을 바라보며 살도록 역사하여 주소서. 하나님이 주신 기회를 헛되이 보내지 않게 하소서. 천년이 하루와 같고 하루가 천년 같은 하나님의 시간표 안에 바로 오늘, 지금을 소중히 여기며 살아가도록 은혜를 주소서. 자신의 눈에 있는 들보는 보지 못한 채 남들의 티만을 보며 지적하고, 원망하며 불평하며 살지 않도록 깨워 주소서. 늘 은혜를 베풀어 주시는 하나님을 닮게 하시어 우리도 하나님의 사랑을 가지고 노하기를 더디 하며, 사랑하고 용서하고 배려하며 살게 하소서.

인애가 크신 하나님! 3월에는 더욱 하나님의 사랑을 실천하기 원합니다. 하나님의 사랑이 십자가를 통해서 선명하게 드러났듯이, 우리가 가는 길에 십자가가 선명히 드러나게 하소서. 가는 곳마다 예수 그리스도의 십자가만을 자랑하며 살고 예수의 흔적만이 남게 하소서. 이 시간 하나님 앞에 드리는 예배를 통해 우리의 심령을 풍성한 사랑으로 채우셔서, 우리가 십자가 사랑의 향기를 뿜도록 역사하여 주소서.

특별히 간구하기는 매주 수요일마다 말씀을 전하시는 목사님을 붙들어 주소서. 사랑의 목자로서 제 길로 가려는 양들을 복음으로 울타리 치고, 푸른 초장으로 이끌기에 부족함이 없도록 성령 충만하게 하소서.

예수님의 이름으로 기도합니다. 아멘.

수요예배 대표기도문

4월 1

미혹하는 자가 세상에 많이 나왔나니 이는 예수 그리스도께서 육체로 오심을 부인하는 자라 이런 자가 미혹하는 자요 적그리스도니 너희는 스스로 삼가 우리가 일한 것을 잃지 말고 오직 온전한 상을 받으라 _요한이서 1장 7-8절

일한 것을 잃지 말고 온전한 상을 받으라시는 하나님!

감사합니다. 늘 하나님의 말씀이 우리의 삶에 역동하여 곁길로 빠지지 않게 하시고, 진리의 길을 향해 나아가도록 인도해 주시니 감사합니다. 오늘도 하나님의 인도하심으로 주님의 교회로 나와 하나님을 예배합니다. 모든 영광을 하나님 홀로 받아 주소서. 우리를 새롭게 하시고, 그리스도를 아는 장성한 분량에 이르기까지 자라는 은혜로 채워 주소서.

미혹하는 적그리스도를 주의하라고 말씀하시는 하나님! 하나님이 경고하신 일들이 지금 지상의 많은 교회를 위협하고 있습니다. 근본적으로 교회가 복음을 잃어버렸기에 이단과 사이비가 더욱 기세등등하여 포교 활동을 벌이고 있습니다. 교회가 세속화되고 있습니다. 기복 신앙, 성공주의, 번영주의, 형통 제일주의라는 그릇된 사상이 교회를 지배하고 있습니다. 예수 그리스도의 십자가가 한낱 장식품이 되었고, 죄인이라는 말도 상투적인 예식 용어가 될 뿐입니다. 돈이 예수가 되고,

권력이 십자가가 되어 버렸습니다. 건강이 성경이 되고, 행복이 진리가 되었습니다. 오, 주님! 수단과 방법을 가리지 않고 우리를 미혹하는 적그리스도의 속임수에 빠지지 않도록 우리를 깨우소서.

그리스도 예수께서 죄인을 구원하시려고 세상에 임하셨으며, 우리가 죄인 중에 괴수임을 고백하게 하소서. 분산된 우리의 시선을 예수 그리스도께 맞추게 하소서. 그리스도의 십자가만이 적그리스도를 이길 유일한 능력임을 믿사오니, 십자가로 승리하게 하소서. 내 삶의 중심에 예수 그리스도의 십자가가 세워지게 하소서. 우리 교회와 지상의 모든 교회의 중심에 피 묻은 그리스도의 십자가가 세워지게 하소서. 그리하여 그 보혈의 능력으로 교회의 사명을 다해 이단과 사이비의 공격에 흔들리지 않도록 역사하여 주소서.

스스로 삼가 조심하여 일한 것을 잃지 말라고 하시는 하나님! 악한 마귀가 굶주린 사자처럼 먹잇감을 찾아 헤매고 있습니다. 내 안에 또는 내 주변 가까운 곳에 이 악한 사탄이 있습니다. 늘 주의하여 복음 안에 거하게 하소서. 지금까지 걸어온 믿음의 발걸음이 흔들리지 않도록 붙들어 주소서. 특히 많은 주의 종이 스스로 조심하지 못하여 일한 것을 잃어버리는 안타까운 소식을 접하고 있습니다. 그들의 연약함을 아시오니, 주님께서 붙들어 주셔서 주님의 영광을 가리지 않고 마무리하도록 은총을 베푸소서.

온전한 상을 받으라고 하시는 하나님! 주님이 주실 상을 기대하며 나아갑니다. 이 시간에도 말씀하여 주소서. 예수 그리스도의 이름으로 기도합니다. 아멘.

수요예배 대표기도문

4월 2

거기서 비로소 그의 포도원을 그에게 주고 아골 골짜기로 소망의 문을 삼아 주리니 그가 거기서 응대하기를 어렸을 때와 애굽 땅에서 올라오던 날과 같이 하리라 _호세아 2장 15절

아골 골짜기를 소망의 문으로 바꾸어 주시는 하나님!

사망의 음침한 골짜기 속에서도 동행하시고 인도하여 주심을 감사합니다. 우리의 선한 목자가 되어 주셨기에 이 시간 수요예배로 나와 하나님을 예배합니다. 이 시간 예배 가운데 역사하여 주셔서 하나님이 기뻐 받으시는 신령한 예배를 드리게 하소서. 보혈의 공로를 의지하여 보혈의 은혜로 예배하며 보혈의 능력으로 가득한 시간이 되도록 역사하여 주소서.

오, 하나님! 우리는 아골 골짜기와 같은 삶을 살다가 영원한 아골 골짜기로 갈 수밖에 없는 자들이었습니다. 탐욕에 눈멀어 하나님의 말씀에 불순종하였다가 온 가족이 멸절당해 '아골 골짜기'에 묻힌 아간이 우리의 모습이었습니다. 하나님을 예배하지 않고, 우상 신에 빠져 산채로 사람을 제물로 드리던 참혹한 살육의 자리, 그 '아골 골짜기'가 우리 삶의 현장이었습니다. 그러나 예수 그리스도의 십자가 은혜로 모든 것이

바뀌었습니다. 감사합니다. 죽음과 절망뿐인 인생에 참 소망을 주신 예수 그리스도를 찬송합니다. 하나님의 은혜와 사랑을 경배합니다. 아골 골짜기에서 우리를 구원해 주신 하나님을 예배하는 하나님의 백성이 되도록 역사하여 주소서.

소망의 문이신 하나님! 십자가에서 죽으셨다가 부활하심으로 산 소망을 주시니 감사합니다. 부활하신 예수님이 소망의 문이 되어 죄인들을 오라고 불러 주셔서 감사합니다. 사망의 문을 거쳐 영원한 죽음과 형벌을 받아 마땅한 죄인들이었지만, 이제 소망의 문으로 들어갑니다. 이 은혜를 어찌 다 갚을 수 있습니까! 그러나 여전히 소망의 문이 아닌 사망의 문을 향해 돌진하는 안타까운 영혼을 많이 보게 됩니다. 죽음의 골짜기, 아골 골짜기를 화려한 성으로 착각하고 있습니다. 값진 성공과 참된 행복을 얻을 수 있을 거라고 잘못 알고 있습니다. 말을 해도, 눈물로 호소해도 듣지 않습니다. 오, 주님! 저들을 불쌍히 여기시서 유일한 소망의 문이신 하나님께로 돌아오게 하소서. 두 팔을 넓게 벌리고 우리가 돌아오기를 간절히 원하고 계신 예수님께로 돌아오게 하소서.

이제 우리에게 시간이 얼마 남지 않았음을 깨닫습니다. 그날과 그때가 언제인지 모르지만, 분명히 그때가 점점 가까이오고 있음을 느낍니다. 소망의 문을 향해 열려 있는 좁은 길, 십자가의 길을 걷게 하소서. 너무나 힘들고 좁아 찾는 사람마저 드문 그 믿음의 길을 향해 우리 모두가 나아가도록 역사하소서. 십자가의 길을 걷는 우리에게 능력은 '하나님의 말씀'입니다. 이 시간 사랑하는 목사님을 통해서 주시는 말씀으로 새 힘을 얻어 소망의 문을 향해 나아가게 하소서.

예수님의 이름으로 기도합니다. 아멘.

수요예배 대표기도문

5월 1

그의 계명은 이것이니 곧 그 아들 예수 그리스도의 이름을 믿고 그가 우리에게 주신 계명대로 서로 사랑할 것이니라 _요한일서 3장 23절

예수 그리스도를 믿고 서로 사랑하라고 명하신 하나님!

말씀대로 살기를 원하여서 이 시간 하나님 앞으로 나왔습니다. 말씀이 우리 삶에 중요하다는 것을 믿기에 이 시간 예배를 드립니다. 말씀이 우리 삶의 능력임을 알기에 사모하는 마음으로 하나님께 모든 영광을 돌려 드립니다. 수요예배를 드리는 우리 모두를 보혈로 씻어 주시어 하나님의 보좌 앞으로 나아가기에 합당하게 하소서. 거룩한 주의 신부가 되어, 천국 잔치에 참여하도록 은총을 베풀어 주소서.

오, 예수님! 5월의 싱그러운 풍경에 감탄하고 있습니다. 형형색색의 꽃들, 초록의 빛깔을 진하게 내는 숲과 나무가 너무나 아름답습니다. 그러나 주님! 이 아름다운 자연 속에서도 우리가 안타까운 것은 이 세상이 예수님을 철저히 잊고 있기 때문입니다. 세상은 십자가와 부활의 은총을 모릅니다. 모든 죄인을 의인되게 하신 십자가의 찬란함도 외면합니다. 붉은 빛깔을 진하게 내는 갈보리 언덕의 십자가를 지려 하지 않

습니다. 주님, 이처럼 연약한 우리를 긍휼히 여기소서. 예수님을 잃어버리지 않도록 더욱 자신을 복음 앞에, 십자가 앞에 복종시키게 하소서. 오직 예수, 오직 믿음, 오직 은혜의 사람이 되도록 역사하여 주소서.

오, 하나님! 예수 그리스도를 진실로 믿게 하소서. 우리는 교회를 다니며 예배를 참석하면 예수님을 믿는 것인 줄 착각합니다. 설교를 듣고 성경에 대해서 알고 있으면 신앙이 있는 줄 혼동합니다. 우리 자신의 능력과 판단을 믿지 않는 것이 예수 그리스도를 믿는 것임을 알게 하소서. 자신을 믿을 때 결국 그 자아가 예수님을 향한 믿음에 장애가 된다는 것을 깨닫게 하소서. 예수님의 열두 제자는 예수님을 따르기 위해서 자신의 모든 것을 버렸고, 3년이나 동고동락하며 말씀을 듣고 이적을 체험하였지만, 결국 십자가 앞에 모두 도망가 버린 것을 기억합니다. 결국 그들의 믿음은 육신의 소욕이 사라지고 성령으로 충만할 때 본격적으로 시작되었음을 알게 됩니다. 종교적인 분위기가 우리의 믿음이 될 수 없음을 믿습니다. 종교적인 분위기가 아닌, 진실로 예수 그리스도를 신앙信仰하게 하소서. 믿음의 주요 온전하게 하신 이인 예수만을 바라보게 하소서.

예수 그리스도를 믿고 서로 사랑하라고 명하신 하나님! 믿음의 사람이 되어 서로 사랑하는 삶을 실천하기 원합니다. 율법의 완성은 사랑입니다. 하나님을 사랑하고 이웃을 진실로 사랑하는 삶을 살도록 역사하소서. 진정한 믿음의 열매가 사랑으로 나타나도록 생각하게 하시고, 말하게 하시며 행동하게 하소서. 이 시간 목사님의 설교 말씀을 통해 믿음의 기초를 든든히 세우도록 역사하여 주소서.

예수님의 이름으로 기도합니다. 아멘.

수요예배 대표기도문

5월 2

왕이여 우리가 섬기는 하나님이 계시다면 우리를 맹렬히 타는 풀무불 가운데에서 능히 건져 내시겠고 왕의 손에서도 건져 내시리이다 _다니엘 3장 17절

맹렬한 풀무불에서도 능히 건져 내시는 하나님!

찬송합니다. 감사합니다. 능력의 손길로 연약한 죄인들을 붙들어 이 귀한 예배의 자리로 인도해 주셨습니다. 오, 하나님! 우리를 그리스도의 십자가 보혈로 씻어 주시어 하나님을 온전히 예배하도록 역사하여 주소서. 십자가의 생명이 생동하는 예배가 되도록 인도하여 주소서.

맹렬히 타는 풀무불 가운데 있게 하시는 하나님! 다니엘의 친구들을 풀무불에 가지 않도록 막을 수 있었지만, 하나님은 그들을 그 고난의 현장으로 가게 하셨습니다. 맹렬히 타는 풀무불 속에서 그들은 하나님을 향한 신앙을 더욱 확실하게 고백하였습니다. 고난 속에서 더욱 선명히 드러나는 믿음의 흔적을 우리 안에서도 찾기를 원합니다. 조금만 어려움과 고통이 와도 하나님을 향해 원망하고 불평하는 연약한 믿음에서 자라서, 이제는 맹렬히 타는 풀무불 같은 시험 속에서 "그렇게 하지 아니하실지라도"라고 고백하는 성숙한 신앙이 되게 하소서.

현재 고난 중에 있는 모든 성도가 절망하지 않기를, 더욱 하나님을 신앙하는 믿음으로 견고해지기를 기도합니다. 인생의 기로에서 갈 길을 잃어버린 자들의 길이 되어 주소서. 건강을 잃어 하루하루 고통의 짐을 지고 사는 자들을 치료하소서. 교회에서 상처를 받아 어떻게 할까 고민하고 괴로워하는 자들을 싸매소서. 가족 간의 갈등으로 가정이 전쟁터로 변한 자들을 사랑의 손길로 안아 주소서. 죄로 오염되었기에 어찌할 수 없는 인간사人間事 속에서 오직 하나의 답答이신 예수 그리스도를 바라보게 하소서. 그리스도의 십자가로 가까이 나아가게 하소서.

능히 건져 내시는 능력의 주 하나님! 능력의 손길로 연약한 죄인들을 모든 악으로부터 건져 주소서. 무엇보다도 우리의 가정을 깨뜨리는 모든 악한 술수와 궤계로부터 보호하여 주소서. 가정을 위한 수많은 책, 강연, 조언, 기관, 전문가가 있지만 가정의 문제는 더욱 심화되고 있습니다. 타락한 아담의 가정을 영원히 회복시키기 위해 '여자의 후손' 예수 그리스도를 약속해 주셨음을 믿습니다. 우리의 가정이 예수 그리스도를 통해 회복될 수 있도록 역사하여 주소서. 그리스도 안에서 한 몸을 이룬 가정, 그리스도의 복음에 한마음으로 순종하는 가정이 되도록 역사하여 주소서. 십자가의 보혈로 모든 악한 욕망과 탐욕이 정화되어 순결한 가정, 믿음의 가정이 되도록 역사하여 주소서.

오, 하나님! 고난 속에서 인내하며 하나님을 예배하러 나온 죄인들에게 이제, 말씀하여 주소서. 목사님을 온전히 사용하여 주셔서, 능력의 복음을 통해 우리가 강건함을 얻도록 은총을 베풀어 주소서.

예수님의 이름으로 기도합니다. 아멘.

수요예배 대표기도문

6월 1

그 보배롭고 지극히 큰 약속을 우리에게 주사 이 약속으로 말미암아 너희가 정욕 때문에 세상에서 썩어질 것을 피하여 신성한 성품에 참여하는 자가 되게 하려 하셨느니라 _베드로후서 1장 4절

신성한 성품에 참여하게 하신 하나님!

수요예배를 통해 하나님을 예배할 수 있도록 인도해 주시니 감사합니다. 예수 그리스도를 통해 신성한 성품에 참여하게 기회를 주셔서 감사합니다. 자격이 없지만, 보배로운 피를 흘리신 예수 그리스도의 공로를 의지함으로 예배하오니 보혈로 거듭난 죄인들의 예배를 받아 주소서. 십자가의 은혜가 능력이 되어, 예배의 모든 순서 가운데 세워 주신 주의 종들을 통해 고백되도록 하소서. 이 예배가 하나님의 기쁨이 되는 영적 예배가 되기를, 잃어버린 하나님의 형상을 회복하는 예배가 되기를 기도합니다.

보배롭고 지극히 큰 약속을 주신 하나님! 베드로는 예수님의 부르심을 받았을 때 자신의 모든 생업을 포기하고 따를 정도로 대단한 믿음이 있었습니다. 그러나 결정적인 순간에 예수님을 세 번이나 부인하는 안타까운 모습을 보였습니다. 그럼에도 베드로를 향한 주님의 사랑은 변함

없었고, 그 사랑으로 그는 초대교회 기둥의 역할을 감당하게 된 것을 봅니다. 이 사랑이 우리에게도 임한 것을 믿습니다. 보배롭고 지극히 큰 약속이 예수 그리스도의 십자가를 통해 선명하게 나타났으니, 주님의 교회와 복음 사역을 위해 우리 모두를 온전히 사용하여 주소서. 순교하기까지 복음을 전하였던 베드로처럼 우리도 죽도록 충성하여 예수님이 주시는 생명의 면류관을 얻는 자가 되도록 역사하여 주소서.

신성한 성품에 참여하게 하신 하나님! 진실로 감사합니다. 하나님의 거룩한 자녀가 될 수 없었지만, 순교자의 흘린 피로 복음을 믿게 된 우리는 신성한 성품에 참여하게 되었습니다. 우리도 이 은총을 모든 사람에게 전하여 그들로 하여금 신성한 성품에 참여하도록 헌신하게 하여 주소서. 신성한 성품에 참여하도록 그리스도의 보혈로 우리를 날마다 씻어 주시고 거룩한 삶을 살도록 인도하여 주소서. "우리도 그의 치욕을 짊어지고 영문 밖으로 그에게 나아가자." 날마다 자기를 부인하고 자기 십자가를 지고 예수님을 따르는 거룩한 삶이 되도록 인도하여 주소서.

오, 예수님! 십자가의 사랑으로 우리가 살고 있습니다. 십자가의 은혜로 우리가 하나님을 예배할 수 있습니다. 십자가의 능력으로 내일을 살아갈 힘을 얻습니다. 날마다 예수님과 동행하며 살게 하소서. 에녹이 하나님과 동행하며 느꼈을 그 숨결을 우리도 십자가를 통해 느끼며 날마다 예수님과 함께 믿음의 길을 걷도록 역사하여 주소서. 치열한 영적 전투 속에서 대장되신 예수님의 발자취를 따르게 하소서.

이 시간 목사님을 통해서 선포될 말씀으로 우리가 따라가야 할 예수님의 발자취를 보게 하소서. 예수님의 이름으로 기도합니다. 아멘.

> 수요예배 대표기도문

6월 2

여호와의 영이 내게 임하여 이르시되 너는 말하기를 여호와의 말씀에 이스라엘 족속아 너희가 이렇게 말하였도다 너희 마음에서 일어나는 것을 내가 다 아노라 _에스겔 11장 5절

우리 마음에서 일어나는 것을 모두 아시는 하나님!

우리의 마음에 감동을 주시어, 이 시간 하나님을 예배하게 하시니 감사합니다. 약하고 보잘것없는 자들임에도 하나님의 자녀로 삼아 인도하여 주셔서 감사합니다. 늘 우리를 통해 영광받으시기 원하지만 매번 그 사실을 잊은 채 살았던 연약함을 이 시간 회개하오니, 십자가 보혈로 정결하게 씻어 주소서. 오직 하나님이 주신 십자가의 은혜를 따라 순종함으로 나왔사오니 긍휼을 베풀어 주소서. 보혈의 공로를 의지하여 드리는 예배를 받아 주소서.

우리 마음을 가장 잘 아시는 하나님! 날마다 우리의 마음을 감찰하여 주소서. "이 백성이 입술로는 나를 공경하되 마음은 내게서 멀도다"라고 말씀하신 예수님의 탄식이 우리의 양심을 찌릅니다. 진실로 하나님을 온 마음과 정성과 뜻을 다하여 섬겨야 하지만 형식적으로 대할 때가 많기 때문입니다. 하나님을 믿는 경건의 모양은 있지만, 경건의 능력을

잃어버릴 때가 너무나 많기 때문입니다. 우리는 점점 생명이신 하나님과 멀어지고, 생명의 길이신 예수님을 외면한 채 예수님의 옷만 걸치고 세상의 길로 나아가고 있습니다. 오, 주님! 우리의 심령을 감찰하여 주소서. 날마다 우리의 심령을 예수 그리스도의 십자가로 씻어주시어, 예수의 생명이 넘치도록 역사하소서.

우리의 삶을 주관하시는 하나님! 오직 예수 그리스도의 복음을 위한 삶이 되게 하소서. "헬라인이나 야만인이나 지혜 있는 자나 어리석은 자에게 다 내가 빚진 자라. 그러므로 나는 할 수 있는 대로 로마에 있는 너희에게도 복음 전하기를 원하노라"고 고백하며 살게 하소서. 주님의 교회를 위해 더욱 헌신하도록 믿음을 주소서. 오랫동안 교회를 출석하지만 우리의 안위를 위한 신앙, 현상을 유지하며 변화와 도전을 두려워하는 겁쟁이 신앙입니다. "그날에 여호와께서 말씀하신 이 산지를 지금 내게 주소서"라고 요청하였던 노인 갈렙의 도전하는 신앙이 우리의 신앙이 되도록 역사하여 주소서. 예수님의 십자가의 은혜를 입은 자로서 복음을 위해 더욱 힘차게 전진할 수 있도록 능력을 주소서. 연약한 대로, 있는 모습 그대로 하나님의 말씀, 그 십자가의 복음을 의지하여 복음 전파의 직무를 온전히 감당하도록 우리의 삶을 주관하여 주소서.

오, 예수님! 이 수요예배가 은혜로운 예배가 되도록 곳곳에서 이름도 빛도 없이 섬기는 주님의 종들이 있습니다. 이들이 오직 주안에서 믿음으로 이 일을 감당하여 헛된 수고가 되지 않도록 역사하소서. 이 시간 말씀을 준비하여 전하시는 목사님에게도 성령의 기름 부으심이 있게 하소서.

예수님의 이름으로 기도합니다. 아멘.

> **수요예배 대표기도문**
>
> # 7월 1
>
> 오직 너희를 부르신 거룩한 이처럼 너희도 모든 행실에 거룩한 자가 되라 기록되었으되 내가 거룩하니 너희도 거룩할지어다 하셨느니라
> _베드로전서 1장 15-16절

모든 행실에 거룩한 자가 되라고 명하신 하나님!

한량없이 베풀어 주시는 사랑으로 우리의 삶을 넉넉히 채워 주심을 감사합니다. 우리로 하여금 십자가의 은혜와 구원의 감격으로 살게 하심을 감사합니다. 힘들어 지칠 때 위로하시고 시원한 생수를 주시어 살게 하시니 감사합니다. 이처럼 놀라운 하나님의 사랑을 힘입어 수요예배로 나왔사오니 우리를 십자가 보혈로 정결하게 씻어 주소서. 우리의 예배가 영과 진리의 예배가 되도록 은총을 베풀어 주소서.

십자가 앞으로 우리를 부르시는 하나님! 오늘도 골고다 언덕을 향해 나아가는 신앙이 되도록 역사하여 주소서. 예수님이 로마의 법정에서 최후 판결을 받으신 후 고통스러운 채찍질을 당하셨습니다. 우리를 진정 사랑하셨기 때문입니다. 거의 죽을 지경이었지만, 골고다 언덕까지 쓰러지기를 반복하며 나아가셨습니다. 진정 우리를 구원하기 원하셨기 때문입니다. 십자가에 매달려 모든 물과 피를 흘리며, 허리에 창 자국

을 내며 죽으셨습니다. 우리를 영원한 생명, 천국으로 인도하기 위한 유일한 방법이었기 때문입니다. 오, 예수님! 골고다 언덕을 우리도 걷게 하소서. 놀라운 십자가 사랑을 입은 자로서, 그 사랑의 힘으로 십자가 앞으로 가까이 나아가도록 역사하여 주소서. 십자가 앞에 구원이 있고, 영생이 있으며 그 길을 통해서만 천국에 들어갈 수 있음을 믿게 하소서. 중도에 포기하지 않도록 믿음을 주소서. 끝까지 인내하며 최후 승리자가 되도록 역사하여 주소서.

모든 행실에 거룩한 자가 되라 명하신 하나님! 그 명령에 순종하여 예배를 드리며, 말씀으로 양육받게 하시니 감사합니다. 우리는 모든 행실에 절대로 거룩한 자가 될 수 없는 죄의 본성을 가지고 있습니다. 그러나 십자가의 능력으로 거룩한 자가 될 수 있음을 믿습니다. 날마다 매 순간 십자가 은혜로 우리의 삶을 덮어 주시어 거룩한 자가 되도록 인도하여 주소서. "하나님께서 지으신 모든 것이 선하매 감사함으로 받으면 버릴 것이 없나니 하나님의 말씀과 기도로 거룩하여짐이라." 늘 깨어 말씀을 묵상하며, 온전한 기도 생활을 통해 더욱 성화되기를 원합니다. 올해도 반이 지나고 있지만 여전히 우리의 성경에는 먼지만 쌓입니다. 무릎 꿇고 기도하는 시간은 너무나 늦게 갑니다. 오, 주님! 말뿐인 거룩, 십자가가 아니라 진실로 거룩한 자가 되기 위해 하나님이 주신 은혜의 방편인 말씀과 기도 생활에 충실하도록 역사하여 주소서.

오, 예수님! 말씀과 기도로 거룩한 자가 되기 위해 교회의 각 부서에서 성경학교와 수련회를 준비하고 있사오니 은혜에 은혜를 더하여 주시어 온전히 준비하게 하시고, 거룩의 열매를 거두도록 역사하여 주소서.

예수님의 이름으로 기도합니다. 아멘.

수요예배 대표기도문

7월 2

> 그가 비록 근심하게 하시나 그의 풍부한 인자하심에 따라 긍휼히 여기실 것임이라 주께서 인생으로 고생하게 하시며 근심하게 하심은 본심이 아니시로다 _예레미야애가 3장 32-33절

인자하심과 긍휼하심을 풍성히 베푸시는 하나님!

감사합니다. 수많은 근심과 걱정 속에 파묻혀 살 수밖에 없는 우리를 불러 주시어 하나님의 은혜를 받도록 인도하시니 감사합니다. 고난 중에서 인내하게 하시어 소망을 이루어가도록 연단하여 주시니 감사합니다. 예수 그리스도의 십자가 보혈로 제련製鍊하여 주시어 늘 하나님을 예배하는 성도가 되도록 인도하여 주소서. 날마다 하나님을 예배하는 것이 기쁨이 되어, 이 시간에도 그 기쁨을 가지고 살아 계신 하나님을 예배하게 하소서. 우리의 예배를 하나님께서 받아 주소서.

인생으로 고생하게 하시며 근심하게 하시는 것은 본심이 아니라 말씀하시는 하나님! 우리를 사랑하기에 주는 고생과 근심인 줄 아오니, 그때마다 더욱 하나님의 섭리를 믿고, 주의 복음만을 의지하게 하소서. 복음 때문에 당하는 고난을 오히려 기뻐하며, 영광의 그날을 소망하게 하소서.

많은 사람이 근심하고 있습니다. 다양한 사건과 사고로 고생하고 있습니다. 이 속에서 우리가 믿어야 할 분은 하나님이시고, 우리에게 힘을 주시는 분은 예수님이라는 믿음을 더욱 견고히 세우게 하소서. 인생의 곤고함 속에서 하나님을 찾게 하여, 복 주시기를 원하시는 하나님의 깊으신 섭리를 깨닫게 하소서.

인자하심과 긍휼하심을 풍성히 베푸시는 하나님! 서로 사랑하며, 용서하고 배려하는 삶을 살기를 원합니다. 하나님은 우리가 원수였음에도 우리를 사랑해 주셨건만, 우리는 원수를 원수로 생각하며 복수할 생각뿐입니다. 하나님은 우리가 범죄하였음에도 우리를 용서해 주셨건만, 우리는 나에게 해를 주는 사람을 향해 분노하기만 합니다. 하나님은 우리의 연약함을 배려하셨음에도, 우리는 조금도 참지 못하고 내 뜻만을 내세웁니다. 오, 하나님! 우리의 사랑 없음, 용서하지 못함, 배려하지 못함을 긍휼히 여기소서. 하나님이 예수님을 통해서 베풀어 주신 사랑과 용서와 배려를 받은 자로서, 더욱 이웃을 사랑하고 용서하고 배려하며 살도록 역사하여 주소서. 우리의 이익을 위해 속이는 것, 무시하는 말이나 행동을 삼가고, 이웃을 위해서 기꺼이 손해보고 희생하며 살도록 역사하여 주소서.

오, 예수님! 찌는 듯한 폭염으로 지쳐 있는 이때 하나님이 주신 시원한 사랑을 전하는 삶을 살도록 이 시간 능력을 베풀어 주소서. 목사님을 통해서 주시는 하나님의 음성을 듣고, 인자와 긍휼이 풍성하신 하나님의 사랑에 감격하게 하시고, 그 감격스런 마음으로 세상을 향해 복음 들고 나아가도록 인도하여 주소서.

예수님의 이름으로 기도합니다. 아멘.

수요예배 대표기도문

8월 1

슬퍼하며 애통하며 울지어다 너희 웃음을 애통으로, 너희 즐거움을 근심으로 바꿀지어다 주 앞에서 낮추라 그리하면 주께서 너희를 높이시리라
_야고보서 4장 9-10절

주 앞에서 낮출 때 높여 주시는 하나님!

십자가 사랑의 띠로 한 몸을 이루어 수요예배를 드리게 하시니 감사합니다. 주중의 한 날을 정해 예배하는 이 시간을 감사합니다. 주일예배 후 삼일 동안 하나님의 도움으로 살았습니다. 그 은혜를 감사하며, 하나님을 예배하고 높이는 신령한 예배가 되도록 역사하여 주소서. 예수 그리스도의 십자가 보혈로 우리의 심령을 깨우시어, 주 앞에 완전히 낮아져 높으신 하나님을 예배하게 하소서.

슬퍼하며 애통하며 울라고 하신 하나님! 우리의 연약한 믿음을 보며 슬퍼하며 애통하여 울게 하소서. 하나님은 매주일 말씀을 주시고, 우리의 갈 길을 밝히 보이시지만 여전히 우리는 고집대로 살고 있음을 애통하게 하소서. 하나님은 매일 사랑의 손길을 내밀어 주시지만 여전히 우리는 그 손을 뿌리치고 세상과 짝하여 살고 있음을 슬퍼하게 하소서. 순간적인 즐거움과 쾌락을 위해 영원한 생명과 점점 멀어지고 있습니다.

심지어 이 시간 수요예배를 드리면서도 몸만 이 자리에 있을 뿐 마음은 전혀 다른 곳에 있습니다. 오, 주님! 어찌할 수 없는 우리의 연약함에 진실로 슬퍼하고 애통하며 울며 회개하게 하소서. 돈과 명예, 건강을 잃은 것에만 애통하며 슬퍼할 게 아니라 진실로 우리의 믿음 없음을 애통하게 하소서. "애통하는 자는 복이 있나니 그들이 위로를 받을 것임이요." 하나님의 위로를 받게 하소서.

주 앞에서 낮출 때 높여 주시는 하나님! 많은 성도가 한여름을 맞아 산이나 바다로 휴가를 떠나 쉼의 시간을 갖고 있습니다. 주 안에서의 쉼이 되도록 역사하여 주소서. 말씀 앞에 자신을 낮추며 복음이 주는 시원한 그늘 아래 거하여, 그 속에 진정한 안식과 회복을 주시는 예수님을 만나게 하소서. 지쳐 있는 육신이 회복되게 하시고, 수많은 스트레스에 짓눌려 있는 정신이 온전해지도록 인도하여 주소서. 목사님을 비롯하여 교회 직원들도 쉼의 시간을 갖고 있습니다. 밤낮없이 목양의 사역을 감당하느라 지쳐 있는 심신이 이번 휴식의 시간을 통해서 회복되게 하시고 후반기 목회 사역을 기도로 준비하도록 목사님을 붙들어 주소서. 교회의 모든 직원에게도 동일한 은혜를 베푸셔서 회복의 영을 부어 주소서. 휴가지에서 사고 나지 않도록 보호하여 주소서. 특별히 다들 휴가를 즐기고 있음에도, 시간이나 여러 여건 상 휴가도 못가며 땀 흘려 일하고 계신 분들도 있습니다. 그들을 위로하여 주시어, 그들에게도 회복의 은총을 베풀어 주소서.

오, 하나님! 어느 곳에서 무엇을 하든지 '하나님 앞에서'(코람데오) 하는 신앙을 허락하여 주소서. 이 시간 이 예배에도 시원한 성령의 바람을 일으켜 주소서. 예수님의 이름으로 기도합니다. 아멘.

수요예배 대표기도문

8월 2

여호와 나의 힘, 나의 요새, 환난 날의 피난처시여 민족들이 땅 끝에서 주께 이르러 말하기를 우리 조상들의 계승한 바는 허망하고 거짓되고 무익한 것 뿐이라 _예레미야 16장 19절

우리의 힘, 우리의 요새, 환난 날의 피난처이신 하나님!

죄와 어둠의 길에서 방황하는 죄인들을 오늘도 하나님의 능력으로 인도해 주시니 감사합니다. 모든 악한 영의 공격으로부터 요새가 되어 보호해 주셔서 감사합니다. 원수와 대적으로부터 가장 안전한 피난처가 되어 주심을 감사하며 이 시간 하나님을 예배하오니, 우리의 예배를 받아 주소서. 십자가의 은총으로 우리의 영혼을 깨끗하게 씻어 주시어, 하나님을 예배하기에 합당한 자가 되게 하소서.

우리의 힘이신 하나님! 능력을 부어 주소서. 이 세상에서 성공적인 삶을 위한 능력이 아닙니다. 좁고 험한 십자가의 길을 걸을 수 있도록 능력을 내리어 주소서. 넓은 길에서 손짓하는 원수들의 유혹이 너무나 달콤합니다. 가족을 위해서, 미래를 위해서, 안정적인 노후를 담보로 우리를 현혹하고 있습니다. 왜 베드로가 세 번이나 부인했는지, 왜 가룟 유다가 예수님을 팔았는지 충분히 이해하고 공감하며, 아마도 우리의

모습도 그들과 별반 다르지 않으리라 생각하게 됩니다. 우리도 이 시험에 늘 흔들리고 넘어지기 때문입니다. 어제도 오늘도 많이 흔들렸습니다. 이미 넘어졌습니다. 이 악한 영과의 싸움에서 승리할 수 있도록, 이미 십자가에서 승리하신 보혈의 능력으로 우리를 덧입혀 주소서. 우리의 신앙 경험, 신앙 지식, 신앙 연륜으로 이길 수 없습니다. 오직 예수 그리스도의 능력, 그분의 십자가를 통해서 이길 수 있사오니 역사하여 주소서.

우리의 요새이신 하나님! 시험이 올 때마다 사람을 의지하지 말고 요새이신 하나님께로 나아가게 하소서. 가짜 신들, 우상을 찾지 말고 십자가로 더 가까이 나아가게 하소서. "하나님을 가까이하라 그리하면 너희를 가까이 하시리라"는 말씀을 기억하며 날마다 매순간 요새가 되어 주시는 하나님 앞으로 나아가도록 인도하소서. 살다 보면 많은 문제로 쫓기듯이 살게 됩니다. 그때마다 당황하여 어찌할 바를 몰라, 결국 세속적인 방법을 취할 때가 많습니다. 세상의 방법과 타협하고, 세상이 원하는 대로 복종하며 나아갈 때가 종종 있습니다. 결국 우리는 예수님을 믿는다고 하면서, 교회 밖은 물론이거니와 교회 안에서도 아무런 빛도 비추지 못하며, 소금의 짠맛을 내지 못합니다. 어떤 위기의 상황에 있을지라도 요새이신 하나님을 기억하고 하나님 안에 거하게 하소서.

환난 날의 피난처이신 하나님! 감사합니다. 환난과 핍박 중에도 피난처이신 하나님 품에 거함으로 안전하도록, 생명의 길을 향해 계속 전진하도록 보호하고 인도하여 주소서. 이 시간 예배를 통해 하나님이 주시는 새 힘을 얻어 나아가도록 능력을 부어 주소서. 말씀하여 주소서.

예수님의 이름으로 기도합니다. 아멘.

수요예배 대표기도문

9월 1

하나님은 약속을 기업으로 받는 자들에게 그 뜻이 변하지 아니함을 충분히 나타내시려고 그 일을 맹세로 보증하셨나니 이는 하나님이 거짓말을 하실 수 없는 이 두 가지 변하지 못할 사실로 말미암아 앞에 있는 소망을 얻으려고 피난처를 찾은 우리에게 큰 안위를 받게 하려 하심이라 _히브리서 6장 17-18절

피난처를 찾은 우리에게 큰 안위를 주시는 하나님!

참 소망, 산 소망, 영원한 소망을 주시니 감사합니다. 소망이 없던 우리를 구원하여 주시고, 하나님을 예배할 수 있는 특별한 기회를 주셔서 감사합니다. 주일 후 삼일 동안에도 이런 일 저런 일을 겪다가 하나님 앞으로 나왔습니다. 여러 일로 절망하고 슬픈 마음을 안고 하나님 앞으로 나왔사오니, 눈물을 닦아 주시고 다시금 기쁨으로 하나님을 예배하도록 역사하소서. 십자가 안에 있는 생명수로 우리의 몸과 영혼을 적셔 주시어 새 생명의 은총을 베풀어 주소서. 주님이 주시는 풍성한 은혜로 충만하게 하소서.

소망을 주시는 하나님! 하나님이 우리의 소망이 되게 하소서. 우리에게는 하나님의 말씀을 따르려는 마음과 하나님의 말씀에 불순종하려는 마음이 있습니다. 오, 하나님! 소망을 잃어버리게 하는 이러한 혼란이 우리 자신의 탐욕과 욕망 때문임을 깨닫게 하소서. 하나님이 예수님을

통해 거저 주신 영원한 소망을 잃어버리지 않도록 십자가를 붙들고 나아가게 하소서. 십자가를 인정하지 않을 때 예수님의 모든 제자는 흩어졌습니다. 그러나 오순절에 임하신 성령 하나님으로 말미암아 그들이 십자가를 붙들었을 때, 제자들은 그리스도 안에서 한 몸을 이루어 죽기까지 복음을 전하였습니다. 고통스러운 죽음 앞에서 영원한 소망을 보았기에 순교하였습니다. 이 살아 있는 참 소망을 우리 안에 채워 주소서. 이 산 소망으로 살아가게 하소서. 이 영원한 소망의 주인공이 되게 하소서.

피난처를 찾는 우리에게 큰 안위를 주시는 하나님! 가장 큰 품으로, 큰 팔을 벌려 우리를 안위해 주시니 감사합니다. 그러나 한편으로 얄팍한 우리의 모습을 보게 됩니다. 우리가 힘들고 어려울 때 마음의 평안을 찾기 위해서만 하나님을 이용하고 있지 않은지 자신을 돌아보게 하소서. 욕심대로 죄 속에 파묻혀 있다가, 잠시 생각이 나면 하나님을 찾고 또 다시 잊어버리기를 반복하고 있는 신앙의 악순환이 되지 않도록 역사하여 주소서. 복음을 이야기하고, 하나님을 예배하기도 하지만 정작 십자가의 길을 외면하다가 '자신의 필요'에 의해서 하나님을 찾는 자가 되지 않게 하소서. 날마다 매순간 피난처를 찾아 영원한 팔로 우리를 안아 주시고, 안위해 주시는 하나님의 사랑을 알게 하소서. 그 하나님의 사랑이 예수 그리스도의 십자가에 있음을 깨달아, 진정한 평화를 누리며 살도록 역사하여 주소서.

오, 하나님! 수요예배가 참 좋습니다. 소망을 얻으려고 피난처를 찾은 우리에게 큰 안위를 주시는 하나님을 예배하고, 예수님과 동행하며 나아가는 힘을 얻기 때문입니다. 감사합니다. 예수님의 이름으로 기도합니다. 아멘.

> 수요예배 대표기도문

9월 2

> 야곱아 너를 창조하신 여호와께서 지금 말씀하시느니라 이스라엘아 너를 지으신 이가 말씀하시느니라 너는 두려워하지 말라 내가 너를 구속하였고 내가 너를 지명하여 불렀나니 너는 내 것이라 _이사야 43장 1절

우리를 지명하여 불러 주신 하나님!

십자가의 빛을 따라 하나님 앞으로 나왔습니다. 길이신 예수님을 보면서 예배의 자리로 나왔습니다. 이 죄인들이 예수 그리스도의 십자가 공로를 의지하여 하나님을 예배하오니, 우리의 예배를 받아 주소서. 우리를 긍휼히 여겨 주셔서, 하나님께 드리는 최고의 예배, 영광스런 예배가 되도록 역사하여 주소서.

우리를 구속하여 주신 하나님! 영원한 천국을 소망하며 살게 하시니 감사합니다. 대속의 은총을 받은 우리들이 날마다 구속하신 예수 그리스도만을 바라보며 생활하기를 원합니다. 날마다 구속의 은총을 베풀어 주신 예수 그리스도를 전하는 전도자가 되길 원합니다. 생명이 경각간에 놓인 상황 속에서도 스데반이 성령 충만하여 하늘을 우러러 주목하더니 하나님의 영광과 예수님이 하나님 우편에 서신 것을 보고 "보라 하늘이 열리고 인자가 하나님 우편에 서신 것을 보노라" 외쳤던 것

처럼, 죽음의 위협 속에서도 구속하신 예수 그리스도를 전하는 복음의 증인이 되길 원합니다. 우리를 구속하기 위해 자신의 전부를 드려 희생 제물이 되신 예수님처럼, 구속의 은총을 받은 우리도 자신의 전부를 드리는 희생 제물이 되도록 역사하여 주소서.

우리를 지명指名하여 불러 주신 하나님! 미천한 우리의 이름을 일일이 아시고 불러 주시니 그저 감사할 따름입니다. 하나님의 사역에 우리를 사용하시고자 지명하여 불러 주셨으니, 그 부르심에 합당한 삶이 되도록 역사하여 주소서. 지금도 복음을 듣지 못한 사람들이 있습니다. 복음을 들었지만 믿지 못하거나 잘못 알고 있는 사람들도 있습니다. 그들을 향하여 예수 그리스도의 십자가와 부활의 복음을 전하게 하소서. 복음의 말씀을 정확하게 가르치게 하소서. 그리하여 예수 그리스도의 복음으로 이 지역이 복음화 되고, 나아가 우리나라와 온 세계가 복음화 되도록 역사하여 주소서. 주님이 오실 때가 점점 가까이 오고 있습니다. 그날이 오기 전에 더 많은 사람이 회개하고 예수님 앞으로 돌아올 수 있도록 우리 모두를 사용하여 주소서. 더욱 뜨거운 사랑으로 기도하며, 활기찬 믿음으로 나아가게 하소서.

오, 예수님! 수요예배에 나온 우리 모두를 축복합니다. 분주한 일상을 잠시 접어두고 하나님의 말씀을 사모함으로 나왔사오니, 이 시간 우리를 향한 하나님의 말씀을 듣게 하소서. 우리의 마음과 귀를 열어 주셔서 성령님이 우리 교회를 향하여 말씀하시는 음성을 듣게 하시고, 우리 자신을 향한 말씀을 복음으로 받게 하소서. 세우신 목사님의 입술에 기름 부어 주소서.

예수님의 이름으로 기도합니다. 아멘.

수요예배 대표기도문

10월 1

주 예수와 및 모든 성도에 대한 네 사랑과 믿음이 있음을 들음이니 이로써 네 믿음의 교제가 우리 가운데 있는 선을 알게 하고 그리스도께 이르도록 역사하느니라 _빌레몬서 1장 5-6절

믿음의 교제로 선을 알도록 역사하시는 하나님!

오늘도 우리의 삶에 역사하셔서 이 귀한 자리로 인도하시니 감사합니다. 수요예배에 나올 수 있는 특권을 주셔서 감사합니다. 죄로 인하여 제대로 보지 못하고, 듣지 못함에도 하나님이 친히 손 내밀어 인도해 주셨기에 나왔습니다. 변치 않는 하나님의 사랑과 은혜를 감사하며, 성삼위 하나님 앞에 영광을 돌려 드리는 예배가 되도록 역사하여 주소서.

믿음의 교제를 원하시는 하나님! 주 안에서 형제와 자매된 우리가 주 안에서 믿음의 교제를 나눌 수 있도록 인도하여 주소서. 현대 사회는 이기적이고 개인주의적이어서 남이야 어떻게 되든지 나만 잘되면 아무런 문제가 없다는 사회라고 합니다. 심지어 신앙생활도 나만 잘 믿어 구원받아 천국에 가면 그만이라고 생각합니다. 이처럼 냉랭해진 사회와 십자가 사랑을 잃어버린 교회를 회복시켜 주소서. "서로 돌아보아 사랑과 선행을 격려하며 모이기를 폐하는 어떤 사람들의 습관과 같

이 하지 말고 오직 권하여 그날이 가까움을 볼수록 더욱 그리하자"는 말씀대로 서로 사랑을 나누며 살게 하소서. 이러한 믿음의 교제를 통해 우리의 삶을 더욱 풍요롭게 하시고, 소외되고 연약한 자들과 함께 따스한 사랑을 나누는 사회가 되도록 인도하여 주소서. 이 귀한 사역에 우리가 먼저 솔선수범하도록 역사하여 주소서.

그리스도께 이르도록 역사하시는 하나님! 십자가의 은총으로 거듭나 예수 그리스도를 따르는 그리스도인이 되었습니다. 초대 안디옥교회의 성도들이 그리스도만을 따르는 모습을 주변 사람들이 붙여 준 별명이 '그리스도인'이라고 합니다. 이 명칭대로 진정 그리스도를 따르며 살길 원합니다. 특별히 그리스도를 온전히 따르도록 각각 은사와 달란트를 허락하여 주셔서 감사합니다. 그러나 하나님이 그리스도를 따르며 복음을 전하는 데 사용하라고 주신 은사와 달란트를 엉뚱한 곳에 쓰고 있지는 않은지 돌아보게 하소서. 그리스도의 장성한 분량에 이르며, 예수 그리스도를 따라 십자가의 길을 걷는 일에 쏟아야 할 은사와 달란트를 자신을 위해서만 사용하고 있는 우리의 모습이 있다면 용서하여 주소서. 다시 돌이켜 그리스도인의 삶을 살도록 역사하여 주소서. 맡은 자들에게 구할 것은 충성이라 하였사오니, 충성된 그리스도인이 되도록 인도하여 주소서.

오, 하나님! 십자가의 길이 무척이나 외롭고 힘듭니다. 그때마다 믿음의 교제를 나누는 동역자들이 있기에 함께 가고 있습니다. 함께 십자가의 길을 걷는 믿음의 동역자들이 있어서 든든합니다. 이 시간 주시는 말씀을 듣고 다시 힘내서 좁고 험한 십자가의 길을 걷는 그리스도인이 되게 하소서. 그리스도의 장성한 분량에 이르도록 함께 성장하고 성숙해지도록 역사하소서. 예수님의 이름으로 기도합니다. 아멘.

수요예배 대표기도문

10월 2

그러므로 함께 하늘의 부르심을 받은 거룩한 형제들아 우리가 믿는 도리의 사도이시며 대제사장이신 예수를 깊이 생각하라 _ 히브리서 3장 1절

대제사장이신 예수를 깊이 생각하라시는 하나님!

예수님을 깊이 생각하며, 그 십자가를 바라보게 하시니 감사합니다. 십자가의 은혜가 절대적으로 필요한 죄인들을 긍휼히 여겨 주셔서 감사합니다. 연약한 모습 그대로 사랑하시는 하나님의 은혜를 따라 나아갑니다. 주의 날개 아래 거하여 주의 임재하심을 경험하는 은혜로운 예배가 되도록 역사하여 주소서. 보혈을 지나 하나님 앞으로 나아가오니 죄인들의 예배를 받아 주소서. 성령으로 충만한 예배가 되게 하소서.

십자가의 은총을 베풀어 주신 하나님! 우리의 삶이 개혁되도록 날마다 역사하여 주소서. '오직 믿음, 오직 은혜, 오직 성경'의 슬로건으로 시작된 종교개혁의 물결이 지금 우리 시대에도 절실합니다. 예수 그리스도를 향한 믿음을 잃어버리고 있습니다. 예수 그리스도의 복음이 왜곡되고 있습니다. 예수 그리스도의 은혜를 값싼 것으로 폄하하고 있습니다. 우리의 삶이 바뀌어 우리 교회가 개혁되고, 대한민국이 복음의 기치 아

래 부흥하게 하소서. 오직 믿음으로 시작하여, 오직 은혜로 전하며, 오직 성경으로 열매 맺도록 역사하여 주소서.

우리에게 믿는 도리를 보여 주신 하나님! 예수님을 바라보며, 그분의 말씀에 온전히 순종하도록 역사하여 주소서. '믿는 도리'가 분명하지만, 믿지 않고 불신하는 연약한 자들을 불쌍히 여겨 주소서. 예수님의 십자가가 가리키는 길을 외면하고 가지 않는 병약한 자들을 불쌍히 여기소서. 구원의 복음은 확실하지만 왜곡하고 변질시키는 이단자들을 깨뜨려 주소서. 오직 하나님이 보여 주신 '믿는 도리' 예수 그리스도를 그대로 믿고, 그대로 따르며 살도록 역사하여 주소서.

대제사장이신 예수 그리스도를 깊이 생각하라고 하신 하나님! 예수님을 중심에 둔 신앙이 되도록 인도하여 주소서. 예수님을 잃어버린 데마가 바울의 곁을 떠나게 된 것을 보게 됩니다. 복음 전도자의 삶을 포기하고 세상에 속한 삶을 향해 나아갔습니다. 이처럼 예수님을 잃어버릴 때 세상을 선택할 수밖에 없음을 깨닫게 하소서. 대제사장이신 예수님을 통해서 하나님 앞에 나아갈 수 있지만, 예수님이 삶의 중심이 되지 않을 때 세상의 축제와 향락에 빠지게 됨을 알게 하소서. 예수님을 잃어버릴 때 세상을 사랑하며, 세속의 가치를 따를 수밖에 없사오니 우리가 예수님을 늘 생각하며 기억하며 바라보도록 은혜를 베풀어 주소서.

"그러므로 이제 그리스도 예수 안에 있는 자에게는 결코 정죄함이 없나니 이는 그리스도 예수 안에 있는 생명의 성령의 법이 죄와 사망의 법에서 너를 해방하였음이라." 그리스도 안에 있는 참 자유를 누리며 살기 원합니다. 이 시간 말씀하여 주시고, 우리의 삶에 역사하여 주소서. 예수님의 이름으로 기도합니다. 아멘.

수요예배 대표기도문

11월 1

우리 구주 예수 그리스도로 말미암아 우리에게 그 성령을 풍성히 부어 주사 우리로 그의 은혜를 힘입어 의롭다 하심을 얻어 영생의 소망을 따라 상속자가 되게 하려 하심이라 _디도서 3장 6-7절

영생의 소망을 따라 상속자가 되게 하신 하나님!

영원한 죽음과 형벌에서 살려 주신 하나님의 은혜를 감사합니다. 구원의 은혜도 감사한데, 영생의 소망을 주셔서 더욱 감사합니다. 예수님을 구주로 믿음으로 하나님의 자녀가 되어 하늘의 기업을 상속받을 수 있는 특권을 주시니 무한 감사합니다. 이 시간 하나님이 예수 그리스도를 통하여 주시는 구원의 은총을 감사하며 드리는 기쁨의 예배가 되도록 역사하여 주소서. 십자가 보혈로 대속을 받은 죄인들의 예배가 되게 하소서.

성령을 풍성히 부어 주신 하나님! 성령 충만한 삶을 살기 원합니다. 육체의 소욕에 사로잡혀 성령의 일하심을 대적하지 않도록 역사하여 주소서. 음행과 더러운 것과 호색과 우상 숭배와 주술과 원수 맺는 것과 분쟁과 시기와 분냄과 당 짓는 것과 분열함과 이단과 투기와 술 취함과 방탕함 같은 육체의 일에 빠져 하나님의 나라를 유업으로 받지 못하는 이

가 한 사람도 없도록 역사하여 주소서. 오직 성령의 역사하심으로 사랑과 희락과 화평, 오래 참음과 자비와 양선, 충성과 온유와 절제의 성령의 열매를 맺게 하소서. 육체와 함께 모든 정욕과 탐심을 십자가에 못 박는 그리스도 예수의 사람들이 바로, 우리들이 되길 간절히 원합니다. 늘 깨어 성령으로 살아 우리 교회가 성령 충만한 교회가 되게 하소서.

그리스도의 은혜로 영생의 소망을 주신 하나님! "이 영생은 거짓이 없으신 하나님이 영원 전부터 약속하신 것인데 자기 때에 자기의 말씀을 전도로 나타내셨으니 이 전도는 우리 구주 하나님이 명하신 대로 내게 맡기신 것이라"는 사도 바울의 말씀을 기억합니다. 하나님께 영생의 소망을 받은 우리가 해야 할 일을 하게 하소서. 영생의 소망을 주는 십자가의 복음을 전하라고 우리 모두에게 사명을 주셨으니 이 사명을 온전히 감당하도록 역사하여 주소서. 유한한 소망, 썩어 없어질 소망을 붙들고 영원할 줄로 착각하고 있는 무지한 사람들을 향해 우리가 나아가게 하소서. 십자가의 복음 안에 있는 생명을 믿지 못하여 의심하고 방황하는 사람들을 위해 우리를 사용하여 주소서.

하늘의 상속자로 삼아 주신 하나님! 예수님을 믿는 것밖에 없었는데, 하늘의 상속자가 되다니요! 웬 은혜입니까! 웬 사랑입니까! 하나님 나라의 영원한 상속자가 되었으니, 이 세상을 살아가는 우리의 삶이 넉넉하지 못하고, 남들만큼 누리지 못할지라도 감사함으로 십자가의 길을 걷게 하소서. 이 시간 하늘의 상속자를 향하신 하나님의 말씀을 듣습니다. 목사님을 통해 전하시는 하늘의 음성에 '아멘' 하게 하시고, 말씀대로 살아가도록 역사하여 주소서.

예수님의 이름으로 기도합니다. 아멘.

수요예배 대표기도문

11월 2

강한 손과 펴신 팔로 인도하여 내신 이에게 감사하라 그 인자하심이 영원함이로다 _시편 136편 12절

강한 손과 펴신 팔로 인도해 주시는 하나님!

영원한 인자하심을 이 죄인들에게 베풀어 주셔서 이 시간 수요예배로 나오게 하시니 감사합니다. 하나님의 은혜로 나왔사오니, 아무 공로 없는 죄인들의 예배를 받아 주소서. 예수 그리스도의 십자가 공로만을 의지합니다. 보혈의 은혜로만 나아갑니다. 강한 손과 펴신 팔로 인도하여 주셔서, 하나님께 모든 영광 돌려 드리는 예배가 되게 하소서.

인자하심이 영원한 하나님! 찬양합니다. 감사합니다. 감사의 계절을 맞아 우리가 드리는 고백은 이것이 전부입니다. '하나님의 변함없으신 사랑, 실수 없으신 사랑이 아니었다면 어떻게 살 수 있을까?' 생각만 해도 끔찍합니다. "말할 수 없는 그의 은사로 말미암아 하나님께 감사하노라." 하나님의 은혜로 오늘 이렇게 완전하지 못하지만, 호흡할 수 있는 것이 그저 감사할 뿐입니다. 이처럼 인자하심이 영원한 하나님을 찬양하게 하소서. 그분을 향한 온전한 감사를 드리게 하소서. 우리의 삶을

다하여 하나님을 향해 감사하게 하소서. 슬플 때에도, 절망적인 상황에 있어도, 질병으로 고통 중에 있어도 하나님을 향한 감사의 고백, 찬송이 멈추지 않도록 역사하소서. 강요와 의무에 의해서 드리는 감사가 아닌, 인자하심이 영원한 하나님으로 인하여, 그 사랑의 실체인 예수 그리스도로 말미암아 감사하게 하소서.

강한 손과 펴신 팔로 인도해 주시는 하나님! 우리의 손을 꼭 붙들고 계시는 은혜와 사랑으로 올해도 한걸음씩 나아갈 수 있었습니다. 아프고 힘들어 주저앉아 절망할 때에도 안아 주시는 은혜와 사랑의 숨결로 다시 일어설 수 있었습니다. 우리를 잡아 주시고, 품어 주신 그 못 박힌 손에 능력이 있음을 알았습니다. 그것이 진정 십자가의 능력입니다. 오, 예수님! 감사합니다. 하나님의 강한 손과 펴신 팔은 곧 십자가에 달리신 예수님이라는 것을 확신합니다. 십자가의 예수님의 은혜로 어제를 살 수 있었고, 오늘을 살고 있으며, 내일을 살 수 있을 것이라 믿어 의심하지 않습니다. 연약한 우리를 긍휼히 여기시고 인도하여 주소서.

오, 하나님! 하나님의 강한 손과 펴신 팔로 복음을 떠난 자들을 이끌어 주시길 원합니다. 잃어버린 양들을 찾아 주시길 원합니다. 한때 함께 예배하며, 섬기며, 복음을 전하던 믿음의 친구들이 지금은 떠나 있습니다. 건강상의 이유로, 직장의 일로, 가정의 문제로, 혹은 교회의 성도들에게 상처를 받아 떠나 있습니다. 그 이유는 타당하며 이해할 수 있지만, 하나님을 떠나고 복음을 버릴 때 결국 소망이 없다는 사실을 그들이 깨닫게 하소서. 기회가 있을 때 그들이 하나님 앞으로 돌아오도록 역사하여 주소서. 이 시간 예배를 통해 새 힘을 얻을 우리를 사용하여 주소서. 예수님의 이름으로 기도합니다. 아멘.

수요예배 대표기도문

12월 1

능하신 이가 큰일을 내게 행하셨으니 그 이름이 거룩하시며 긍휼하심이 두려워하는 자에게 대대로 이르는도다 _누가복음 1장 49-50절

거룩하시며 능하신 힘으로 큰일을 행하시는 하나님!

오늘도 하나님을 예배하게 하시니 감사합니다. 오늘도 수요예배의 자리로 나올 수 있도록 모든 여건을 허락해 주셔서 감사합니다. 오직 예수 그리스도의 은혜로만 하나님 앞으로 나아갈 수 있음을 아오니, 보혈만을 의지하도록 믿음을 더하여 주소서. 십자가 보혈의 능력으로 우리의 때 묻은 영혼과 몸을 정결하게 씻어 주셔서 거룩한 백성, 왕 같은 제사장이 되도록 역사하여 주소서. 이 예배가 향기로운 산 제사가 되어 하나님께 영광 돌리게 하소서.

거룩하신 하나님! 세상을 사랑하시어 외아들 예수님을 보내 주셔서 감사합니다. 죄로 오염되고 부패한 세상이 거룩해지도록 예수님을 십자가에 달려 죽게 하신 그 놀라운 은혜를 찬송합니다. "내가 거룩하니 너희도 거룩할지어다." 이 말씀을 친히 이루기 위해 십자가에 달려 죽으시고 부활하신 예수 그리스도의 은총을 소리 높여 찬양합니다. '거룩'

을 향한 하나님의 열정을 '크리스마스'를 통해 기념하게 하셔서 감사합니다. 우리의 즐거움을 위한 크리스마스가 아니라, 죄인들을 거룩하게 만들기 위한 하나님의 뜻에 온전히 순종하신 그리스도를 기뻐하며 경배하는 크리스마스가 되도록 역사하여 주소서.

누추하고 냄새나는 짐승의 밥그릇에 누워 계신 아기 예수님을 생각할 때 우리를 향한 하나님의 사랑이 얼마나 깊고, 얼마나 높고, 얼마나 넓은지 조금이나마 깨닫게 됩니다. 이 복된 소식을 가장 먼저 들을 수 있는 사람들이 당시 가장 천대받고 연약한 자들이었음을 생각할 때, 하나님의 관심과 초점이 어떤 사람들에게 있는지 빈약하나마 알게 됩니다. 오, 하나님! 바로 나를 위해서 이 땅에 오신 예수님을 찬양합니다. 말씀이 육신이 되신 예수님을 우리의 구주로 영접합니다. 예수님의 제자들처럼 예수님을 직접 보거나 듣지 못했지만 우리 모두가 진심으로 고백하게 하소서. "우리의 주님이시요 우리의 하나님이시니이다."

능하신 힘으로 큰일을 행하시는 하나님! 크리스마스를 통해 큰일을 이루셨음을 믿습니다. 예수님이 성육신하신 초유의 기적은 창조주가 피조된 세계의 시공간에 제약을 받는 기적입니다. 이 기적이 우리에게 구원의 길을 열었음을 믿게 하소서. 예수님을 진심으로 기뻐하며 경배하게 하소서. 그분의 나심을 온 세계 나라와 민족에게 전하게 하소서. 그리하여 크리스마스의 진정한 의미를 회복시켜 주소서. 능하신 힘이 예수 그리스도 안에 있음을 알게 하시고, 큰일이 십자가와 부활이라는 사실을 믿게 하소서. 오, 하나님! 역사하여 주소서. 이제 목사님의 설교를 통해 크리스마스의 진정한 의미를 더욱 확실히 알게 하시고, 우리 삶의 현장으로 나아가도록 말씀하여 주소서. 예수님의 이름으로 기도합니다. 아멘.

> 수요예배 대표기도문

12월 2

곧 우리 구주 홀로 하나이신 하나님께 우리 주 예수 그리스도로 말미암아 영광과 위엄과 권력과 권세가 영원 전부터 이제와 영원토록 있을지어다 아멘 _유다서 1장 25절

영광과 위엄과 권력과 권세가 영원하신 우리 주 하나님!

모든 영광을 돌립니다. 전심으로 하나님께 감사하며 경배합니다. 죄인들의 예배를 받아 주소서. 하나님의 보좌를 향한 유일무이한 출입증인 그리스도의 십자가를 지고 예배하오니, 자비와 긍휼을 베풀어 주소서. 영광과 위엄과 권력과 권세가 영원 전부터 이제와 영원토록 있으신 하나님만 홀로 영광을 받아 주소서. 올해 마지막으로 드리는 수요예배 가운데 하늘의 신령한 은혜로 가득 채우소서.

홀로 하나이신 하나님! 올해도 한 분이신 하나님을 경외하며 그 말씀에 따라 살아가도록 인도해 주심을 감사합니다. 다사다난했던 한 해였지만, 예수 그리스도를 통해 은혜를 주신 하나님의 보호하심으로 복음의 울타리 안에 거할 수 있음을 믿습니다. 이 하나님의 은혜를 절대로 잊지 않게 하소서. 출애굽한 이스라엘 백성이 하나님의 약속을 믿지 못하고 원망하고 불평했을 때 여호수아와 갈렙을 제외한 출애굽 1세대는

가나안 땅에 들어가지 못하는 비극이 일어났음을 알고 있습니다. 우리의 삶에서 그와 같은 비극이 일어나지 않도록 은총을 베풀어 주소서.

영광과 위엄과 권력과 권세가 영원 전부터 이제와 영원토록 있으신 하나님! 올해를 하나님의 은혜로 시작하였고, 이제 한 해를 하나님의 은혜로 마감할 수 있게 됨을 감사합니다. 그러나 이 은혜를 모르고 사는 자들이 더욱 많은 것이 우리의 현실입니다. 세상의 영광과 권세, 물질과 권력이 영원할 줄 알고, 그것을 얻기 위해서 지금도 분주히 살고 있는 자들을 긍휼히 여겨주소서. 심지어 교회 안에도 하나님의 영광과 위엄과 권력과 권세를 가로채어 자신의 것을 만들려는 악한 자들을 깨우쳐 주소서. "만물이 주에게서 나오고 주로 말미암고 주에게로 돌아감이라 그에게 영광이 세세에 있을지어다." 이 말씀 앞에 우리 모두가 진실로 '아멘' 하게 하소서. 오직 우리의 삶, 우리나라의 미래, 온 세계의 장래를 섭리하실 하나님만을 경외하도록 역사하여 주소서.

우리 구주 하나님! 우리를 모든 악으로부터 구원하여 주소서. 소경 바디매오가 예수님을 향하여 "다윗의 자손 예수여 나를 불쌍히 여기소서"라도 반복해서 소리 질렀듯이, 우리도 계속해서 쉬지 않고 예수님을 향해 외치게 하소서. 우리를 구원하신 하나님의 은혜가 새해에도 계속 이어지도록 오직 예수님만을 찾게 하시고, 오직 십자가만 붙들고 나아가게 하소서. "구하는 이마다 받을 것이요 찾는 이는 찾아낼 것이요 두드리는 이에게는 열릴 것이니라"는 말씀이 오는 새해에도 이루어지게 하소서. 이 시간 목사님의 말씀을 통해 구주 하나님의 말씀을 듣게 하소서.

예수님의 이름으로 기도합니다. 아멘.

크리스천
대표
기도문

4장
교회력에 따른 예배 대표기도문

교회력에 따른 예배 대표기도문

신년감사예배

또 새 영을 너희 속에 두고 새 마음을 너희에게 주되 너희 육신에서 굳은 마음을 제거하고 부드러운 마음을 줄 것이며 또 내 영을 너희 속에 두어 너희로 내 율례를 행하게 하리니 너희가 내 규례를 지켜 행할지라
_에스겔 36장 26-27절

새 영과 새 마음을 주시는 하나님!

새해의 첫날을 맞아 하나님을 예배할 수 있도록 은혜를 주시니 감사합니다. 새로울 수 없는 죄인들에게 새 영과 새 마음을 주셔서 육신에서 굳은 마음을 부드러운 마음으로 바꾸어 주셔서 감사합니다. 하나님을 예배하기에 합당한 모습을 가지고 신년감사예배를 드릴 수 있도록 은총을 베풀어 주소서. 예수 그리스도의 십자가 보혈로 우리의 몸과 마음을 양털보다 희게 하소서. 흰 옷 입은 주의 성도가 되어 하나님을 온전히 예배하도록 역사하여 주소서. 우리의 예배를 받아 주소서.

새해를 주신 하나님! 다사다난했던 지난해를 떠올릴 때 모든 것이 하나님의 은혜였음을 고백하게 됩니다. 지금 새해를 맞이할 수 있는 것은 하나님이 강한 손과 편 팔로 붙들어 주셨기 때문임을 고백합니다. 하나님, '오늘'을 주셔서 감사합니다. "너는 기억하라 네가 애굽 땅에서 종이 되었더니 네 하나님 여호와가 강한 손과 편 팔로 거기서 너를 인도

하여 내었나니 그러므로 네 하나님 여호와가 네게 명령하여 안식일을 지키라 하느니라"는 말씀대로 올해에는 하나님의 은혜를 잊지 않고, 온전히 주일을 성수하도록 역사하여 주소서. 하나님의 날을 우리의 날로 바꾸는 죄를 범하지 않도록 우리를 날마다 깨워 주소서. 예수님의 십자가와 부활을 온전히 기념하는 주일이 되도록 역사하소서. 한 주간의 끝이 되어 쉬는 '주일'이 아니라 한 주간의 시작되어 출발하는 '주일'이 되도록 강한 손과 편 팔로 인도하여 주소서.

"하나님의 말씀과 기도로 거룩하여짐이라"는 하나님의 약속을 기억합니다. 올해에는 형식적이고 위선적인 신앙을 버리고, 말씀과 기도로 거룩해지는 한 해가 되도록 역사하여 주소서. 전혀 거룩함을 찾아볼 수 없는 교인敎人이 되지 않도록 붙들어 주소서. 거룩함을 가진 진정한 성도聖徒가 되게 하소서. 우리를 거룩하게 하시는 것은 오직 말씀과 기도뿐이오니, 매일 말씀을 읽고 묵상하며 실천하게 하소서. 날마다 주신 말씀 안에서 하나님과 소통하며 하나님의 뜻을 듣는 기도가 되게 하소서. 자신을 위해서 말씀을 사용하고, 우리의 목적을 성취하기 위해서 기도를 이용하는 악행을 하지 않도록 날마다 우리를 깨워 주소서.

새 영과 새 마음을 주시는 하나님! 이 시간 예배하러 모인 주의 성도들에게 새 영과 새 마음을 주셨으니 이제 새 사람이 되게 하소서. 매순간 그리스도 안에 거하는 새 사람이 되어 올해 우리 교회에 주신 표어 _____대로 살아가도록 역사하여 주소서. 우리의 뜻을 앞세우는 해가 아니라, 오직 하나님의 뜻에 순종하여 성령의 열매로 가득한 해가 되도록 역사하여 주소서. 그 첫 번째 하나님의 음성을 목사님을 통해 듣습니다. 말씀하여 주소서. 예수님의 이름으로 기도합니다. 아멘.

교회력에 따른 예배 대표기도문

종려주일

앞에서 가고 뒤에서 따르는 무리가 소리 높여 이르되 호산나 다윗의 자손이여 찬송하리로다 주의 이름으로 오시는 이여 가장 높은 곳에서 호산나 하더라 _마태복음 21장 9절

호산나, 구원의 주 하나님!

죄인들에게 은혜를 베풀어 주시고 예배의 자리로 인도해 주셔서 감사합니다. 죄인들을 구원하기 위해서 이 땅에 오신 예수님의 마지막 일주일을 시작하는 종려주일예배를 드리게 하시니 더욱 감사합니다. 예루살렘에 입성하시는 예수님을 향해 종려나무 가지를 흔들며 기뻐한 이스라엘 사람들처럼, 이 시간 우리도 기쁨으로 하나님을 예배하도록 역사하여 주소서. 보혈의 공로를 의지하여 하나님께 드리는 신령한 예배가 되게 하소서.

호산나 다윗의 자손이여! 구원하소서. 죄 가운데 빠진 우리를 지금 구원하소서. 구원의 길이 십자가를 통해 선명하게 드러났음에도 무지한 채로 사는 우리를 긍휼히 여기소서. 예수님을 향하여 진실로 "호산나 다윗의 자손이여"라고 외치며 나아가게 하소서.

2,000년 전, 첫 번째 종려주일의 사람들은 정치적으로 해방되어 경제

적인 풍요로움과 사회적인 안정을 가져다 줄 메시아 예수님을 기대하며 '호산나'를 외쳤습니다. 그들은 예수님이 '정치적 예수'도, '경제적 예수'도, '사회적 예수'도 아니라는 사실을 몰랐습니다. 아니, 그들은 예수님이 그토록 반복해서 자신을 '구원자 예수'라고 밝히셨건만 그들이 기대하는 구원은 달랐습니다. 그리고 자신의 바람을 담아 "호산나 다윗의 자손"이라고 예수님을 향해 외쳤습니다.

오, 예수님! 지금 우리의 모습이 이와 같지는 않습니까? 죄와 허물로 죽어 영원한 사망과 형벌이 확정된 우리 자신의 영적 상태는 안중眼中에 없고, 그저 유한한 세상에서의 행복만을 원하며 예수님을 바라보고 있지는 않습니까? 긍휼을 베풀어 주소서. 용서하여 주소서. 구원자 예수님을 향하여 나아가게 하소서.

주의 이름으로 오시는 이여! 종려주일이며 동시에 고난주간이 시작되는 고난주일입니다. 죄인들의 구원을 위해 마지막 행보를 시작하는 예수님과 함께 십자가의 길을 걸을 수 있도록 인도하여 주소서. 고난을 두려워하지 말게 하소서. "근본 하나님의 본체시나 자기를 비워 종의 형체를 가지사 사람들과 같이 되셨고 사람의 모양으로 나타나사 자기를 낮추시고 죽기까지 복종하신 예수님"을 따라가도록 믿음을 더하여 주소서. 날마다 우리의 십자가를 지며 예수님을 따라가기를 원합니다. 성령님께서 역사하여 주시고, 은혜를 베풀어 주소서.

오, 하나님! 종려나무 가지를 흔들며 예수님을 맞이하던 이스라엘 백성의 변심變心을 알고 있습니다. 우리도 그들처럼 변심하지 않도록 깨워 주시고, 붙들어 주소서. 이 시간 말씀을 통해 믿음을 더욱 견고히 세우도록 도우소서. 예수님의 이름으로 기도합니다. 아멘.

> 교회력에 따른 예배 대표기도문

고난주간

그가 찔림은 우리의 허물 때문이요 그가 상함은 우리의 죄악 때문이라 그가 징계를 받으므로 우리는 평화를 누리고 그가 채찍에 맞으므로 우리는 나음을 받았도다 _이사야 53장 5절

예수 그리스도의 십자가로 우리를 살려 주신 하나님!

감사합니다. 찬송합니다. 종려주일을 지나 고난주간을 통해 예수 그리스도의 고난을 묵상하게 하시니 감사합니다. 한 주간, 예수 그리스도의 십자가를 기념하며, 그 은총에 감사하는 예배를 드릴 수 있도록 은혜를 베풀어 주소서. 이 시간 예수 그리스도의 십자가 보혈로 물든 심령이 되어 하나님 앞으로 나아가 예배하도록 역사하여 주소서. 십자가의 고난을 깊이 체감하는 신령한 예배가 되도록 은총을 베풀어 주소서.

우리의 허물, 우리의 죄악 때문에 징계를 받으신 예수님! 완전한 인간의 몸으로 오시어 이제 마지막 여정을 향해 가시는 모습을 기념합니다. 가장 고통스러운 죽음의 형틀인 십자가를 지고 가시는 예수님 곁에서 우리는 아무것도 할 수 없습니다. 인류 구원을 위한 여정에 우리가 할 수 있는 것은 아무것도 없습니다. 제자들처럼 예수님을 배신하거나 부인하거나 떠난 일, 백성들처럼 십자가에 못 박아 죽이라고 소리친 일

들이 생각납니다. 오, 주님! 우리의 완악함, 패역함을 용서하여 주소서. "그러므로 예수도 자기 피로써 백성을 거룩하게 하려고 성문 밖에서 고난을 받으셨느니라 그런즉 우리도 그의 치욕을 짊어지고 영문 밖으로 그에게 나아가자." 더 이상 예수님을 향해 손가락질하며, 십자가에 못질하지 않도록 저희를 이끌어 주소서. 배은망덕한 삶이 되지 않도록 예수의 십자가를 지고 따르게 하소서.

십자가의 은총으로 우리를 살려 주신 하나님! 십자가가 우리 삶의 전부가 되게 하소서. 고난의 십자가를 기꺼이 지고 예수님을 따르며 살게 하소서. "모든 사람이 죄를 범하였으매 하나님의 영광에 이르지 못하더니 그리스도 예수 안에 있는 속량으로 말미암아 하나님의 은혜로 값없이 의롭다 하심을 얻은 자 되었느니라." 우리들은 십자가의 속량으로 의롭다함을 얻은 기적의 주인공입니다. 십자가의 은총이 우리를 움직이는 동력動力이 되게 하소서. 고난의 십자가를 통과하지 않고는 하나님의 은혜의 보좌 앞으로 나아갈 수 없음을 기억하게 하소서.

"만일 그리스도인으로 고난을 받으면 부끄러워하지 말고 도리어 그 이름으로 하나님께 영광을 돌리라"는 말씀대로 예수님이 가신 십자가의 길, 고난의 길을 기쁨으로 걷기 원합니다. 장차 누릴 영광과 비교할 수 없는 현재의 고난 속에서 더욱 그리스도의 십자가를 붙들고 나아가게 하소서. 다양한 삶의 현장에서 타협을 요구받을 때마다 믿음의 방패와 성령의 검으로 이기게 하소서. 그리스도의 복음으로 인하여 고난을 받을 때마다 오히려 하나님께 영광을 돌리며 살도록 역사하여 주소서. 이제 그 고난의 현장으로 나아가기 전에 하나님의 말씀을 듣습니다. 목사님을 통해 주시는 말씀으로 새 힘을 얻게 하소서. 예수님의 이름으로 기도합니다. 아멘.

교회력에 따른 예배 대표기도문

성금요일

예수께서 신 포도주를 받으신 후에 이르시되 다 이루었다 하시고 머리를 숙이니 영혼이 떠나가시니라 _요한복음 19장 30절

십자가에서 모든 구원의 사역을 다 이루신 하나님!

세상을 구원하시기 위해 독생자 예수님을 보내 주셔서 감사합니다. 예수님의 십자가 죽음을 기념하며 성금요일 예배를 드리게 하시니 감사합니다. 십자가에서 고난당하신 예수님의 고통과 죽음을 깊이 묵상하며 드리는 신령한 예배가 되도록 역사하여 주소서. 십자가의 예수님이 흘리신 보혈의 능력이 충만한 예배가 되도록 은총을 베풀어 주소서. 희생 제물이신 예수 그리스도로 말미암아 하나님을 예배할 수 있음을 감사합니다.

십자가의 희생 제물이신 예수님! 아무런 죄가 없음에도 수치와 모욕을 당하며 십자가에 달리시기까지 아무 말씀도 없으신 이유가 무엇입니까! 오, 예수님! 수많은 병자를 고쳐 주셨고, 오병이의 기적을 행하셨으며, 물 위를 걸을 수 있는 능력이 있음에도 왜 예수님은 피범벅이 되어 골고다 언덕으로 무거운 십자가를 지고 가셨습니까! 오, 예수님! 두

손과 양 발에 대못이 박힌 채로 십자가에 매달리는 극한의 고통 속에서도 여느 죄수들처럼 신음소리만 내시며 서서히 죽어 가신 이유가 무엇입니까! 오, 예수님! 바로 우리 때문입니다! 바로 나 때문입니다. "그가 찔림은 우리의 허물 때문이요 그가 상함은 우리의 죄악 때문이라. 그가 징계를 받으므로 우리는 평화를 누리고 그가 채찍에 맞으므로 우리는 나음을 받았도다. 우리는 다 양 같아서 그릇 행하여 각기 제 길로 갔거늘 여호와께서는 우리 모두의 죄악을 그에게 담당시키셨도다." 예수님이 우리 대신에 희생 제물이 되셨습니다. 오, 예수님! 이 은혜를 어찌 갚을 수 있습니까! 무엇을 해야 갚을 수 있습니까!

"웬 일인가, 웬 은혠가, 그 사랑 크셔라." 우리의 죄를 속량하시기 위해서 십자가를 지신 예수님 앞에서 그저 속죄의 눈물만 흘립니다. 얼굴도 감히 못 들고 그저 감사의 눈물로 온 몸을 적십니다. 아무런 '흠'欠이 없으신 예수님이, '흠'뿐인 '우리'를 위해 죽으셔서 우리가 의롭다함을 받았습니다. 참혹한 고문과 매질을 당하여 십자가에 달리신 예수님의 침묵, 그 고통과 죽음으로 우리는 하나님의 자녀가 되어 성금요일을 기념하며 예배하는 특권을 누리고 있습니다. 이처럼 형언할 수 없는 하나님의 은혜를 예수 그리스도의 십자가를 통해 체감하게 하시니 진실로 감사합니다.

십자가에서 모든 구원의 사역을 다 이루신 하나님! 우리로 하여금 영광의 십자가를 얻기 위해 고난의 십자가를 기꺼이 지고 나아가도록 역사하여 주소서. 이 시간 목사님을 통하여 주시는 십자가의 복음을 듣고 새 힘을 얻어 골고다 언덕을 향해 나아가도록 능력을 허락하여 주소서.

예수님의 이름으로 기도합니다. 아멘.

교회력에 따른 예배 대표기도문

부활주일

그러나 이제 그리스도께서 죽은 자 가운데서 다시 살아나사 잠자는 자들의 첫 열매가 되셨도다 _고린도전서 15장 20절

예수 그리스도를 부활의 첫 열매로 보여 주신 하나님!

사망의 권세를 이기시고 부활하신 예수님을 찬송합니다. 영원한 죄인들을 구원받은 죄인들로 그 신분을 바꾸어 주시니 감사합니다. 말씀이 육신이 되신 예수님의 십자가와 부활을 통해 구원과 영생을 얻을 기회를 모든 사람에게 주셔서 감사합니다. 새 생명의 은혜가 열린 부활의 아침에 하나님의 은혜를 감사하며 예배하오니 성삼위 하나님 홀로 영광을 받으소서. 십자가와 부활을 통해 완성된 구원의 기쁨으로 충만한 예배가 되게 하소서.

다시 살아나신 예수님! 말씀하신 대로 십자가에서 완전히 죽으신 후 삼일 만에 부활하셨습니다. 말씀하신 바를 반드시 이루시는 예수님의 능력을 찬송합니다. 예수님의 부활이 주는 거듭남의 은총을 받아 소망이 넘치는 삶을 살게 하소서. 그러나 하나님! 예수님은 죄와 사망의 권세를 이기시고 부활하셨건만, 여전히 우리는 어둠의 권세 아래 죄의 종노

룻하고 있지 않은지 다시 한번 우리의 신앙을 돌아보게 하소서. 예수님의 부활을 머리로만 알고 마음으로 믿지 않는 것은 아닌지 깨닫게 하소서. 이 세상의 학문과 가치로 설명할 수 없는 예수님의 부활을 의심 없이 믿는 온전한 믿음, 부활의 신앙을 가지도록 은총을 베풀어 주소서.

부활의 첫 열매이신 예수님! 우리도 유한한 육신의 장막을 벗고 부활의 열매가 되기를 원합니다. "내가 그리스도와 그 부활의 권능과 그 고난에 참여함을 알고자 하여, 그의 죽으심을 본받아 어떻게 해서든지 죽은 자 가운데서 부활에 이르려 하노니, 내가 이미 얻었다 함도 아니요 온전히 이루었다 함도 아니라. 오직 내가 그리스도 예수께 잡힌바 된 그것을 잡으려고 달려가노라." 우리 앞에 놓인 삶이 전부가 아니라 영원한 삶이 있음을 믿게 하시고, 그 영원한 삶을 준비하는 지혜로운 자가 되게 하소서. 나인 성 과부의 아들, 회당장 야이로의 딸, 나사로를 다시 살리시는 표적을 기억하며 날마다 천성을 향하여 부활의 산 신앙을 가지고 나아가도록 역사하여 주소서.

"나는 부활이요 생명이니 나를 믿는 자는 죽어도 살겠고 무릇 살아서 나를 믿는 자는 영원히 죽지 아니하리니 이것을 네가 믿느냐?"고 물으시는 주님. 예, 우리가 믿습니다. 이 부활의 기쁜 소식을 교회 안에서 우리끼리만 누리지 않게 하소서. 부활을 의심하며 믿지 않는 사람들에게 예수님의 부활을 담대하게 선포하도록, 온 세상 열방을 향해 나아가도록 인도하소서. 부활하신 예수님을 찬송하며 부활의 산 소망을 가지고 살아가게 하소서.

예수님의 이름으로 기도합니다. 아멘.

교회력에 따른 예배 대표기도문

어린이주일

아이 사무엘이 점점 자라매 여호와와 사람들에게 은총을 더욱 받더라
_사무엘상 2장 26절

어린이에게 은총을 베풀어 주시는 하나님!

날마다 베풀어 주시는 은총으로 오늘 이 시간에 하나님 앞으로 나와 예배하게 하시니 감사합니다. 가정의 달 5월을 맞아 온 가족이 함께 하나님을 예배하게 하시니 감사합니다. 특별히 '어린이주일'로 지켜 하나님을 예배합니다. 이 시간 어린아이와 같은 마음으로 하나님을 예배하여, 아버지 하나님의 기쁨이 되도록 역사하여 주소서. 오직 한 분 하나님을 예배합니다. 은총으로 가득하게 하소서.

어린아이처럼 되라고 하신 하나님! 예수님이 한 어린아이를 제자들 가운데 세우시고 하신 말씀을 기억합니다. "누구든지 이 어린아이와 같이 자기를 낮추는 사람이 천국에서 큰 자니라"는 말씀대로 어린아이와 같이 겸손히 아버지 하나님을 의지하며, 예수님을 믿는 성도가 되게 하소서. 어린아이의 순전한 마음으로 하나님을 예배하게 하소서. 어린아이의 깨끗한 마음으로 예수님을 믿게 하소서. 어린아이의 겸손한 마음

으로 복음을 전하게 하소서. 늘 신령한 젖을 사모하는 어린아이가 되게 하소서.

"마땅히 행할 길을 아이에게 가르치라 그리하면 늙어도 그것을 떠나지 아니하리라"는 말씀대로 어린아이가 양육되도록 은혜를 베풀어 주소서. 주일학교를 통해 아이들이 하나님의 말씀을 배우며, 천국 일꾼이 되고 있습니다. 주일학교를 섬기는 모든 청지기에게 지혜와 명철을 주시어, 어린아이의 마음으로 가르치게 하소서. "너희는 이 세대를 본받지 말고 오직 마음을 새롭게 함으로 변화를 받아 하나님의 선하시고 기뻐하시고 온전하신 뜻이 무엇인지 분별하도록 하라"는 말씀이 주일학교 교육을 통해 열매 맺게 하소서.

모든 어린이가 하나님의 말씀을 사모하게 하소서. 이 세상의 것들에 취해서 어둠의 길을 걷지 않도록 은혜를 주소서. 그리스도의 빛을 비추는 '빛의 자녀'들이 되게 하소서. 하나님의 말씀을 사랑하는 어린이들이 되게 하소서. 인터넷 중독, 게임 중독, 그릇된 놀이 문화 같은, 어린이를 미혹하는 모든 어둠의 세력을 이길 능력이 하나님의 말씀뿐인 줄 믿습니다. 말씀을 배우고 익혀 하나님의 사람으로 선한 일을 행하도록 능력을 베풀어 주소서. 하나님의 말씀으로 자라도록 역사하여 주소서. 사무엘이 점점 자라매 여호와와 사람들에게 은총을 더욱 받았던 것처럼 우리 교회의 어린이, 이 땅의 모든 어린이가 하나님의 은총 가운데 성장하고 성숙하도록 인도하여 주소서.

오, 하나님! 이제 하나님의 말씀을 듣습니다. 달고 오묘한 하나님의 말씀이 어린아이의 심령과 우리 모두의 심령에 뿌리내리게 하소서. 예수님의 이름으로 기도합니다. 아멘.

교회력에 따른 예배 대표기도문

어버이주일

믿음으로 모세가 났을 때에 그 부모가 아름다운 아이임을 보고 석 달 동안 숨겨 왕의 명령을 무서워하지 아니하였으며 _히브리서 11장 23절

믿음으로 행하는 부모가 되기를 원하시는 하나님!

우리의 영적 부모가 되어 주시어 이 시간 은혜의 자리로 인도하심을 감사합니다. 날마다 영적 양식을 공급하여 주셔서 건강을 주심을 감사합니다. 무엇보다도 어버이주일을 통해 다시 한번 하나님의 말씀을 기념하며 예배하게 하시니 감사합니다. 예수 그리스도의 십자가 보혈로 우리의 어두워진 눈, 막힌 귀, 죄로 오염된 마음을 정(淨)하게 씻어 주시어 하나님께 영광 돌려 드리는 예배가 되게 하소서.

우리의 영적 부모가 되시는 하나님! 예수님을 믿는 믿음으로 아버지 하나님 앞에 나와 예배를 드립니다. 영적 부모이신 하나님의 마음에 흡족한 모습이 되도록 믿음에 믿음을 더하여 주소서. 믿음으로 하나님께 나아가 마음을 흡족하게 해드리도록 역사하여 주소서. 특별히 우리로 하여금 하나님을 닮은 부모가 되도록 인도하여 주소서. 우리 중에는 이미 부모이신 분들과 부모가 될 분들이 있습니다. 우리 모두에게 하나님의

은총을 베풀어 주셔서 믿음의 부모가 되도록 인도하여 주소서. 그리고 부모 될 분들에게는 믿음의 부모를 소망하며 온전히 준비하도록 역사하여 주소서. 모세의 부모가 자신의 생명을 걸고 믿음으로 행한 '그 믿음'이 우리의 것이 되도록 은총을 베풀어 주소서.

"네 부모를 공경하라"는 말씀을 늘 기억하게 하소서. 부모를 공경하는 것이 단순히 도덕 윤리적 차원이 아니라, 하나님의 명령임을 잊지 않도록 은혜를 베풀어 주소서. 부모를 향한 패륜적인 범죄가 끊임없이 들리고 있습니다. "아버지나 어머니를 비방하는 자는 반드시 죽임을 당하리라"는 말씀을 두렵고 떨림으로 받게 하시어, 이 말씀 앞에서 부끄럽지 않도록 인도하여 주소서. 육신의 부모도 제대로 섬기지 못하면서, 어찌 영적 부모이신 하나님을 온전히 섬길 수 있겠습니까! 십자가 위에서 제자 요한에게 어머니를 보살펴달라고 부탁하셨던 예수님을 기억합니다. 하나님이신 예수님도 육신의 부모를 향하여 최선을 다했듯이 우리도 최선의 것으로 부모를 공경하게 하소서. 우리의 부모를 공경하며 보필할 수 있도록 능력을 허락하여 주시고, 그 믿음으로 하나님도 온전히 섬기게 하소서.

믿음으로 행하는 부모가 되기를 원하시는 하나님! 우리의 가정을 도우소서. 부모들이 믿음의 본이 되고, 자녀들이 그 본을 따르는 가정이 되게 하소서. 그리하여 어버이주일에만 부모를 섬기는 척하는 위선을 버리고, 진정으로 공경하는 삶을 살게 하소서.

이제 목사님을 통하여 주시는 아버지 하나님의 말씀을 듣습니다. 겸손히 듣고, 그 말씀에 따라 믿음으로 행하는 부모가 되게 하소서. 예수님의 이름으로 기도합니다. 아멘.

교회력에 따른 예배 대표기도문

스승의 주일

이를 위하여 내가 전파하는 자와 사도로 세움을 입은 것은 참말이요 거짓말이 아니니 믿음과 진리 안에서 내가 이방인의 스승이 되었노라
_디모데전서 2장 7절

진리의 스승이 되시는 하나님!

진리의 빛을 밝혀 주시어 헤매지 않고 하나님 앞으로 오도록 인도하심을 감사합니다. 잘못된 길로 갈 때마다 진리의 스승이 되시는 하나님께서 믿음의 길에서 벗어나지 않도록 붙들어 주셔서 감사합니다. 이 시간 스승의 주일로 지켜 하나님을 예배할 때에 성령님께서 역사하여 주소서. 예수 그리스도의 보혈로 우리 모두의 심령을 말갛게 씻어 주시어 하나님의 기쁨이 되는 예배를 드리게 하소서.

진리이신 하나님! 스승의 주일을 맞은 주일학교 선생님들이 진리이신 하나님을 경외하게 하소서. "여호와를 경외함이 지혜의 근본이라. 그의 계명을 지키는 자는 다 훌륭한 지각을 가진 자이니, 여호와를 찬양함이 영원히 계속되리로다"는 말씀을 주일학교 선생님들이 기억하여, 세상의 지식과 경험을 전달하는 종교 선생님이 아닌, 진실로 하나님을 경외하는 진리를 가르치는 선생님들이 되도록 역사하여 주소서. 진리

의 빛을 따라 나아가며, 진리의 빛이 가리키고 있는 예수 그리스도의 복음을 전하는 선생님들이 되게 하소서. 또한 우리 아이들을 위해 하나님께 울며 기도할 수 있도록 도우소서. 예수 그리스도와 그분께서 십자가에 못 박히셨다는 것 외에는 아무것도 알지 않기로 굳게 결심했던 바울처럼 살게 하소서. 그리하여 오직 진리의 빛을 밝히는 등대와 같은 선생님들이 되게 하소서.

진리의 스승 되시는 하나님! 어려운 여건 속에서 사명을 감당하고 계신 선생님들이 많습니다. 한 가정의 가장으로서 분주한 일상 속에서 사명을 감당하고 있습니다. 가정주부로서 일상의 짐들이 많음에도 매주일 나와 아이들과 씨름하고 있습니다. 청년이기에 갖는 수많은 고민과 문제가 있음에도 불구하고 부르심에 순종하여 아이들을 헌신적으로 가르치고 있습니다. 오, 하나님! 이들의 문제를 하나님께서 해결하여 주셔서, 어린 영혼에게 하나님의 말씀을 가르치는 일에 지장을 받지 않도록 은총을 베풀어 주소서. 모든 환경과 여건을 초월할 수 있는 믿음으로 충만하게 하소서. "내 형제들아 너희는 선생 된 우리가 더 큰 심판을 받을 줄 알고 선생이 많이 되지 말라"는 말씀을 보며 선생님의 역할이 참으로 중요하다는 것을 알게 됩니다. 각 가정에서는 선생님들을 위해서 기도하며 적극적으로 후원할 수 있는 믿음을 주소서. 교회 차원에서도 주일학교 선생님들이 온전히 복음을 가르치는 일에 전념할 수 있게 모든 것을 지원하도록 인도하여 주소서.

진리를 가르치며 믿음을 심어 주라는 하나님의 뜻을 따라 우리 교회 주일학교 선생님들이 헌신하게 하심을 다시 한번 감사드립니다. 그들의 삶을 인도하여 주소서. 예수님의 이름으로 기도합니다. 아멘.

교회력에 따른 예배 대표기도문

성령강림주일

소망의 하나님이 모든 기쁨과 평강을 믿음 안에서 너희에게 충만하게 하사 성령의 능력으로 소망이 넘치게 하시기를 원하노라 _로마서 15장 13절

성령의 능력으로 소망을 넘치게 주시는 하나님!

소망이 없는 죄인들에게 영원한 소망을 주시니 감사합니다. 예수 그리스도의 십자가로 말미암아 소망의 하나님 앞으로 나아가도록 기회를 주셔서 감사합니다. 성령강림주일을 지키어 드리는 모든 성도의 심령에 성령을 충만하게 부어 주시어 성령의 권능이 넘치는 예배가 되도록 역사하여 주소서. 우리의 연약함과 죄를 회개합니다. 십자가 보혈로 용서하여 주시어 거룩한 예배자가 되게 하소서. 하나님 홀로 영광받으소서.

오순절 성령 강림의 은혜를 주신 하나님! 예수님의 말씀에 순종하여 마가의 다락방에 모여 전심으로 기도하던 제자들에게 약속하신 성령님을 보내 주셨음을 감사합니다. "내가 아버지께 구하겠으니 그가 또 다른 보혜사를 너희에게 주사 영원토록 너희와 함께 있게 하리니 그는 진리의 영이라 세상은 능히 그를 받지 못하나니 이는 그를 보지도 못하고 알지도 못함이라 그러나 너희는 그를 아나니 그는 너희와 함께 거하심

이요 또 너희 속에 계시겠음이라." 성령 충만한 제자들이 복음을 위해 죽기까지 순종하였기에, 이처럼 오늘 한국 땅에도 복음이 전해졌고, 우리가 하나님을 경외하는 하나님의 자녀가 되었음을 압니다. 오순절 성령 강림의 역사가 날마다 우리 삶에 역사하소서. 우리 교회의 모든 사역 속에 강림하신 성령님이 충만한 은혜를 베풀어 주소서. 우리나라에 성령의 바람이 불어 온 백성이 예수님 앞으로 돌아오게 하소서.

"보혜사 곧 아버지께서 내 이름으로 보내실 성령 그가 너희에게 모든 것을 가르치고 내가 너희에게 말한 모든 것을 생각나게 하리라." 성령님이 전하시는 예수 그리스도의 복음을 듣게 하소서. 많은 성도가 성령님의 능력을 자신의 목표를 이루는 데 이용하려고 합니다. 자신의 약점을 극복하는 데 성령님을 사용하려 합니다. 성령님이 가르치시고 생각나게 하는 예수 그리스도를 배우게 하소서. 오직 예수 그리스도를 바라보게 하소서. 십자가와 부활을 믿게 하시어, 하나님이 예수님을 통해서 주시는 구원과 영생의 은총을 누리게 하소서. 성령 충만함으로 우리 안에 십자가와 부활의 생명이 충만하게 하소서. 성령 충만함으로 오직 예수 그리스도의 복음을 전하는 십자가의 증인이 되게 하소서.

성령의 능력으로 소망을 넘치게 주시는 하나님! 성령님이 주시는 능력으로 천국을 소망하는 천국 백성이 되게 하소서. 이 세상에서의 형통만을 소망하지 말게 하시고, 영원한 삶으로 이어질 생명의 삶을 소망하게 하소서. "술 취하지 말라 이는 방탕한 것이니 오직 성령으로 충만함을 받으라" 하시는 하나님. 세속적인 가치와 사상, 문화와 관념에 세뇌洗腦당해 술 취한 것처럼 살지 않도록 오직 성령으로 충만하게 하소서. 예수님의 이름으로 기도합니다. 아멘.

교회력에 따른 예배 대표기도문

맥추감사주일

맥추절을 지키라 이는 네가 수고하여 밭에 뿌린 것의 첫 열매를 거둠이니라 수장절을 지키라 이는 네가 수고하여 이룬 것을 연말에 밭에서부터 거두어 저장함이니라 _출애굽기 23장 16절

맥추절을 지키라 명하신 하나님!

감사합니다. 맥추감사주일을 통해 올해의 상반기를 감사함으로 정리하고, 후반기를 감사함으로 나아가도록 인도하시니 감사합니다. 이스라엘 백성들이 수고하여 밭에 뿌린 것의 첫 열매를 수확하며 감사를 드린 것처럼, 한 해의 상반기를 은혜 중에 마치게 하신 하나님의 은혜를 기억하며 감사하는 예배가 되게 하소서. 먼저 우리의 심령을 십자가 보혈로 정결하게 씻어 주시어 순전하게 하소서. 온전한 감사의 사람이 되어 하나님을 예배하게 하소서.

맥추절을 지키라 하신 하나님! 이스라엘 백성이 첫 번째 밀(보리) 수확을 감사함으로 하나님 앞에 드린 것처럼 우리의 소중한 첫 것을 드리는 이 시간이 되기 원합니다. 올해도 하나님의 은혜로 시작하였고, 한 해의 절반을 지내 오면서 하나님이 주신 은혜가 한량없었습니다. 매순간 매일이 하나님의 은혜였습니다. 기쁠 때나 슬플 때, 형통할 때나 그렇

지 않을 때 그 모든 상황을 통해 하나님을 바라보게 하시고, 하나님의 말씀을 통해 일어나 오늘 이 시간까지 올 수 있었습니다. 이와같이 놀라운 은혜를 주신 하나님을 기억하여 감사드리는 영적 이스라엘 백성이 되게 하소서.

"그러므로 염려하여 이르기를 무엇을 먹을까 무엇을 마실까 무엇을 입을까 하지 말라. 이는 다 이방인들이 구하는 것이라. 너희 하늘 아버지께서 이 모든 것이 너희에게 있어야 할 줄을 아시느니라"는 말씀을 믿습니다. 우리가 항상 무엇을 먹을까, 무엇을 마실까, 무엇을 입을까 걱정하기에 감사를 잃어버립니다. 이러한 모든 걱정을 내려놓고 오직 모든 일에 기도와 간구로, 구할 것을 감사함으로 하나님께 간구하게 하소서. 우리 앞에 놓인 '원망과 불평의 제목'을 하나님께서 어떻게 '감사의 제목'으로 바꾸실까 기대하며 어떤 상황 속에 있든지 먼저 감사하는 신앙이 되게 하소서. 하나님께서 지으신 모든 것이 선하기 때문에 감사함으로 받으면 버릴 것이 없다는 말씀처럼 오직 감사함으로 나아가기를 기도합니다.

우리의 감사를 원하시는 하나님! 자격 없는 죄인들이 맥추감사주일을 통해 감사하게 하시니 진정 감사합니다. 그러나 여전히 감사하지 못하는 성도들, 이웃들이 있습니다. 감사를 잃어버린 사람들의 심령을 바꾸어 주셔서 하나님을 향한 감사를 회복시켜 주소서. 예수 그리스도의 십자가의 은혜 앞에 우리가 어찌 감사하지 않을 수 있습니까! 그리고 이 감사가 우리의 삶을 통해서 열매 맺게 하소서. 오늘 다시 시작된 감사의 예배가 영원토록 이어지도록 인도하여 주소서.

예수님의 이름으로 기도합니다. 아멘.

> 교회력에 따른 예배 대표기도문

종교개혁주일

사람이 의롭게 되는 것은 율법의 행위로 말미암음이 아니요 오직 예수 그리스도를 믿음으로 말미암는 줄 알므로 우리도 그리스도 예수를 믿나니 이는 우리가 율법의 행위로써가 아니고 그리스도를 믿음으로써 의롭다 함을 얻으려 함이라 율법의 행위로써는 의롭다 함을 얻을 육체가 없느니라 _갈라디아서 2장 16절

오직 예수님을 믿음으로 의롭다 하시는 하나님!

종교개혁주일을 맞아 하나님을 예배하도록 죄인들을 불러 주셔서 감사합니다. 하나님을 예배할 수 없는 죄인들이지만, 예수님을 믿음으로 나왔습니다. 예수님이 십자가에서 흘리신 보혈의 공로를 의지하여 나왔습니다. 율법의 행위가 아닌, 예수님을 믿는 믿음을 보시고 하나님의 자녀가 되어 하나님을 예배합니다. 믿음으로 의롭다 함을 받은 죄인들의 예배를 받아 주소서. 종교개혁의 슬로건인 '오직 믿음, 오직 은혜, 오직 성경'의 신앙으로 회복되고 개혁되는 예배가 되도록 역사하여 주소서.

오직 믿음을 보시는 하나님! 믿음으로 살게 하소서. "복음에는 하나님의 의가 나타나서 믿음으로 믿음에 이르게 하나니 기록된바 오직 의인은 믿음으로 말미암아 살리라 함과 같으니라." 십자가의 은혜로 구원받은 죄인들이 살 길은 오직 믿음밖에 없음을 확신합니다. 자신을 믿고 세상의 물질과 능력을 신뢰하는 헛된 믿음을 버리게 하소서. 오직 예수

님이 유일한 믿음의 대상이며, 믿음의 주이심을 인정하며, 그 믿음으로 살아가게 하소서. 예수님께 모든 초점을 고정하여 나아가게 하소서.

오직 은혜로 구원하시는 하나님! 세상의 물질과 부요함을 구하지 말게 하소서. 은혜를 베풀어 주시는 하나님을 소망하게 하소서. "내가 나 된 것은 하나님의 은혜로 된 것이니 내게 주신 그의 은혜가 헛되지 아니하여 내가 모든 사도보다 더 많이 수고하였으나 내가 한 것이 아니요 오직 나와 함께하신 하나님의 은혜로라." 유한한 인생을 초월하여 영원한 인생으로 나아갈 수 있는 유일한 방법이 하나님의 은혜, 예수 그리스도의 십자가 안에 있음을 믿게 하소서. 세상으로부터 받는 은혜가 아닌, 십자가를 통해서 베풀어 주시는 구원의 은혜와 영생의 소망을 소유하도록 역사하여 주소서.

오직 성경의 삶을 원하시는 하나님! 하나님의 말씀대로 살기를 원합니다. 성경이 내 삶의 기준이며 지침이며 길이 되기 원합니다. "모든 성경은 하나님의 감동으로 된 것으로 교훈과 책망과 바르게 함과 의로 교육하기에 유익하니 이는 하나님의 사람으로 온전하게 하며 모든 선한 일을 행할 능력을 갖추게 하려 함이라." 성령의 검인 하나님 말씀의 능력으로 이 험한 세상 속에 물들지 않기 원합니다. 성경의 초점이 예수 그리스도를 통한 구원의 역사에 있음을 깨닫게 하소서.

오, 하나님! 종교개혁주일을 통해 '오직 믿음, 오직 은혜, 오직 성경'의 신앙을 실천하도록 역사 하소서. 예수 그리스도의 이름으로 기도합니다. 아멘.

교회력에 따른 예배 대표기도문

추수감사주일

주의 성도들아 여호와를 찬송하며 그의 거룩함을 기억하며 감사하라
_시편 30편 4절

찬송하며, 거룩함을 기억하며, 감사하라고 하신 하나님!

감사합니다. 전심으로 하나님을 찬송하며 감사합니다. 하나님의 거룩하심을 기억하며 감사합니다. 추수감사주일이기 때문에 감사한 것이 아니라, 매순간 하나님의 은혜, 예수 그리스도로 말미암아 감사합니다. 죄인들을 살려 주신 그 크신 사랑을 어찌 감사하지 않을 수 있을까요! 그저 감사, 또 감사, 계속 감사할 수밖에 없는 죄인들이 보혈의 공로를 의지하며 하나님을 향한 감사의 예배를 드리오니 은총을 베풀어 주소서. 하나님의 기쁨이 되는 온전한 예배가 되도록 이 시간 역사하여 주소서.

한 해의 삶을 사랑으로 인도해 주신 하나님! 매순간 하나님의 사랑의 능력으로 살았음을 고백합니다. 올해도 우리의 가정에 많은 일이 있었습니다. 우리의 삶의 현장에 다양한 일이 있었습니다. 우리의 교회에도 많은 사건과 사고가 있었습니다. 기쁨과 환희로 충만하여 감사와 찬

양을 드릴 때도 많았습니다. 그러나 정반대일 때도 많았습니다. 때로는 절망하였고, 때로는 분노하였고, 때로는 슬퍼하며 모든 것을 놓아버리고 싶을 때도 있었습니다. 그때마다 하나님은 우리에게 말씀해 주셨습니다. 예수 그리스도 안에 있는 하나님의 사랑, 그 십자가의 은혜와 사랑으로 모든 절체절명絕體絕命의 상황, 일촉즉발一觸卽發의 순간을 이겨낼 수 있었습니다. 하나님의 사랑이 능력입니다. 예수 그리스도의 십자가의 사랑이 진정한 능력입니다.

감사하라고 명하신 하나님! 지금 우리는 감사를 잃어버린 고통의 시대를 살고 있습니다. "너는 이것을 알라 말세에 고통하는 때가 이르러 사람들이 자기를 사랑하며 돈을 사랑하며 자랑하며 교만하며 비방하며 부모를 거역하며 감사하지 아니하며 거룩하지 아니하며"라는 말씀이 이루어지는 현실을 봅니다. 심지어 교회에서조차도 감사를 잃어버리고 있습니다. 세상에서 일어나는 모든 불합리하고 불의한 일이 교회 안에서 그대로 재현되고 있습니다. 감사를 회복하도록 역사하여 주소서. 잃어버린 예수 그리스도의 십자가를 찾게 하소서. 십자가를 붙들고 자신이 얼마나 가망 없는 '죄인 중의 괴수'였는지 깨닫게 하소서. "하나님이여 나는 다른 사람들 곧 토색, 불의, 간음을 하는 자들과 같지 아니하고 이 세리와도 같지 아니함을 감사하나이다"라고 했던 바리새인의 악한 감사가 사라지고, 가슴을 치며 하나님을 향해 "하나님이여 불쌍히 여기소서 나는 죄인이로소이다"라고 했던 세리의 고백이 있게 하소서.

오곡백과가 풍성한 감사의 계절을 주신 하나님! 세상의 부요함으로만 감사할 수 있다고 생각하는 무지한 사람들을 향해 참 감사가 무엇인지 전하게 하소서. 예수님의 이름으로 기도합니다. 아멘.

> 교회력에 따른 예배 대표기도문

성탄축하예배

그러므로 주께서 친히 징조를 너희에게 주실 것이라 보라 처녀가 잉태하여 아들을 낳을 것이요 그의 이름을 임마누엘이라 하리라 _이사야 7장 14절

임마누엘하신 하나님!

성탄의 기쁨을 누리게 하시니 감사합니다. 성탄의 기적을 감사하며 예배하게 하시니 감사합니다. 성탄하신 예수 그리스도를 향해 기쁘게 찬양하고 경배하는 시간이 되게 하소서. 기쁨으로 그리스도를 경배하는 메리 크리스마스가 되도록 이 시간 역사하여 주소서. 예배를 드리는 우리의 심령을 십자가의 보혈로 깨끗이 씻어 주시고, 정결한 믿음으로 예수님을 경배하며 하나님을 예배하게 하소서. 임마누엘하신 하나님을 전심으로 기뻐하며 드리는 살아 있는 예배가 되게 하소서.

성탄의 은총을 주신 하나님! "아들을 낳으리니 이름을 예수라 하라. 이는 그가 자기 백성을 그들의 죄에서 구원할 자이심이라 하니라." 예수님은 온 인류의 구원을 위해서 성탄하셨고, 그 성탄으로 우리가 기뻐해야 하지만, 정작 오늘날 성탄절은 그렇지 못합니다. 성탄하신 예수님은 장식품에 지나지 않으며, 산타클로스의 선물과 화려한 파티에만 빠져

있는 안타까운 현실을 보게 됩니다.

성탄절에 예수님이 사라졌습니다. 불우이웃을 돕는 착한 일을 하는 성탄절에 의미를 두고 있습니다. 한쪽에서는 예수님을 상업적으로 이용하기만 합니다. 성탄에 담겨 있는 구원의 은총은 더 이상 의미가 없어졌습니다. 교회에서조차 화려한 이벤트와 선물 교환, 장기자랑이나 축제로 성탄절을 즐겁게 보내고 있을 뿐 정작 그 속에 담겨 있는 구원과 사랑의 나눔을 잊고 있습니다. 가장 초라한 말구유에 누워 계신 예수님을 찾는 사람은 그 어디에도 없는 것처럼 보입니다. 오, 예수님! 용서하소서. 오, 하나님! 성탄의 은총을 회복시키소서. 성탄하신 예수님으로만 기뻐하게 하소서. 성탄하신 예수님에게 모든 초점을 맞추게 하소서.

죄인인 우리를 구원하시기 위해서 임하신 예수님의 은총을 어찌 말로 형언할 수 있겠습니까! 그러나 하나님이 인간이 되신 기적 앞에 아무도 놀라지 않습니다. 도저히 있을 수 없는 기적이 일어났음에도 아무도 관심을 갖지 않습니다. 하나님이 죄인들과 함께하시겠다고 오셨는데 아무도 환영하지 않습니다. 이 무지, 교만, 어리석음을 하나님께서 용서하여 주소서. 우리가 죄인 중에 괴수임을 고백하고 회개하며 예수님 앞으로 나오게 하소서.

우리와 함께하시는 하나님! "지극히 높은 곳에서는 하나님께 영광이요 땅에서는 하나님이 기뻐하신 사람들 중에 평화로다." 성탄을 통해 우리와 함께하시는 임마누엘의 은총이 온 누리에 가득하길 원합니다. 하나님이 기뻐하신 사람들이 되어 성탄의 기쁨과 성탄의 능력을 품고 이제 나아가기 원합니다. 우리가 가는 곳마다 성탄의 은총, 성탄의 복음이 선포되게 하소서. 예수님의 이름으로 기도합니다. 아멘.

교회력에 따른 예배 대표기도문

송구영신예배

만물의 마지막이 가까이 왔으니 그러므로 너희는 정신을 차리고 근신하여 기도하라 _베드로전서 4장 7절

정신을 차리고 근신하여 기도하라시는 하나님!

지난 한 해 동안 사랑해 주셔서 감사합니다. 새로운 한 해를 시작할 수 있도록 은혜를 주셔서 감사합니다. 송구영신예배를 드립니다. 가는 해를 접고 새롭게 오는 해를 맞이하는 우리의 심령을 하나님께서 붙들어 주소서. 정신을 차리고 근신하여 예수 그리스도의 십자가를 붙들고 하나님을 온전히 예배할 수 있도록 은총을 베풀어 주소서. 이 시간 오직 보혈의 공로만을 의지하오니 하나님께서 홀로 영광을 받으소서.

정신을 차리라고 하신 하나님! "사랑하는 자들아 주께는 하루가 천 년 같고 천 년이 하루 같다는 이 한 가지를 잊지 말라"는 말씀을 기억합니다. 연말연시 분위기에 취해서 이 시간들이 전부인 양 정신없이 시간을 낭비하지 않도록 역사하여 주소서. 우리의 시간은, 하나님의 시간에 따른다면 '지극히 짧은 한 순간'에 지나지 않는다는 사실을 잊지 않게 하소서. 중요한 것은 하나님의 시간 속에서 우리가 해야 할 일이 무엇인

지를 분명히 알고, 그 일에 집중하는 것임을 깨닫게 하소서. 한 해를 보내고 한 해를 맞이하는 중요한 시점에, 하나님을 경외하며 예수님을 믿는 것이 가장 중요하다는 것을 기억하게 하소서. 새해에도 '정신을 차리고' 오직 하나님이 예수 그리스도를 통해 열어 주신 새 하늘과 새 땅을 향해 나아가게 하소서.

근신하여 기도하라고 하신 하나님! 기도를 통해 하나님과 호흡을 맞추며 나아가게 하소서. 지난해처럼 올해도 다사다난하리라 여깁니다. 그 속에서 정신을 차리고 기도하여 하나님의 음성을 듣고, 하나님의 인도하심에 따라 나아가게 하소서. "너희 중에 고난당하는 자가 있느냐 그는 기도할 것이요 즐거워하는 자가 있느냐 그는 찬송할지니라." 기도를 통해 우리 모두가 한마음과 한뜻을 품게 하시며, 서로 사랑하고 위로하며 용기를 북돋울 수 있도록 역사하여 주소서. "무엇보다도 뜨겁게 서로 사랑할지니 사랑은 허다한 죄를 덮느니라 서로 대접하기를 원망 없이 하고 각각 은사를 받은 대로 하나님의 여러 가지 은혜를 맡은 선한 청지기 같이 서로 봉사하라."

송구영신의 은총을 주신 하나님! 이제 '한 해' 더 만물의 마지막 때를 향해 나아갑니다. 지금까지 지내 온 시간도, 앞으로 지낼 시간들도 오직 하나님의 은총이 있어야 가능한 줄 믿습니다. "그러므로 너희가 회개하고 돌이켜 너희 죄 없이 함을 받으라. 이같이 하면 새롭게 되는 날이 주 앞으로부터 이를 것이요." 날마다 십자가를 붙들고 회개할 때 하나님이 주시는 새롭게 되는 날을 경험하게 하소서. 이제 올해 첫 말씀을 목사님을 통해서 듣습니다. 하나님의 음성을 받아 우리의 심령에 각인되게 하소서. 예수님의 이름으로 기도합니다. 아멘.

크리스천
대표
기도문

5장
총회 제정주일 예배 대표기도문

총회 제정주일 예배 대표기도문

여전도회 주일

그러므로 나의 사랑하고 사모하는 형제들, 나의 기쁨이요 면류관인 사랑하는 자들아 이와 같이 주 안에 서라 내가 유오디아를 권하고 순두게를 권하노니 주 안에서 같은 마음을 품으라 _빌립보서 4장 1-2절

주 안에서 같은 마음을 품으라고 하신 하나님!

흩어진 마음들을 모아 하나님을 예배하게 하시니 감사합니다. 특별히 총회가 제정한 여전도회 주일을 맞아 하나님을 예배하게 하시니 감사합니다. 모든 여전도회원과 함께 온 성도가 깨어 하나님을 예배하는 기쁨이 넘치도록 역사하여 주소서. 먼저 예수 그리스도의 십자가 보혈로 우리 안에 있는 모든 악을 제하여 주시고, 성결한 모습으로 하나님을 예배하게 하소서.

주 안에 서라고 하신 하나님! 주님의 교회를 세우시고 복음을 위해 많은 사역을 감당하게 하셔서 감사합니다. 이 모든 사역을 위해 교회의 각 부서와 기관들을 세워 주셨고, 특별히 여전도회를 조직하여 복음 전도와 봉사를 위한 일에 앞장서게 해주셔서 감사합니다. 이 귀한 사역을 감당함에 있어 모든 여전도회원이 주 안에 바로 서도록 역사하여 주소서. "우리는 그가 만드신 바라. 그리스도 예수 안에서 선한 일을 위해 지

으심을 받은 자니 이 일은 하나님이 전에 예비하사 우리로 그 가운데서 행하게 하려 하심이니라." 예수 그리스도의 은혜로 구원을 받았고, 그 은혜로만 복음의 사역을 감당할 수 있으니, 그리스도 안에 거할 때 주시는 능력으로 맡겨진 다양한 사역을 감당하도록 역사하여 주소서. 그리스도와 함께 죽고 그리스도와 다시 살아 능력 있는 사역이 되도록 인도하여 주소서.

주 안에서 같은 마음을 품으라고 하신 하나님! 여전도회원의 마음이 그리스도의 마음이 되게 하소서. 무슨 일을 할 때 이기적이거나 교만한 마음을 갖지 말고 겸손한 마음으로 나보다 다른 사람을 더 존중하도록 도와주소서. 예수님은 오직 하나님의 뜻에 순종함으로 죄인들을 구원하는 데 모든 초점을 맞추었고, 이를 위해서 겸손히 순종하셨음을 알고 있습니다. 모든 여전도회원이 이 마음으로 온 정성을 다하여 헌신할 수 있도록 역사하여 주소서. 자신의 능력을 자랑하며, 업적과 공로를 쌓기 위한 수단이 되지 않도록 인도하여 주소서.

오 하나님! 두 여성 지도자 유오디아와 순두게의 대립으로 빌립보교회가 어려움이 있었던 것을 압니다. 우리 교회 안에 여전도회 임원들을 붙들어 주셔서 한마음으로 사랑을 나누고 한뜻으로 하나가 되는 여전도회가 되기를 기도합니다. 복음의 기준 안에서 여전도회를 영적으로 이끄는 데 부족함이 없도록 은혜를 베풀어 주소서. 여전도회의 모든 사역으로 말미암아 우리 교회가 더욱 예수 그리스도의 복음을 선명하게 드러낼 수 있도록 인도하여 주소서. 이 시간 목사님을 통해서 주실 하나님의 말씀으로 여전도회원과 온 성도가 새 힘을 얻어 믿음의 길을 향해 전진하도록 역사하여 주소서. 예수님의 이름으로 기도합니다. 아멘.

총회 제정주일 예배 대표기도문

남전도회 주일

오직 너희는 그리스도의 복음에 합당하게 생활하라 이는 내가 너희에게 가 보나 떠나 있으나 너희가 한마음으로 서서 한뜻으로 복음의 신앙을 위해 협력하는 것과 _빌립보서 1장 27절

복음에 합당하게 생활하라시는 하나님!

이 시간 예배를 통해 한마음과 한뜻을 품게 하셔서 감사합니다. 특별히 온 성도의 유익을 위해 총회가 제정한 남전도회 주일을 맞아 함께 예배를 드릴 수 있도록 기회를 주시니 감사합니다. 죄인들을 구속하신 예수 그리스도의 십자가와 부활하심을 기념하며, 하나님을 온전히 예배하도록 역사하여 주소서. 예수님이 갈보리 십자가에서 흘리신 보혈로 교회와 온 성도의 심령을 적셔 주시어 정결한 마음으로 하나님을 예배하게 하소서. 오직 하나님만이 홀로 영광을 받으소서.

한마음과 한뜻으로 복음을 위해 협력하라신 하나님! 남전도회가 교회의 허리와 같은 중추적인 기관이 되도록 역사하소서. 이를 위해서 모든 남전도회원이 가장 우선하여 예수 그리스도의 복음 안에서 한마음과 한뜻이 되게 하소서. 세상의 일에 한마음이 되거나 마귀의 일에 한뜻이 되지 않도록 매순간 자기를 부인하고 자기 십자가를 지게 하소서. "내

가 그리스도와 함께 십자가에 못 박혔나니 그런즉 이제는 내가 사는 것이 아니요 오직 내 안에 그리스도께서 사시는 것이라." 서로 자기의 지식과 경험을 내세우거나 사회적인 신분이나 지위를 가지고 고집을 피우는 어리석음을 범하지 않도록 역사하여 주소서.

복음에 합당하게 생활하라고 하신 하나님! 남전도회원이 교회 안에서의 모습과 밖에서의 모습이 일치하도록 은혜를 베풀어 주소서. 복음을 위해서 헌신하는 모습이 삶으로 이어지도록 역사하여 주소서. 복음에 합당한 삶이 있게 하소서. "이와 같이 집사들도 정중하고 일구이언을 하지 아니하고 술에 인박히지 아니하고 더러운 이를 탐하지 아니하고 깨끗한 양심에 믿음의 비밀을 가진 자라야" 한다는 말씀에 우리 스스로를 비춰 보게 하소서. 복음을 위한 헌신이 교회라는 울타리 안에서만 유효하고, 교회 밖에서는 전혀 다른 모습을 살아가지 않도록 막아 주소서. 어디에서 무엇을 하든지 남전도회원으로서 복음의 빛을 비추고, 십자가의 소금 맛을 낼 수 있도록 역사하여 주소서.

오, 하나님! 이 시대의 남성들을 복음을 위해 사용하여 주소서. 이 시대를 살아가는 남성들에게는 그들만의 안타까운 고민과 아픔이 있습니다. 그것을 해소하려고 아주 쉽게 죄를 범하게 됩니다. 사탄이 만들어 놓은 영적인 함정과 올무에 빠져 버립니다.

"오직 너 하나님의 사람아 이것들을 피하고 의와 경건과 믿음과 사랑과 인내와 온유를 따르며 믿음의 선한 싸움을 싸우라. 영생을 취하라. 이를 위해 네가 부르심을 받았고 많은 증인 앞에서 선한 증언을 하였도다." 믿음의 선한 싸움의 승리자가 되어 복음의 열매를 맺는 남전도회와 모든 회원이 되게 하소서. 예수님의 이름으로 기도합니다. 아멘.

총회 제정주일 예배 대표기도문

해외한인선교주일

그 흩어진 사람들이 두루 다니며 복음의 말씀을 전할새 빌립이 사마리아 성에 내려가 그리스도를 백성에게 전파하니 무리가 빌립의 말도 듣고 행하는 표적도 보고 한마음으로 그가 하는 말을 따르더라 _사도행전 8장 4-6절

흩어진 사람들을 통해 복음을 전하시는 하나님!

오늘도 변함없는 은총을 죄인들에게 베풀어 주시어 예배의 자리로 불러 주셔서 감사합니다. 이 시간 총회가 제정한 해외한인선교주일을 통해 해외 한인을 기억하며 하나님을 향해 예배하게 하시니 더욱 감사합니다. 비록 몸은 떨어져 있지만, 그들과 한마음이 되어 성삼위 하나님을 향해 예배할 수 있도록 역사하여 주소서. 하나님을 예배하는 데 장애가 되는 죄가 있다면 십자가 보혈로 깨끗하게 씻어 주시어 예배에 합당한 성도가 되어 나아가도록 역사하여 주소서. 오직 하나님이 기뻐하시는 해외한인선교주일 예배가 되게 하소서.

흩어진 사람들을 인도하시는 하나님! 스데반의 순교 이후, 극심한 핍박으로 예루살렘교회의 성도가 흩어졌을 때 모든 것이 끝난 줄 알았습니다. 그러나 그 흩어진 사람들을 인도하시어 또 다른 복음의 역사를 이루어 가시는 하나님을, 빌립의 복음 전도를 통해서 보게 하십니다. 이

와 같이 흩어진 사람들을 인도하시어 복음을 전파하신 것처럼 해외로 나간 한인들을 통해 복음이 전파되도록 역사하여 주소서.

먼저는 신앙이 있는 해외 한인들을 사용하여 주소서. 그들이 다양한 목적과 이유를 가지고 해외에 거주하고 있지만, 그들을 그곳으로 인도하신 하나님의 뜻을 깨달아 복음 전도자의 사명을 온전히 감당하도록 사용하여 주소서. 해외에 거주하고 있는 한인들이 분주한 일상을 보내다 보면 가장 중요한 하나님의 소명을 잊을 수밖에 없습니다. 예수 그리스도의 십자가로 구원받은 백성으로서 하나님의 전도 명령을 잠시도 잊지 않도록 깨워 주소서. 그들의 일상, 그들의 직업에 충실하되 근본적으로 충실해야 할 것이 무엇인지 분명히 알게 하시어 복음 전도의 사명을 온전히 감당하게 하소서.

"너는 모든 일에 신중하여 고난을 받으며 전도자의 일을 하며 네 직무를 다하라." 먼저 복음을 영접한 해외 거주 한인을 통해 동포에게 복음이 전해지게 하시고, 그곳 현지인에게도 복음의 씨가 뿌려질 수 있도록 역사하여 주소서. 사랑하는 사람 또는 가족과 떨어져 타국에서 생활하는 해외 거주 한인들이 복음을 통해 위로받게 하시고, 복음이 주는 소망을 가지고 살아가게 하소서. 주어진 본분에 충실하며 어렵고 힘든 일이 있을지라도 복음의 능력으로 이길 수 있도록 은총을 베풀어 주소서. 무엇보다도 우리가 해외 한인들을 위해서 기도하게 하소서. 해외한인선교주일에만 그들을 기억하는 것으로 끝내지 말게 하시고, 오늘을 시작으로 날마다 그들의 영적 삶을 위해서 기도하고, 다방면에 걸쳐 도울 수 있도록 우리 교회를 사용하여 주소서.

예수님의 이름으로 기도합니다. 아멘.

> 총회 제정주일 예배 대표기도문

세계선교주일

또 이르시되 너희는 온 천하에 다니며 만민에게 복음을 전파하라 믿고 세례를 받는 사람은 구원을 얻을 것이요 믿지 않는 사람은 정죄를 받으리라
_마가복음 16장 15-16절

만민에게 복음을 전파하라고 명하신 하나님!

아무 공로 없는 죄인에게 십자가 은혜를 베풀어 주셔서 예배하게 하시니 감사합니다. 어둠의 길을 걷다가 영원한 죽음에 이르는 것이 죄인들이 할 수 있는 전부였는데, 생명의 빛을 비추는 복음 전도자의 사명을 주시니 감사합니다. 말로 다할 수 없는 은혜를 입은 죄인 중의 죄인이 하나님을 예배하오니, 십자가 보혈로 씻어 주시어 하나님이 기뻐 받으시는 신령한 예배가 되게 하소서. 오직 영과 진리로 드리는 예배를 하나님께서 받아 주소서.

만민을 사랑하시는 하나님! 아무런 조건 없이 우리를 사랑하여 주셔서 감사합니다. 하나님의 무한하신 사랑을 예수 그리스도의 십자가를 통해 확실하게 보여 주시니 더 이상 무슨 말이 필요하겠습니까! 사랑하는 독생자를 내어 주기까지 죄인을 사랑하시는 하나님을 찬송합니다. 아무런 죄가 없음에도 고통스런 십자가 형벌을 받도록 허락하시기까지

원수를 사랑하시는 하나님께 감사합니다. 이처럼 높고, 깊고, 넓은 사랑을 모른 채 죽어가는 영혼이 많습니다. 하나님은 당신의 전부를 내어 주셨는데, 이 사랑을 알지 못한 채 죽음의 길을 가는 사람들이 주변에 많습니다. 우리나라에 많습니다. 온 세계에 많습니다. 이들에게 하나님의 사랑, 예수 그리스도의 십자가의 사랑이 전파되게 하소서.

만민에게 복음을 전파하라고 명하신 하나님! 복음 전도 명령에 온전히 순종하게 하소서. 우리의 가정이 복음화 되고, 우리의 이웃과 우리나라가 복음화 되도록 우리를 사용하여 주소서. 곳곳에 복음의 씨가 뿌려질 수 있도록 역사하여 주소서. 온 세계 열방을 향하여 '보내는 선교사', '나가는 선교사'가 될 수 있도록 인도하여 주소서. 기도와 물질로 선교를 후원하는 '보내는 선교사'가 되어, 직접 선교지에 나가지는 못하지만 늘 기도하며 필요한 물질과 물품을 후원하는 선교사가 되게 하소서. 또한 자신의 시간과 삶을 드리는 '나가는 선교사'가 되어 선교지에서 직접 사람들을 만나 복음을 전하는 선교사가 되게 하소서. 단기 선교사나 중장기 선교사가 되어 현지인들에게 예수 그리스도의 빛을 비추며 향기를 내어 복음을 알게 하고, 복음을 영접하는 열매를 허락하여 주소서.

특별히 현지에서 생명을 내놓고 복음을 전하는 선교사님과 그의 가정을 긍휼히 여기소서. 매일의 삶이 치열한 전쟁이라고 합니다. 날씨와 열악한 환경, 강도와 테러의 위협에 굴하지 않고 온전히 '달려 갈 길'을 향해 담대히 나아가도록 은혜를 더하시며, 용기백배하여 사역을 온전히 감당하게 하소서.

우리 모두가 만민을 향하여 십자가와 부활의 증인이 되도록 역사하여 주소서. 예수님의 이름으로 기도합니다. 아멘.

총회 제정주일 예배 대표기도문

장애인선교주일

말 못하는 사람이 말하고 장애인이 온전하게 되고 다리 저는 사람이 걸으며 맹인이 보는 것을 무리가 보고 놀랍게 여겨 이스라엘의 하나님께 영광을 돌리니라 _마태복음 15장 31절

장애인을 통해 일하시는 하나님!

한 없이 연약한 우리를 친히 찾아오셔서 감사합니다. 늘 넘어지고 쓰려지기 일쑤였던 우리를 일으켜 세워 주셔서 감사합니다. 무엇보다도 예배의 자리까지 인도하여 주셔서 감사합니다. 이 모든 것 한량없는 주님의 은혜입니다. 완전하신 주님의 은혜로 거룩한 예배의 자리까지 왔사오니, 우리의 심령을 십자가 보혈로 정결하게 씻어 주시어 하나님의 기쁨이 되는 예배가 되게 하소서. 오직 홀로 하나님만 영광을 받아 주소서.

장애인을 사랑하시는 하나님! 바로 우리가 영적 장애인임을 고백합니다. 세상의 것은 잘 보며, 세상의 소리는 잘 듣고, 세상의 일을 하는 데는 손과 발이 빠르게 움직이지만, 정작 하나님의 선한 일은 보지 못하고, 듣지 못하고, 무디어진 손과 발을 갖고 있습니다. 이처럼 영적 장애를 안고 있는 우리에게 자비와 긍휼을 베풀어 주셔서 믿음의 길을 잃지 않고 나아가게 하시니 감사합니다. 곁길로 빠지지 않도록 길을 보여 주시

고 말씀해 주시고 손 내밀어 주신 하나님, 감사합니다. "주의 성령이 내게 임하셨으니 이는 가난한 자에게 복음을 전하게 하시려고 내게 기름을 부으시고 나를 보내사 포로 된 자에게 자유를, 눈 먼 자에게 다시 보게 함을 전파하며 눌린 자를 자유롭게 하고 주의 은혜의 해를 전파하게 하려 하심이라 하였더라." 복음의 은총을 입은 하나님의 자녀가 되도록 역사하여 주소서.

장애인을 치료하시는 하나님! 예수님의 공생애 사역을 돌아볼 때 항상 연약한 자들과 함께하셨음을 기억합니다. "예수께서 온 갈릴리에 두루 다니사 그들의 회당에서 가르치시며 천국 복음을 전파하시며 백성 중의 모든 병과 모든 약한 것을 고치시니 그의 소문이 온 수리아에 퍼진지라. 사람들이 모든 앓는 자 곧 각종 병에 걸려서 고통당하는 자, 귀신 들린 자, 간질하는 자, 중풍병자들을 데려오니 그들을 고치시더라." 현재 육적인 장애로 인하여 고통당하는 사람들을 복음의 영광을 위해 치료하여 주소서. 선천적인 장애나 후천적인 장애나 장애인으로 살아가는 것 자체가 참으로 어렵습니다. 물리적으로 불편할 뿐만 아니라, 사회로부터 소외당하고 있다는 정신적인 고통까지 받습니다. 이들의 고통과 눈물을 가장 잘 아시는 하나님께서 친히 위로하여 주시고 다시 일어날 수 있도록 은총을 베풀어 주소서.

육신의 장애가 영혼의 장애가 되지 않도록 이들을 예수 그리스도의 복음으로 깨워 주소서. 기회가 있을 때 예수님을 구주로 영접하여 거듭난 하나님의 자녀가 되게 하소서. 육적인 장애가 더 이상 문제가 되지 않도록 모든 시선을 예수 그리스도께 맞추도록 은혜를 베풀어 주소서. 예수님의 이름으로 기도합니다. 아멘.

> 총회 제정주일 예배 대표기도문

군선교주일

백부장이 대답하여 이르되 주여 내 집에 들어오심을 나는 감당하지 못하겠 사오니 다만 말씀으로만 하옵소서 그러면 내 하인이 낫겠사옵나이다
_마태복음 8장 8절

말씀으로 역사하시는 하나님!

오늘도 말씀하시어 우리를 깨우시고, 하나님 앞으로 나와 예배하게 하시니 감사합니다. 오늘은 총회가 성도를 위해서 제정한 군선교주일입니다. 국토방위에 힘쓰는 군인들을 기억하며 하나님을 예배하는 은혜로 가득 채워 주소서. 먼저 이 시간 예배에 나온 우리 모두의 심령을 예수 그리스도의 십자가 보혈로 씻어 주소서. 하나님이 보시기에 합당한 모습으로 하나님을 예배하게 하소서.

백부장의 믿음을 보신 하나님! 로마의 군인이었음에도 예수님을 믿었던 백부장의 믿음을 이 땅의 군인들에게 내리어 주소서. 그는 유대인도, 이스라엘 백성도 아니었습니다. 로마의 문화 속에 살다가 유대 지역으로 파견 나온 이방인이었습니다. 그러나 그에게 복음의 소식이 전해졌을 때 그는 외면하지 않았습니다. 그는 들었고, 예수님을 구주로 영접하였기에, 하인이 병들었을 때 예수님을 찾아갔고, 놀라운 신앙의

모습으로 믿음의 본이 되었습니다. 이 믿음의 모습이 이 땅의 군 장병들의 모습이 되게 하소서.

군대라는 특수한 환경에서 생활하기 때문에 어려운 점들이 많습니다. 특히 우리나라처럼 남북이 대치하는 상황 속에서 언제 전쟁이 날지 모를 긴장 가운데 국토방위에 힘쓰고 있습니다. "이것을 너희에게 이르는 것은 너희로 내 안에서 평안을 누리게 하려 함이라 세상에서는 너희가 환난을 당하나 담대하라 내가 세상을 이기었노라." 담대하게 군인의 의무를 다하며 평안을 누리게 하소서.

군복음화를 이루시는 하나님! 육해공군 모든 장병이 하나님을 예배하며, 말씀에 따라 모든 직무를 감당할 수 있는 그날이 속히 오도록 역사하여 주소서. 온 교회가 군복음화를 위해서 기도하며 진중 세례식과 부대방문을 하고 있습니다. 총회의 군선교부와 전문적인 군선교단체가 보다 체계적인 전략을 가지고 복음화를 위해서 연일 땀 흘리고 있습니다. 또한 각 부대의 군교회들이 군복음화의 최전방에서 고군분투孤軍奮鬪하고 있습니다. 이 모든 사역을 통해 대한민국 국군이 하나님의 전신갑주를 입게 하소서. 진리의 허리띠를 띠고 의의 호심경을 붙이며 평안의 복음의 신을 신고, 믿음의 방패와 구원의 투구 그리고 성령의 검을 들고 나아가는 십자가 군병이 되게 하소서. 예수 그리스도를 향한 믿음으로 단련될 때 가장 강력한 군대가 될 수 있음을 믿습니다.

모든 군인이 그리스도 예수의 좋은 병사가 되어, 믿음의 길로 나아가도록 역사하여 주소서. 대장되신 예수 그리스도를 따라 천성을 향해 나아가는 영적 전투의 현장에서 승리의 나팔을 불게 하소서. 예수님의 이름으로 기도합니다. 아멘.

> 총회 제정주일 예배 대표기도문

농어촌선교주일

그러므로 형제들아 주께서 강림하시기까지 길이 참으라 보라 농부가 땅에서 나는 귀한 열매를 바라고 길이 참아 이른 비와 늦은 비를 기다리나니 너희도 길이 참고 마음을 굳건하게 하라 주의 강림이 가까우니라
_야고보서 5장 7-8절

농부가 열매를 위해 흘린 땀을 기뻐하시는 하나님!

오늘도 하나님의 은혜로 주일을 지켜 하나님을 예배하게 하시니 감사합니다. 오늘은 총회가 제정한 농어촌선교주일입니다. 농어촌 지역의 복음화를 기대하며, 하나님을 예배하는 소망의 시간이 되도록 역사하여 주소서. 이 시간 우리의 몸과 마음을 십자가의 보혈로 깨끗하게 씻어 주시어, 하나님을 온전히 예배하도록 역사하여 주소서. 하나님 홀로 영광을 받으소서.

농어촌 지역의 부흥을 주실 하나님! 농어촌 지역에서 땀을 흘리는 이들을 긍휼히 여기소서. 지금 대부분의 농어촌 지역은 젊은이들이 도시로 떠나 어려운 여건 속에 있습니다. 많은 농어촌 교회도 같은 어려움을 겪고 있으며, 전도가 거의 불가능한 지경에 이른 지역도 한두 군데가 아닙니다. 그런데 이와 같은 상황 속에서 젊은 귀농자가 점점 많아지고 있음을 감사합니다. 농어촌 교회에 젊은 목회자들이 지원하여 교

회의 부흥을 꿈꾸게 하시니 감사합니다. 농부의 땀을 귀히 보시는 하나님께서 이들의 땀을 귀히 여겨 주셔서, 농어촌 지역의 부흥을 허락하여 주소서. 현지에서 추진하는 농업과 어업 그리고 임업에 관계된 일들이 순조롭게 진행될 수 있도록 지혜를 주시고, 풍성한 결실을 얻을 수 있도록 모든 여건과 환경을 열어 주소서. 이에 발맞추어 현지의 지역교회가 더욱 복음 위에 굳게 서서 복음을 전하게 하소서. 현지인들의 모든 상황과 여건을 고려하여 적절하게 복음을 전하고 열매를 맺을 수 있도록 은혜를 베푸소서. 농어촌 지역의 부흥을 주소서.

길이 참고 행할 때 귀한 열매를 주시는 하나님! 농어촌 선교를 향한 열망을 주시고 이와 같은 마음으로 기도하며 협력할 수 있도록 기회를 주셔서 감사합니다. 당장 눈에 보이는 결실이 빈약할지라도 더욱 인내하며 농어촌 선교에 힘쓰도록 역사하여 주소서. 우리 교회가 먼저 인내하며 농어촌 선교를 위해서 기도하게 하시고, 물심양면으로 농어촌 지역이나 교회와 협력할 수 있도록 길을 열어 주소서. 단시일 내에 가시적인 성과를 거둘 수 없겠지만 지속적으로 참고 행할 때 하나님이 귀한 열매를 주실 줄 믿습니다. 이 믿음으로 예수 그리스도의 십자가와 부활의 복음을 전하는 데 전념할 수 있도록 인도하여 주소서.

연약한 자를 긍휼히 여기시는 하나님! 농어촌 지역에는 그 어느 지역보다 연약한 자가 많습니다. 대부분 연로하신 어르신들이 병마와 싸우고 있으며, 외로움으로 눈물짓고 있습니다. 농어촌 선교를 통해 복음이신 예수님이 그들을 찾아가 위로하시고 하늘을 소망하는 천국 백성이 되게 하소서.

예수님의 이름으로 기도합니다. 아멘.

총회 제정주일 예배 대표기도문

환경선교주일

오직 주는 여호와시라 하늘과 하늘들의 하늘과 일월성신과 땅과 땅 위의 만물과 바다와 그 가운데 모든 것을 지으시고 다 보존하시오니 모든 천군이 주께 경배하나이다 _느헤미야 9장 6절

천지 만물을 창조하시고 보존하시는 하나님!

오늘도 하나님이 주신 신선한 공기를 마시고 싱그러운 햇살을 맞으며 교회로 나오게 하시니 감사합니다. 무엇보다도 총회가 성도의 유익을 위해 제정한 환경선교주일로 지켜 예배드릴 수 있도록 인도하여 주셔서 감사합니다. 이 시간 온 천지 만물의 주인이신 하나님 앞에 존귀와 영광을 돌려 드리는 예배가 되게 하소서.

천지 만물을 창조하신 하나님! "우리 주 하나님이여 영광과 존귀와 권능을 받으시는 것이 합당하오니 주께서 만물을 지으신지라 만물이 주의 뜻대로 있었고 또 지으심을 받았나이다 하더라." 말씀으로 천지 만물을 하나씩 창조하실 때마다 "보기 좋다!"라고 하신 하나님의 음성이 생생히 들립니다. 그런데 최초의 인류 아담과 하와의 타락으로 모든 것이 죄로 오염되어 버렸습니다. 통탄할 일입니다. 죄로 오염된 인간의 부패함은 하나님이 만드신 천지 만물마저 오염시키고 있습니다. 가장

아름답게 창조된 천지 만물이 점점 추한 모습으로 변해가고 있는 안타까운 상황을 볼 때마다 우리의 죄가 얼마나 심각한지 새삼 깨닫게 됩니다. 하나님의 창조물을 훼손하고 있는 죄인들을 긍휼히 여기시고, 다시 한번 회복할 수 있는 기회를 주소서.

하나님이 선하게 창조하신 만물이 인간의 죄로 심하게 오염되고 있습니다. 하나님의 영광을 우상으로 바꾼 것처럼, 일월성신日月星辰이 변하고 있습니다. 대기는 더 이상 정상적인 순환을 멈추어 공기가 오염되고 있습니다. 이상 기후 현상으로 곳곳에 예측할 수 없는 재난이 계속 일어나고 있습니다.

이 모든 원인이 우리에게 있습니다. 개인과 국가의 탐욕으로 무분별하게 자연을 훼손하였고, 개발과 발전이라는 미명 아래 수없이 많은 건물과 공장을 가동하며 폐기물이나 폐수를 서슴없이 자연으로 보냈습니다. 행복한 삶과 유토피아를 위한 이 모든 행위의 대가 또한 우리가 고스란히 치르고 있습니다. 이름 모를 질병과 전염병으로 남녀노소 할 것 없이 고통을 호소하며 죽어가고 있기 때문입니다. 심지어 해수면 상승으로 발을 땅에 딛고 사는 것조차 쉽지 않을 것이라는 예측이 난무하고 있습니다. 오, 하나님! 만물을 더 이상 훼손하지 않도록 먼저 창조주 하나님을 두려워하게 하시고, 이 자연을 보존하기 위해서 힘쓰게 하소서.

"보좌에 앉으신 이가 이르시되 보라 내가 만물을 새롭게 하노라."

그때까지 우리의 환경을 감사하며 소중히 여겨 잘 보존하게 하소서. 예수님의 이름으로 기도합니다. 아멘.

총회 제정주일 예배 대표기도문

사회봉사주일

이같이 너희 빛이 사람 앞에 비치게 하여 그들로 너희 착한 행실을 보고 하늘에 계신 너희 아버지께 영광을 돌리게 하라 _마태복음 5장 16절

우리의 착한 행실을 통해 영광받기 원하시는 하나님!

오늘도 하나님이 주신 은혜를 따라 은혜의 보좌 앞으로 인도해 주셔서 감사합니다. 특별히 오늘은 총회가 제정한 사회봉사주일입니다. 우리 사회를 향한 우리의 모습을 돌아보며, 하나님 앞에 영광 돌려 드리는 신령한 예배가 되도록 역사하여 주소서. 우선 우리의 죄를 정결하게 씻어 주시고, 합당한 예배자가 되도록 보혈의 은혜로 덧입혀 주소서.

우리의 착한 행실을 원하시는 하나님! 우리 사회를 향하여 우리의 착한 행실이 나타나게 하소서. 우리 사회의 밝은 면도 많이 있습니다. 아름답고 선한 일에 앞장서서 우리 사회를 더욱 활력이 넘치고 사랑이 넘치도록 만드는 사람들도 있습니다. 그러나 정반대인 사람들도 많다는 사실이 안타까울 뿐입니다. 사기와 폭행, 살인과 강탈 등 악인들은 여전히 우리 사회의 한 면을 장식하고 있습니다. 이러한 때에 우리가 우리 사회를 위해서 그리스도의 빛을 비추도록 나서게 하소서. 이 사회를

진정 밝힐 수 있는 원동력은 복음임을 믿습니다. 사람들의 악한 본성을 물리칠 수 있는 능력은 예수 그리스도의 십자가임을 확신합니다. 이 복음의 능력으로 행하는 착한 행실이 우리의 모습이 되게 하소서.

사회를 향하여 봉사하라 명하신 하나님! "인자가 온 것은 섬김을 받으려 함이 아니라 도리어 섬기려 하고 자기 목숨을 많은 사람의 대속물로 주려 함이니라" 하시며 예수님도 섬김의 본을 보여 주셨습니다. 인류를 향한 가장 큰 섬김의 본을 십자가를 통해서 보여 주셨습니다. 우리도 우리 사회를 예수 그리스도의 십자가로 섬기게 하소서.

십자가의 정신으로 연약하고 소외된 이웃을 향해 나아가게 하소서. 좌절과 절망의 늪에 빠져 있는 사람들을 향하여 위로의 손을 펴게 하소서. 도움의 손길이 필요한 사람들을 위해 기꺼이 봉사하게 하소서. "각각 은사를 받은 대로 하나님의 여러 가지 은혜를 맡은 선한 청지기 같이 서로 봉사하라. 만일 누가 말하려면 하나님의 말씀을 하는 것같이 하고, 누가 봉사하려면 하나님이 공급하시는 힘으로 하는 것같이 하라." 하나님이 주시는 능력으로 우리 사회의 이곳저곳을 누비며 강력한 그리스도의 향기를 낼 수 있도록 우리를 사용하여 주소서.

서로 섬김으로 그리스도의 몸인 교회를 더욱 강하게 세우게 하소서. 섬김으로 우리 모두는 하나님의 아들을 믿고 아는 일에 하나가 되어, 그리스도를 닮은 온전한 사람, 성숙한 그리스도인이 될 것임을 믿습니다. 우리의 봉사 활동을 자랑이나 공로로 삼지 않도록 은혜를 주소서. 우리 교회의 섬김 사역이 그리스도의 사랑을 잃어버리면 하나의 복지 단체가 될 뿐임을 알게 하소서. 오직 그리스도의 복음으로 봉사하여 하나님께 영광 돌리게 하소서. 예수님의 이름으로 기도합니다. 아멘.

총회 제정주일 예배 대표기도문

순교자기념주일

너는 장차 받을 고난을 두려워하지 말라 볼지어다 마귀가 장차 너희 가운데에서 몇 사람을 옥에 던져 시험을 받게 하리니 너희가 십일 동안 환난을 받으리라 네가 죽도록 충성하라 그리하면 내가 생명의 관을 네게 주리라
_요한계시록 2장 10절

죽도록 충성하는 사람에게 생명의 관을 주시는 하나님!

오늘도 죄인들을 은혜의 자리로 불러 주셔서 감사합니다. 감히 하나님을 예배할 수 없는 죄인들이지만 십자가 보혈의 공로를 의지하여 나왔사오니, 죄 씻음 받은 죄인들의 예배를 받아 주소서. 무엇보다도 오늘은 순교자기념주일입니다. 복음을 위해 죽기까지 헌신하신 믿음의 선배를 기념하며 하나님께 영광 돌리는 예배가 되게 하소서.

우리를 대신하여 십자가에서 죽으신 예수님! 우리를 구원하시기 위해 죽기까지 순종하신 예수님을 따라 가도록 인도하여 주소서. 아무런 죄가 없음에도, 마치 죄인인 것처럼 수치와 모욕을 당하시며 십자가에서 죽으신 예수님이 가신 그 길을 우리도 걷기를 원합니다. 십자가의 놀라운 은혜에 빚진 자로서 날마다 예수님을 위해, 복음을 위해 살기를 원합니다. 연약한 우리를 붙들어 주시어, 흔들림 없이 십자가의 길을 따를 수 있도록 역사하여 주소서.

순교자를 통해 복음의 열매를 주신 하나님! 예수님이 십자가에서 죽으심으로 복음의 역사가 만민에게 선포되었습니다. 오순절 성령 강림의 역사가 동력이 되어 예수 그리스도의 십자가와 부활의 복음이 온 세계를 향해 퍼졌습니다. 복음의 열매가 맺히기까지 제자들의 순교가 있었습니다. 각처에서 복음을 진실로 믿는 성도의 순교가 있었습니다. 복음이 전파되는 곳마다 순교자의 신앙은 꽃을 피웠습니다.

"어떤 이들은 조롱과 채찍질뿐 아니라 결박과 옥에 갇히는 시련도 받았으며 돌로 치는 것과 톱으로 켜는 것과 시험과 칼로 죽임을 당하고 양과 염소의 가죽을 입고 유리하여 궁핍과 환난과 학대를 받았으니 (이런 사람은 세상이 감당하지 못하느니라) 그들이 광야와 산과 동굴과 토굴에 유리하였느니라." 이러한 순교의 피 값으로 120여 년 전에 한국에 복음이 들어왔고, 오늘날 전국 방방곳곳에 교회가 세워지기까지 수많은 순교자가 있었음을 알고 있습니다. 오직 복음을 위해 순교하신 분들의 피가 헛되지 않게 하소서.

죽도록 충성할 것을 명하신 하나님! 말씀대로 복음을 위해 죽기까지 충성할 수 있는 믿음을 주소서. "내가 달려갈 길과 주 예수께 받은 사명 곧 하나님의 은혜의 복음을 증언하는 일을 마치려 함에는 나의 생명조차 조금도 귀한 것으로 여기지 아니하노라"는 바울의 고백이 우리의 고백과 삶이 되게 하소서. 오직 예수님을 믿는 믿음으로 죽음을 두려워하지 않았던 믿음의 선진들을 따라 우리도 오직 믿음으로 나아가도록 역사하여 주소서. 복음의 사역을 위해서 자신의 생명을 아끼지 않았던 순교자의 신앙을 늘 기념하며, 우리도 복음을 위한 순교자가 되어 전진하게 하소서. 예수님의 이름으로 기도합니다. 아멘.

총회 제정주일 예배 대표기도문

남북평화 공동기도주일

그는 우리의 화평이신지라 둘로 하나를 만드사 원수 된 것 곧 중간에 막힌 담을 자기 육체로 허시고 _에베소서 2장 14절

십자가로 모든 막힌 담을 허시고 화평을 이루신 하나님!

십자가의 은혜로 하나님 앞으로 나와 예배하게 하셔서 감사합니다. 십자가의 능력으로 구원을 주신 하나님의 사랑을 경배하게 하시니 감사합니다. 죄인들이 할 수 있는 것은 오직 하나님을 향한 예배뿐이오니, 이 시간 하나님의 기쁨이 되는 영과 진리의 예배가 되게 하소서. 오늘은 총회가 제정한 남북평화 공동기도주일입니다. 분단된 아픔 속에서 통일을 소망하며 하나님을 예배하도록 역사하여 주소서.

십자가로 화평을 이루신 하나님! 대한민국을 보호하여 주시고 지금까지 발전할 수 있도록 은혜를 베풀어 주셔서 감사합니다. 수많은 시행착오 속에서 자유로운 민주국가를 이루며, 누구든지 원하면 교회로 나아가 하나님을 예배하는 신앙의 자유를 허락하여 주셔서 감사합니다. 이 모든 것이 하나님의 은혜입니다. "범죄와 육체의 무할례로 죽었던 너희를 하나님이 그와 함께 살리시고 우리의 모든 죄를 사하시고 우리를

거스르고 불리하게 하는 법조문으로 쓴 증서를 지우시고 제하여 버리사 십자가에 못 박으시고 통치자들과 권세들을 무력화하여 드러내어 구경거리로 삼으시고 십자가로 그들을 이기셨느니라." 예수 그리스도의 십자가로 완성된 화평입니다. 이 은혜를 잊지 않게 하소서.

오, 하나님! 대한민국에게 베풀어 주신 십자가의 은혜를 북한 땅에도 내리어 주소서. 한때 동양의 예루살렘이라고 칭하였던 평양은 악랄한 독재정권 아래 폐허가 되어 버렸습니다. 지금 북한은 신음소리로 가득합니다. 공격적인 전쟁 준비에만 혈안이 되어 한반도의 평화를 위협하고 있습니다. 하나님의 은혜와 십자가의 사랑만이 저 얼어붙은 흑암의 땅, 사망의 그늘 아래 신음하고 있는 백성에게 진정한 평화를 주실 거라 확신합니다. 북한의 지도부부터 모든 백성의 심령을 예수 그리스도의 십자가 보혈로 녹여 주소서. 평화와 구원의 복된 소식을 이 땅에 내리어 주소서.

남북의 평화통일을 반드시 이루실 하나님! 남과 북의 교회가 하나의 기도문으로 같이 기도하며 예배하는 오늘, 한반도의 평화를 위해 기도합니다. 평강의 왕이신 예수님이 친히 통치하셔서 더 이상 이념과 사상의 대립 때문에 서로 총칼을 겨눈 채로 살아가지 않도록 은혜를 베풀어 주소서. 소수의 탐욕스런 지도자들로 수많은 백성이 고통당하지 않도록 역사하여 주소서. 이 땅에 진정한 평화가 임하여 이 복된 소식을 온 세계 열방에 전하는 평화로운 한반도가 되게 하소서. 주님이 뜻이 남북을 통해 이루어지게 하소서. 예수님의 이름으로 기도합니다. 아멘.

TIP 남북평화통일 공동기도주일 기도문을 함께 낭독하는 것도 유익합니다.

총회 제정주일 예배 대표기도문

교회연합주일

또 만물을 그의 발 아래에 복종하게 하시고 그를 만물 위에 교회의 머리로 삼으셨느니라 교회는 그의 몸이니 만물 안에서 만물을 충만하게 하시는 이의 충만함이니라 _에베소서 1장 22-23절

예수 그리스도를 교회의 머리로 삼으신 하나님!

거룩한 주일에 예수 그리스도를 바라보며 하나님 앞으로 나아가게 하시니 감사합니다. 그리스도의 십자가를 분명히 보여 주시어 은혜의 자리로 나와서 예배하게 하시니 감사합니다. 하나님의 은혜로 나왔으니 하나님께만 영광 돌려 드리는 참된 예배가 되게 하소서. 교회의 일치와 화합을 위해 함께 기도하려고 총회가 제정한 교회연합주일입니다. 성령님께서 온 교회를 한 몸이 되게 하시어, 한 분이신 하나님께 예배할 수 있도록 역사하여 주소서.

교회의 주인이신 예수님! "내가 네게 이르노니 너는 베드로라 내가 이 반석 위에 내 교회를 세우리니 음부의 권세가 이기지 못하리라"는 말씀대로 이 땅에 세워진 모든 교회가 주님의 교회가 되어서 음부의 권세와 싸워 승리하는 교회가 되게 하소서. 교단과 지역 등을 달리하며 세워졌을지라도 이 땅의 교회들은 "주는 그리스도시요 살아 계신 하나님

의 아들"이라는 동일한 신앙고백을 하고 있습니다. "하나님이 그리스도의 피로 사신 교회"가 세속에 물들지 않도록 예수 중심의 교회, 예수님이 주인 되신 교회가 되도록 은총을 베풀어 주소서.

온 교회가 한 몸이 되기를 원하시는 하나님! 온 교회가 예수 그리스도 안에서 한 몸을 이룰 수 있도록 역사하여 주소서. 우리 그리도인은 한 몸이며, 같은 성령을 받았고, 한 소망을 가진 사람들입니다. 주님도 한 분이시고, 믿음도 하나고, 세례도 하나며, 만물의 주인이신 하나님도 한 분이심을 고백합니다. 교회의 근본은 하나님이시며, 교회가 예수 그리스도의 십자가와 부활로 성령님께서 이루신 은혜의 결정체이며 복음의 산실이라는 사실을 잊지 말게 하소서. 그래서 온 교회가 이기적인 자기 교회 발전의 욕심을 버리고 예수 그리스도의 복음 안에서 한 몸이 되게 하소서. 온 교회가 어디에서 어떤 사역을 감당하든지 연합하여 한 몸을 이루어 복음의 씨를 뿌리게 하소서. 복음의 사역을 위해서 교단이나 지역을 초월하여 협력하며 나아갈 수 있도록 역사하여 주소서.

단순히 말이나 구호로만 '연합'을 외치는 것이 아니라, 예수 그리스도 안에서 성도된 무형의 교회가 연합하여 또 다시, 유형의 교회로 연합되는 진정한 연합을 이루도록 역사하여 주소서. 우리 교회가 이 일에 적극적으로 나서도록 인도하여 주소서.

예수님의 이름으로 기도합니다. 아멘.

> **TIP**
> 교회연합주일을 맞아 준비한 행사나 초청한 강사가 있다면 언급하는 것도 유익합니다.

총회 제정주일 예배 대표기도문

기독교교육 진흥주일

여호와여 주의 도를 내게 보이시고 주의 길을 내게 가르치소서 주의 진리로 나를 지도하시고 교훈하소서 주는 내 구원의 하나님이시니 내가 종일 주를 기다리나이다 _시편 25편 4-5절

주의 길을 가르쳐 주시고 지도하시는 하나님!

오늘도 주의 길을 따라 하나님 앞에 나왔습니다. 무지한 죄인들을 일깨워 주셔서 하나님이 기뻐 받으시는 예배를 드릴 수 있도록 가르쳐 주소서. 오직 예수 그리스도의 십자가를 의지하오니, 보혈의 은혜로 우리의 심령을 정결하게 하시고 하나님께 영광 돌려 드리는 예배가 되게 하소서. 특히 오늘은 총회가 제정한 기독교교육 진흥주일이오니 말씀 교육의 소중함을 깨닫는 은혜가 가득하도록 역사하여 주소서.

주의 길을 가르쳐 주시는 하나님! 그 길이신 예수 그리스도를 의지하며 복음에 순종하게 하소서. 기독교교육의 핵심이 예수 그리스도께 있음을 알게 하소서. "내가 곧 길이요 진리요 생명이니 나로 말미암지 않고는 아버지께로 올 자가 없느니라" 하고 말씀하신 예수님을 기억합니다. 예수님을 온전히 배워, 예수님이 가신 십자가의 길로 나아가게 하소서. 하늘에 시민권을 둔 하늘 백성이면서도 이 땅에서의 성공만을 추

구하는 거짓된 신앙에 빠져 있는 성도가 많습니다. 형통한 삶, 번영하는 사업이 복의 기준인 줄로 아는 그릇된 신앙에 매여 있는 성도도 많습니다. 이들의 잘못된 신앙을 깨뜨려 주시고, 올바른 길로 인도하여 주소서. 예수 그리스도 중심의 기독교교육을 통해 십자가와 부활 중심의 신앙이 되게 하소서.

주의 진리로 교훈하시는 하나님! 주의 진리로 교훈을 받게 하소서. 기독교교육의 내용이 성경임을 알게 하소서. "성경은 능히 너로 하여금 그리스도 예수 안에 있는 믿음으로 말미암아 구원에 이르는 지혜가 있게 하느니라. 모든 성경은 하나님의 감동으로 된 것으로 교훈과 책망과 바르게 함과 의로 교육하기에 유익하니 이는 하나님의 사람으로 온전하게 하며 모든 선한 일을 행할 능력을 갖추게 하려 함이라." 성경 66권 안에 담겨 있는 주의 진리를 온전히 깨달아 그 진리를 삶으로 풀어내는, 그리스도의 성품을 닮아 가는 우리가 되도록 도와주소서. 우리들의 믿음은 성품으로 증명되는 것임을 기억하고 하나님 앞에서 살아가는 우리 모두가 되도록 은혜를 내리소서. 성경의 모든 예언은 사사로이 풀 것이 아니니 기독교교육을 담당하는 선생님들에게 성령님께서 조명하여 주셔서 말씀이 가리키는 예수 그리스도를 선명하게 드러낼 수 있도록 지혜와 능력을 허락하여 주소서.

오, 하나님! 예수 그리스도 중심의 기독교교육을 통해 이 땅의 교회들이 부흥하게 하소서. 말씀을 배우고 익힌 주의 종들이 주님이 기뻐하시는 길로 나아가게 하시고, 주의 말씀을 몰라 헤매고 있는 무지한 사람들에게 말씀의 빛을 비추도록 역사하여 주소서. "주의 말씀은 내 발에 등이요 내 길에 빛이니이다." 예수님의 이름으로 기도합니다. 아멘.

> 총회 제정주일 예배 대표기도문

청년주일

또한 너는 청년의 정욕을 피하고 주를 깨끗한 마음으로 부르는 자들과 함께 의와 믿음과 사랑과 화평을 따르라 _디모데후서 2장 22절

깨끗한 마음으로 따르라고 하시는 하나님!

청년주일을 맞아 하나님을 예배하게 하시니 감사합니다. 청년의 정욕 가득한 우리의 몸과 마음을 예수 그리스도의 십자가에 못 박고, 거룩한 하나님의 정결한 신부가 되어 하나님을 예배하도록 역사하여 주소서. 특히 청년주일을 맞아 함께 모여 예배하는 청년들의 심령이 하나님을 향한 뜨거운 열정으로 불타올라 오직 하나님께 영광 돌려 드리는 예배를 드리게 하소서.

청년의 정욕을 피하라 하신 하나님! 이 시대의 청년들이 수많은 유혹을 받고 있습니다. 청년의 건강함을 자극하는 사탄의 함정과 올무가 곳곳에 놓여 있습니다. "너는 청년의 때에 너의 창조주를 기억하라. 곧 곤고한 날이 이르기 전에, 나는 아무 낙이 없다고 할 해들이 가깝기 전에 해와 빛과 달과 별들이 어둡기 전에, 비 뒤에 구름이 다시 일어나기 전에 그리하라." 청년들이 유혹 많은 시대의 풍조를 따르지 않도록 보호

하여 주시고, 오직 창조주 하나님을 기억하게 하소서. 이성의 유혹 앞에 순결을 잃어버리고, 대중 매체나 인터넷으로 영적 순결마저 잃어버리는 상황입니다. 청년들이 결심하고, 각오하며 절제하려고 노력하지만 여지없이 무너져버립니다. 예수 그리스도의 보혈의 능력으로 육체의 정욕, 안목의 정욕과 싸워 이기게 하소서. 하나님의 전신갑주를 입은 청년들이 되어 믿음의 길을 걷게 하소서.

의와 믿음과 사랑과 화평의 깨끗한 마음으로 따르라고 하시는 하나님! 청년들의 마음을 그리스도의 예수의 마음으로 바꾸어 주소서. "누가 주의 마음을 알아서 주를 가르치겠느냐. 그러나 우리가 그리스도의 마음을 가졌느니라." 생존경쟁에서 살아남아야 하는 시대에서 청년들의 마음이 병들고 있습니다. 지식으로는 하나님을 알고, 머리로는 복음을 수긍하지만 정작 마음으로 예수님을 따르지 못합니다. 아니, 경쟁에서 도태될까 두려워 복음을 부인하고, 우선순위에서 항상 뒤로 미루어 놓습니다. 이처럼 뒤죽박죽 혼란스런 마음을 가졌더라도 예수님 앞으로 나오게 하소서. 우리의 힘으로는 이길 수 없사오니, 주님께 나아와 주님이 주시는 능력으로 맞서게 하여 주소서. 그리하여 그리스도의 마음, 믿음과 사랑과 화평의 깨끗한 마음을 주소서. 무엇이 진정한 행복이고, 어떤 것이 보람찬 성공인지 분별할 수 있도록 인도하여 주소서.

"청년들아 내가 너희에게 쓴 것은, 너희가 강하고 하나님의 말씀이 너희 안에 거하시며 너희가 흉악한 자를 이기었음이라." 오, 하나님! 청년주일을 통해 이 시대의 청년들을 품에 안고 기도하며, 하나님 앞에 영적 산 제물로 드립니다. 새벽이슬 같은 주의 청년들이 되어 복음의 미래가 되게 하소서. 예수님의 이름으로 기도합니다. 아멘.

총회 제정주일 예배 대표기도문

평신도주일

너희 성도들아 여호와를 경외하라 그를 경외하는 자에게는 부족함이 없도다 _시편 34편 9절

여호와를 경외하는 성도를 부족함 없이 채우시는 하나님!

오늘도 하나님을 경외하는 믿음을 주시어, 하나님을 예배하게 하셔서 감사합니다. 이 시간 우리의 마음과 뜻과 정성을 다하여 하나님께 집중하여, 하나님께만 영광 돌리는 예배를 드리도록 역사하여 주소서. 오늘은 총회가 제정한 평신도주일이오니, 모든 성도가 유일한 하나님을 향해 믿음을 견고히 세우는 은총의 날이 되도록 인도하여 주소서.

여호와를 경외하라고 하신 하나님! 하나님과 상관없는 죄인들에게 자비와 긍휼을 베풀어 주셔서, 거듭나게 하시어 장로로, 집사로, 권사로 세워 주셔서 섬기게 하시니 무한 감사합니다. 하나님을 경외하는 평신도 사역자로서 온전히 하나님을 사랑하며 이웃을 사랑하는 삶을 실천할 수 있도록 역사하여 주소서. "여호와께서 백성을 사랑하시나니 모든 성도가 그의 수중에 있으며 주의 발아래에 앉아서 주의 말씀을 받는도다." 평신도 사역자로서 늘 하나님을 예배하는 일을 우선하며 하나

님의 말씀대로 살아가는 '행함이 있는 믿음'을 내리어 주소서. 평신도로 하나님을 경외하며 교회의 복음 사역에 밀알이 될 수 있도록 역사하여 주소서.

하나님을 경외하는 평신도에게 부족함 없이 채워 주시는 하나님! 예수 그리스도를 통해 부족함 없이 채워 주시는 은혜로 십자가의 길을 향해 달려가게 하소서. 교회의 직분자가 되었기에 하나님의 일을 감당하는 것이 아니라, 오직 하나님께서 주시는 능력으로 맡겨 주신 일을 감당할 수 있도록 인도하여 주소서. 또한 직분과 상관없이 언제든지 하나님이 부르실 때 순종할 수 있는 믿음의 용사가 되게 하소서. 그래서 날마다 하나님이 채워 주시는 은혜로 감사와 평안이 넘치게 하소서.

평신도 사역자를 위해 늘 간구하시고 도와주시는 성령님의 능력으로 복음의 사명을 감당하게 하소서. 수많은 교회에서 목회자는 평신도와 동역하고 있습니다. 사회 각 분야의 전문 지식을 가지고 각자 삶의 현장에서 복음의 씨를 뿌리고 있습니다. 의료와 교육, 과학과 건설 분야의 전문적인 평신도 사역자들이 선교의 현장에서도 큰 결실을 맺고 있습니다.

"성도들의 인내가 여기 있나니 그들은 하나님의 계명과 예수에 대한 믿음을 지키는 자니라." 온전한 믿음으로 인내하며 평신도 사역자로서 사명을 감당하게 하소서. "내가 하나님 여호와께서 하실 말씀을 들으리니 무릇 그의 백성, 그의 성도들에게 화평을 말씀하실 것이라. 그들은 다시 어리석은 데로 돌아가지 말지로다." 모든 평신도 사역자가 끝까지 예수 복음 안에서 순종하게 하소서. 예수님의 이름으로 기도합니다. 아멘.

총회 제정주일 예배 대표기도문

나라를 위한 기도주일

그들이 어린양과 더불어 싸우려니와 어린양은 만주의 주시요 만왕의 왕이시므로 그들을 이기실 터이요 또 그와 함께 있는 자들 곧 부르심을 받고 택하심을 받은 진실한 자들도 이기리로다 _요한계시록 17장 14절

만주의 주시요 만왕의 왕이신 하나님!

연약한 백성들을 긍휼히 여겨 주셔서 하나님의 백성이 되게 하시니 감사합니다. 예수 그리스도의 십자가 은혜로 하나님의 백성이 된 것도 감사한데, 이처럼 하나님을 예배하게 하시니 감사합니다. 특별히 자유롭게 하나님을 예배할 수 있는 대한민국에 살고 있는 것도 감사합니다. 오늘 나라를 위한 기도주일을 맞아 예배할 때에 우리 대한민국을 통해 영원한 하나님의 나라를 소망하는 은총으로 채워주소서.

만주의 주이신 하나님! 옛날부터 수많은 외적의 침략을 받았음에도 꿋꿋이 나라를 지켜왔습니다. 오늘날 세계에서 유일한 분단국가임에도 세계의 강대국과 견줄 만한 나라가 되었습니다. 하나님 감사합니다. 우리나라가 '만주의 주'이신 하나님을 경외하도록 역사하여 주소서. 조선 말기로부터 일제강점기를 거치면서 몹시 빈궁하고 힘든 삶속에 절망하며 세계 최약체 국가가 될 수도 있었는데, 하나님께서 복음의 은혜로

부흥시켜 주셨습니다. 성도가 앞장서서 조국의 독립을 위해서 피 흘렸고, 경제를 살리기 위해서 헌신하여 오늘날 기적과도 같은 조국의 부흥과 발전을 보고 있습니다. 그러나 이처럼 놀라운 은혜를 주신 하나님을 잊고 있습니다. 부흥을 주신 하나님을 경외하기보다 여가와 유흥을 즐기기에 분주한 시간들을 보내고 있습니다. 다시 회복시켜 주소서. 조국 교회를 회복시켜 주소서. 대한민국이 하나님 앞으로 돌아오게 하소서.

오, 하나님! 하나님의 통치를 받으며, 하나님이 주시는 복을 누리는 대한민국이 되게 하소서. 대통령을 비롯한 정부의 모든 당직자가 하나님을 두려워하게 하소서. "너희의 하나님 여호와는 신 가운데 신이시며 주 가운데 주시요 크고 능하시며 두려우신 하나님이시라. 사람을 외모로 보지 아니하시며 뇌물을 받지 아니하시고 고아와 과부를 위해 정의를 행하시며 나그네를 사랑하여 그에게 떡과 옷을 주시나니, 너희는 나그네를 사랑하라." 정직하고 정의로운 통치 아래 모든 국민이 함께 기뻐하고, 함께 슬퍼할 줄 아는 나라가 되게 하소서. 우리 그리스도인부터 삶의 자리에서 뇌물을 받지 않고 고아와 과부를 돌보며 나그네를 사랑하게 하소서. 그리하여 우리나라에서 하나님의 나라를 맛보는 역사가 일어나게 하소서.

현재 우리나라가 당면한 정치적, 사회적, 경제적, 환경적 문제들이 있습니다. 이 모든 문제를 해결하는 데 온 국민이 한마음과 한뜻이 되게 하소서. 건전한 비판을 통해 문제점들을 개선하고, 관용과 배려의 마음으로 연약하고 부족한 점들을 채워나갈 수 있도록 역사하여 주소서. 위기는 오히려 기회가 될 수 있음을 믿습니다. 현재 대한민국의 위기가 하나님을 더욱 의지하는 은총의 기회가 되게 하시어, '만왕의 왕'이신 하나님의 통치 아래 있게 하소서. 예수님의 이름으로 기도합니다. 아멘.

> 총회 제정주일 예배 대표기도문

성서주일

너희가 성경에서 영생을 얻는 줄 생각하고 성경을 연구하거니와 이 성경이 곧 내게 대하여 증언하는 것이니라 _요한복음 5장 39절

성경을 통해 예수 그리스도를 계시하신 하나님!

성서주일을 지켜 하나님을 예배하게 하시니 감사합니다. 우리의 삶의 원동력이 되도록 늘 성경을 통해 새 힘을 주시니 감사합니다. 이 시간에도 성경의 말씀에 따라 하나님을 예배하며, 성경을 통해 말씀하시는 하나님의 능력을 덧입기를 원합니다. 말씀이 주는 은혜와 능력으로 충만한 예배가 되도록 역사하여 주소서. 성경대로 죽으시고 성경대로 다시 살아나신 예수님의 보혈로 우리의 심령을 정결하게 만들어 주시어 하나님을 온전히 예배하게 하소서.

말씀이신 하나님! 늘 말씀을 통해 연약한 우리의 걸음을 인도하여 주시니 감사합니다. 말씀이 죽어 있는 활자가 아니라 "살아 있고 활력이 있어 좌우에 날선 어떤 검보다도 예리하여 혼과 영과 및 관절과 골수를 찔러 쪼개기까지 하며 또 마음의 생각과 뜻을 판단하는" 활자임을 믿습니다. 이 말씀으로 깊은 어둠 속에 있는 우리를 밝히 비추어 주셨습

니다. 이 말씀으로 영원한 죽음 속에 있는 우리에게 영원한 생명을 주셨습니다. 말씀이신 하나님을 따라 그 말씀대로 순종하도록 인도하여 주소서. 하나님의 말씀을 듣고 볼 수 있는 믿음을 허락하여 주소서.

말씀이 육신이 되신 하나님! "태초부터 있는 생명의 말씀에 관하여는 우리가 들은 바요 눈으로 본 바요 자세히 보고 우리의 손으로 만진 바라"는 말씀대로 예수 그리스도를 통해 말씀의 현현顯現을 경험하게 하시니 놀랍고 신기합니다. 예수님을 볼 때마다 말씀을 보게 하시고 듣게 하시어 하나님이 원하시는 그 길을 걸을 수 있도록 역사하여 주소서. 말씀 중심의 삶이 곧 예수 중심의 삶임을 깨닫게 하시어, 날마다 예수님을 따라 나아가는 말씀 중심의 삶이 되도록 역사하여 주소서. 생명의 빛이신 예수님이 비춰 주시는 길을 걷게 하소서. 예수님의 말씀에 따라서 날마다 자기를 부인하고 자기 십자가를 지게 하소서.

말씀을 배우고 말씀대로 살기를 원하시는 하나님! 말씀을 향한 갈급한 심령을 주소서. 세상의 것들을 얻기 위해서는 밤잠을 설치며 온갖 노력을 다 기울이지만, 정작 생명의 말씀을 배우고 듣는 데에는 너무나도 인색하고 소극적인 우리의 모습을 봅니다. 그저 주일에 잠시 설교를 듣기 위해서 성경을 펼 뿐입니다. 말씀을 듣지만 흘려버립니다. 말씀대로 살 것을 결심하며 그 중요성을 잘 알고 있지만, 정작 삶은 말씀과 별개일 때가 대부분입니다. 주의 말씀은 우리 발에 등이요 우리 길에 빛이니 주의 의로운 규례들을 지키기로 날마다 결심하고, 말씀대로 살아가도록 역사하여 주소서.

"주의 말씀의 맛이 내게 어찌 그리 단지요 내 입에 꿀보다 더 다니이다." 주의 말씀이 곧 삶이 되게 하소서. 예수님의 이름으로 기도합니다. 아멘.

크리스천
대표
기도문

―

6장 교회학교 예배 대표기도문

교회학교 예배 대표기도문

영아부

갓난아기가 젖을 찾듯이 순결한 말씀을 사모하십시오. 그러면 여러분의 믿음이 자라나고 구원을 받게 될 것입니다. _베드로전서 2장 2절, 쉬운성경

영아부를 사랑하시는 하나님!

감사해요. 좋은 날씨를 주시고, 아름다운 예배당으로 인도해 주셔서 감사해요. 갓난아기가 젖을 찾듯이 순결한 말씀을 사모하라고 하신 말씀을 따라 모였어요. 그리고 하나님께 예배를 드려요. 이 시간 먼저, 예수님의 십자가 보혈로 우리의 나쁜 죄들을 깨끗하게 씻어 주세요. 아기들의 마음을 씻어 주세요. 부모님과 선생님 그리고 모든 봉사자의 마음을 깨끗하게 만들어 주세요. 그래서 하나님이 기뻐 받으시는 예배를 드리게 해주세요. 하나님을 향한 기쁨과 감사의 예배를 드리게 해주세요.

사랑의 주 하나님! 여기 예쁜 아기들이 모여 있어요. 아직 예배가 무엇인지 모르는 아기들이에요. 부모님의 품에 안겨 자는 아기, 주변을 두리번거리는 아기, 울면서 보채는 아기, 아픈 아기도 있어요. 이 아기들의 상황을 가장 잘 아시는 하나님께서 아기들을 만져 주세요. 우리 아기들 마음에도 함께하시는 성령님, 아기들이 있는 모습 그대로 하나님

을 예배하게 도와주세요. 아기들이 드리는 예배를 받아 주세요.

특별히 이 시간 부모님을 붙들어 주세요. 아기를 돌보는 일이 기쁨이고 감사의 제목이에요. 힘들고 어려운 일이 있을 때 아기의 모습을 보면서 새 힘을 얻기도 해요. 그러나 한편으로 아기를 돌보는 일로 많이 피곤하기도 해요. 예배도 제대로 드리지 못하고, 성경을 읽거나 기도하는 것도 쉽지 않아요. 잠도 제대로 자지 못해서 몸이 많이 피곤하여 짜증이 날 때도 있어요. 어렵지만 포기하지 않고 더욱 말씀과 기도 생활에 충실하게 해주세요. 영적인 건강, 육적인 건강을 지켜 주세요. 아기들이 우리의 아기이기 전에, 하나님의 자녀라는 사실을 잊지 않게 해주세요.

영아부를 통해서 일하시는 하나님! 영아부를 섬기시는 전도사님(목사님)과 모든 선생님에게 은혜를 주세요. 맡겨진 일을 감당할 때마다 성령님이 새 힘을 주세요. 지혜와 명철을 주세요. 부모의 마음과 예수님 사랑의 마음으로 섬기게 해주세요.

영아부 사역을 통해서 아기들과 부모님들이 하나님을 예배하게 해주세요. 성경을 통해서 예수님을 배우고 믿게 해주세요. 한 주간 영아부 예배를 통해서 받은 은혜로 살게 하시고, 배운 말씀으로 승리하게 해주세요. 이제 말씀을 들어요. 전도사님(목사님)이 하나님의 말씀을 잘 전할 수 있도록 힘 주세요. 아기들도 부모님과 함께 말씀을 잘 듣도록 성령님께서 붙들어 주세요. 예수님의 이름으로 기도합니다. 아멘.

TIP
1 영아부에서 최근에 있었던 에피소드를 넣으면 공감할 수 있습니다.
2 아이들과 함께 드리는 기도이니 길이를 짧게 조절하는 것이 유익합니다.

교회학교 예배 대표기도문

유치부

그때에 예수님께서 대답하여 말씀하셨습니다. "하늘과 땅의 주인이신 아버지, 이것들을 지혜롭고 영리한 사람에게는 감추시고, 어린아이들에게는 보여 주셨으니 감사합니다."_마태복음 11장 25절, 쉬운성경

유치부를 많이 사랑하시는 하나님!

감사해요. 사랑해요. 오늘도 예배를 드릴 수 있도록 인도해 주셔서 많이많이 감사해요. 특별히 한 주간 건강하게 지내다가 나온 유치부 친구들과 함께 예배를 드릴 수 있어서 정말 기뻐요. 하나님이 가장 기뻐하실 것 같아요. 이 시간 유치부 친구들이 하나님 앞에 예배를 잘 드릴 수 있도록 예수님이 손잡아 주세요. 유치부 친구들 중에 나쁜 생각이나 미운 말을 한 친구들이 있다면 예수님이 용서해 주세요. 욕심을 부리고 친구들과 싸운 것도 용서해 주세요. 우리들의 모든 잘못을 용서해 주시고, 예수님과 함께 하나님이 기뻐하시는 예배를 드릴 수 있도록 도와주세요.

힘이 제일 세신 하나님! 유치부 친구들을 보호해 주세요. 나쁜 사탄이 유치부 친구들의 귀에 대고 계속 속삭이고 있어요. "주일에 교회 안 나가도 괜찮아. 예배 시간에 떠들어도 괜찮아. 친구랑 싸워도 괜찮아. 욕

심을 내고 거짓말을 해도 괜찮아." 이렇게 속삭이는 나쁜 사탄을 '힘이 제일 세신 하나님'이 물리쳐 주세요. 유치부 친구들이 늘 하나님이 가르쳐 주신 말씀대로 행동하도록 도와주세요. 나쁜 사탄의 거짓말에 속지 않도록 인도해 주세요. 나쁜 사탄이 올 때마다 힘이 제일 세신 하나님께 기도하게 해주세요. 나쁜 사탄이 오지 못하도록 힘이 제일 세신 하나님의 손만 꼭 붙들고 다니게 해주세요.

유치부를 많이 사랑하시는 하나님! 주일마다 모여 하나님을 예배하게 해주셔서 감사해요. 그런데 몸이 아파서 나오지 못하는 친구들이 있어요. 부모님이 예수님을 믿지 않아서 나오지 못해요. 텔레비전을 보느라, 다른 곳에서 노느라 예배하지 못하고 있어요. 유치부 친구들이 모두 교회로 나올 수 있도록 도와주세요. 하나님을 예배하는 유치부에 나오게 해주세요. 재미있는 예수님의 말씀을 배울 수 있는 유치부에 나오게 해주세요. 사랑이 많은 전도사님과 선생님들이 있는 유치부에 나오게 해주세요. 우리 모두 예수님을 믿어 천국에 갈 수 있게 해주세요.

하나님! 이제 유치부 친구들이 예배시간이 마칠 때까지 아름다운 모습으로 있게 해주세요. 선생님과 함께 신나게 찬양하고, 전도사님의 재미난 말씀을 잘 듣게 해주세요. 예수님의 이름으로 기도합니다. 아멘.

TIP
1 유치부에서 최근에 있었던 에피소드를 넣으면 공감할 수 있습니다.
2 아이들과 함께 드리는 기도이니 길이를 짧게 조절하는 것이 유익합니다.

교회학교 예배 대표기도문

유초등부

에스라가 죄를 고백하는 기도를 드리며 성전 앞에 엎드려 울었습니다. 그 때에 이스라엘의 남자와 여자와 어린아이들의 큰 무리가 에스라 둘레에 모여들었습니다. 그들도 큰 소리로 울었습니다. _에스라 10장 1절, 쉬운성경

어린이를 많이 사랑하시는 하나님!

오늘도 유초등부 어린이를 많이 사랑해 주셔서 감사해요. 주일날 다른 곳에 가지 않고 교회에 나올 수 있도록 인도해 주셔서 감사해요. 이 시간 하나님이 좋아하시는 예배를 드릴 수 있게 해주세요. 그런데 유초등부 어린이들이 지난 한 주간 생활하면서 하나님의 말씀대로 하지 않고, 예수님의 마음을 아프게 했던 생각이나 행동들이 있어요. 모든 잘못을 회개할 때 항상 용서해 주시는 예수님 앞으로 나아가게 해주세요. 그리고 예수님의 십자가 피로 용서를 받아, 깨끗한 마음으로 하나님을 예배하게 해주세요.

옛날 이스라엘에서 에스라 선생님의 주변에 남자와 여자와 어린아이가 하나님을 예배하고 말씀을 듣기 위해서 모였어요. 그것처럼 우리 유초등부 어린이들도 힘들고 어려운 환경에 있을지라도 주일에 교회로 나와 예배하게 해주세요. 하나님 앞에 나와 찬양하고 말씀 듣는 기쁨을

알게 해주세요. 성경을 배우고, 전도하는 은혜를 깨닫게 해주세요. 어린 사무엘이 점점 자라며 하나님과 백성을 기쁘게 한 것처럼 유초등부 어린이들이 자라면서 하나님의 은혜를 입고, 사람들에게 칭찬을 받게 해주세요. 집에서 부모님께 순종하고, 학교에서는 성실하게 공부하여 세상의 소금과 빛이 되게 해주세요.

유초등부를 사랑하시는 하나님! 우리 교회 유초등부를 통해 어린이들이 하나님을 예배하고, 말씀을 배우게 해주셔서 감사해요. 더욱 많은 어린이가 유초등부에 나올 수 있도록 도와주세요. 지금 이 시간에도 텔레비전 앞에서, 컴퓨터 앞에서, 친구들과 놀고 있는 어린이들이 많이 있어요. 사탄이 주는 시험에 속지 않게 해주세요. 이 어린이들을 예수님께서 우리 교회 유초등부로 인도해 주세요. 성경은 우리를 지혜롭게 하여 그리스도 예수를 믿는 믿음을 통해 구원을 얻게 하는 책입니다. 우리 유초등부가 성경을 배워 예수님을 믿게 하시고, 모두 함께 천국에 들어갈 수 있도록 인도해 주세요.

그리고 유초등부 어린이들이 빛의 자녀가 되게 해주세요. 어느 곳에 있든지, 무엇을 하든지 예수님을 나타내고, 예수님을 전하게 해주세요. 예수님이 예루살렘 성전에 들어가실 때 어린이들이 성전에서 "호산나 다윗의 자손이여"라고 찬송했듯이 이 시간 예배드릴 때 하나님을 찬송하고, 예수님의 말씀을 잘 듣게 해주세요. 오늘 함께 예배하지 못한 어린이들도 다음 시간에는 꼭 나오게 해주세요. 예수님의 이름으로 기도합니다. 아멘.

교회학교 예배 대표기도문

중등부

사랑으로 진리만을 말하고, 머리되신 예수 그리스도를 본받아 모든 면에서 성장하도록 하십시오. _에베소서 4장 15절, 쉬운성경

범사에 그리스도에게까지 자라기를 원하시는 하나님!

중등부 학생들이 한 자리에 모여서 예배하게 하시니 감사합니다. 수많은 유혹 속에서 때로는 흔들릴 때도 있었지만, 학생들을 거룩한 주일에 중등부 예배의 자리로 인도해 주셔서 감사합니다. 한 주간 생활하면서 지은 모든 죄를 회개합니다. 예수님의 십자가 보혈로 깨끗하게 씻어 주셔서 합당한 모습으로 하나님을 예배하도록 인도하여 주세요.

능력의 주 하나님! 질풍노도疾風怒濤의 청소년 시기를 보내고 있는 중등부 학생들이 곳곳에 도사리고 있는 유혹에 빠지지 않도록 보호해 주세요. 한없는 욕망으로 점점 눈이 어두워져 더 악하고 더러운 모습이 될 뿐인 옛 모습을 벗고 새 사람이 되라는 사도 바울의 말씀을 기억합니다. 악한 사탄은 교묘한 방법으로 중등부 학생들의 호기심을 자극하여 욕심을 따르게 하고 있습니다. 수단과 방법을 가리지 않고 악하고 더러운 옛 모습을 따르도록 현혹하고 있습니다. 이 사탄의 시험에 넘어

지지 않도록 붙잡아 주세요. 하나님보다 더 사랑하는 것들이 너무나 많고, 예수님보다 더 믿고 의지하는 것이 넘쳐나고 있습니다. 오, 하나님! 하나님의 능력으로 중등부 학생들이 세상의 유혹에 빠지지 않도록 막아 주세요. 예수 그리스도의 십자가 능력으로 한없는 욕망과 악하고 더러운 옛 모습을 버릴 수 있도록 능력을 주세요.

사랑의 주 하나님! 사랑이 절실한 중등부 학생들을 많이 사랑해 주셔서 감사합니다. 하나님의 사랑의 증표가 예수 그리스도의 십자가라는 사실이 안심이 됩니다. 말씀이 중심이 되고 기도가 호흡이 되는 것이 예수 그리스도 안에 거하는 삶인 줄 압니다. 중등부 학생들이 날마다 예수 그리스도 안에 거하도록 인도하여 주세요. 세상의 그 무엇으로도 끊을 수 없는 하나님의 사랑의 품에 안겨 평안을 누리도록 은혜를 주세요. 급격한 자신의 변화에 놀랍기도 하고 신기해하기도 하지만, 한편으로 불안하고 두려울 때가 많습니다. 이처럼 육신적으로나 정신적으로 불안정한 중등부 학생들을 하나님의 넓으신 품에 안아 주시고, 십자가의 따스한 사랑의 포근함을 느낄 수 있게 해주세요.

중등부 학생들이 우리 믿음의 시작이며, 또 믿음을 완전하게 하시는 예수님만 바라보게 해주세요. 신앙을 지키는 것이 학생들 사이에서 비웃음과 조롱의 이유가 되며 심지어 왕따를 당할 수도 있겠지만, 지칠 때라도 낙심하지 말고 예수님의 본을 따를 수 있도록 은혜를 주세요. 예수님이 가신 십자가의 길을 걷게 해주세요. 이 시간 말씀을 통해서 새 힘을 허락하여 주세요. 예수님의 이름으로 기도합니다. 아멘.

교회학교 예배 대표기도문

고등부

다니엘은 왕이 새 법에 도장을 찍은 것을 알고도 자기 집 다락방으로 올라가 늘 하던 것처럼 하루에 세 번씩 무릎을 꿇고 하나님께 기도하며 감사를 드렸습니다. 그 방 창문은 예루살렘 쪽을 향해 열려 있었습니다.
_다니엘 6장 10절, 쉬운성경

늘 기도하며 하나님께 감사하기를 원하시는 하나님!

오늘도 우리의 걸음을 하나님을 예배하는 자리로 인도하여 주셔서 감사합니다. 전심으로 하나님을 찬양하고, 능력의 말씀을 듣도록 고등부 예배로 나오게 해주셔서 감사합니다. 예수 그리스도의 십자가 보혈로 우리를 깨끗하게 씻어 주세요. 예배에 합당한 모습이 되어, 하나님만을 전심으로 예배하도록 역사하여 주시길 간절히 원하고 원합니다.

고등부를 사랑하시는 하나님! 감사합니다. 우리에게 고등부가 있다는 것이 감사합니다. 함께 웃고, 울고, 떠들고, 실수도 하는 친구들과 함께 하나님을 예배할 수 있어서 감사합니다. 연약하고 부족하지만 하나님의 사람들이 모인 고등부가 우리 교회에 있다는 것이 진심으로 기쁩니다. 그런데 이처럼 좋은 고등부에 나오지 못하는 친구들이 있습니다. 가정 형편 때문에, 학원의 보충 수업이나 과외 수업 때문에, 친구들과의 약속 때문에, 고등부가 재미없기 때문에, 그 누군가가 보기 싫기 때문에, 고등부에 나와 함께 은혜를 나누지 못하고 있습니다. 하나님, 어떻게 하면 좋을지 모르겠습니다. 하나님께서 우리 친구들의 마음을 변화시켜 주시길 원합니다. 꼭 함께 나와서 하나님을 예배하고, 예수님을 배워 천국 시민이 될 수 있도록 인도해 주세요.

마음을 새롭게 하라는 말씀을 따라 새 사람이 되어 하나님을 닮아 선하고 거룩하게 살아가도록 우리 고등부 학생들을 지켜 주세요. 우리는 예수 그리스도라는 한 몸에 속했으니 서로를 진실하게 대하도록 하여 주세요. 한 주간 학교나 학원에서 하루 종일 공부를 합니다. 좋은 대학에 들어가기 위해서 치열한 경쟁을 벌이고 있습니다. 그런데 정작 하늘 대학에 들어가기 위해서는 아무런 준비도, 그 어떤 노력도 하지 않는 우리의 모습을 봅니다. 공부만 열중했고, 쉴 때는 놀기에만 바빴습니다. 한 주간 내내 하나님이 누구신지, 예수님의 십자가가 나에게 어떤 의미인지, 성경이 무엇이고 기도가 어떤 것인지 전혀 생각할 겨를도 없었습니다.

하나님, 우리의 심령을 새롭게 변화시켜 주세요. 새 사람이 되어 하나님의 모습처럼 선하고 거룩하게 살아가도록 역사하여 주세요. 열심히 공부하는 학생이지만 동시에 성실하게 하나님을 예배해야 할 성도라는 사실도 잊지 않게 해주세요. 선의의 경쟁을 해야 하는 친구들이지만 동시에 하나님의 나라에 함께 들어가야 할 지체라는 것을 기억나게 해주세요. 그래서 우리 고등부 학생들 모두가 천국의 시민권을 가진 하나님의 백성이 되게 해주세요. 다니엘처럼 정말로 힘들고 어려운 상황 속에서 기도하며 신앙을 지킬 수 있도록 우리 모두에게 담대한 믿음을 주세요. 우리의 삶을 인도해 주실 줄 믿습니다. 하나님께 모든 것을 의지하며, 예수님의 이름으로 기도합니다. 아멘.

교회학교 예배 대표기도문

청년대학부

주의 권능의 날에 주의 백성이 거룩한 옷을 입고 즐거이 헌신하니 새벽이슬 같은 주의 청년들이 주께 나오는도다 _시편 110편 3절

새벽이슬 같은 주의 청년들을 기다리시는 하나님!

주의 청년들을 한 자리로 모이게 하시고, 하나님을 향한 찬양과 경배를 드리게 하시니 감사합니다. 이 시간 주 앞에 열정적으로 드린 찬양이 노래로 끝나지 않도록 성령님께서 우리의 삶에 역사하여 주시기 원합니다. 이 예배실 안에서뿐만 아니라 어디에서 무엇을 하든지 하나님을 예배하는 찬양의 삶이 되도록 성령님께서 역사하여 주소서. 그리스도의 말씀으로 우리의 삶을 풍성하게 채워, 주신 지혜로 서로를 가르치고 세워 주도록 도와주소서. 시와 찬양과 신령한 노래로 감사한 마음을 하나님께 아뢰고, 말과 행동을 우리 주 예수님을 위해 하는 것처럼 하도록 우리를 지켜 주소서. 우리의 말과 행동으로 하나님 아버지께 감사를 드리는 것이기 때문입니다. 말씀을 힘입어 새벽이슬 같은 주의 청년들이 세상을 향해 나아가도록 인도하여 주소서.

주의 청년들을 사랑하시는 하나님! 젊음의 날에, 괴로운 날들이 닥치기

전에, 사는 것이 낙이 없다고 말할 때가 오기 전에 창조주를 기억하라는 말씀을 기억합니다. 이 시간 고개를 숙인 청년대학부의 모든 지체가 창조주를 기억하며 살기를 원합니다. 세상은 돈과 명예를 가지고 청년들을 유혹하고 있습니다. 이성적인 사고와 합리적인 행동을 요구하며, 성경의 진리를 상대적인 진리로 바꾸고 있습니다. 행복한 삶을 위한 학력과 경력 쌓기에 모든 힘과 시간을 쓰게 만들고 있습니다. 이와 같은 상황에서 창조주를 기억하는 것이 얼마나 어리석게 보이는지 모릅니다. 그런 환경 속에서도, 비록 연약하여 늘 넘어지지만 포기하지 않고 예수님의 십자가를 붙든 신실한 주의 청년들이 있음을 감사합니다. 진실로 지혜로운 자가 되기 위해 어리석은 자가 되는 역설적인 신앙의 삶이 되게 하소서.

하나님, 우리 청년대학부에게 은혜를 주시어 우리가 하나님의 성전인 것을, 하나님의 성령께서 우리 안에 계신다는 것을 기억하도록 도와주소서. 우리가 하나님의 성전을 멸하면 하나님께서 우리를 멸하실 것임을 바로 알아 하나님의 성전으로서 거룩하게 살아야 함을 깨닫게 하소서. 우리 힘으로는 일초도 거룩할 수 없음을 고백합니다. 항상 십자가 보혈의 능력을 의지하여 거룩한 삶을 살 수 있도록 역사하여 주소서.

젊은 시절을 즐거워하고 젊은 날에 마음이 원하는 것과 눈이 보는 것을 따라 즐겨라. 그렇지만 이 모든 일에 하나님의 심판이 있다는 것도 기억하라고 성경은 우리에게 말씀합니다. 하나님, 우리로 하여금 하나님이 보여 주신 길을 가게 하소서. 길이신 예수 그리스도를 따라가게 하소서. 헛되고 헛된 이 세상의 성공과 행복을 쫓아가는 어리석음에서 벗어나, 영원한 성공과 행복을 보증하시는 예수님 앞으로 나아가게 하소서. 예수님의 이름으로 기도합니다. 아멘.

교회학교 예배 대표기도문

유소년부 학부모기도회

나를 사랑하는 자들이 나의 사랑을 입으며 나를 간절히 찾는 자가 나를 만날 것이니라 _잠언 8장 17절

간절히 구하는 자를 만나 주시는 하나님!

이 시간 유소년부 학부모 기도회로 모이도록 믿음을 주시니 감사합니다. 간절히 기도할 때 응답하시는 하나님을 소망하며 나왔으니 우리의 기도를 응답하여 주소서. 우리의 기도가 자신의 유익을 위한 탐욕이 되지 않도록 예수 그리스도의 십자가를 붙들고 무릎 꿇게 하소서. 십자가 보혈로 우리의 생각과 심령을 정결하게 씻어 주소서. 오직 하나님이 보시기에 선한 기도의 제목들을 가지고 한마음으로 간구하도록 역사하여 주소서. 부모의 마음으로 유소년부를 위해서 기도할 때 응답하여 주소서.

유소년부를 사랑하시는 하나님! 유소년부가 성령의 능력으로 부흥하게 하소서. "마땅히 행할 길을 아이에게 가르치라 그리하면 늙어도 그것을 떠나지 아니하리라" 하는 말씀을 따라 가르칩니다. 어린이들의 심령에 예수 그리스도의 복음이 온전히 뿌리내리도록 인도하여 주소

서. 매주일 예배를 통해 하나님을 경외하게 하소서. 설교와 성경 공부를 통해 예수 그리스도의 복음을 깨달아 예수님을 바르게 믿도록 인도하소서. 다양한 프로그램을 통해 주 안에서 교제하며 믿음의 친구들로 자라나게 하소서. 유소년부 어린이들이 각각의 환경과 상황은 다를지라도 예수 그리스도 안에서 한 몸을 이루며 성령의 열매를 맺도록 역사하여 주소서.

유소년부 어린이의 가정을 돌보시는 하나님! 우리의 가정이 하나님을 경외하는 가정이 되도록 역사하여 주소서. 학부모인 우리가 먼저 아이들에게 그리스도를 따르는 본을 보여 주도록 도와주소서. 말씀을 읽는 것과 기도하는 것에 소홀하지 않도록 도와주시고, 유소년부의 사역을 돕는 일에 적극적인 학부모가 되도록 이끌어 주소서.

"가르침을 받는 자는 말씀을 가르치는 자와 모든 좋은 것을 함께하라"는 말씀을 기억합니다. 유소년부를 위해서 수고하시는 전도사님과 선생님에게 은혜를 내리어 주소서. 복음에서 흔들리지 않도록 늘 붙들어 주시고, 가르치는 모든 것이 예수 그리스도의 복음이 되게 하소서. 전도사님에게는 말씀의 풍성한 은혜를 주시어 말씀을 준비하시고 전하실 때마다 성령님이 감동하여 주소서. 모든 선생님에게도 가르침의 은사를 더욱 풍성히 하사 어린이들의 눈높이 맞추어 성경을 가르치며, 주 안에서 교제하도록 인도하여 주소서.

이 시간 우리의 기도가 불씨가 되어 유소년부에 기도의 불길이 타오르게 하소서. 예수님의 이름으로 기도합니다. 아멘.

교회학교 예배 대표기도문

중등부 학부모기도회

마노아가 여호와께 기도하여 이르되 주여 구하옵나니 주께서 보내셨던 하나님의 사람을 우리에게 다시 오게 하사 우리가 그 낳을 아이에게 어떻게 행할지를 우리에게 가르치게 하소서 하니 _사사기 13장 8절

아이에게 어떻게 행할지를 가르쳐 주시는 하나님!

중등부 학부모기도회로 모여 하나님 앞에 간구합니다. 삼손의 아버지 마노아가 "우리가 낳을 아이에게 어떻게 행할지를 가르치소서"라고 기도했던 심정으로 하나님 앞에 나왔습니다. 이 시간 기도할 때에 하나님이 응답하여 주시고, 하나님의 뜻이 중등부를 통해 이루어지도록 역사하여 주소서. 이 시간 모인 중등부 학부모들에게 믿음을 주셔서, 이 시간 기도가 형식적이고 습관적인 기도회가 되지 않도록 역사하여 주소서. 간절함으로 밤새도록 하나님의 사람과 씨름하였던 야곱처럼 우리도 기도하도록 도와주소서.

중등부의 갈 길을 아시는 하나님! 감사합니다. 예수 그리스도를 통해 중등부의 갈 길을 명확하게 보여 주셔서 감사합니다. 이 세상을 본받지 말고, 마음을 새롭게 하여 변화를 받으라는 사도 바울의 말씀대로 우리가 변화되길 기도합니다. 그렇게 변화를 받으면 하나님의 선하시고 기

뻐하시고 온전하신 뜻이 무엇인지를 분별할 수 있다고 하셨으니, 우리에게 변화를 받는 은혜를 베풀어 주소서. 그리하여 중등부의 사역을 기도로 돕는 학부모가 될 수 있도록 도와주소서.

중등부에 나와 예배하고 말씀을 배우는 모든 학생이 길과 진리와 생명이신 예수님을 믿게 하시고, 영원히 주리거나 목마르지 않는 생명의 양식과 생명수를 마시며, 좁은 십자가의 길을 향해 나아갈 수 있도록 역사하여 주소서. 예수님의 십자가의 은혜를 통해 구원과 영생의 기쁨을 누리도록 역사하여 주소서.

"우리가 다 하나님의 아들을 믿는 것과 아는 일에 하나가 되어 온전한 사람을 이루어 그리스도의 장성한 분량이 충만한 데까지 이르리니 이는 우리가 이제부터 어린아이가 되지 아니하여 사람의 속임수와 간사한 유혹에 빠져 온갖 교훈의 풍조에 밀려 요동하지 않게 하려 함이라."

중등부 학생들을 유혹하는 것들이 많지만, 우리 중등부가 믿음의 울타리가 되어서 이들을 보호하고 지도하여, 예수님을 닮아가는 자녀들이 되도록 도울 수 있기를 기도합니다. 무엇보다도 중등부 학생들의 마음이 사탄의 유혹에 빠지지 않도록 보호하여 주소서. 영혼을 파괴하는 육체의 정욕에 빠지지 않도록 말씀과 찬양이 주는 은혜로 넘치게 하소서.

중등부의 부흥을 주시는 하나님! 부흥은 하나님의 손에 달려 있음을 믿습니다. 학부모로서 전능하신 하나님의 자비와 긍휼을 구하며 간구합니다. 중등부의 부흥을 통해 우리 자녀들이 '하나님의 자녀'로 살아가도록 역사하여 주소서. 예수님의 이름으로 기도합니다. 아멘.

교회학교 예배 대표기도문

고등부 학부모기도회

이에 회당장인 야이로라 하는 사람이 와서 예수의 발아래에 엎드려 자기 집에 오시기를 간구하니 이는 자기에게 열두 살 된 외딸이 있어 죽어감이러라 _누가복음 8장 41-42절

죽음의 권세를 이기시는 하나님!

고등부 학부모기도회로 모여서 하나님의 자비와 긍휼을 구합니다. 회당장 야이로가 죽어가는 딸을 보면서 절박한 심정으로 예수님의 발아래에 엎드렸듯이, 이 시간 세속에 물들어 영적인 죽음을 향해 가는 자녀들을 앞에 놓고, 하나님 앞에 겸손히 무릎을 꿇었습니다. 죽음의 권세를 능히 이기시는 하나님! 우리의 자녀들을 살려 주소서. 예수 그리스도의 십자가가 우리의 자녀에게 새로운 생명이 되도록 역사하여 주실 줄 믿습니다. "너는 내게 부르짖으라 내가 네게 응답하겠고 네가 알지 못하는 크고 은밀한 일을 네게 보이리라" 하신 하나님. 이 시간 고등부 학부모들이 한마음이 되어 하나님 앞에 부르짖습니다. 이곳에 함께하여 주소서. 저희들의 기도에 응답하여 주소서.

고등부를 사랑하시는 하나님! 우리 교회 고등부를 통해 하나님을 예배하고, 말씀을 배울 수 있게 하시니 감사합니다. 고등부가 영적인 사명

을 잘 감당하도록 은혜에 은혜를 더 하여 주소서. 고등부를 지도하시는 목사님에게 능력을 더하여 주셔서, 하나님의 말씀만을 전하시는 참 목자가 되게 하소서. 선생님들에게 믿음과 소망과 사랑을 주시어, 다루기 힘든 학생들을 대할 때 말씀과 기도로 가르치게 하소서. 이름도 빛도 없이 고등부의 사역을 조력하고 계시는 많은 성도에게도 동일한 은혜를 주셔서, 그 모든 수고가 헛되지 않도록 성령님께서 역사하여 주소서. 이 모든 눈물과 땀과 기도가 고등부 사역의 결실이 되게 하소서.

고등부 학생들을 붙들어 주시는 하나님! 호기심이 많아 하고 싶은 것이 많은 나이에 하루의 대부분을 학교나 학원에서 보내야 하는 고등부 학생들을 긍휼히 여겨 주소서. 과도한 입시 경쟁으로 육신적 정신적 스트레스를 받으며, 좋은 친구도 사귀기 힘들고 마음을 터놓고 이야기할 만한 친구들이 없습니다. 양의 탈을 쓴 이리처럼 교묘하게 학생들을 유혹하고 있는 사탄의 계략을 감당할 수 없습니다. 우리 아이들을 지켜주소서. 혹시 인터넷 중독, 게임 중독, 음란물 중독 같은 것에 빠졌다면 사태를 인식하고 회복하도록 역사하여 주소서. 성령님께서 주시는 힘으로만 이 모든 것을 이길 수 있음을 고백합니다.

우리 안에 성령님을 두어 하나님의 법을 잘 지키도록 하겠다 말씀하신 하나님. 성령님의 능력으로 모든 악한 영과의 싸움에서 승리하도록 역사하소서. 예수 그리스도의 복음 안에서 참 자유, 영원한 안식을 누릴 수 있도록 인도하여 주소서. "기도를 계속하고 기도에 감사함으로 깨어 있으라" 하시는 말씀을 따라 고등부를 위해서 계속 기도하게 하소서. 우리 고등부를 통해 일하실 하나님을 찬양하며, 예수님의 이름으로 기도합니다. 아멘.

교회학교 예배 대표기도문

고3 학부모기도회

네 조상들도 알지 못하던 만나를 광야에서 네게 먹이셨나니 이는 다 너를 낮추시며 너를 시험하사 마침내 네게 복을 주려 하심이었느니라
_신명기 8장 16절

시험을 통해 복 주시기 원하시는 하나님!

오늘도 우리를 기도의 자리로 모이도록 은혜를 주시니 감사합니다. 중요한 시험을 앞둔 자녀들을 위해서 기도할 때에 하나님이 하나님의 방법으로 응답하여 주소서. 대입 시험을 앞둔 학생이나 부모의 마음이 똑같습니다. 이 시간 기도회를 통해 시험 속에 담겨 있는 하나님의 비밀을 깨닫는 시간이 되도록 역사하여 주소서. 단순히 '합격'을 달라고 요청하고, '합격'을 위해서 무엇을 하겠다고 하나님과 거래하는 시간이 되지 않도록 인도하여 주소서. 오직 하나님의 선하심과 인자하심을 바라며, 하나님과 소통하는 은혜로 채워 주소서.

고3 학생들을 사랑하시는 하나님! 대입 시험을 코앞에 두고 마음이 많이 불안하고 초조합니다. 주님께서 우리에게 주시는 평안은 세상이 주는 것과 같지 않다고 하셨습니다. 근심하지 말고 두려워하지도 말라시는 주님의 말씀대로 예수님이 주시는 평안을 누리게 하소서. 예수님이

주시는 평안 속에서 최선을 다해 시험을 준비하게 하소서. 그들의 목적이 단순히 좋은 대학, 명문 대학이 되지 않게 하소서. 하나님의 영광이 그들의 목적이 되게 하셔서, 고3의 시간이 공부하는 것 때문에 하나님을 잃어버리거나 예수님을 부인하는 일이 생기지 않게 하소서. 오히려 하나님의 영광을 위해서 '무엇을 하며, 어떻게 준비하며, 왜 그렇게 해야 하는지'에 대한 확실한 방향을 설정할 수 있도록 역사하여 주소서. 하나님의 섭리 안에서 비전을 발견하고, 그것을 위해 노력하는 시간이 되게 하여 주소서. 바쁘기 때문에 더욱 말씀을 보고, 불안하기 때문에 더욱 기도하는 고3의 시간이 되도록 인도하여 주소서.

고3 가정의 소망이신 하나님! 우리가 자녀들의 명문대 입학을 소망으로 삼지 않기를 기도합니다. 자비로우신 하나님께서 우리에게 주신 산 소망, 그분의 자녀들에게 주려고 준비해 두신 썩지 않고 변하지 않는 복을 소망하게 하소서. '명문대 입학'이 소망이 될 때 우리는 힘들 수밖에 없습니다. 그것이 전부가 되고, 그것에 모든 것을 걸 때 고3의 가정은 영적으로 흔들릴 수밖에 없습니다. 유한한 것을 위해서 영원한 것을 포기하는 어리석음을 범할 수밖에 없습니다. 자녀를 향한 우리의 욕심을 십자가 앞에 내려놓고, 하나님이 우리의 자녀를 통해서 어떻게 일하실지를 기대하며, 고3인 자녀를 위해서 계속 기도하게 하소서.

오, 주님! 예수 그리스도를 바라보게 하소서. 그분의 십자가와 부활을 통해서 거저 받은 하늘의 소망을 잊지 말게 하소서. 예수님의 이름으로 기도합니다. 아멘.

교회학교 예배 대표기도문

수능고사일 기도회

오직 여호와를 앙망하는 자는 새 힘을 얻으리니 독수리가 날개치며 올라감 같을 것이요 달음박질하여도 곤비하지 아니하겠고 걸어가도 피곤하지 아니하리로다 _이사야 40장 31절

여호와를 앙망하는 자에게 새 힘을 주시는 하나님!

수능고사일에 모여 하나님의 자비와 긍휼을 구하게 하시니 감사합니다. 이 기도회가 우리의 욕심을 이루기 위한 기도회가 되지 않도록 은혜를 베풀어 주소서. 오직 선하신 하나님의 인도하심을 구하며 하나님의 뜻이 이루어지를 간구하는 시간이 되도록 역사하여 주소서. 기도하는 우리의 심령을 예수 그리스도의 보혈로 깨끗하게 씻어 주시고, 정결한 마음으로 하나님 앞에 간구하게 하소서.

수능일까지 수험생을 인도하신 하나님! 감사합니다. 하나님의 은혜로 이제 시험을 치르고 있습니다. 수능을 보는 수험생들에게 새 힘을 주소서. 여호와를 앙망하는 자에게 새 힘을 주실 것인데, 독수리가 날개 치며 올라감 같을 것이라고 말씀하셨습니다. 수험생들이 하나님을 의지함으로 새 힘을 받아 그동안 준비한 모든 것을 쏟아 시험에 임할 수 있도록 역사하여 주소서. 긴장하여 실수하지 않도록 붙들어 주소서. 마음

에 평안을 주셔서 차분하게 문제들을 하나씩 해결해 나아갈 수 있도록 인도하여 주소서. 쉬운 문제는 한 번 더 꼼꼼히 점검하고, 어려운 문제에 당황하지 말고 더욱 신중하게 생각하여 해결해 나가도록 지혜와 명철을 주소서. 부정행위나 요령을 바라는 마음을 버리게 하시고, 마지막 시험 시간까지 최선을 다하여 시험에 임하도록 은총을 베풀어 주소서.

수험생들의 앞날을 지도하시는 하나님! 수험생들에게 시험이 인생이 전부가 아니라는 사실을 알게 하소서. 수능이 인생에 중요한 시험이겠지만 그것이 인생을 결정하는 것이 아니라, 인생을 결정하시는 분은 예수 그리스도임을 믿게 하소서. 시험 때문에 인생에 가장 중요한 것을 잃어버리지 않도록 역사하여 주소서. 우리가 마음으로 길을 계획하더라도 그의 걸음을 인도하시는 분은 여호와 하나님이심을 믿게 하소서. 수험생이 그들의 걸음을 지도하시는 하나님의 말씀을 듣게 하시고, 그 말씀에 온전히 순종하게 하소서. 시험의 결과가 어떠하든지 지나치게 흥분하거나 과하게 좌절하지 않도록 붙들어 주소서. 하나님께서 지으신 모든 것은 선하여서 감사함으로 받으면 버릴 것이 없다는 말씀대로 시험의 결과를 감사함으로 받아들일 수 있도록 수험생들에게 은총을 베풀어 주소서.

수험생들의 가정을 사랑하시는 하나님! 수험생들의 가정을 위로하여 주소서. 그동안 수험생 못지않게 여러모로 긴장되고 힘든 시간을 보냈습니다. 이들의 가정에 평안을 내리어 주소서. 수험생처럼 수능의 결과 앞에 믿음이 흔들리지 않게 하시고, 더욱 예수님을 바라보며, 반드시 선한 길로 인도해 주실 하나님만을 전적으로 의지하는 가정이 될 수 있도록 도와주소서. 예수님의 이름으로 기도합니다.

> 교회학교 예배 대표기도문

교사기도회

너희는 강하고 담대하라 두려워하지 말라 그들 앞에서 떨지 말라 이는 네 하나님 여호와 그가 너와 함께 가시며 결코 너를 떠나지 아니하시며 버리지 아니하실 것임이라 _신명기 31장 6절

강하고 담대하여 두려워하지 말라고 하시는 하나님!

교사기도회로 모일 수 있도록 은혜를 주셔서 감사합니다. 이 자리에 모인 모든 교사가 겸손히 하나님 앞에 무릎을 꿇습니다. 복음을 가르치는 중대한 사명을 받으신 분들입니다. 이 시간 모든 교사의 심령을 예수 그리스도의 보혈로 깨끗하게 씻어 주시고, 십자가의 사랑으로 충만하게 하소서. 이 충만함을 가지고 하나님 앞에 간절히 부르짖는 성령 충만한 기도회가 되도록 역사하여 주소서.

교사들에게 사명을 주신 하나님! 이 사명을 교사들이 잊지 않도록 매 순간 일깨워 주소서. 교권이 무너지고 학생들이 일탈하는 학교 교육의 위기 속에서 교회학교도 그 영적 권위를 잃어버리고 있습니다. 교회학교의 영적 권위, 교사들의 영적 권위도 땅에 떨어져 학생들에게 성경을 가르치고, 성경으로 양육하는 것이 매우 힘이 듭니다. 많은 교사가 교사직을 감당하길 어려워하고 있으며, 교사직을 포기하고 있습니다. 힘

들고 어려울지라도 모든 교사가 하나님이 주신 사명을 포기하거나 잃어버리지 않도록 붙들어 주소서. "하나님의 은사와 부르심에는 후회하심이 없느니라"는 말씀을 믿게 하시어, 교사의 사명을 끝까지 감당할 수 있도록 역사하여 주소서.

교사들의 삶을 인도하시는 하나님! 교사들의 삶이 믿음의 삶이 되도록 역사하여 주소서. 교회학교 교사이기 전에 가정주부이고 직장인이며 자영업을 하거나 학생이기도 합니다. 다양한 직업을 가지고 분주한 삶을 살고 있지만 하나님의 부르심에 순종하여 교사의 직분을 감당하고 있습니다.

"하늘에 계시는 주여 내가 눈을 들어 주께 향하나이다. 상전의 손을 바라보는 종들의 눈같이, 여주인의 손을 바라보는 여종의 눈같이 우리의 눈이 여호와 우리 하나님을 바라보며 우리에게 은혜 베풀어 주시기를 기다리나이다."

늘 하나님을 바라보게 하소서. 분주하고 힘든 상황만을 볼 때 결국 직분을 감당할 수 없습니다. 넘어지고 쓰러져 원망과 불평 가운데 하나님을 떠날 수밖에 없습니다. 오직 하나님께서 열어 주실 은혜를 사모하며 나아가도록 역사하여 주소서.

교회학교의 부흥을 주시는 하나님! 교사들의 기도와 헌신을 긍휼히 여겨 주셔서, 교회학교의 부흥을 허락하여 주소서. 교사들이 계속해서 기도의 밀알이 되고, 헌신의 밀알이 되어 영혼이 살아나는 열매를 허락하여 주소서. 예수님의 이름으로 기도합니다. 아멘.

교회학교 예배 대표기도문

입학예배

여호와께서 여호수아에게 이르시되 내가 오늘부터 시작하여 너를 온 이스라엘의 목전에서 크게 하여 내가 모세와 함께 있었던 것같이 너와 함께 있는 것을 그들이 알게 하리라 _여호수아 3장 7절

새롭게 시작하도록 은혜를 주신 하나님!

교회학교 입학 예배를 드리게 하시니 감사합니다. 모든 학생이 교회학교의 첫 시작을 예배함으로 나아가게 하심을 더욱 감사합니다. 이 시간 함께 예배하는 모든 성도, 학생과 학부모에게 자비와 긍휼을 베풀어 주셔서 하나님의 기쁨이 되는 예배가 되도록 역사하여 주소서. 예수 그리스도의 십자가 보혈로 우리의 죄 된 모습을 씻어 주시어, 오직 하나님께 영광을 돌려 드리는 예배가 되도록 역사하여 주소서.

이 시간 교회학교에 입학하는 학생들을 축복합니다. 하늘의 신령한 복을 이들에게 내려 주소서. 교회학교를 통해 하나님을 예배하며 성경을 배움으로 신앙이 자라나게 하소서. 주안에서 교제하며 다양한 교육 프로그램을 통해 하나님 나라의 성품을 가지도록 인도하여 주소서. 각 부서의 눈높이에 맞는 예배와 교육이 이들의 인생을 선택하고 결정짓는 데 기초가 되어서 세상에서의 큰 일꾼, 하나님의 복음을 위한 큰 일꾼

이 되게 하소서.

학생들의 삶을 인도하시는 하나님! 교회학교 학생들이 주일을 온전히 지킬 수 있도록 믿음을 주소서. 토요일이 주일을 준비하는 날이 되고, 한 주일 시작하는 첫 날 주일에 나와 하나님을 예배하고 말씀을 배울 수 있도록 삶을 이끌어 주소서. 예배를 드리는 것보다, 말씀을 배우고 익히는 것보다 더 중요한 것이 없게 하시어 가장 소중한 시간을 하나님을 위해서 먼저 드리는 믿음의 사람이 되게 하소서.

"우리가 다 하나님의 아들을 믿는 것과 아는 일에 하나가 되어 온전한 사람을 이루어 그리스도의 장성한 분량이 충만한 데까지 이르리니, 이는 우리가 이제부터 어린 아이가 되지 아니하여 사람의 속임수와 간사한 유혹에 빠져 온갖 교훈의 풍조에 밀려 요동하지 않게 하려 함이라."

교회학교를 섬기는 모든 청지기에게 은혜를 주시는 하나님! 교회학교가 제대로 역할을 감당할 수 있도록 모든 청지기에게 은혜를 베풀어 주소서. 자신의 자리를 잘 지키게 하소서. 맡겨진 사명을 충성 되게 감당할 수 있도록 지혜와 능력을 허락하여 주소서. 말씀을 가르치는 교육과 학생들을 관리하는 행정이 유기적으로 잘 움직여서 부흥하는 교회학교가 되게 하소서. 각 부서도 서로 협력하여서 학생들이 체계적이고 연속성이 있게 양육될 수 있도록 역사하여 주소서. 권위적인 교회학교가 아닌, 영적 권위를 가진 교회학교가 되어 믿음과 사랑과 소망의 열매를 맺도록 역사하여 주소서. 이제 시작입니다. 성령님께서 세밀하게 인도하여 주소서. 예수님의 이름으로 기도합니다. 아멘.

교회학교 예배 대표기도문

졸업예배

그는 너희보다 먼저 그 길을 가시며 장막 칠 곳을 찾으시고 밤에는 불로, 낮에는 구름으로 너희가 갈 길을 지시하신 자이시니라 _신명기 1장 33절

밤에는 불로, 낮에는 구름으로 인도하시는 하나님!

교회학교 학생들의 졸업을 감사하며 하나님께 예배를 드리게 하시니 감사합니다. 지금까지 하나님이 베풀어 주신 은혜를 기념하며 기뻐하는 예배가 되도록 성령님께서 역사하여 주소서. 이 시간 예배하는 모든 심령을 예수 그리스도의 십자가로 품어 주시어, 십자가의 공로만을 의지하여 나아가는 신령한 예배가 되도록 인도하여 주소서. 졸업자의 잔치가 아닌, 하나님께 모든 영광을 돌려 드리는 예배를 드리게 하소서.

졸업까지 인도해 주신 하나님! 감사합니다. 교회학교 학생들이 그동안 배운 말씀을 통해 더 깊이 하나님을 알고, 더 넓게 예수님을 배우고, 더 깊게 성령님의 은혜를 경험할 수 있었습니다. 이제 졸업하여 나아가는 학생들의 발걸음에 하나님께서 친히 동행하여 주셔서, 지금까지 인도하신 것처럼 앞으로의 삶에도 하나님의 크신 역사를 이루어 주소서.

"오직 강하고 극히 담대하여 나의 종 모세가 네게 명령한 그 율법을 다

지켜 행하고 우로나 좌로나 치우치지 말라. 그리하면 어디로 가든지 형통하리니 이 율법책을 네 입에서 떠나지 말게 하며 주야로 그것을 묵상하여 그 안에 기록된 대로 다 지켜 행하라. 그리하면 네 길이 평탄하게 될 것이며 네가 형통하리라." 하나님의 명령을 듣습니다. 이 말씀을 온전히 지켜 행함으로 하나님이 주시는 형통의 은혜를 내리어 주소서.

무엇보다도 교회학교 학생들을 위해서 눈물과 땀을 흘리신 선생님을 축복합니다. 학생들과 함께 동고동락하며 하나님의 말씀, 예수 그리스도의 복음을 나누었습니다. 힘들고 어려울 때도 많았지만 그때마다 자기를 부인하고 자기 십자가를 지켜 예수님의 말씀에 순종하며 나아갔습니다. 이 헌신으로 지금 학생들이 행복하게 졸업하고 있습니다. 잃어버린 하나님의 형상을 회복하였고, 복음의 사명을 감당하는 천국 일꾼이 되었습니다. 오, 하나님! 이 귀한 사명을 감당하고 계신 선생님을 하나님께서 동행하여 주시고, 복을 내려 주소서. 굳게 서서 흔들리지 말고 항상 주님의 일을 위해 자신을 드리라는, 주님을 위해 일한 우리의 수고는 결코 헛되지 않는 것임을 기억하라는 사도 바울의 말씀을 기억합니다. 선생님을 포함한 우리 모두가 이 말씀을 붙들고 계속해서 귀한 사명을 감당할 수 있도록 역사하여 주소서.

이제 졸업하는 모든 학생이 예수님을 깊이 묵상하며, 예수님을 닮아, 가는 곳마다 그리스도의 향기를 내며, 그리스도의 편지가 되게 하소서. 이들이 가는 곳마다 어둠이 밝아지며, 생명의 역사가 일어날 수 있도록 인도하여 주소서. 특히 다음세대를 준비하는 일에 더욱 집중하는 교회학교가 되게 하소서. 모든 것을 주님 앞에 내어 맡기며 예수님의 이름으로 기도합니다. 아멘.

교회학교 예배 대표기도문

여름성경학교

여호와여, 주의 길을 나에게 가르쳐 주소서. 내가 주의 진리를 따라 걷겠습니다. 나에게 변함없는 마음을 주소서. 내가 주의 이름을 높이고 존경하겠습니다. _시편 86편 11절, 쉬운성경

변함없는 마음으로 하나님을 배우라고 말씀하시는 하나님!

감사해요. 즐거운 방학이 시작되자마자 말씀 잔치로 우리를 초대해 주셔서 감사해요. 하나님의 말씀으로 즐거운 성경학교가 되게 해주세요. 즐겁게 하나님을 찬양하고 율동할 때 우리들의 마음이 은혜로 깨끗해질 수 있도록 도와주세요. 재미난 하나님의 말씀을 들을 때, 우리들의 마음이 복음으로 가득 채워질 수 있도록 인도해 주세요. 여름성경학교가 1박 2일(2박 3일)의 일정으로 진행될 때에 우리 모두가 성경학교 주제인 _____를 꼭 기억하고, 그대로 실천할 수 있도록 도와주세요. 우리의 마음이 예수님의 마음이 되게 해주세요. 예배를 비롯해 준비된 모든 프로그램을 통해서 '예수님의 어린이', '성령 충만한 어린이'가 될 수 있게 해주세요.

오늘부터 시작되는 여름성경학교에 많은 어린이를 보내 주셔서 감사해요. 그런데 아직도 오지 못한 친구들이 많이 있어요. 성령님께서 우

리 친구들의 발걸음을 인도해 주세요. 만화 영화나 게임, 친구랑 노는 것보다 훨씬 재미있고 도움이 되는 성경학교로 나오게 해주세요. 성경학교에 나오지 못하도록 사탄이 방해할 때, 예수님이 쫓아 주세요. 성령의 검으로 사탄의 유혹을 물리쳐 주세요. 모든 어린이가 꼭 성경학교로 와서 함께 하나님을 예배하고, 함께 예수님을 배울 수 있도록 도와주세요.

사랑의 주 하나님! 성경학교를 통해서 우리들의 믿음이 자라게 해주세요. 성경을 잘 배워서, "예수님이 누구신지, 예수님의 십자가가 무엇인지, 하나님을 예배하는 것과 기도하는 것이 왜 중요한지"를 바로 알 수 있게 해주세요.

또한 이번 성경학교를 통해서 우리가 서로 친해질 수 있게 해주세요. 같이 교회 다니면서도 친하지 않아서 인사도 안 하고, 서로 이야기도 못한 친구들이 많이 있어요. 이번 성경학교를 통해서 인사도 하고, 같이 밥 먹고 맛있는 간식을 먹으면서 이야기를 많이 하게 해주세요. 그리고 서로를 위해서 기도해 주고, 힘든 일이 있을 때 서로 도와주는 친한 사이가 될 수 있게 해주세요.

능력의 주 하나님! 성경학교 기간에 하나님을 크신 능력을 보여 주세요. 예배와 성경 공부, 재미있고 유익한 프로그램을 할 때 문제가 생기지 않게 해주세요. 아프거나 다치는 사람이 없게 해주세요. 우리를 위해서 수고하시는 선생님과 보조 선생님에게 힘을 주세요. 우리에게 맛있는 밥을 준비해 주시는 집사님들도 기쁨으로 일할 수 있게 해주세요. 무더운 날씨(비가 오는 날씨)에 관계없이 하나님의 은혜로 가득한 말씀의 잔치가 되게 해주세요. 예수님의 이름으로 기도합니다. 아멘.

교회학교 예배 대표기도문

겨울성경학교

베뢰아 사람들은 데살로니가 사람들보다 더 고상한 성품을 가진 사람들이 었습니다. 그들은 바울과 실라의 말을 열정적으로 받아들였으며, 바울이 한 말이 사실인지를 알아보려고 날마다 성경을 연구했습니다.
_사도행전 17장 11절, 쉬운성경

우리에게 말씀을 주시는 하나님!

겨울성경학교를 시작할 수 있도록 인도해 주셔서 감사해요. 날씨는 춥지만, 아주 따뜻한 말씀으로 우리 마음을 녹여 주세요. 오늘부터 성경학교가 진행되는 1박 2일(2박 2일) 동안에 하나님을 더 알게 해주세요. 예수님의 말씀을 잘 배울 수 있도록 도와주세요. 이번 성경학교 주제인 _____에 따라서, 우리 모두가 말씀으로 승리하는 어린이가 되도록 인도해 주세요.

성경을 잘 알고 있었던 니고데모는 성경의 비밀을 몰라서 예수님을 찾아왔대요. 그리고 예수님의 말씀을 듣고서 성경의 비밀을 알게 되었대요. 예수님은 니고데모에게 "누구든지 다시 태어나지 않으면 하나님의 나라를 볼 수 없다"고 말씀하셨는데, 이번 성경학교에 참석한 우리 모두가 다시 태어나도록 해주세요. 말씀의 은혜로 다시 태어나게 해주세요. 노는 게 좋고, 게임하는 게 재미있고, 텔레비전을 보는 게 신나는 어린이에서 말씀이 좋고, 기도가 재미있고, 찬양을 하는 게 신나는 어린이로 바꾸어 주세요. 하나님의 말씀은 큰 능력이 있어요. 그 말씀의 능력으로 우리들의 생각과 말, 행동이 바뀔 수 있도록 도와주세요.

은혜를 주시는 하나님! 성경학교를 통해서 예수님의 은혜를 알게 해주세요. 예수님은 아무런 죄가 없는데 우리 죄 때문에 십자가에 달려 죽으셨어요. 우리를 사랑하시고, 우리를 구원해 주시기 위해서 십자가에서 죽으시고 부활하셨어요. 이처럼 예수님이 우리에게 주신 은혜를 알고, 감사하고, 기뻐하는 어린이가 되게 해주세요. 십자가의 은혜, 부활의 소망이 무엇인지 이번 성경학교 기간을 통해서 알게 해주세요. 이 은혜를 주시기 위해서 전도사님을 세워 주셨어요. 많은 선생님이 준비를 하셨어요. 전도사님의 설교 말씀과 선생님들과 함께하는 성경공부를 통해서 예수님의 십자가 은혜와 부활의 소망으로 충만해지도록 도와주세요.

겨울성경학교를 통해서 배운 말씀을 꼭 실천할 수 있도록 인도해 주세요. 그냥 듣고, 재미있게 즐기고, 선물 받고, 맛있는 간식을 먹는 추억만 가지고 돌아가지 않도록 도와주세요. 꼭 하나님의 말씀을 마음속에 간직하고 그 말씀대로 살아갈 수 있도록 인도해 주세요. 이를 위해서 성경학교가 진행되는 동안 우리 모두가 아프지 않게 해주세요. 갑작스런 사고나 사건이 나지 않도록 보호해 주세요. 전도사님과 선생님, 그리고 우리를 보살펴 주시는 집사님들도 보호해 주세요. 오직 하나님의 은혜, 예수님의 사랑으로 가득한 겨울성경학교가 되도록 하나님이 꼭 도와주세요. 예수님의 이름으로 기도합니다. 아멘

교회학교 예배 대표기도문

여름수련회

그들이 서로 말하되 길에서 우리에게 말씀하시고 우리에게 성경을 풀어 주실 때에 우리 속에서 마음이 뜨겁지 아니하더냐 하고 _누가복음 24장 32절

말씀으로 우리와 소통하시는 하나님!

말씀으로 하나님과 소통하는 여름수련회를 시작할 수 있도록 은혜를 주셔서 감사합니다. 하나님이 주시는 은혜를 나눌 수 있도록 아름답고 시원한 수련회 장소로 인도하셔서 더욱더 감사합니다. 이곳에서 오직 하나님이 주시는 말씀을 통해 새 힘을 얻고, 새 사람이 될 수 있도록 성령님께서 역사하여 주소서. 예수 그리스도의 십자가 보혈의 능력으로 모든 학생의 심령을 만져 주시고, 악한 사탄이 틈타지 못하도록 막아 주실 줄 믿습니다. 이번 수련회 주제대로 참석한 모든 학생이 성령의 사람, 성경의 사람으로 변화되도록 역사하여 주소서.

우리를 은혜의 자리로 인도하신 하나님! 모든 학생이 예수님을 바라보게 하소서. 우리 믿음의 시작이며, 또 믿음을 완전하게 하시는 주님만을 바라보게 하소서. 이곳 수련회에 참석했지만, 여전히 세상의 것들을 생각하며 세상의 즐거움을 찾고 싶은 마음으로 가득한 학생들이 있지는

않습니까? 낯선 잠자리, 입에 맞지 않은 음식들, 시간표대로 움직여야 하는 일정들로 인해서 불평하고 짜증을 내는 학생들이 있지 않습니까? 조금 맞지 않고, 재미없고, 낯설겠지만 더욱 예수님을 바라보게 하셔서, 예수님과 한 몸이 되어 예수님이 주시는 신나고 재미있는 은혜로 채워지도록 역사하여 주소서. 학교와 학원과 과외, 또 여러 가지 일로 바쁜 상황 속에서 이 자리로 우리를 인도해 주셨는데, 그냥 왔다가 피곤의 짐만 안고 돌아가는 학생이 한 사람도 없도록 인도하여 주소서.

수련회를 통해 모든 학생이 성경 말씀을 정확하게 배워 예수님을 알고 예수님을 믿게 하소서. 예수님을 3년이나 따랐던 제자들이었지만, 부활하신 예수님을 만났을 때 제자들은 예수님을 알아보지 못했습니다. 그러나 그들이 예수님의 말씀을 듣고, 그 말씀을 가르쳐 주실 때 제자들의 마음이 뜨거워졌고, 부활하신 예수님을 알게 되었습니다. 이 시간 수련회 참석한 모든 학생도 피상적으로 예수님을 알고, 예수님에 대한 정보와 지식만을 가지는 것으로 끝나지 않게 하소서. 진실로 예수님을 만나게 하소서. 우리의 죄를 대신하여 십자가에 죽으시고 삼 일만 부활하신 예수님을 만날 수 있도록 성령님께서 역사하여 주소서.

성령 하나님! 모든 학생의 심령이 성령 충만해질 수 있도록 인도하소서. 하나님께서 예수 그리스도의 이름으로 보내신 진리의 성령 보혜사께서, 우리를 가르쳐 예수님의 말씀을 생각나게 하실 것임을 믿습니다. 말씀 집회와 기도회, 다양한 프로그램 가운데 성령님께서 역사하여 주셔서 예수 그리스도의 생명으로 거듭난 그리스도인이 되게 하소서. 다시 새롭게 태어나게 하소서. 일정 속에서 사고가 나지 않도록 보호해 주시고, 우리를 지도하시는 목사님과 선생님들에게도 은혜를 베풀어 주소서. 예수님의 이름으로 기도합니다. 아멘.

교회학교 예배 대표기도문

겨울수련회

청년이 무엇으로 그의 행실을 깨끗하게 하리이까 주의 말씀만 지킬 따름이니이다 내가 전심으로 주를 찾았사오니 주의 계명에서 떠나지 말게 하소서
_시편 119편 9-10절

주의 말씀으로 우리를 정화시키는 하나님!

매서운 추위 속에서 뜨거운 말씀의 현장으로 모든 학생을 불러 주셔서 감사합니다. 오늘부터 시작되는 겨울수련회를 통해 모든 학생의 심령에 성령의 불길이 타오르게 하소서. 죄의 뿌리를 예수 그리스도의 보혈로 씻어 주시고, 물과 성령으로 거듭날 수 있도록 역사하여 주소서. 하나님의 영이 우리 안에 계시다면 우리는 죄의 본성에 지배받지 않고 성령의 지배를 받게 됩니다. 하나님, 그리스도의 영이 없는 사람은 그리스도에게 속한 사람이 아님을 고백합니다. 우리 모두가 하나님의 영으로 충만하여, 지치고, 상처받아 아프고, 괴로워 죽어가는 우리의 영혼이 살아나게 하소서.

말씀하시는 하나님! 수련회 기간을 통해서 말씀하시는 하나님을 만나게 하소서. 말씀이 육신이 되신 하나님 바로, 예수 그리스도를 만날 수 있도록 역사하소서. 예수님이 은혜이며, 예수님이 진리라는 사실을 분

명히 깨닫고, 믿는 시간이 되게 하소서. 신앙의 본질이 예수 그리스도를 믿는 데 있지만, 그 본질을 잃어버릴 때가 많습니다. 교회에 나와서 예배를 드리고, 말씀을 배우며 교제하는 일련의 생활들이 단순히 '종교 생활'로 그칠 때가 많습니다. 정신적인 평안을 얻고, 윤리적으로 바른 인간이 되기 위한 하나의 방편인 종교 생활이 될 때가 많습니다. 특별히 학생들이 처한 특수한 환경 때문에 형식적이고 습관적인 종교 생활을 가정과 교회에서 묵인해 주는 안타까운 현실입니다. 이들을 향하여 말씀하여 주소서. 종교 생활이 아닌, 진실로 하나님을 믿고 바라보는 삶, '신앙생활'이 되도록 역사하여 주소서.

마지막 날에 많은 고난이 있다는 것을 기억하게 해주소서. 자기 자신과 돈만 사랑하고, 뽐내고 교만하며, 다른 사람들을 헐뜯고, 부모에게 순종하지 않을 것이라고 사도 바울은 말씀하셨습니다. 또한 감사하지 않고, 하나님께서 원하시는 사람이 되려고도 하지 않을 것이라고 경고하셨습니다. 하나님, 겉으로는 하나님을 섬기는 체하나 실제로는 하나님을 경외하지 않는 사람에게서 돌아서게 하소서. 우리가 수련회를 통해 경건의 모양을 버리고 경건의 능력을 회복할 수 있도록 역사하여 주소서. 악한 생각과 행동의 사슬에서 벗어날 수 있도록 말씀하여 주소서. 이 귀한 시간을 허투루 보내는 학생이 없도록 성령님께서 인도하여 주소서.

오, 하나님! 이제 시작입니다. 수련회 기간 중에 있을 치열한 영적 전투에서 성령의 검으로 승리하게 하소서. 참석한 모든 학생과 선생님이 승리자가 되도록 대장 되신 예수님이 우리를 인도하여 주소서. 예수님의 이름으로 기도합니다. 아멘.

교회학교 예배 대표기도문

교사대학

먼저 알 것은 성경의 모든 예언은 사사로이 풀 것이 아니니 예언은 언제든지 사람의 뜻으로 낸 것이 아니요 오직 성령의 감동하심을 받은 사람들이 하나님께 받아 말한 것임이라 _베드로후서 1장 20-21절

오직 성령의 감동하심으로 교사들을 인도하시는 하나님!

교사대학을 통해 다시 한번 자신을 성찰하며, 주님이 주신 교사의 사명을 온전히 감당할 수 있도록 재충전의 기회를 주시니 감사합니다. 하나님의 부르심을 따라 교사의 직분은 감당하고 있지만, 여전히 우리 안에 남아 있는 죄의 본성으로 모든 것을 포기하고 싶을 때가 많았습니다. 그러나 이처럼 다시 은혜로 우리를 세우시고자 교사대학의 학생으로 불러 주셨으니 겸손한 마음으로 배우게 하소서. 에베소교회 지도자에게 책망하신 말씀, 처음만큼 주님을 사랑하지 않는다시며 네가 나를 어떻게 사랑했는지 그때를 돌이켜 보라고 하신 말씀을 기억합니다. 하나님, 우리 교사들이 이 교사대학을 통해 처음 사랑을 회복할 수 있도록 역사하여 주소서.

교사의 사명을 주신 하나님! 우리에게 사명을 주신 분이 하나님이라는 사실이 감사의 제목입니다. 유한한 힘을 가진 분이 아니라, 전지전능하

신 하나님이 주신 사명이기에, 이 사명을 능히 감당할 수 있을 거라 확신합니다. 사명을 주신 하나님의 뜻에 합당한 모습이 되도록 역사하여 주소서. 주인이신 하나님의 뜻에만 순종하는 종이 되도록 인도하여 주소서. 세상에서의 성공이나 행복을 가르치는 사명이 아니라, 예수 그리스도의 복음을 전하여 '영혼을 살리는 사명'이라는 사실을 절대로 잊지 않게 하소서.

모든 교사가 예수 그리스도 안에서 날마다 죽을 때, 이 영적 죽음 속에서 다시 살아날 수 있음을 믿습니다. 모든 교사가 예수 그리스도와 함께 십자가에 못 박혀 죽고, 예수 그리스도와 다시 살아나 오직 하나님의 아들을 믿는 믿음의 사람이 되게 하소서. 제 아무리 성경 내용에 박식하다 할지라도 예수 그리스도의 십자가와 부활을 잃어버릴 때 한낱 학문이나 지식밖에 되지 않는다는 사실을 니고데모를 통해서 잘 알고 있습니다. 진실로 물과 성령으로 거듭나지 않는다면 결코 온전한 교사가 될 수 없으니, 이번 교사대학이 모든 교사에게 예수 그리스도 안에서 죽는 은혜의 시간이 되게 하소서. 말씀 앞에서 우리의 자아를 죽이고 예수 그리스도의 복음으로만 생동하는 시간이 되게 하소서.

오, 하나님! 교사대학을 수료하는 것이 우리의 자랑이나 공로가 되지 않도록 우리를 계속해서 깨뜨려 주소서. 교사대학의 강의를 담당하시는 모든 교역자에게 지혜와 명철을 더하시고, 건강의 은혜도 허락하여 주소서. 사사로이 풀 수 없는 성경의 비밀을 성령의 능력으로 풀어, 오직 예수 그리스도만을 밝히 알 수 있도록 우리 모두를 사용하여 주소서. 예수님의 이름으로 기도합니다. 아멘.

크리스천
대표
기도문

7장

특별예배 대표기도문

특별예배 대표기도문

교회창립기념예배

내가 네게 이르노니 너는 베드로라 내가 이 반석 위에 내 교회를 세우리니
음부의 권세가 이기지 못하리라 _마태복음 16장 18절

믿음의 반석 위에 주님의 교회를 세우시는 하나님!

우리 교회를 믿음의 반석 위에 세우시고, 지금까지 변함없는 은혜와 사랑으로 인도해 주심을 감사합니다. 전적인 주님의 은혜와 성령의 역사로 세워진 교회의 창립 _____ 주년을 감사하며 하나님께 예배를 드리게 하시니 진실로 감사합니다. 이 시간 교회창립 기념예배를 통해 모든 성도가 예수님의 주되심을 고백하게 하시고, 하나님을 향해 찬양과 경배를 드리는 은혜로 채워 주소서. 우리 모두가 예수 그리스도의 십자가를 붙들고, 그 보혈의 은혜로 씻김 받아 교회의 주인이신 하나님께 영광 돌려 드리게 하소서. 하나님 홀로 영광을 받아 주소서.

교회의 주인이신 하나님! 사도 바울이 디모데에게 전한 교훈을 기억합니다. 교회는 살아 계신 하나님의 집이며, 진리의 터요 기둥임을 깊이 깨달아 알게 하소서. 우리 교회가 진리의 기둥과 터가 되게 하소서. 종교다원주의의 영향으로 세상 사람들은 복음의 가치를 폄하하며 무시

하고 있습니다. 절대적 구원의 진리인 '복음'을 상황에 따라 언제든지 변할 수 있는 상대적 진리로 바꾸고 있습니다. 이처럼 복음이 왜곡되어 흐려져 가는 시대에서 우리 교회가 복음의 빛을 선명하게 발하는 진리의 등대가 되게 하소서. 예수 그리스도의 십자가와 부활의 복음으로 어두워진 세상에 빛과 소금이 되어, 길을 잃어버린 영혼들이 예수님 앞으로 나올 수 있는 안내판이 될 수 있도록 사용하여 주소서.

"너희는 사도들과 선지자들의 터 위에 세우심을 입은 자라. 그리스도 예수께서 친히 모퉁잇돌이 되셨느니라. 그의 안에서 건물마다 서로 연결하여 주 안에서 성전이 되어 가고 너희도 성령 안에서 하나님이 거하실 처소가 되기 위해 그리스도 예수 안에서 함께 지어져 가느니라."

예수 그리스도를 기초로 하여 우리 교회가 더욱 든든히 세워질 수 있도록 역사하여 주소서. 치열한 영적 전투가 벌어지고 있는 상황 속에서 모든 성도가 주 안에서 한 몸을 이루고, 그리스도 예수 안에서 함께 주님의 교회가 되어 세워질 수 있도록 역사하여 주소서. 사탄에 물들어 있는 세상은 교회를 향해 계속 불화살을 날리고 있습니다. 이 영적 공격에 믿음의 방패로 막아서고, 성령의 검으로 나아가도록 역사하여 주소서. 담임목사님을 선두로 하여 모든 청지기가 일심으로 자기를 부인하고 자기 십자가를 지고 예수님을 따르게 하소서. 맡겨진 일에 충성을 다하는 청지기가 되도록 역사하여 주소서.

교회의 머리이시고 몸이신 예수님 한 분으로 충분한 교회가 되어 앞으로 모든 사역 위에 성령의 열매로 충만하게 하소서. 모든 성도가 하나님의 성전이 되어, 온 세상을 예수 그리스도로 밝히는 주님의 교회가 되도록 역사하여 주소서. 예수님의 이름으로 기도합니다. 아멘.

특별예배 대표기도문

총동원전도주일

명절 끝날 곧 큰 날에 예수께서 서서 외쳐 이르시되 누구든지 목마르거든 내게로 와서 마시라 _요한복음 7장 37절

목마른 사람에게 생수를 공급하시는 하나님!

누구든지 오라고 말씀하시는 예수님의 부르심을 듣게 하시니 감사합니다. 감히 하나님 앞에 나아갈 수 없는 죄인들임에도 불구하고 불러 주셔서 감사합니다. 오직 십자가 보혈의 공로를 의지하여 하나님을 예배하오니, 죄 씻음 받은 죄인들이 드리는 예배를 받아 주소서. 특별히 오늘은 총동원 전도주일로 모였사오니 잃어버린 양들을 만나는 기쁨의 잔치가 되게 하소서.

목마른 사람에게 생수를 주시는 하나님! 많은 사람이 인생의 갈증을 해결하기 위해서 밤잠을 설치며 고군분투하고 있습니다. 그러나 그 갈증을 채우지 못한 채 영원한 죽음을 향해 가고 있습니다.

"오호라 너희 모든 목마른 자들아 물로 나아오라. 돈 없는 자도 오라. 너희는 와서 사 먹되 돈 없이, 값 없이 와서 포도주와 젖을 사라. 너희가 어

찌하여 양식이 아닌 것을 위해 은을 달아 주며 배부르게 하지 못할 것을 위해 수고하느냐. 내게 듣고 들을지어다. 그리하면 너희가 좋은 것을 먹을 것이며 너희 자신들이 기름진 것으로 즐거움을 얻으리라. 너희는 귀를 기울이고 내게로 나아와 들으라 그리하면 너희의 영혼이 살리라."

하나님의 초청을 듣고 예수님의 십자가 앞으로 나올 수 있도록 인도하여 주소서. 영혼을 살리는 생명의 샘물이신 예수님을 믿게 하소서. 유한한 이 세상에서의 삶이 아니라 영원한 삶을 소망하는 천국 백성이 되게 하소서. 누구든지 예수님 앞으로 나오는 사람에게 주시는 영생의 은혜를 모든 사람이 누릴 수 있도록 역사하여 주소서.

거듭나게 하시는 하나님! 총동원 전도주일을 맞아 많은 사람이 함께 하나님을 예배하고 있습니다. 우리 중에는 처음으로 교회에 나오신 분들이 있습니다. 한때 교회를 다녔다가 오랜만에 나오신 분들도 있습니다. 사람이 거듭나지 아니하면 하나님의 나라를 볼 수 없다고 말씀하신 하나님. 이 시간이 거듭남의 시간이 되게 하소서. 십자가의 보혈로 씻김을 받아 성령의 능력으로 새롭게 태어나 하나님의 자녀가 되게 하소서. 더 이상 세상에 속한 사람이 되지 않도록 붙들어 주소서. 더 이상 어둠의 길을 가지 않도록 인도하여 주소서. 과거의 죄 짐을 십자가 앞에 모두 내려놓고, 그리스도 안에서 '새로운 피조물'이 되게 하소서.

은혜받을 만한 때, 구원의 날을 우리 모두에게 주시어 함께 기뻐하게 하시니 감사합니다. 총동원 전도주일이 행사로 끝나지 않도록, 계속해서 우리가 맞이하는 주일이 총동원 전도주일이 되어, 날마다 갈급한 죄인들이 예수님 앞으로 나와 하나님을 예배하도록 역사하소서. 예수님의 이름으로 기도합니다. 아멘.

> 특별예배 대표기도문

부흥회

또 마술을 행하던 많은 사람이 그 책을 모아 가지고 와서 모든 사람 앞에서 불사르니 그 책 값을 계산한즉 온 오만이나 되더라 이와 같이 주의 말씀이 힘이 있어 흥왕하여 세력을 얻으니라 _사도행전 19장 19-20절

주의 말씀으로 부흥을 주시는 하나님!

아무 공로 없는 죄인들을 십자가 은혜로 구원해 주시고, 날마다 믿음의 길을 갈 수 있도록 말씀하여 주셔서 감사합니다. 하나님이 말씀을 통해서 주신 한량없는 은혜로 지금까지 왔사오니, 앞으로 예수님이 오시는 그날까지 주의 말씀의 능력을 힘입어 살아가게 하소서. 특별히 부흥회를 통해 더욱 풍성한 말씀을 주셔서 감사합니다. 이 시간 부흥회를 통해 주시는 말씀을 '아멘'으로 받아, 우리의 삶이 주의 말씀으로 역동逆動하는 신앙이 되도록 역사하여 주소서. 말씀을 받기에 합당한 모습이 되도록 우리 모두의 심령을 예수 그리스도의 십자가 보혈로 정결하게 씻어 주소서.

바울이 전한 복음의 말씀을 들은 에베소 사람들은 회개의 열매를 맺었습니다. 그들 중에는 마술을 부리던 사람들도 있었는데, 그들은 자기들의 마술 책을 가져다가 사람들 앞에서 다 태워 버렸습니다. 그 책값을

계산하면 은화 오만 개가량 되었다고 합니다. 하나님, 복음을 받은 에베소 사람들처럼 말씀으로 우리 모두의 심령을 깨끗하게 비울 수 있게 하소서. 그동안 저지른 모든 악행, 모든 더럽고 추한 모습을 성령의 불로 태워 깨끗해질 수 있도록 역사하여 주소서.

말씀 앞에 우리의 모든 죄가 드러나게 하시고, 그 모든 죄를 감추거나 부끄러워하기보다 십자가 앞에 내려놓고 거듭날 수 있도록 역사하여 주소서. 1907년 장대현교회 부흥회에서 일어났던 회개의 불길이 일어나게 하셔서, 우리 모두가 그리스도의 정결한 신부가 될 수 있도록 인도하여 주소서.

부흥회를 허락하신 하나님! 이 귀한 말씀의 잔치에 모든 성도가 빠짐없이 나올 수 있도록 인도하여 주소서. 분주한 일상이지만 가장 중요한 것이 무엇인지 깨닫게 하소서. 최우선순위가 무엇인지 바로 깨달아 부흥회에 참석할 수 있도록 역사하여 주소서. 특별히 하나님의 말씀이 필요한 사람들이 있습니다. 시험에 빠진 자들, 상처받은 자들, 믿음이 없는 자들, 믿지 않는 자들, 모든 연약한 자들의 발걸음을 이 귀한 부흥회로 인도하여 주소서. 우리가 온전한 신앙의 길을 걷기 위해서 가장 기본이 되며, 처음과 끝이 되는 것이 말씀이라는 사실을 믿게 하시어, 온전히 하나님의 말씀으로 거듭나게 하소서.

오, 하나님! 부흥회 강사 목사님을 강건하게 붙들어 주소서. 말씀을 전하실 때마다 성령 충만하게 하셔서 인간적인 지식이나 경험이 아닌, 오직 예수 그리스도의 복음만을 전하시도록 사용하여 주소서. 예수님의 이름으로 기도합니다. 아멘.

특별예배 대표기도문

선교사파송예배

이 천국 복음이 모든 민족에게 증언되기 위해 온 세상에 전파되리니 그제
야 끝이 오리라 _마태복음 24장 14절

온 세상에 천국 복음이 전파되기를 원하시는 하나님!

아무런 소망이 없던 죄인들에게 천국 복음을 듣게 하시고, 천국을 소망하게 하시니 감사합니다. 특별히 이 시간 선교사 파송예배로 모여 하나님께 영광 돌리게 하시니 감사합니다. 감히 하나님 앞에 설 수 없는 죄인들임에도 예수 그리스도의 보혈의 공로만을 의지하여 나왔사오니, 자비와 긍휼을 베풀어 주소서. 오직 하나님의 기쁨이 되며, 선교사 파송을 감사하는 예배가 되도록 역사하여 주소서.

천국 복음을 주신 하나님! 감사합니다. 허물과 죄로 죽었던 우리를 살리신 복음의 소식을 만방에 알려 주셔서 동방의 작은 나라 대한민국도 복음의 은총을 알고, 하늘에 시민권을 둔 천국 백성이 되게 하시니 진실로 감사합니다. 모든 사람이 죄를 지어 하나님의 영광에 이를 수 없게 되었는데, 그런 사람이 그리스도 예수께서 주시는 속죄를 통해 하나님의 은혜로 의롭다는 판단을 받게 되었습니다. 이 복음을 만방에 전하

는 우리 교회가 되도록 역사하여 주소서.

하나님, 믿음으로 천국 복음을 들고 선교지를 향해 떠나는 선교사님과 그의 가족에게 은혜를 베풀어 주소서. 하나님이 주신 놀라운 은혜를 감사하며, 죄에서 속량하신 복음의 은혜를 받은 자로서 가만히 있을 수 없기에 선교사로 헌신하였습니다. 무언가 완벽하게 준비하여 자신만만한 것이 아닙니다. "나를 보내소서"하는 믿음으로 나아갑니다. 선교사님을 붙들어 주셔서, 하나님이 맡겨 주신 사명을 다할 때까지 예수 그리스도의 십자가와 부활의 복음을 전하게 하소서. 또한 함께 동역하는 가족에게 더욱 큰 은혜를 베풀어 주소서. 사모님과 자녀들이 낯선 환경에 잘 적응하여, 선교사님의 사역을 안과 밖에서 도울 수 있도록 인도하여 주소서.

우리 교회를 통해 선교사님을 파송하시는 하나님! 선교사님에게 능력을 더하여 주소서. 선교지에서 복음을 전할 때 많은 어려움이 예상됩니다. 또는 예상하지 못한 위험도 있을 것입니다. 그 모든 상황에 믿음으로 대처하게 하소서. 말씀과 기도의 능력으로 어떤 상황에 있든지 극복할 수 있도록 역사하여 주소서. 현지의 사람들을 이해하고, 언어를 습득하고, 그들의 문화에 적응하여 그 속에서 예수 그리스도의 복음이 확실하게 드러날 수 있도록 일하게 하소서. 육신의 건강, 영적인 지혜도 허락하여 주소서. 어려운 일이 있을 때마다 사람을 찾아다니거나 환경을 탓하며 주저앉지 않도록 은혜를 더하여 주소서. 하나님의 소명을 기억하여, 그 소명을 온전히 감당하게 하소서. 우리 교회의 온 성도가 물심양면으로 선교사님을 도울 수 있도록 인도하여 주소서. 예수님의 이름으로 기도합니다. 아멘.

특별예배 대표기도문

선교팀 파송예배

갈지어다 내가 너희를 보냄이 어린양을 이리 가운데로 보냄과 같도다 전대나 배낭이나 신발을 가지지 말며 길에서 아무에게도 문안하지 말며 어느 집에 들어가든지 먼저 말하되 이 집이 평안할지어다 하라
_누가복음 10장 3-5절

복음 전도를 명하시는 하나님!

주님의 말씀에 순종하여 선교지를 향해 떠나는 선교팀을 축복하며 파송예배를 드리게 하시니 감사합니다. 그동안 훈련받은 대로 오직 예수 그리스도의 복음을 전하는 데 전심전력하도록 역사하여 주소서. 이 시간 예배를 통해 그 첫 발을 내딛습니다. 성령 하나님께서 은혜를 내려 주셔서 하나님이 기뻐 받으시는 예배가 되게 하소서. 모든 선교팀원 그리고 함께 예배하는 성도들을 십자가 보혈로 정하게 씻어 주셔서 하나님께는 영광이요, 우리 모두에게는 신령한 하늘의 은혜를 맛보는 예배가 되게 하소서.

어린양을 이리 가운데로 보내시는 하나님! 여러 명이 한 팀을 이루어 나아갑니다. 이들이 이리 가운데서 복음을 전할 때 도와주소서. 동행하여 주소서. 보호하여 주소서. 인도하여 주소서. 여러 명이 한 팀을 이루었기에 좋은 점이 많습니다. 어렵고 힘들 때 서로에게 힘이 되고 의지

가 됩니다. 연약한 부분을 서로 보충할 수 있어서 좋습니다. 그러나 한편으로 여러 명이 모였기에 서로 맞지 않아 힘든 점들도 있습니다. 자신만의 방법, 신앙, 기질이 있기에 서로 오해하고 갈등할 때도 있습니다. 그러나 "많은 사람이 그리스도 안에서 한 몸이 되어 서로 지체가 되었느니라"는 말씀대로 한 몸을 이루는 선교팀이 되게 하소서. 그리하여 떼로 달려드는 이리들과의 영적 전쟁에서 승리하게 하소서.

능력의 주 하나님! 선교팀이 하나님의 권세, 예수 그리스도의 십자가의 능력으로 선교의 사명을 감당하게 하소서. 믿음 안에 있을 때 선교팀이 복음의 능력을 힘 있게 선포할 수 있을 거라 믿습니다. 능력 있는 사역을 통해 하나님이 기뻐하시는 영혼 구원의 열매를 맺게 하소서. 죄인 한 사람이 회개하면 하나님의 사자들 앞에 기쁨이 된다고 말씀하신 하나님. 천하보다 귀한 한 영혼이 선교팀의 사역을 통해 모여들게 하시고, 복음의 능력으로 새로운 피조물이 되게 하소서. 물과 성령으로 거듭난 그리스도인이 되도록 역사하여 주소서.

이제부터 시작되는 선교팀의 사역을 위해서 온 교회가 기도하게 하소서. 하나님의 나라와 의를 위해서 나아가는 선교팀의 사역을 위해서 모세가 손을 들어 기도하였던 것처럼 기도하게 하소서. 온 성도가 모세와 아론과 훌이 되어 기도함으로 선교팀이 승전보를 가지고 돌아올 수 있도록 역사하여 주소서.

오, 주님! 선교팀원 한 사람 한 사람의 건강을 지켜 주셔서, 현지의 기후와 환경에 잘 적응할 수 있도록 은혜를 베풀어 주소서. 예수님의 흔적만을 남기며, 그리스도의 편지가 되게 하소서. 예수님의 이름으로 기도합니다. 아멘.

특별예배 대표기도문

성찬식

축사하시고 떼어 이르시되 이것은 너희를 위하는 내 몸이니 이것을 행하여 나를 기념하라 하시고 식후에 또한 그와 같이 잔을 가지시고 이르시되 이 잔은 내 피로 세운 새 언약이니 이것을 행하여 마실 때마다 나를 기념하라 하셨으니 _고린도전서 11장 24~25절

예수 그리스도의 죽으심을 기념하라 하신 하나님!

성찬식을 통해 예수 그리스도의 십자가를 기념하게 하시니 감사합니다. 허물과 죄로 이미 사망이 선고된 죄인들을 대신하여 보배로운 피를 흘리신 예수 그리스도의 죽으심을 기념하는 성찬식을 통해 하늘의 신령한 은혜를 누리도록 역사하여 주소서.

함께 떡을 뗄 때에 예수님이 십자가에서 찢기신 몸을 기념하게 하소서. 도수장으로 끌려가는 어린양처럼 예수님은 이리 치이고 저리 치이며 십자가를 지고 가셨습니다. 이미 쇠약해질 대로 쇠약한 상태였기에 육신은 거의 죽은 사람이나 다름이 없었습니다.

"그는 주 앞에서 자라나기를 연한 순 같고 마른 땅에서 나온 뿌리 같아서 고운 모양도 없고 풍채도 없은즉 우리가 보기에 흠모할 만한 아름다운 것이 없도다. 그는 실로 우리의 질고를 지고 우리의 슬픔을 당하였거늘 우리는 생각하기를 그는 징벌을 받아 하나님께 맞으며 고난을 당

한다 하였노라."

예수님은 아무 말 없이 골고다 언덕을 오르셨습니다. 머리에 쓴 가시관으로 얼굴은 피범벅이 되어 앞을 제대로 볼 수 없었습니다. 온 몸은 쇠갈고리가 달린 채찍에 맞아 살점이 떨어져 피가 줄줄 흐르고 있었습니다. 이처럼 예수님의 찢기신 육신은 우리를 대신하여 찢기신 것임을 인정합니다. 우리의 몸이 찢겨야 하지만 예수님이 대신 찢기셨습니다. 그 찢기신 몸을 기념하며, 이제 우리도 예수님을 따라 몸이 찢기는 고통이 있을지라도 십자가의 길을 걷게 하소서.

잔을 마시며, 예수님이 십자가에서 쏟으신 보배로운 피로 세운 새 언약을 기억하여 기념합니다. 예수님은 모든 물과 피를 다 쏟으셨습니다. 죽음에 이르는 최후의 순간에 옆구리로부터 들어간 창이 심장을 뚫었을 때 예수님은 극심한 고통 속에서 몸의 피를 다 쏟으셨습니다. 첫 번째 유월절의 어린양의 피처럼, 그 피의 흔적이 있어야 구원을 받을 수 있기에 예수님은 남김없이 물과 피를 쏟아 내셨습니다. 이처럼 예수님이 흘리신 보혈로 우리의 힘으로 도저히 씻을 수 없는 죄가 깨끗해졌습니다. 오, 예수님! 감사합니다.

하나님, 이 떡을 먹으며 이 잔을 마실 때마다 주님의 죽으심을 전하는 것임을 기억하게 하소서. 그리고 우리를 스스로 먼저 살피고 이 성찬의 자리에 참여하게 하소서. 주님의 몸이라는 인식이 없이 먹거나 마시는 사람은 자기에게 내릴 하나님의 심판을 먹고 마시는 것임을 또한 기억하게 하소서. 그리고 무엇보다도 주님의 죽으심으로 우리가 얻게 된 안식을 이 성찬을 통해 누리게 하소서. 예수님의 이름으로 기도합니다. 아멘.

특별예배 대표기도문

세례식

너희가 다 믿음으로 말미암아 그리스도 예수 안에서 하나님의 아들이 되었으니 누구든지 그리스도와 합하기 위해 세례를 받은 자는 그리스도로 옷 입었느니라 _갈라디아서 3장 26-27절

그리스도와 합하기 위해 세례를 받으라 하신 하나님!

세례식을 거행하도록 은혜를 주시니 감사합니다. 모든 민족을 제자로 삼아 아버지와 아들과 성령의 이름으로 세례를 베풀라고 말씀하신 하나님. 오늘 세례식을 거행합니다. 세례를 받기 위해 몇 주간에 걸친 세례 교육을 받고, 문답을 통과한 대상자들에게 세례를 베풀 때에 하늘의 신령한 은혜를 풍성히 내리어 주소서. 세례 대상자들은 지난날의 죄를 진심으로 회개하였습니다. 죽은 자였다가 십자가의 은혜로 새 생명을 받게 되었음을 고백했습니다. 우리는 세례를 받음으로 그리스도와 함께 죽고, 믿음 안에서 그리스도와 함께 살아나는 것을 믿습니다. 주님 이 자리에 함께하셔서 친히 세례를 베풀어 주소서.

긍휼이 풍성하신 하나님! 이 시간 세례 대상자들의 심령을 붙들어 주소서. 구습을 버리고, 예수 그리스도를 하나님의 아들로 믿고 구주로 영접하였습니다. 이들의 신앙고백이 세례식을 통해 삶이 되도록 역사하

여 주소서. 형식적인 세례 행사가 되지 않게 하소서. 이들이 더 이상 죄에게 종노릇하지 않고 하나님의 자녀로서 살 수 있도록 인印쳐 주소서. 물세례를 행할 때에 모든 죄가 씻기도록 역사하여 주소서. 세례는 선한 마음으로 하나님께 우리의 삶을 드리며 정결하게 살기를 약속하는 것입니다. 바로 이것을 위해 예수 그리스도께서 죽음에서 부활하셨음을 믿습니다. 하나님, 세례를 받기 원하는 이들에게 성령 세례도 허락하소서. 죄를 회개하고 예수 그리스도를 믿어 하나님의 자녀가 된 것을 성령께서 인치시는 성령 세례를 받을 수 있도록 역사하여 주소서.

세례식을 통해서 은혜를 주시는 하나님! 세례식에 함께한 모든 성도에게 은혜를 내리어 주소서. 유대인이나 헬라인이나 종이나 자유인이나 다 한 성령으로 세례를 받아 한 몸이 되었고 또 다 한 성령을 마시게 하셨음을 믿습니다. 오늘 세례를 받은 이들이 온 성도와 함께 한 몸을 이루어 나아갈 수 있도록 역사하여 주소서. 정결한 하나님의 자녀가 되어, 함께 믿음의 삶을 살 수 있도록 인도하여 주소서. 그리스도의 옷으로 갈아입은 세례자들과 함께 주의 말씀에 순종하며, 그 말씀을 전하는 복음 전도자로서 살아갈 수 있도록 역사하여 주소서. 우리끼리 누리는 은혜가 아닌, 예수 그리스도를 모르는 사람들에게 복음의 은혜를 풍성히 나눌 수 있도록 인도하여 주소서.

"우리가 그의 죽으심과 합하여 세례를 받음으로 그와 함께 장사되었나니 이는 아버지의 영광으로 말미암아 그리스도를 죽은 자 가운데서 살리심과 같이 우리로 또한 새 생명 가운데서 행하게 하려 함이라." 세례식을 통해 세례를 받은 성도들을 축복합니다. 새 생명을 얻은 성도로서 십자가의 길을 걷게 하소서. 예수님의 이름으로 기도합니다. 아멘.

특별예배 대표기도문

특별새벽기도회 1

하나님이 그 성 중에 계시매 성이 흔들리지 아니할 것이라 새벽에 하나님이 도우시리로다 _시편 46편 5절

새벽에 도우시는 하나님!

새벽을 깨워 하나님을 예배하며 기도할 수 있도록 기회를 주시니 감사합니다. 특별히 새벽에 도우시는 하나님의 일하심을 기대하며 특별새벽기도회로 나왔습니다. 고요한 새벽의 시간에 말씀하시는 하나님의 음성을 듣고 하나님의 뜻이 무엇인지 온전히 깨닫게 하소서. 내가 원하는 것을 이루기 위한 특별새벽기도회가 되지 않게 하소서. 하나님이 원하시는 것이 이루어지는 특별새벽기도회가 될 수 있도록 역사하여 주소서. 오직 예수 그리스도의 십자가를 붙들게 하소서. 그 보혈의 공로만을 의지하게 하소서. 오늘 보혈을 통해서 주시는 사랑의 복음, 믿음의 복음, 소망의 복음으로 가득한 새벽이 되게 하소서.

우리를 깨우신 하나님! 이 시간 나온 것으로만 만족하지 말게 하소서. 이 시간 우리를 깨우신 이유를 분명히 알 수 있도록 목사님을 통해서 주시는 설교 말씀을 깨어 듣게 하소서. 그리고 그 말씀 속에 담겨 있는

하나님의 음성을 듣고 그것이 삶에서 열매 맺을 수 있도록 이 시간 간절히 간구하게 하소서. 사무엘의 어머니 한나는 통곡하며 기도하였습니다. 예수님께서도 사람으로 계실 때 자기를 죽음에서 구해 주실 수 있는 분에게 큰 소리로 부르짖으며 기도하셨습니다. 우리도 이와 같은 간절함을 가지고 기도하게 하소서. 위선적이고 외식적인 기도가 되지 않도록 이 시간 우리의 심령을 성령의 불로 태워 주소서.

그리고 모든 것을 하나님께 맡기고 순종하심으로 하나님의 응답을 받으신 예수님처럼 우리도 그러한 순종의 자리로 나아가게 하여 주소서. 나의 원대로 마시옵고 아버지의 원대로 하시라는, 십자가의 고난과 죽음을 앞에 놓고 겟세마네 동산에 기도하신 예수님의 기도가 우리의 기도가 되게 하소서. 오, 하나님! 이 시간 우리의 기도가 하나님의 뜻을 이루는 기도가 되게 하소서. 하나님의 뜻대로 구할 때, 하나님이 반드시 응답하심을 확신합니다. 이 시간 하나님의 뜻에 합당한 기도의 향기를 하나님 앞에 올리도록 역사하여 주소서. 정욕으로 쓰려고 잘못 구하는 무익한 기도를 드리지 않도록, 아무런 결실도 하지 못하는 특별새벽기도회가 되지 않도록 은혜를 더하여 주소서.

오, 주님! 특별새벽기도회 기간에 말씀을 전하는 목사님이 지치지 않도록 강건하게 하소서. 하나님의 말씀을 온전히 준비하여 담대히 선포하게 하소서. 시설 준비, 기도회 안내, 차량 안내 등 여러 모습으로 섬기는 청지기들에게 능력을 주셔서, 기도회 기간에 모든 사역을 충성되게 감당할 수 있도록 역사하여 주소서. 예수님의 이름으로 기도합니다. 아멘.

TIP
특별새벽기도회의 주제를 설명하면 유익합니다.

특별예배 대표기도문

특별새벽기도회 2

새벽 아직도 밝기 전에 예수께서 일어나 나가 한적한 곳으로 가사 거기서 기도하시더니 _마가복음 1장 35절

새벽에 기도하는 본을 보여 주신 하나님!

예수님이 기도하신 것처럼 새벽을 깨워 특별새벽기도회로 우리를 인도해 주셔서 감사합니다. 새벽에 일어나는 것이 쉽지 않지만 하나님이 주실 은혜를 기대하며 온 성도가 나왔습니다. 살아 계신 하나님께서 이 자리에 나온 모든 주의 성도에게 자비와 긍휼을 베풀어 주소서. 다시금 예수 그리스도의 십자가를 바라보며, 죄인들을 구원하시는 하나님의 은혜와 사랑을 찬송하며 하나님이 기뻐하시는 기도의 사람으로 거듭나게 하소서. 변함없이 주를 노래하고 찬양할 것이라며 새벽을 깨우겠다는 다윗의 시편을 기억합니다. 하나님, 특별새벽기도회에만 나오는 기도의 사람이 아니라, 이번을 계기로 하여 날마다 특별새벽기도회가 열려, 날마다 새벽을 깨우는 기도의 사람이 되도록 역사하여 주소서.

만물의 마지막이 가까이 왔으니 정신을 차리고 근신하여 기도하라시는 예수님의 말씀을 받습니다. 예수님이 오실 때가 언제인지 모르지만,

그때가 점점 가까이 오고 있음을 느낍니다. 이 중요한 때에 정신을 차리고 근신하여 기도하게 하소서. 악한 사탄 마귀가 천사의 옷을 입고 우리를 수단과 방법을 가리지 않고 유혹하고 있습니다. 때로는 달콤하게, 때로는 위협적으로 시험하는 사탄의 속임수와 함정에 빠지지 않도록 인도하여 주소서. 사탄도 자기를 광명의 천사로 가장할 수 있음을 기억하고 깨어 있게 하소서. 우리가 기도할 때 이 사탄의 속임수를 분별할 수 있습니다. 간구하며 하나님의 음성을 들을 때 마귀의 달콤한 유혹의 말에서 벗어날 수 있습니다.

오, 주님! 우리 모두가 기도하게 하소서. 중언부언하는 기도, 억지로 하는 기도, 하나님과 거래하듯이 하는 기도가 되지 말게 하소서. 성전의 한 구석에서 감히 눈을 들어 하늘을 쳐다보지도 못하고 다만 가슴을 치면서 "하나님 불쌍히 여기소서. 저는 죄인입니다"라고 기도한 세리처럼 우리도 기도하게 하소서. 구원의 은총과 영생의 소망을 거저 주신 하나님 앞에 우리가 무엇을 구하겠습니까! 날마다 죄의 본성으로 범하는 죄를 회개하는 것이 우리가 드리는 기도의 시작이 되게 하소서. 또한 기도를 우리의 능력 범위로 제한하지 말게 하시고, 우리가 드리는 기도가 하나님의 것이 되게 하여 무한한 하나님의 응답하심을 경험하게 하소서.

연일 계속되는 특별새벽기도회의 일정 속에 육신이 피곤하여 지치고 있습니다. 하나님께서 우리에게 새 힘을 주셔서 마지막 날까지 낙오하거나 중도에 포기하는 성도가 한 사람도 없게 하소서. "구하라, 찾으라, 두드리라"는 말씀을 의지하여 끝까지 새벽을 깨울 수 있도록 능력을 부어 주소서. 예수님의 이름으로 기도합니다. 아멘.

크리스천
대표
기도문

8장 각종 모임 대표기도문

각종 모임 대표기도문

성경공부

시편 119편 25절

말씀으로 우리의 영혼을 살리시는 하나님! 오늘도 예수 그리스도의 십자가 은혜로 살게 하시니 감사합니다. 성경공부를 통해 우리의 영혼이 살아나게 하소서. 나태하고 안일해진 신앙, 의심과 불확실의 늪에서 벗어나도록 붙들어 주소서. 성경을 공부하는 것이 나의 자랑과 교만이 되지 않도록 '말씀으로' 우리를 깨뜨려 주소서. 성경의 열쇠가 예수 그리스도에게 있음을 알게 하시어 성경을 공부할 때마다 더욱 낮아지고 더욱 예수님 바라보아서 우리의 영혼이 예수 그리스도의 복음으로 정화되고 믿음으로 살아가는 원동력이 되도록 인도하여 주소서.

말씀이 육신이 되신 하나님! 성경공부 시간이 예수님을 만나는 시간이 되기를 원합니다. 성경을 통해서 성육신하신 예수님을 보게 하시어, 예수님이 가리키고 있는 믿음의 길을 예수님과 함께 걷는 은혜로 채워 주소서. 함께 공부하는 성도들에게 '지혜와 계시의 영'을 주셔서 성경을 배울 때 온전히 이해하고 깨달아 알 수 있게 하소서. 성경공부 모든 과정을 마치기까지 결석하지 않도록 믿음을 주시고, 모든 여건과 환경도 성경을 배우는 데 지장을 받지 않도록 열어 주소서. 성경을 가르쳐 주시는 목사님에게도 은혜를 부으셔서, 기도로 준비하고 성령 충만함으로 가르칠 수 있도록 인도하소서. 예수님의 이름으로 기도합니다. 아멘.

각종 모임 대표기도문

찬양연습

골로새서 3장 16절

시와 찬송과 신령한 노래를 기뻐 받으시는 하나님! 오늘도 하나님을 찬양하는 찬양대로 우리를 불러주시니 감사합니다. 우리는 감히 하나님을 찬송하며 영광 돌릴 수 없는 죄인들이었습니다. 그러나 예수 그리스도의 십자가 은혜로 우리의 죄를 씻어 주셨고, 이제 그 보혈의 공로를 의지하여 하나님을 예배하며, 기쁨의 찬양을 드릴 수 있다는 것이 진실로 은혜입니다! 무엇보다도 찬양대로 선별하여 주시어 예배 중 하나님께 찬양으로 영광 돌릴 수 있게 해주셔서 진실로 감사합니다. "시와 찬송과 신령한 노래를 부르며 감사하는 마음으로 하나님을 찬양"할 수 있도록 역사하여 주소서.

찬양대를 사용하시는 하나님! 이 시간 연습을 시작하기 전에 하나님의 은혜를 구합니다. 십자가의 보혈로 우리의 심령을 정결하게 씻어 주셔서, 정한 마음을 가지고 하나님을 전심으로 찬양할 수 있도록 역사하여 주소서. 각 파트별 연습과 전체 연습을 통해 부족한 부분이 다듬어져 아름다운 하모니를 이룰 수 있도록 인도하여 주소서. 우리의 찬양이 단순히 우리만의 기쁨이 아닌, 하나님께는 영광이요 성도에게는 하늘의 은혜로 충만하도록 역사하여 주소서.

예수님의 이름으로 기도합니다. 아멘.

각종 모임 대표기도문

체육대회

히브리서 12장 1절

은혜로우신 하나님! 좋은 날씨 속에서 체육대회를 할 수 있도록 은혜를 주시니 감사합니다. 한 자리에 모인 성도들에게 은혜를 더하여 주셔서, 서로서로 한마음이 되어 선의의 경쟁을 하는 행복한 체육대회가 될 수 있도록 역사하여 주소서. 무엇보다도 온 성도가 서로를 더 잘 이해하고 알아가는 시간이 되기를 원합니다. 한 교회 안에서 신앙생활을 하지만 이런저런 이유로 말 한마디 나누지 못한 채 서먹하게 인사만 나누던 때가 많았습니다. 이 시간 서로 부딪히며, 또는 서로 눈을 맞추며 경기를 진행하면서 그동안 나누지 못했던 교제를 나누도록 역사하여 주소서.

체육대회를 통해 우리가 믿음의 경주자임을 다시 한번 깨닫게 하소서. 승리의 면류관을 얻기 위해서 경기에 집중하며 힘들어도 인내하며 땀을 흘리듯이, "모든 무거운 것과 얽매이기 쉬운 죄를 벗어 버리고 인내로써 우리 앞에 당한 경주"에 임할 수 있도록 인도하여 주소서. 인내하며 거룩한 보좌 앞으로 나아가기까지 눈물과 땀을 흘리며 오직 예수 그리스도의 십자가를 붙들고 나아가게 하소서. 어떤 유혹과 어려움이 있을지라도 흔들리지 않은 믿음을 가지고 달려가는 건강한 신앙인이 되게 하소서. 체육대회의 모든 경기에서 사고가 나지 않도록 보호하여 주셔서, 기쁨과 감사함으로 마칠 수 있도록 인도하소서. 예수님의 이름으로 기도합니다. 아멘.

각종 모임 대표기도문

야외예배

창세기 1장 31절

창조주 하나님! 하나님이 창조하신 아름다운 자연과 함께 호흡하며 하나님을 예배하게 하시니 감사합니다. 분주한 일상을 뒤로 하고, 푸른 나무와 신선한 공기 속에서 야외예배를 드리오니, 하나님 홀로 영광받아 주소서. 예배하는 우리를 긍휼히 여겨 은혜를 베푸셔서, 우리의 영혼과 몸이 치유되도록 인도하소서. 지으신 모든 것을 보시고 아주 흡족해하신 하나님의 마음이 이 시간 예배하는 우리의 고백이 되게 하소서. 하나님께서 창조하신 만물 속에서 하나님의 섭리하심을 보게 하시고 감사하는 시간이 되도록 인도하여 주소서.

푸른 풀밭 쉴 만한 물가로 인도하시는 하나님! 선한 목자가 되어 주셔서, 이렇게 좋은 곳으로 인도해 주심을 감사합니다. 이 자리에 모인 온 교회 식구가 예수 그리스도 안에서 한마음이 되게 하여 주소서. 일상에서 지치고 힘들었던 육신이 회복되게 하소서. 교회에서 함께 신앙생활 하며 봉사하면서 나누지 못했던 영적 은혜들을 나눌 수 있도록 인도하여 주소서. 서로를 돌아보며 하나님이 주시는 기쁨으로 충만한 시간이 되게 하소서. 준비된 다양한 프로그램이 있습니다. 음식을 나누고 마음을 나누면서 하나님 안에서 한 몸인 것을 깨닫게 하소서. 모든 순서를 진행하시는 목사님과 전도사님에게 지혜와 능력으로 허락하여 주소서. 예수님의 이름으로 기도합니다. 아멘.

각종 모임 대표기도문

당회

베드로전서 5장 1절

사랑의 주 하나님! 연약한 자들을 장로로 세워 주셔서 주님의 귀한 일을 감당하며, 주님의 교회를 돌아보게 하시니 감사합니다. 이 시간 ____월 당회로 모였으니, 모든 당회원이 예수 그리스도의 보혈로 정결함을 받아 모든 회무를 은혜 가운데 논의하며, 복음적으로 결정할 수 있도록 역사하여 주소서. 세상의 넓은 길로 편하게 가려는 생각을 버리고 그리스도의 고난을 몸에 짊어지고, 좁고 험한 십자가의 길로 나가는 선택과 결정의 시간이 되게 하소서.

능력을 주시는 하나님! 모든 당회원에게 십자가의 능력을 베풀어 주소서. 신앙의 연수와 공로를 자랑하며 인정받고 싶을 때 결국 사탄의 덫에 걸릴 수밖에 없습니다. 십자가를 지고 죽기까지 겸손하셨던 예수님처럼 우리도 겸손하여 십자가의 능력이 나타나도록 역사하여 주소서. 특별히 이번 당회에서 심도 있게 논의하고 결정해야 할 안건이 있습니다. 우리의 지식과 경험을 내려놓고, 주님의 기뻐하시고 선하시고 온전하신 뜻이 무엇인지 분별하여 옳은 결정을 할 수 있도록 인도하여 주소서. 우리의 능력을 나타내는 것이 아니라, 십자가의 능력 앞에 겸손히 고개를 숙이고, 주님의 음성을 듣게 하소서. 당회장과 당회원들이 복음 안에 거하여 믿음, 소망, 사랑이 넘치는 회의가 되게 하소서. 예수님의 이름으로 기도합니다. 아멘.

각종 모임 대표기도문

제직회

빌립보서 2장 2-3절

선한 길로 인도하시는 하나님! 2017년 _____ 분기 제직회로 모일 수 있도록 은혜를 주시니 진실로 감사합니다. 제직회를 통해 우리 교회가 선한 길로 나아갈 수 있도록 하나님께서 역사하여 주소서. "마음을 같이하여 같은 사랑을 가지고 뜻을 합하며 한마음을 품어 아무 일에든지 다툼이나 허영으로 하지 말고 오직 겸손한 마음으로 각각 자기보다 남을 낫게 여기고"라는 말씀대로 모든 회무를 은혜 중에 처리할 수 있도록 역사하여 주소서. 성경적인 관점에서 바라보게 하시고, 복음적인 결정을 내릴 수 있도록 모든 제직회원에게 지혜와 명철을 주소서. 특별히 재정에 관한 보고를 통해 우리 교회의 재무 상태를 정확히 알게 하시고, 투명한 재정 운영이 계속 이어질 수 있도록 은혜를 베풀어 주소서.

제직들을 통해 일하시는 하나님! 이 자리에 모인 모든 제직이 복음을 위한 청지기가 되게 하소서. 다섯 달란트, 두 달란트 받은 종처럼 하나님이 맡겨 주신 모든 일을 최선을 다하여 감당하는 제직이 되도록 인도하여 주소서. 주인이 기뻐하시는 열매를 거둘 수 있도록 더욱 기도하게 하시고, 예수님을 믿는 믿음으로 행하도록 인도하여 주소서. 이제 회의를 시작합니다. 은혜 중에 모든 회무를 처리하도록 인도하시고, 복음적인 교회 사역을 위해 필요한 안건들을 나누게 하소서. 예수님의 이름으로 기도합니다. 아멘.

각종 모임 대표기도문

공동의회

에스겔 11장 19-20절

인자와 긍휼이 풍성하신 하나님! 연약한 죄인들에게 인자와 긍휼을 베풀어 주셔서 오늘까지 우리의 삶을 인도하여 주시고, 올 한 해도 우리 교회를 인도하여 주시니 감사합니다. 한 해를 결산하며 새로운 한 해를 준비하는 공동의회로 모였으니, 감사와 기쁨이 넘치는 회의가 되도록 역사하여 주소서. 공동의회로 모인 모든 세례 교인의 심령을 예수 그리스도의 보혈로 씻어 주셔서, 오직 믿음으로 모든 안건을 처리할 수 있게 하소서.

교회의 머리이신 예수님! "내가 이 반석 위에 내 교회를 세우리니 음부의 권세가 이기지 못하리라"는 예수님의 말씀을 기억하고 있습니다. 교회의 머리이신 예수님을 따라, 교회의 몸이신 예수님을 전하는 복음 사역에 집중할 수 있도록 역사하여 주소서. 이 시간 공동의회를 통해 일 년간 사용된 재정의 수입과 지출 항목을 보면서 '우리 교회가 얼마나 복음 사역에 집중했는가?'의 관점을 가지고 살피게 하셔서, 우리 교회가 복음의 방향성을 잃지 않도록 깨워 주소서. 또한 복음 전도를 위한 초점을 잃지 않는 데 필요한 안건들이 통과되도록 역사하여 주소서. 온 성도가 한마음을 이루는 공동의회가 되어서, 새해를 은혜 중에 맞이할 수 있도록 인도하여 주소서. 예수님의 이름으로 기도합니다. 아멘.

각종 모임 대표기도문

임원회

베드로전서 5장 3절

연약한 자들을 부르신 하나님! 예수 그리스도의 십자가 은혜로 죄 사함의 은총을 베풀어 주신 것도 감사한데, _____ 임원으로 세워 주셔서 일하게 하시니 진실로 감사합니다. 거저 받은 복음의 은총을 아직 알지 못하고 믿지 못하여 어둠 속에 살고 있는 사람들을 향해 복음을 전하는 일에 임원들이 앞장서게 하소서. "주장하는 자세를 하지 말고 양 무리의 본이 되라"는 말씀대로 겸손히 사역을 감당할 수 있도록 역사하여 주소서. 임원들이 자기를 부인하고 자기 십자가를 지고 예수님을 따르게 하셔서, 복음의 열매를 맺도록 인도하여 주소서.

지혜와 명철을 주시는 하나님! 하나님을 경외하는 것이 지혜의 근본임을 믿습니다. 지혜의 근본이 예수 그리스도임을 믿습니다. 하나님을 온전히 경외함으로 예수님을 온전히 믿는 임원이 되어서, 하나님이 말씀을 통해서 주시는 지혜와 명철을 가지고 모든 회무를 분별하여 처리하게 하소서. 교회의 기준, 사역의 기준, 신앙의 기준이 예수 그리스도가 되게 하셔서, 그분의 십자가를 붙들게 하소서. 보혈의 은혜로, 십자가의 능력으로 회무를 처리하여 성령의 열매를 맺도록 이 시간 역사하여 주소서. 지금 임원들 앞에 풀기 어려운 현안들도 있습니다. 회장을 비롯한 임원들이 '예수 그리스도의 마음'으로 '한 몸'이 되어 나아갈 수 있도록 역사하여 주소서. 예수님의 이름으로 기도합니다. 아멘.

각종 모임 대표기도문

셀(목장) 리더모임

요한복음 21장 17절

영원한 목자이신 하나님! 참 목자이신 예수님을 따라서 믿음의 길을 가게 하시니 감사합니다. 때로는 사망의 음침한 골짜기를 통과할 때도 있었습니다. 때로는 푸른 풀밭을 지나며 기뻐할 때도 있었습니다. 그 어느 때나 예수님이 목자가 되어 주시고, 한걸음 동행하여 주심이 그저 감사할 뿐입니다. 더욱 감사한 것은 우리를 셀(목장) 리더로 세워 주심입니다. 부활하신 예수님이 고향 갈릴리로 가버린 제자들을 찾아가서 만나 주시며 사명을 주신 일을 기억합니다. "요한의 아들 시몬아 네가 나를 사랑하느냐"라는 질문과 함께 "내 양을 먹이라"고 하신 예수님의 말씀을 우리가 품게 하여 주소서.

은혜가 풍성한 하나님! 셀(목장) 리더에게 하나님의 풍성한 은혜를 내려 주소서. 목장 식구들을 대할 때 기쁨과 감사도 있지만, 어려운 일도 많습니다. 함께 한 목장에서 은혜를 나누고, 교제하며 신앙생활을 하지만 여전히 죄의 본성이 살아 있는 죄인들이기에 서로에게 상처를 주고, 오해하고 갈등을 빚기도 합니다. 이때마다 리더로서 말씀을 붙들지만 쉽지 않아, 그냥 모든 것을 포기하고 싶을 뿐입니다. 오, 하나님! 십자가의 은혜를 내려 주소서. 우리가 원수이고 죄인이었을 때 십자가를 지신 예수님의 사랑을 기억하며 그 십자가의 은혜로 맡겨진 사명을 온전히 감당하도록 인도하여 주소서. 예수님의 이름으로 기도합니다. 아멘.

각종 모임 대표기도문

셀(목장) 가정모임

시편 79편 13절

사랑의 울타리를 만들어 주신 하나님! 감사합니다. 오늘 셀(목장) 가정모임이 하나님이 만들어 주신 사랑의 울타리 안에서 한 몸을 이루는 은혜 공동체, 말씀 공동체, 나눔 공동체가 되도록 인도하여 주소서. 참 목자이신 예수님의 양이 되어, 목자의 음성을 듣고 그 음성대로 나아갈 수 있도록 역사하여 주소서. 이 시간 하나님을 온전히 예배하도록 목장 식구들의 심령을 십자가 보혈로 씻어 주시고, 예수 그리스도 안에 거하는 새 피조물이 되게 하소서. 또한 말씀을 나누고, 삶을 나눌 때 성령님께서 역사하여 주셔서 서로에게 힘이 되게 하시고, 위로와 기쁨이 되게 하소서.

능력의 주 하나님! 셀(목장) 가정모임이 더욱 부흥하기를 원합니다. 우리 교회 안에는 여전히 세상의 일상에 짓눌려 형식적이고 습관적인 신앙생활에 빠져 있는 성도들이 많습니다. 겨우겨우 주일에 한 번 나와 예배를 드리고, 그것도 졸거나 여러 생각들 속에 제대로 하나님을 예배하지 못한 채 교회를 떠나는 성도들이 부지기수입니다. 이들의 신앙, 이들의 가정 가운데 하나님께서 예수 그리스도의 능력을 베풀어 주소서. 이들이 셀(목장) 가정모임으로 나오도록 발걸음을 인도하여 주셔서, 다시금 신앙이 회복되고, 신앙이 성장하고 성숙해질 수 있도록 역사하여 주소서. 예수님의 이름으로 기도합니다. 아멘.

각종 모임 대표기도문

새신자환영회
누가복음 15장 7절

한 영혼을 사랑하시는 하나님! 우리 교회에 새신자를 보내 주셔서 하나님을 경외하고 예수님을 믿는 신앙생활을 함께할 수 있도록 인도하여 주심을 감사합니다. 하나님 앞으로 나온 한 영혼을 기쁨으로 맞이하는 새신자 환영회를 갖습니다. 기쁨의 시간, 감사의 시간이 되도록 역사하여 주소서. 우리 교회로 보내 주신 새신자가 또다시 세상의 길로 나아가지 않도록 보호하여 주소서. 아직은 교회라는 곳이 낯설고, 교회에서 사용하는 언어가 익숙하지 않고, 다양한 예배와 집회가 부담이 될지라도, 교회에 잘 적응하고 정착할 수 있도록 인도하여 주소서.

사랑의 주 하나님! 새신자들이 하나님의 사랑을 알게 하소서. 태초부터 시작된 하나님의 사랑으로 오늘 이 시간까지 올 수 있었다는 사실을 깨닫게 하소서. 특별히 하나님의 사랑이 예수 그리스도의 십자가를 통해 완성되었음을 믿게 하소서. 이것이 신앙의 기초가 되게 하소서. 교회에 나오면 만사형통할 것이라는 기복적인 신앙을 버리고, 하나님의 사랑 안에서 예수님을 믿는 온전한 신앙을 소유하도록 역사하여 주소서. "누구든지 그리스도 안에 있으면 새로운 피조물"이라는 말씀대로 새신자들이 날마다 예수 그리스도 안에 거하는 새신자가 되게 하소서. 감격이 있는 예배를 드리며, 말씀과 기도 중심의 삶이 되게 하소서. 예수님의 이름으로 기도합니다. 아멘.

각종 모임 대표기도문

식사모임

요한복음 6장 11절

생명의 양식을 주시는 하나님! 오늘도 우리의 삶을 인도하여 주시고, 이 시간 한자리에 둘러 앉아 식탁의 교제를 나눌 수 있도록 은혜를 주시니 감사합니다. 한 어린아이가 가지고 온 도시락을 앞에 놓고 감사기도하실 때 오병이어의 기적은 시작되었습니다. 하나님, 우리의 식탁에도 오병이어의 기적이 있게 하소서. 귀한 음식을 주신 하나님을 향한 진정한 감사가 있게 하시고, 이 음식을 먹고 강건함을 얻어 예수 그리스도의 복음을 전하는 삶이 있게 하소서. 복음의 풍성한 열매를 거둘 수 있는 기적의 시발점이 되게 하소서. 영원토록 주리지 않는 생명의 떡, 영원히 목마르지 않은 생명수이신 예수님의 은혜로 충만하게 하소서.

우리의 힘이 되신 하나님! 연약한 육신인지라 늘 욕심에 따라 살고 있는 우리 자신을 봅니다. 욕심이 지나쳐 탐욕의 노예로 살기도 합니다. 악한 탐심을 이길 수 있는 능력이 하나님께 있음을 믿습니다. 비만과 성인병의 원인이 되는 식탐을 버리게 하소서. 탐심은 곧 우상숭배라고 하셨습니다. 우리의 모든 탐심을 십자가에 못 박아 육체의 소욕에 따라 사는 것이 아니요, 오직 성령님의 행하심에 따라 살아가도록 역사하여 주소서. 귀한 음식을 대접하는 손길을 하나님께서 기억하여 주시고, 복 내려 주소서. 이 음식 앞에 부끄럽지 않는 삶을 살아가도록 인도하여 주소서. 예수님의 이름으로 기도합니다. 아멘.

예배나 모임에 참석한 사람들의 상황이
대표기도에 녹아 있어야 한다.

|1장| 가정의 경사 대표기도문
|2장| 학생과 청년 대표기도문
|3장| 직장과 사업 대표기도문
|4장| 병원심방 대표기도문
|5장| 애도와 추모 대표기도문
|6장| 각종 심방 대표기도문

2부

심방
대표기도문

크리스천 대표 기도문

1장
가정의 경사 대표기도문

가정의 경사 대표기도문

믿음의 가정

베드로전서 2장 5절

가정의 주인이신 하나님! "너희도 산 돌같이 신령한 집으로 세워지고 예수 그리스도로 말미암아 하나님이 기쁘게 받으실 신령한 제사를 드릴 거룩한 제사장이 될지니라"는 말씀대로 산 돌이신 예수 그리스도를 믿는 신령한 집, 믿음의 가정이 되게 하셔서 감사합니다. 날마다 예수 그리스도의 보혈로 정결하게 씻어 주시고, 보혈의 능력으로 죄와 싸워 이기는 가정이 되도록 은혜를 베풀어 주소서. 가정을 무너뜨리려는 악한 마귀의 궤계에 흔들리지 않도록 날마다 말씀과 기도로 충만하게 하소서. 반석이신 예수님에 기초하여, 어떠한 풍파가 있을지라도 흔들리지 않도록 보호하여 주소서.

십자가의 예수님! _____님의 가정이 믿음의 주이신 예수님을 바라보고, 십자가의 예수님을 늘 기억하는 가정이 되게 하소서. 세상 안에서의 형통함으로 기뻐하기보다, 예수 그리스도로 말미암아 사는 기쁨이 있게 하소서. 가족 모두가 거룩한 제사장이 되어 늘 하나님을 예배하고, 예수 그리스도의 향기를 내게 하소서. 주안에서 부모를 공경하며, 부모의 가르침에 순종하고 형제자매가 깊은 우애를 가지고 살 수 있도록 역사하여 주소서. 예수 그리스도 안에서 모두가 건강하고 행복하게 살도록 인도하여 주시고, 영원한 천국에 들어가는 복을 내리어 주소서. 예수님의 이름으로 기도합니다. 아멘.

가정의 경사 대표기도문

믿음의 결혼

창세기 2장 24절

가정의 주인이신 하나님! 주 안에서 결혼하여 믿음의 가정을 이루게 하시니 감사합니다. 매순간 예수 그리스도의 보혈로 _____님의 가정을 정결하게 씻어 주시고, 십자가 보혈의 능력으로 악한 영들이 틈타지 못하도록 보호하여 주소서. 믿음 안에서 결혼한 이 부부의 삶이 늘 성령에 취한 삶이 되어서 성령의 열매가 가득한 결혼 생활이 되게 하소서. 말씀과 기도로 거룩한 삶을 살게 하시고, 예수 그리스도 안에서 한 몸을 이루어 행복한 가정을 이루도록 역사하여 주소서.

능력의 주 하나님! 이 세상이 너무나 악합니다. 믿음 안에서 결혼 생활을 영위하는 데 장애되는 것들이 주변 곳곳에 많습니다. 믿음의 안목을 주셔서, 이 세상을 분별하여 하나님이 기뻐하시는 삶을 살게 하소서. 서로 돕고 서로 이해하여, 서툰 집안일과 새롭게 해야 할 많은 일을 함께 감당하도록 은혜를 주소서. 양가 부모님을 위해서 늘 기도하며 성심으로 공경하는 섬김이 있게 하소서. 직장 안에서 맡겨진 일에 최선을 다하여 상사에게 인정받으며 후배에게는 존경받는 _____님이 되게 하소서. 무엇보다도 예수 그리스도를 믿는 믿음이 흔들리지 않게 하소서. '무엇을 먹을까 무엇을 마실까 무엇을 입을까'의 문제보다 '믿음의 삶을 위해 어떻게 할까' 기도하며 살아가게 하소서. 예수님의 이름으로 기도합니다. 아멘.

가정의 경사 대표기도문

독신청년

전도서 12장 1-2절

창조주 하나님! 푸른 꿈을 꾸며 미래를 준비할 수 있는 청년의 때를 보내게 하시니 감사합니다. 만물을 창조하신 그 섭리 속에, 창조적인 미래를 준비할 수 있도록 _____ 청년에게 은혜를 베풀어 주소서. "너는 청년의 때에 너의 창조주를 기억하라"시는 말씀을 매순간 잊지 않도록 깨워 주소서. 날마다 솟구치는 정욕과 싸워 승리할 수 있는 힘은 오직 십자가 보혈입니다. 보혈의 능력으로 세상을 향한 탐욕을 버리고, 오직 창조주를 기억하며 가장 소중한 때를 가장 귀하게 보낼 수 있도록 역사하여 주소서.

청년의 삶을 인도하시는 하나님! 미래를 준비하는 청년의 때가 아름답습니다. 무언가 열정을 쏟을 수 있는 힘이 있다는 것도 청년만이 가질 수 있는 특권이기에 좋습니다. 그러나 사회 구조적인 문제로 청년의 때에 마냥 푸른 꿈만을 꿀 수 없는 게 현실입니다. 세상이 요구하는 스펙을 쌓기 위해 동분서주하다 보면 예수님을 잃어버리고 세상의 짐에 짓눌리게 됩니다. 홀로 살기에 끊임없이 다가오는 유혹의 손길도 거절하기가 쉽지 않습니다. 이처럼 만만치 않은 청년의 때에 더욱 담대한 믿음을 허락하여 주소서. 하나님이 주신 건강도 잘 관리하도록 지혜를 주시고, 건강한 신앙을 가지고 천국을 소망하여 힘차게 전진하도록 역사하여 주소서. 예수님의 이름으로 기도합니다. 아멘.

가정의 경사 대표기도문

신혼부부

골로새서 3장 18-19절

사랑의 주 하나님! 하나님의 말씀에 따라 결혼하여 새 가정을 이룰 수 있도록 은혜를 주셔서 감사합니다. 하나님을 사랑하고, 그 사랑 안에서 서로 사랑함으로 결혼하였사오니 주님이 다시 오실 때까지 서로 사랑하며 살도록 인도하여 주소서. 아내는 남편을 존경하고 남편은 아내를 사랑하는 아름다운 나날이 되게 하소서. 날마다 예수 그리스도의 보혈로 정결하게 씻어 주셔서 거룩한 신랑과 신부가 되도록 역사하여 주소서. 모든 정욕과 탐심을 그리스도의 십자가에 못 박아, 순결한 사랑으로 서로를 뜨겁게 사랑하게 하소서.

오, 예수님! 믿음 안에서 만나 결혼하였지만 삶에서 부딪히는 일들이 많습니다. 이미 굳어진 삶의 습관과 방식으로 서로 이해하지 못하여 싸울 때도 있습니다. 갈등과 다툼이 있을 때, 먼저 예수 그리스도를 바라보게 하소서. 자신의 눈에 있는 들보는 보지 못하고, 서로의 티만 보며 지적하는 어리석음을 범하지 않게 하소서. 예수 그리스도를 통해 서로를 바라볼 때 자신이 얼마나 연약한 사람인지 알 수 있습니다. 자신이 받은 십자가의 은혜를 기억하며 서로의 허물을 덮어 주고, 배려하고 양보하며, 이해해 주는 아름다운 부부가 되도록 역사하여 주소서. 예수님의 이름으로 기도합니다. 아멘.

가정의 경사 대표기도문

임신 기원

욥기 31장 15절

생명의 주인이신 하나님! 주님의 은혜로 한 가정을 이루어 사랑하며 살도록 인도해 주셔서 감사합니다. 하나님의 성령이 _____ 님의 가정에 역사하시어 마땅히 가야 할 길을 밝히 보여 주소서. 부부가 함께 천성을 향해 열려 있는 십자가의 길을 걷도록 인도하여 주소서. 예수 그리스도의 십자가 보혈로 날마다 씻어 주시어 성결한 가정이 되게 하시고, 정결한 삶을 살아가도록 역사하여 주소서. 하나님의 말씀을 따라 온전히 행하며, 그 말씀을 지키며 살아가도록 인도하여 주소서.

사랑의 열매를 주시는 하나님! 부부가 하나님을 사랑하는 마음으로 서로 깊이 사랑하고 있습니다. 이 가정에 사랑의 열매를 허락하여 주소서. 모든 생명의 씨앗이 하나님께 있음을 믿사오니, 부부의 믿음을 이어갈 새로운 생명이 잉태될 수 있도록 은혜를 내리어 주소서. 건강한 몸과 정신, 성령으로 충만한 영의 상태를 가지고 사랑할 때 새 생명의 역사가 일어날 줄 믿습니다. 먼저 부부의 몸과 마음이 건강하도록 인도하여 주시고, 날마다 사모하는 마음으로 간절히 무릎을 꿇게 하소서. 그리하여 부부의 노력이 아닌, 하나님의 말씀에 순종함으로 생명의 씨가 뿌려지게 하소서. 오직 하나님의 은혜로 생명이 잉태되어 하나님의 기쁨이 되며 가정의 복이 되도록 역사하여 주소서. 예수님의 이름으로 기도합니다. 아멘.

가정의 경사 대표기도문

임신 축하

누가복음 1장 41-42절

생명의 주관자이신 하나님! 감사합니다. 하나님의 은혜 가운데 한 몸을 이룬 가정이 되게 하신 것도 감사한데, 귀한 생명을 잉태하도록 자비를 베풀어 주시니 무한 감사합니다. "엘리사벳이 성령의 충만함을 받아 큰 소리로 불러 이르되 여자 중에 네가 복이 있으며 네 태중의 아이도 복이 있도다." 생명을 잉태하게 하시는 하나님을 찬양하게 하소서. 하나님이 주신 생명이오니, 건강하게 자라 출산하기까지 인도하여 주소서. 매순간 예수 그리스도의 십자가 은혜로 산모의 심령을 주관하여 주셔서, 거룩한 마음과 몸을 유지하도록 역사하여 주소서.

산모가 되게 하신 하나님! 말로 다할 수 없는 은혜로, 생명을 잉태한 주인공이 되게 해주셔서 감사합니다. 하나님이 주신 복된 생명을 말씀과 기도로 태교하도록 산모에게 믿음을 더하여 주소서. 배 속에서부터 하나님을 예배하며, 하나님의 말씀을 듣는 은혜가 넘치도록 산모에게 성령의 충만함을 주소서. 남편은 임신한 아내를 더욱 사랑하고 기도하며 영적인 조력자가 되도록 역사하여 주소서. 도와야 할 일을 더욱 적극적으로 도와 임신 중에 여러 가지 어려움이 없도록 인도하여 주소서. 배 속의 아기나, 산모에게 건강의 은혜를 주셔서 스스로 잘 관리할 수 있는 지혜를 주시고, 어려운 상황을 잘 대처할 수 있는 담대함을 허락하여 주소서. 예수님의 이름으로 기도합니다. 아멘.

가정의 경사 대표기도문

출산 축하

사무엘상 2장 21절

생명의 근원이신 하나님! 감사합니다. 하나님이 은혜를 베풀어 주셔서 한 가정을 이루었고, 이제 귀한 생명이 탄생하였습니다. 하나님께서 은혜를 주셔서 열 달 간 엄마의 배 속에서 건강하게 자라게 하셨습니다. 그리고 이제 가장 적절한 시간(또는 "출산의 어려움이 있었지만")에 세상의 빛을 보게 된 아기를 축복합니다. 하나님의 형상을 닮은 이 아기가 항상 예수 그리스도 안에 거하도록 역사하여 주소서. 하나님의 은혜와 부모의 사랑을 듬뿍 받으며 건강하게 자라도록 인도하여 주소서.

오, 예수님! 찬양합니다. 예수님의 은혜로 이 부부가 이제 부모가 되었습니다. _____님 부부가 하나님의 사랑 안에서 서로를 더 깊이 알아가며 사랑하게 하소서. 또한 십자가의 보혈로 이 부부를 더욱 정결하게 씻어 주시어, 세속에 물들지 않도록 은혜를 베풀어 주소서. 신령한 젖을 사모하는 엄마가 되어, 젖을 먹는 아기에게 영적 양식을 공급하게 하소서. 늘 깨어 기도하는 아빠가 되어, 말씀과 기도가 아기의 호흡이 되게 하소서. 아기의 이름을 _____라고 지었습니다. 이 이름대로 살게 하시고, 무엇보다도 늘 예수님을 닮아가도록 역사하여 주소서. _____가 이 가정의 믿음의 대를 이어갈 수 있도록 부모된 자들이 더욱 깨어 근신하며 살 수 있도록 매순간 인도하여 주소서. 예수님의 이름으로 기도합니다. 아멘.

가정의 경사 대표기도문

백일

누가복음 2장 40절

능력의 주 하나님! 이 가정에 복 내려 주셔서 하나님을 경외하며 예수님을 믿는 가정이 되게 하시니 감사합니다. 무엇보다도 하나님이 이 가정에 허락하신 _____가 건강하게 자라 백일을 맞게 하심을 감사합니다. (또는 "아프기도 했지만, 지금까지 인도해 주셔서 감사합니다.") 생명을 잉태하는 것도 귀하지만, 생명을 키우는 것이 얼마나 소중한 일이며 어려운 것인지 깨달았습니다. 부부에게 지혜와 명철을 허락하여 주소서.

_____의 생명을 지켜 주신 하나님! _____를 축복합니다. 하나님을 믿고 예수님을 닮아가는 복된 인생이 되도록 은혜를 베풀어 주소서. 건강의 은혜도 허락하여 주셔서 아프지 않도록 적절하게 보호받게 하시고, 이겨 낼 수 있는 힘을 주소서. 지난 백일의 시간 속에서 부모에게 받은 사랑을 힘입어 앞으로 계속해서 지혜가 충만하게 하시고 하나님의 은혜로 성장하게 하소서. 특히 이 가정의 부모를 축복합니다. 서툴고 낯설지만 부모라는 이름으로 보낸 지난 백일의 시간 속에서 하나님 아버지의 마음을 더 알게 되었습니다. 사랑하는 자녀를 위해서 독생자 예수님을 내어주신 것이 얼마나 고귀한 일인지 알게 되었습니다. 십자가의 사랑을 품은 부모가 되어 _____를 주 안에서 양육하도록 인도하여 주소서. 예수님의 이름으로 기도합니다. 아멘.

가정의 경사 대표기도문

돌

이사야 46장 3-4절

자비로우신 하나님! _____의 첫 번째 생일을 맞아 하나님의 은혜를 감사하여 예배하게 하시니 감사합니다. 지난 1년 동안 건강하게 자라도록 사랑으로 보호하여 주시어 진심으로 감사합니다. 앞으로 계속해서 하나님의 형상을 닮아가며 건강하게 자라도록 인도하여 주소서. "배에서 태어남으로부터 내게 안겼고 태에서 남으로부터 내게 업힌 너희여 너희가 노년에 이르기까지 내가 그리하겠고 백발이 되기까지 내가 너희를 품을 것이라"는 약속의 말씀이 돌을 맞은 아기의 삶을 통해서 열매 맺을 수 있도록 역사하여 주소서.

생명의 주인이신 하나님! _____와 이 가정을 축복합니다. 예수님께서 이 가정의 가장이 되어 주셔서 날마다 동행하여 주시고, 그 길을 지도하여 주소서. 영적으로 혼탁합니다. 사탄은 수단과 방법을 가리지 않고 하나님의 자녀를 마귀의 자녀로 만들고 있습니다. 이 가정을 보호하여 주셔서 부모의 신앙을 견고하게 세워 주시고, 그 품안에 _____도 보호를 받도록 역사하여 주소서. 보는 것, 듣는 것, 그로 인해 생각하고 행동하는 모든 것이 하나님의 말씀에 합당하게 하시고, 하나님의 영광을 위해 살아가도록 매순간 인도하여 주소서. 이제 첫 번째 생일입니다. 다음 생일을 맞기까지 _____의 삶을 품어 주시고, 이 가정이 예수 그리스도의 십자가 아래 거하게 하소서. 예수님의 이름으로 기도합니다. 아멘

가정의 경사 대표기도문

생일

시편 90편 12절

날마다 우리와 동행하시는 하나님! _____의 생일(생신)을 맞아 하나님께 먼저 감사하며 서로 축하하는 시간을 갖게 하시니 감사합니다. 지금까지 하나님의 은혜로 살았습니다. 지난 1년간 _____의 삶속에서 하나님의 도움의 손길이 없었던 적이 단 한 번도 없음을 인정하게 하시고, 그 은혜를 _____가 먼저 진심으로 감사하게 하소서. "우리에게 우리 날 계수함을 가르치사 지혜로운 마음을 얻게 하소서." 만물이 피어나는 봄(햇살이 싱그러운 여름, 풍성한 열매를 거두는 가을, 새하얀 마음을 느끼는 겨울)에 태어나게 하시어 그 자연의 아름다움을 마음껏 만끽하며 살게 하셨사오니, 생명을 다하는 날까지 이 은혜를 주신 하나님을 위해 살도록 인도하여 주소서.

믿음의 삶으로 인도하시는 하나님! _____가 오직 예수님을 바라보며 살도록 믿음을 주소서. 예수님이 십자가를 통해 주신 새 생명의 은혜에 감격하며 감사하도록 날마다 일깨워 주소서. 현재 학업 중에 있습니다(직장 생활, 가정을 돌보는 주부 등등). 주께서 이 모든 일을 온전히 감당하도록 지혜와 명철을 허락하여 주소서. 건강의 복도 내리어 주셔서, 그 강건함을 가지고 예수님이 가신 십자가의 길을 향해 힘차게 전진하게 하소서. 다음번 생일 맞을 때까지 이 행진이 멈추지 않도록 하소서. 예수님의 이름으로 기도합니다. 아멘.

가정의 경사 대표기도문

회갑

누가복음 2장 25절

은혜로우신 하나님! _____님의 삶을 지금까지 인도하여 주심을 감사하며 기쁨의 예배를 드리게 하시니 감사합니다. 온 가족, 자녀들이 함께 하나님의 은혜를 예배하는 이 시간에 성령 하나님께서 역사하여 주소서. 지난 60년의 시간을 돌아볼 때 모든 것이 하나님의 은혜였음을 고백하지 않을 수 없습니다. 수많은 사건과 사고, 다양한 문제, 종종 힘들게 했던 질병으로 슬퍼하며 절망하기도 했습니다. 그러나 그 모든 순간을 이길 수 있었던 것은 오직 하나님의 은혜 덕분이었기에, 이 시간 더욱 감사를 드립니다.

늘 동행하시는 하나님! 60번째 생일을 맞으신 _____님의 노년의 삶에 동행하여 주소서. 시므온이 평생 메시아의 오심을 기다리며 의롭고 경건하게 산 것처럼 _____님도 오직 하나님께 예배하며, 힘 다할 때까지 주의 복음을 위해서 살아가도록 능력과 건강을 허락하여 주소서. 한 가정의 아버지(어머니), 할아버지(할머니)이기 전에, 먼저 하나님의 자녀가 되어 날마다 아버지 하나님의 말씀에 순종하게 하소서. 가정 안에서도 신앙의 본이 되도록 강건한 믿음을 더하여 주소서. 이제 육신이 쇠약해질지라도 건강을 지켜 주시고, 그의 영혼은 활동적인 청년이 되어 하나님의 나라를 향하여 쉼 없이 달려가게 하소서. 예수님의 이름으로 기도합니다. 아멘.

가정의 경사 대표기도문

입주

마태복음 7장 24-25절

인생의 주인이신 하나님! 감사합니다. 하나님의 은혜로 새로운 집에 입주하게 되었습니다. 이 집을 하나님의 발아래 놓습니다. 하나님께서 주인이 되어 주셔서 다스리소서. 이곳이 믿음의 터가 되어 이 가정으로 하여금 더욱 하나님을 경외하며, 하나님의 영광을 위해 살아가도록 역사하여 주소서. 주님의 말을 듣고 행하는 자는 그 집을 반석 위에 지은 것이라는, 그래서 비가 내리고 창수가 나고 바람이 불어도 무너지지 않는다는 말씀을 늘 기억하게 하소서. 예수 그리스도의 십자가가 새 집의 기둥이 되어서, 어떤 악한 사탄 마귀도 틈타지 못하도록 막아 주시고, 흔들리지 않도록 보호하여 주소서.

오, 예수님! 찬양합니다. 이렇게 안락하고 아름다운 집에 살 수 있도록 이 가정을 인도해 주셨으니, 앞으로 영원히 거할 천국 집에 이르기까지 예수님이 길이 되어 주시길 간절히 원합니다. 예수님이 손수 지어 놓으신 천국 본향의 집에 입주할 때를 소망하며, 더욱 복음을 위해 헌신하는 이 가정이 되도록 역사하여 주소서. 온 가족이 하루의 흘린 땀을 닦을 수 있는 쉼의 장소가 되도록 이 집을 사용하여 주소서. 특별히 하나님을 향해 늘 깨어 기도하는 집이 되게 하시고, 성도 간의 아름다운 교제의 장소가 되게 하소서. 날마다 예수 그리스도의 십자가를 자랑하는 현장이 되게 하소서. 예수님의 이름으로 기도합니다. 아멘.

가정의 경사 대표기도문

이사

시편 84편 3-4절

우리의 삶을 인도하시는 하나님! _____님 가정이 좋은 집으로 이사하게 하시니 감사합니다. "나의 왕, 나의 하나님, 만군의 여호와여. 주의 제단에서 참새도 제 집을 얻고 제비도 새끼 둘 보금자리를 얻었나이다. 주의 집에 사는 자들은 복이 있나니 그들이 항상 주를 찬송하리이다." 이전에 살던 곳에서 누렸던 하나님의 은혜가 이사한 이 집에서도 동일하도록 은혜를 부어 주소서. 이사하는 데 여러 가지 힘든 점이 있었습니다. 그러나 하나님께서 세밀하게 인도해 주시어 지혜롭게 잘 해결하여 이사를 마칠 수 있었습니다. 늘 고비 때마다 하나님께서 인도해 주셔서 진심으로 감사합니다.

새 집을 주신 하나님! 이사 후 정리해야 할 것들이 아직 산적해 있습니다. 건강과 지혜를 주셔서 차분히 집안 정리를 마치게 하시고, 아늑한 가족의 쉼터, 사랑의 나눔터가 되도록 은혜를 베풀어 주소서. 이제 이곳에서 좋은 이웃들을 만나기 원합니다. 아니, 이 가정이 먼저 선한 이웃이 되게 하소서. 이웃 간에 화목하도록 사랑의 마음, 양보의 미덕, 배려의 실천이 있게 하소서. 무엇보다도 그리스도의 향기를 내는 가정이 되어 이웃에게 그리스도의 빛을 비추도록 인도하소서. 자녀들이 새로운 학교에 전학했습니다. 잘 적응하여 성실하게 학업에 임할 수 있도록 은혜를 베풀어 주소서. 예수님의 이름으로 기도합니다. 아멘.

가정의 경사 대표기도문

시험 합격

시편 26편 1-2절

풍성한 사랑의 주 하나님! 금번에 사랑하는 _____가 시험에 합격하였습니다. 이 모든 영광을 하나님께 돌려 드립니다. 여러 가지 어려운 여건 속에서도 성실하게 시험을 준비하였고, 하나님이 자비를 베풀어 주시어 이처럼 원하는 결과를 얻을 수 있었습니다. 하나님의 은혜와 인도하심을 기억하게 하시어 앞으로 _____의 삶이 하나님이 원하시는 길로 나아가도록 역사하여 주소서.

새 길을 열어 주실 하나님! _____의 길을 열어 주소서. 계속해서 동행하여 주셔서 세상의 길로 나아가지 않도록 지켜 주소서. 시험에 합격하고 자신도 모르는 사이에 교만해지거나 나태해지는 경우를 종종 보게 됩니다. 주님께서 십자가의 보혈로 _____의 심령을 날마다 씻어 주셔서 오만해지거나 안일해지지 않도록 도우소서. 힘든 시험을 합격하였지만, 이제 또한 시험의 연속선상에 있습니다. _____에게 겸손함과 성실함을 주시어 앞으로도 지금처럼 한결같은 신실함과 열정을 가지고 시험에 임하게 하시고 승승장구하도록 인도하여 주소서. 무엇보다도 우리를 영적으로 단련하시기 위한 하나님의 시험이 있다는 사실을 기억하여 날마다 예수님 중심으로 살게 하소서.

예수님의 이름으로 기도합니다. 아멘.

크리스천 대표 기도문

2장

학생과 청년 대표기도문

학생과 청년 대표기도문

유치원 입학

사무엘상 1장 22절

사랑이 많으신 하나님! 지금까지 _____를 지키시고 보호해 주신 하나님께 감사드립니다. 또한 사랑의 예수님을 믿게 해주셔서 감사합니다. 무엇보다 예수님을 믿는 가정에서 잘 자라나 유치원에 입학하게 되었습니다. 하나님, _____의 길을 인도해 주소서. 유치원에서 선생님의 말씀을 잘 듣고, 좋은 것들을 많이 배우며, 친구들과 사이좋게 지낼 수 있도록 해주소서. 아침에 잘 일어나서 유치원에 갈 수 있게 해주시고, 유치원에 갈 때와 올 때에 다치지 않도록 보호해 주소서. 예수님이 _____의 손을 늘 꼭 붙들어 주셔서 나쁜 길로 가지 않도록 인도해 주소서.

좋으신 하나님! _____의 부모에게 더욱 큰 믿음을 주소서. 자녀를 위해서 늘 기도하게 하소서. 젖 뗀 사무엘을 데리고 여호와 하나님을 뵈러 가서 하나님의 집에 있게 했던 성경 속의 한나처럼 사랑하는 _____의 주인은 하나님이심을 고백할 수 있는 믿음을 주소서. 내 자녀이기 전에 하나님의 자녀임을 인정할 수 있는 믿음을 주소서. 그래서 유치원에 보내고 불안해하거나 걱정하기보다는 _____가 하나님의 영광을 위해서 쓰임 받도록 기도하는 부모가 되게 하소서.

예수님의 이름으로 기도합니다. 아멘.

학생과 청년 대표기도문

초등학교 입학

신명기 4장 10절

능력의 주 하나님! 유치원을 졸업하고 초등학교에 입학할 수 있도록 인도해 주셔서 감사합니다. 그동안 _____를 하나님께서 보호해 주시고 인도해 주셨음을 믿습니다. 이제 초등학교에 입학하고 난 뒤에도 더욱 하나님께서 능력의 팔로 보호해 주소서. _____가 초등학교에 가서 더 많은 것을 보고 배워야 합니다. 조금 더 일찍 일어나야 하고, 책을 더 봐야 하고, 더 많은 친구를 만나게 될 것입니다. 모든 상황에 잘 적응할 수 있도록 _____에게 능력을 주소서. 좋은 선생님들과 좋은 친구들을 만나게 해주소서. 특별히 _____가 그리스도의 향기가 되어 모든 선생님과 친구들이 예수님을 알고 믿게 해주소서.

오, 하나님! 부모의 신앙을 붙들어 주소서. "네가 호렙 산에서 네 하나님 여호와 앞에 섰던 날에 여호와께서 내게 이르시기를 나에게 백성을 모으라 내가 그들에게 내 말을 들려주어 그들이 세상에 사는 날 동안 나를 경외함을 배우게 하며 그 자녀에게 가르치게 하리라"는 말씀대로 초등학교 생활이 중요한 만큼 신앙생활은 더 중요하다는 것을 가르칠 수 있게 하소서. 학교 공부, 학원 수업이 중요한 만큼 예배와 성경 공부도 중요하다는 사실을 지도할 수 있게 해주소서. _____가 학교생활을 잘하도록, 신앙생활에도 게으르지 않도록 돕게 하소서. 예수님의 이름으로 기도합니다. 아멘.

학생과 청년 대표기도문

중학교 입학

시편 119편 73절

생명의 주 하나님! 우리의 생명을 오늘까지 인도해 주시니 감사합니다. 하나님의 은혜로 오늘까지 왔으니, 앞으로 계속해서 하나님의 은혜로 보호하여 주시길 원합니다. 초등학교 생활을 잘 마치고 졸업하게 하시고, 이제 중학교에 입학하게 하신 하나님께 감사드립니다. 초등학교 생활 속에서 동행하여 주셨던 예수님께서 중학교 생활 속에서도 동행하여 주소서. 초등학교보다 더 많은 것을 배우고 익혀야 하지만, 그만큼 더 많이 이해하고 알아가는 기쁨을 누릴 수 있도록 인도해 주소서.

선한 목자이신 하나님! 중학생이 되면 초등학교 때보다 더 바쁘겠지만, 신앙생활을 더 잘할 수 있도록 하나님이 기뻐하시는 길로 이끌어 주소서. "주의 손이 나를 만들고 세우셨사오니 내가 깨달아 주의 계명들을 배우게 하소서"라고 기도했던 시편의 시인처럼 늘 하나님을 기억하며, 하나님의 말씀을 잃어버리지 않도록 깨워 주소서. 키와 마음이 함께 자라 무서운 '중2병'에 걸리지 않도록 도와주소서. 성실하게 공부하며, 친구들하고도 잘 지낼 수 있도록 지혜를 주소서. 매일 기도하고, 매일 성경묵상을 꼭 하도록 믿음을 주소서. 주일에 교회에 나가 예배하게 하시고, 예수님을 믿지 않는 친구들도 많이 전도하도록 이끄소서. 하나님만 의지합니다. 예수님의 이름으로 기도합니다. 아멘.

학생과 청년 대표기도문

고등학교 입학

이사야 1장 16-17절

창조주 하나님! 모든 만물을 창조하셨고, 우리를 창조하신 하나님을 찬송합니다. 하나님의 은혜로 지금까지 건강하고 행복하게 살 수 있도록 인도해 주셔서 감사합니다. 이제 중학교를 졸업하고 고등학교에 입학을 합니다. 말씀으로 천지를 창조하신 하나님의 능력으로 고등학교에 입학하는 _____를 인도하여 주소서. 고등학교 생활을 앞두고 걱정하는 것도 있고, 두려운 것도 있습니다. 그 모든 짐을 창조주 하나님 앞에 내려놓고, '하나님이 어떻게 말씀하시는가?' 귀를 기울이도록 믿음을 더하여 주소서. 걱정이나 두려움을 주는 것들과 비교할 수 없을 정도로 크신 하나님만을 의지하게 하소서. 설렘과 기대를 가지고 고등학교 생활을 활기차게 해나갈 수 있도록 역사하여 주소서.

사랑의 하나님! 우리 _____가 사랑의 하나님을 바라볼 수 있도록 인도해 주시기 원합니다. 이제 고등학생이 되면 더 많은 것들, 더 흥미 있는 것들을 바라보게 됩니다. 그 중에는 사탄에 의해서 오염된 것들이 많습니다. "너희는 스스로 씻으며 스스로 깨끗하게 하여 내 목전에서 너희 악한 행실을 버리며 행악을 그치고 선행을 배우며 정의를 구하라"시는 말씀대로 하나님이 원하시는 일들을 실천할 수 있도록 인도하여 주소서. 사랑의 하나님을 따라, 하나님의 사랑을 실천하는 _____가 되게 하소서. 예수님의 이름으로 기도합니다. 아멘.

학생과 청년 대표기도문

대학교 입학

예레미야 10장 2절

청년을 사랑하시는 하나님! 새벽이슬 같은 _____ 청년이 이 시간 대학교 입학을 감사하며 고개를 숙이고 있습니다. 그를 사랑하시는 하나님께서 다함없는 은혜를 내리어 주소서. 이제 고등학교를 졸업하고, 쉽지 않은 시험을 거쳐 대학교에 입학하였습니다. 더 넓은 사회로 나아가기 위한 교육의 현장입니다. 이곳에서 하나님의 나라를 위해서 무엇을 준비해야 할지 깨닫게 하시고, 보게 하시고, 경험할 수 있도록 인도하여 주소서. 많은 청년이 신앙에 회의를 느끼거나 기독교에 비판적인 시각을 가집니다. 교회와 기독교에 대해 반항합니다. 세속적인 유흥 문화에 빠져 교회를 멀리하며 신앙을 잃어버리는 극단적인 상황까지 갑니다. 이러한 상황에 이르지 않도록 _____ 청년을 사랑으로 덮어 주소서.

청년을 준비시키시는 하나님! _____가 대학에 들어가서 하나님이 주시는 비전을 갖게 하소서. 자신이 원하는 것을 위해서 하나님을 이용하거나, 하나님의 능력을 사용하려는 잘못된 신앙을 갖지 않도록 붙들어 주소서. 다양한 학문을 배우고 익히되, 그것을 통해 하나님을 더 깊이 알고 복음을 위한 온전한 준비가 될 수 있도록 역사하여 주소서. 예수님을 더욱 의지하며, 말씀과 기도로 거룩한 청년의 발자취를 남기도록 인도하여 주소서. 예수님의 이름으로 기도합니다. 아멘

학생과 청년 대표기도문

수능

잠언 16장 3절

주께서 사랑하시는 _____ 학생이 대학수학능력시험을 앞두고 하나님을 의지하는 마음으로 예배합니다. 하나님의 크신 사랑으로 붙들어 주소서. 하나님이 늘 함께 계시며 사랑의 눈으로 보시며, 사랑의 손으로 붙드신다는 사실을 알게 하소서. _____가 수능을 위해 성실하게 공부하고, 최선을 다해 준비해 왔습니다. 이제 이 중요한 시험을 며칠 앞에 두고 있습니다. 많이 긴장하고 떨릴 것입니다. 밤잠을 설치며 준비하였지만, 불안감을 떨칠 수가 없습니다. 하나님의 동행을 믿으며 평안히 시험에 응하도록 은혜를 베풀어 주소서. 마지막까지 최선을 다하여 시험을 준비할 수 있도록 도와주소서.

시험을 통해 단련시키시는 하나님! _____가 시험을 통해 더욱 단련될 수 있도록 역사하여 주소서. 수능을 준비하는 시간을 통해 인내와 절제를 배웠습니다. 공부하는 법, 시험에 대처하는 요령도 익혔습니다. 이것들을 통해 앞으로 계속될 인생의 시험들, 사탄의 영적 시험들을 잘 준비했으리라 믿습니다. 시험을 통해 단련된 _____가 장차 경험하게 될 모든 시험 속에서 능히 이길 수 있도록 역사하여 주소서. 마지막 순간까지 지치지 않도록 건강을 주시고, 마음의 평안도 허락하여 주소서. 모든 것을 주님께 내어 맡기고 최선을 다하게 하소서. 예수님의 이름으로 기도합니다. 아멘.

학생과 청년 대표기도문

실기(논술)시험

사무엘상 12장 24절

우리에게 달란트를 주신 하나님! 대입을 앞두고 실기(논술)시험을 보기 위해 준비하고 있는 _____에게 은혜를 베풀어 주소서. 하나님께서 주신 달란트를 이번 시험을 통해서 충분히 선보일 수 있도록 인도하여 주소서. 수능을 마치고, 실기(논술)시험을 준비하기 위해서 쉬지 않고 땀을 흘렸습니다. 계속해서 긴장하며 성실하게 시험을 준비했습니다. 이 모든 과정을 하나님께서 아시오니, 시험을 볼 때에 실수하지 않고 차분하게 기량을 발휘할 수 있도록 역사하여 주소서. 욕심을 부리지 말게 하시고, 평소에 연습한 대로 시험을 치러 만족할 만한 결과를 얻도록 도와주소서.

선한 길로 인도하시는 하나님! _____의 길을 인도하여 주소서. 실기(논술)시험을 성실히 준비하였지만, 그 결과가 어떻게 될지 확신할 수 없습니다. 그러나 선하신 하나님께서 반드시 선한 길로 인도해 주실 줄 믿습니다. 합격과 불합격의 결과 앞에서 흔들리지 않도록 마음을 붙들어 주소서. 시험이 인생의 전부가 아니라 과정임을 알게 하시고, 이번 시험을 통해서 말씀하시고 깨닫게 하시는 하나님의 인도하심을 발견하게 하소서. 더 나은 길, 가장 선한 길로 인도해 주실 것이라는 믿음을 갖게 하소서. 시험 당일, 건강한 정신과 몸 그리고 평안한 마음을 주소서. 예수님의 이름으로 기도합니다. 아멘.

학생과 청년 대표기도문

재수생

사사기 4장 14절

사랑의 손을 내밀어 주시는 하나님! _____의 손을 붙들어 주소서. 하나님께서 뜻하신 바가 있어서, 합격하기에 부족한 여러 원인이 있었기에 재수를 하였습니다. 재수를 하면서 많이 힘들었습니다. 정신적인 스트레스도 많았습니다. 그러나 끝까지 인내하였고, 성실히 준비하였습니다. 이제 부족한 부분을 채워서, 다시 시험을 치르려 합니다. 성령님께서 역사하여 주셔서 _____에게 지혜와 명철을 더하여 주소서. 평안한 마음으로 모든 문제를 풀어낼 수 있도록 인도하여 주소서. 하나님의 선하신 뜻이 이번 시험을 통해서 이루어질 수 있도록 자비와 긍휼을 베풀어 주소서.

승리를 주시는 하나님! _____에게 합격의 영광을 허락하여 주소서. 드보라가 바락에게 선포한 것처럼 승리를 허락하여 주소서. 하나님이 앞장 서 가실 때, 승리할 수 있음을 믿습니다. _____가 이번에는 최선의 실력을 발휘하여 하나님이 주신 합격의 기쁨을 누릴 수 있도록 역사하여 주소서. 긴장하지 않도록 마음의 평안을 주소서. 한 문제 한 문제 차분하게 풀어갈 때에 그동안 공부한 것들이 잘 생각나도록 역사하여 주소서. 당일의 몸 상태도 매우 중요합니다. 몸 상태를 잘 조절하여 피곤하거나 지치지 않도록 도와주소서. 오직 승리를 주시는 하나님만 의지하게 하소서. 예수님의 이름으로 기도합니다. 아멘.

학생과 청년 대표기도문

대학교 합격

이사야 60장 1절

기쁨을 주시는 하나님! 대학에 합격할 수 있도록 인도해 주셔서 감사합니다. 그동안 수고하며 땀 흘리며 시험을 준비하였는데, 이처럼 합격이라는 결실을 맺게 되어서 정말 많이 기쁩니다. 이 기쁨을 주신 하나님께 모든 영광을 돌려 드립니다. _____에게 은혜를 주셔서 하나님을 의지하게 하시고, 기도하게 하소서. 하나님과 계속 소통하며 하나님이 기뻐하시는 일을 준비하며 복음을 위한 천국 일꾼이 되게 하소서.

"일어나라 빛을 발하라 이는 네 빛이 이르렀고 여호와의 영광이 네 위에 임하였음이니라." 이제 일어나서 주의 복음을 위해서 더욱 힘차게 전진할 수 있도록 인도하여 주소서. 그동안 시험 준비 때문에 하나님을 예배하고, 찬양하고, 기도하고, 봉사하고 싶어도 제한이 많았습니다. 이제부터는 더 예배하고, 더 찬양하고, 더 기도하고, 더 봉사하며 하나님의 기쁨이 되도록 긍휼을 베풀어 주소서. 그리스도의 빛을 선명하게 드러내도록 역사하여 주소서.

_____처럼 대학 합격의 기쁨을 누리는 학생들도 있지만, 그렇지 못한 학생들도 많이 있습니다. 그들에게 긍휼을 베풀어 주소서. 그들도 다시 일어나서 하나님이 인도하시는 길로 나아가게 하소서. 예수님의 이름으로 기도합니다. 아멘.

학생과 청년 대표기도문

대학교 졸업

여호수아 6장 6절

인자하신 하나님! 변함없는 사랑으로 우리를 인도하여 주심을 감사합니다. 사랑하는 주의 자녀 _____ 학생이 대학생활을 알차게 보내고, 이제 졸업하게 하시니 진실로 감사합니다. 하나님이 이 모든 것을 이루셨습니다. 대학생활을 하면서 방황할 때마다 붙들어 주시고, 고비 때마다 말씀하여 주셨습니다. 성적과 인간관계, 진로와 취업의 문제로 고민할 때 말씀으로 지도하여 주셨습니다. 대학을 졸업하는 것이 힘들고 많이 지체되었을지도 모르는데 하나님이 은혜를 주셨기에 순조롭게 졸업했습니다. 능력의 팔로 _____의 손을 붙들어 주시고, 하늘의 지혜를 주셔서 세상을 분별하며 하나님이 기뻐하시는 길로 나아가도록 역사하여 주소서.

이제 대학을 졸업하여 새로운 길로 나아갈 때에 하나님께서 인도해 주시는 길로 나아가게 하소서. 예수 그리스도의 십자가가 기준이고 능력이 되어 복음을 위한 믿음의 길로 전진하게 하소서. 예수님의 부르심을 따라 어디든지 순종하며 나아가게 하소서. 사회로 첫 발을 내딛는 졸업자에게는 강한 믿음의 용사가 되게 하시어 세상을 닮아가지 말게 하시고, 예수님의 이름으로 승리하게 하소서. 대학원을 진학하거나 계속해서 공부하는 졸업자에게도 지혜와 명철을 주시어 공부의 이유가 예수 그리스도가 되게 하소서. 예수님의 이름으로 기도합니다. 아멘.

학생과 청년 대표기도문

군 입대

디모데후서 2장 4절

우리의 대장되시는 하나님! 사랑하는 _____ 청년을 붙들어 주셔서 지금까지 하나님을 경외하고 예수님을 믿는 하나님의 자녀가 되게 해주셔서 감사합니다. 이제 나라의 부름을 받았습니다. 대한민국의 청년으로 국방의 의무를 다하기 위해 입대하게 되었습니다. 엄격한 훈련 기간을 거쳐 각각 특기에 따라 부대에 배치되어 정해진 복무 기간을 완수해야 합니다. 이 모든 과정 속에서 하나님이 동행하여 주소서. 다치지 않도록 보호하여 주시고, 모든 훈련을 통해 용감한 군인으로 거듭나게 하소서.

능력의 주 하나님! 주의 능력으로 _____ 를 인도하여 주소서. 군이라는 특수한 환경과 군인이라는 신분으로 생활하면서 문제가 생기지 않도록 보호하여 주소서. 능력의 주님께서 매순간마다 동행하여 주셔서 모든 훈련을 문제없이 받게 하시고, 부대 생활을 할 때에도 상관에게는 인정을 받고 후임들에게 사랑과 존경을 받을 수 있도록 은혜를 베풀어 주소서. 신앙생활을 하는 데 지장이 없도록 모든 여건과 환경을 하나님께서 열어 주소서. 무엇보다도 예수 그리스도의 십자가 향기를 내는 그리스도의 편지로 군 생활을 해서 동료가 변화되고 내무반이 복음으로 깨어나고, 부대가 복음화되는 역사를 허락하여 주소서. 오직 능력의 주 하나님께서 이루어 주소서. 예수님의 이름으로 기도합니다. 아멘.

학생과 청년 대표기도문

군 면회

사무엘상 18장 17절

사랑의 주 하나님! 군 생활을 하는 _____ 형제 면회를 와서 사랑의 교제를 나누게 하시니 감사합니다. 집을 떠나 생활하는 것이 힘들고 어려울 때가 있겠지만, 그때마다 사랑의 하나님께서 위로하여 주소서. 대한민국의 청년으로 신성한 국방의 의무를 감당하고 있습니다. 이 의무가 억지로 하는 것, 마지못해서 하는 것이 되지 않도록 생각과 행동을 바꾸어 주소서. 대한민국에 태어났기에 감당해야 할 특권이라고 생각하며 오히려 하나님을 향한 감사와 기쁨의 제목이 되도록 인도하여 주소서. 활력이 넘치는 군 생활이 되도록 역사하여 주소서. 힘들고 어려울 때마다 기도하고, 하나님의 말씀으로 위로를 받도록 도와주소서.

용기를 내어 적극적이고 긍정적인 태도를 가지고 군 생활에 임하도록 인도하여 주소서. 군 생활을 통해 영적 전쟁을 위한 그리스도의 병사로 훈련되게 하시고, 오직 예수 그리스도를 의지하며 살게 하소서. 우리는 잠시 왔다가 가지만, 성령님께서 늘 동행하여 주셔서 때로는 친구처럼 말동무가 되어 주시고, 때로는 부모님처럼 따뜻한 품에 안아 주시고, 때로는 선생님처럼 정확하게 가르쳐 주셔서 남은 군 생활을 무사히 마칠 수 있도록 역사하여 주소서.

예수님의 이름으로 기도합니다. 아멘.

학생과 청년 대표기도문

군 휴가
로마서 15장 32절

쉼을 주시는 하나님! 성실하게 군 생활을 하다가 휴가를 나온 사랑하는 _____ 형제에게 쉼을 허락하여 주소서. 군대라는 특수한 조직에서 생활하는 것이 쉽지 않지만, 하나님이 매순간 동행하여 주셔서 아무런 문제 없이 잘 지냈습니다. 문제가 있을 때에도 잘 견디며 해결할 수 있었습니다. 이와 같이 착실하게 군복무를 하도록 인도해 주심을 늘 감사합니다. 이제 휴가를 받아 잠시 쉼의 시간을 가질 때 성령님께서 역사하여 주셔서 예수님이 주시는 평안을 누리게 하소서. 그동안 알게 모르게 쌓였던 스트레스가 시원하게 풀리도록 역사하여 주소서.

새 힘을 주시는 하나님! 하나님을 앙망하는 자에게 새 힘을 주신다는 말씀을 믿습니다. 휴가를 통해 세속적인 유혹에 빠지지 않도록 붙들어 주소서. 성령님께서 발걸음을 인도하사 그동안 누리지 못했던 영적 은혜를 누리게 하시고, 부족한 수면과 육신의 안정을 취할 수 있게 하소서. 부모님과의 사랑의 대화가 있게 하시고, 친구들과의 소망의 대화를 나누게 하시며, 건전한 문화 생활을 통해 심신이 재충전될 수 있도록 역사하여 주소서. 휴가 후유증이 없도록 인도해 주시고, 이번 휴가를 통해 남은 군 생활을 활기차게 해 나갈 수 있는 새 힘을 얻도록 도와주소서. 예수님의 이름으로 기도합니다. 아멘.

학생과 청년 대표기도문

군 제대
베드로전서 2장 4-5절

걸음을 인도하시는 하나님! 사랑하는 _____ 형제가 신성한 국방의 의무를 은혜 중에 마치고 제대할 수 있도록 인도해 주셔서 감사합니다. 그동안 하나님께서 세밀하게 발걸음을 인도해 주셨기에, 이처럼 건강하게 제대할 수 있었습니다. 복무 기간 동안에 많은 사건과 사고가 있었지만 하나님의 은혜로 잘 해결되게 하시고, 더욱 주님을 바라보는 계기로 삼아 주셨습니다. 힘들고 어려운 순간도 많았지만 그때마다 말씀으로, 좋은 사람들을 통해 이겨 낼 수 있었습니다. 돌이켜볼 때 그 어느 것 하나, 그 어떤 일도 놓치지 않고 하나님이 세밀하게 인도해 주셨기에 이처럼 군 복무를 마칠 수 있었습니다. 걸음을 인도하시는 하나님의 은혜가 앞으로 계속해서 이어지기를 간절히 기도합니다.

군 생활을 통해서 배우고 익힌 좋은 것들을 가지고 그리스도의 십자가를 붙드는 _____ 형제가 되게 하소서. 이제 대학을 복학하거나 취업하는 일이 남아 있습니다. 사회로 나갈 준비를 해야 합니다. 남은 대학생활을 주 안에서 할 수 있도록 인도하여 주소서. 또한 자신의 적성과 특기를 발휘할 수 있는 직장에 들어갈 수 있게 잘 준비하도록 _____ 형제를 인도하여 주소서.

예수님의 이름으로 기도합니다. 아멘.

크리스천 대표 기도문

3장 직장과 사업 대표기도문

직장과 사업 대표기도문

신우회

골로새서 3장 23-24절

일하시는 하나님! 오늘도 우리가 믿음으로 살아가도록 인도해 주셔서 감사합니다. 날마다 예수 그리스도의 십자가를 붙들며, 십자가의 길을 향해 가도록 역사하여 주소서. 특별히 우리에게 귀한 일터를 허락하여 주시고, 이곳에서 일하게 하시니 감사합니다. "무슨 일을 하든지 마음을 다하여 주께 하듯 하고 사람에게 하듯 하지 말라"시는 말씀을 기억하여서 맡겨진 모든 일에 최선을 다하여 감당하도록 역사하여 주소서. 그리스도의 향기를 내게 하시고, 그리스도의 편지가 되어서 함께 일하는 동료가 예수 그리스도를 볼 수 있도록 우리를 사용하여 주소서.

신우회를 통해서 일하시는 하나님! 함께 직장생활을 하면서, 함께 은혜를 나누고자 신우회로 모여 예배하며 교제하고 있습니다. 신우회가 하나님께 영광을 돌리며, 복음 전도를 위한 통로로 사용되도록 인도하여 주소서. 신우회 모든 활동을 통해 예수 그리스도가 드러나게 하시고, 우리의 활동을 통해 우리 직장이 그리스도의 빛으로 밝아지도록 도와주소서. 우리의 모습을 보면서 복음을 알게 하시고, 복음을 믿는 계기가 되게 하소서. 어떤 상황에 있을지라도 무엇이 옳고 그른지 하나님의 말씀에 기준하여 선택하고 결정할 수 있도록 인도하여 주소서. 신우회를 통해 우리 회사가 더욱 발전할 수 있도록 역사하여 주소서. 예수님의 이름으로 기도합니다. 아멘.

직장과 사업 대표기도문

취업 준비

호세아 2장 15절

긍휼이 풍성하신 하나님! 취업을 준비하는 것이 어렵고, 취업하는 것도 하늘에 별을 따는 것만큼 힘든 시대를 살고 있습니다. 좋은 스펙(specification)과 인맥이 있어야 그나마 수월하게 취업할 수 있는 사회를 살고 있습니다. 그래서 아무리 열심히 해도 잘 안 된다는 패배감에 사로잡힌 취업 준비생들이 많습니다. 지금 취업을 준비하고 있는 ＿＿＿ 청년을 긍휼히 여기소서. 인내하며 목표를 향해 질주할 수 있는 지혜와 건강을 허락하여 주소서. 아골 골짜기 같은 취업 전쟁 속에서 소망의 문을 통과할 수 있도록 하나님께서 인도해 주소서. 선한 길로 나아갈 수 있도록 능력을 주소서.

능력의 하나님! 취업 준비생으로 살아가는 것이 힘겹고 어려울지라도 ＿＿＿ 청년으로 하여금 하나님을 찬양하고 감사하게 하소서. 시대를 원망하고 불평할 때 결국 자신에게 아무런 유익이 없다는 사실을 깨닫게 하소서. 긍정적인 생각과 건강한 신앙심을 가지고 살아가도록 인도하여 주소서. 힘 있는 사람을 의지하고, 취업 요령을 의지하기보다, 능력의 하나님을 의지하고 믿게 하소서. 요행이나 편법으로 취업하려는 불순한 마음을 버리고, 성실과 인내로 취업을 준비할 수 있도록 인도하여 주소서. 특별히 취업과 신앙을 맞바꾸는 어리석음을 범하지 않도록 믿음을 더하여 주소서. 예수님의 이름으로 기도합니다. 아멘.

직장과 사업 대표기도문

취직

시편 37편 3절

사랑의 하나님! 감사합니다. _____님의 걸음을 인도하여 주셔서, 힘들고 어려운 취업의 관문을 통과하여 이처럼 하나님이 예정해 주신 기업에 취직하게 하시니 진실로 감사합니다. 이 모든 것은 전적인 하나님의 은혜였습니다. 하나님의 도우심으로 이처럼 _____님이 원하는 회사에 취직할 수 있었습니다. 더욱 하나님을 의지하게 하시고, 오직 하나님을 경외할 때 주시는 지혜로 생동감 있게 회사 생활을 하도록 역사하여 주소서. 상사에게 인정을 받고, 동료와 잘 협력하여서 회사에서의 업무를 잘 소화하고, 회사가 원하는 결과를 이룰 수 있도록 역사하여 주소서.

은혜의 하나님! 이제 회사 생활을 시작하는 _____님에게 은혜를 베풀어 주소서. 지금까지도 쉽지 않는 시간이었지만, 앞으로도 분명히 쉽지 않을 것으로 예상이 됩니다. 어렵고 힘들 때마다 예수님을 의지하고, 십자가의 은혜로 이기게 하소서. 회사에서 인정받는 것보다 먼저 하나님께 인정받도록 역사하여 주소서. 월급이나 보너스에 대한 기대감보다 하나님이 기대하시는 바를 위해 순종하며 나아갈 수 있는 믿음을 주소서. 직장의 상사를 두려워하는 것보다 전능하신 하나님을 경외하도록 도와주소서. 취직이 신앙의 덫이 되지 않도록 은혜에 은혜를 더하여 주소서. 예수님의 이름으로 기도합니다. 아멘

직장과 사업 대표기도문

이직

히브리서 11장 8절

살아 계신 하나님! 오늘도 내일도 영원토록 살아 계시어 우리의 걸음을 인도해 주심을 감사합니다. 이제 _____님이 회사를 옮기게 되었습니다. 그동안 열정을 가지고 일하였지만, 이제 또 다른 길이 열려 이직을 결정했습니다. 이직을 결정하기까지 고민도 했고, 다방면으로 생각했습니다. 그리고 간절히 하나님께 부르짖으며 기도했습니다. 이제 그 하나님의 인도하심에 순종하여 나아갑니다. _____님에게 믿음을 더하여 주셔서 이제 새로운 직장에서 하나님이 원하시는 것이 무엇인지 알게 하시고 분별하게 하셔서 더욱 하나님의 영광을 위해서 살아가게 하소서.

오, 하나님! 이직으로 인해 새로운 지역에서 새로운 사람들을 만나게 됩니다. 많이 긴장되고 '잘할 수 있을까?' 두려움도 앞섭니다. 하나님께서 _____님의 마음을 가장 잘 아시오니, 그의 마음을 진정시켜 주시고, 오직 하나님만을 의지하도록 인도하여 주소서. 눈에 보이는 것이 전부가 아님을 깨닫게 하시고, 단순히 '부와 명예'를 구하는 직장 생활이 되지 않게 하소서. 이직을 통해 더욱 하나님의 영광을 드러내며, 복음을 전하기 위한 구체적인 모습들이 나타나도록 역사하여 주소서. 새로운 곳에 잘 적응하도록 은혜를 주시고, 건강을 상하지 않도록 지혜롭게 관리하게 하소서. 예수님의 이름으로 기도합니다. 아멘.

직장과 사업 대표기도문

승진

고린도후서 2장 14절

승리를 주시는 하나님! 날마다 믿음으로 승리할 수 있도록 한 걸음씩 동행하여 주셔서 감사합니다. 어떤 상황에 있을지라도 오직 믿음으로 승리하도록 역사하여 주소서. 이처럼 믿음의 승리를 주신 것도 감사한데, 승진의 기회를 주시니 감사합니다. 까다로운 심사를 거쳐 승진 대상자가 되고, 승진이 결정되었습니다. 이 모든 과정 속에 하나님께서 일하셨음을 믿습니다. 이번 승진이 그리스도의 향기를 더욱 진하게 내는 계기가 되게 하소서. 하나님을 온전히 경외하며 그의 말씀에 순종하는 자가 누릴 수 있는 승리의 은총을 모든 사람이 알게 하소서.

겸손하라 말씀하신 하나님! 승진의 기쁨을 주신 하나님을 더욱 경외하며, 맡겨진 새 일을 더욱 겸손히 감당하게 하소서. 승진했다고 교만히 행하지 않도록 말과 행동을 절제하게 하시고, 이전보다 더욱 하나님을 사랑하고 말씀 안에서 맡겨진 일에 최선을 다하게 하소서. 새롭게 감당해야 할 업무에도 속히 적응하게 하셔서, 계속해서 좋은 결실을 맺도록 인도하여 주소서. 무엇보다도 하나님이 계속 은혜를 주시지 않으면 단 한걸음도 나아갈 수 없는 연약한 자라는 사실을 잊지 말게 하시어 매순간 하나님을 의지하며, 하나님의 말씀 안에서 생각하고 말하고 행동하도록 도와주소서. 예수님의 이름으로 기도합니다. 아멘.

직장과 사업 대표기도문

퇴사

잠언 24장 16절

갈 길을 인도하시는 하나님! 매순간 하나님께서 동행하여 주시고, 갈 길을 인도하여 주시니 감사합니다. 특히 이번에 여러 가지 사정이 있어서 회사를 퇴사하고 새롭게 일을 시작하려고 합니다. 이 모든 과정을 하나님께서 인도하여 주소서. 하나님께서 더 좋은 길, 하나님이 기뻐하시는 길로 인도해 주실 줄 믿습니다. 다른 직장을 찾아봐야 할지 아니면 새로운 일을 시작해야 할지 아직 정하지 못했습니다. 그러나 하나님을 온전히 신앙하는 의인은 반드시 다시 일어날 것으로 확신합니다. 하나님께서 인도하여 주소서. 하나님의 강하신 팔로 붙들어 주소서.

능력의 주 하나님! _____ 님에게 능력을 베풀어 주소서. 이제 퇴사를 하였기에 생기는 여러 감정이 있습니다. 앞 날에 대한 기대와 설렘도 있지만 불안과 두려움도 공존합니다. _____ 님을 긍휼히 여겨 주셔서, 하나님께서 어떻게 행하실지 기대하게 하소서. 그리고 자신이 할 수 있는 최선의 모습으로 그 일을 준비하게 하소서. 지금 이때에 더 준비하고, 훈련받고, 채워지게 하셔서 앞으로 어떤 일이 주어질지라도 능히 감당하고 남을 만한 능력을 내리어 주소서. 절망과 실망감으로 시간을 낭비하지 말게 하시고 소망을 가지고 준비하게 하소서.

예수님의 이름으로 기도합니다. 아멘.

직장과 사업 대표기도문

은퇴

여호수아 14장 12절

생명의 주인이신 하나님! 우리의 생명이 하나님의 손에 달려 있음을 감사합니다. 하나님께서 날마다 우리를 인도하여 주셔서 생명의 길을 향해 전진하게 하소서. 특히 하나님이 주신 생명을 가지고 _____ 님은 신실하게 하나님을 섬겼습니다. 가장으로서 가정에서의 책임과 의무를 다하였습니다. 회사에서도 직장인으로 최선을 다하여 맡겨진 일을 감당해 왔습니다. 이와 같이 생명의 주인이신 하나님의 은혜로 살다가 회사가 정한 정년이 되어서 은퇴하게 되었습니다. 그동안 회사에서 수많은 사건과 사고가 있었지만 잘 대처하게 하시고, 인내하게 하시어 은퇴할 수 있었습니다. 이 모든 영광을 하나님께 돌립니다. 모두 하나님이 하셨습니다!

_____ 님의 인생을 책임지실 하나님! 은퇴가 새로운 시작임을 알게 하소서. 지금까지 자신의 인생을 책임지신 하나님께서 앞으로 남은 인생도 책임지실 것이라는 확신을 갖게 하시고, 더욱 하나님을 의지하며 믿게 하소서. 그리하여 남겨진 인생을 하나님의 영광을 위해 무엇을 할지 기도하게 하시고, 준비하며 찾게 하소서. 하나님께서 길을 보여 주시고, 열어 주셔서 그 길을 향해 달려 나아가도록 인도하소서. _____ 님에게 힘을 더하여 주소서. 예수님의 이름으로 기도합니다. 아멘.

직장과 사업 대표기도문

실직

시편 71편 20-21절

위로하시는 하나님! _____ 님의 영혼을 위로하여 주소서. 우리를 영원한 죽음과 형벌에서 구원하기 위해 십자가의 고난을 당하신 예수님을 _____ 님이 바라보게 하소서. 십자가의 고난과 죽음으로 우리에게 구원과 영생의 은혜를 주신 예수님을 잊지 않게 하소서. 실직의 아픔과 고통 속에 있지만 하나님께서 위로하여 주셔서, 십자가의 은혜를 기억하며 이겨 내게 하소서. 갑작스런 실직으로 받았을 충격과 아픔에서 속히 헤어 나올 수 있도록 십자가를 붙들게 하소서. 십자가 앞에서 울게 하시고, 십자가 앞에서 회복되게 하소서.

인도하시는 하나님! _____ 님의 갈 길을 인도하여 주소서. 실직의 충격에서 벗어나 이제 새로운 일을 준비하게 하소서. 먼저 하나님과의 관계가 더욱 깊어질 수 있도록 말씀 안에서 기도하게 하소서. 조급하게 무언가를 시작하기보다 천천히 자신의 삶과 사회 생활과 회사 생활을 돌아보게 하시며, 부족한 부분을 채우는 시간을 갖게 하소서. 사회와 회사를 향한 분노와 원망의 마음을 바꾸어 주셔서, 긍휼과 용서의 마음을 주소서. 실직의 고통을 통해서 하나님이 말씀하시려는 음성을 들을 수 있는 마음과 귀를 열어 주소서. 소망을 품고 힘차게 일어나 인도하시는 하나님을 의지하게 하소서. 예수님의 이름으로 기도합니다. 아멘.

직장과 사업 대표기도문

개업준비

창세기 22장 14절

새 일을 시작하시는 하나님! 개업을 준비하게 하시니 감사합니다. 그저 하나님만을 의지하며 새로운 사업을 구상해 준비하는 중입니다. _____님이 아무리 철저히 준비할지라도 완벽하지 않다는 사실을 잘 알고 있습니다. 하나님께서 친히 준비하여 주소서. 하나님의 계획과 비전이 드러나게 하소서. 그래서 이번 사업을 통해 오직 하나님의 영광이 나타나며 예수 그리스도의 복음이 전파되도록 역사하여 주소서. 개업을 준비하는 시간을 통해 _____님의 신앙이 자라는 은혜를 경험하게 하소서. 사업을 시작하기 전, 하나님과 관계가 더욱 친밀해지고 깊어지도록 역사하여 주소서.

새 일을 이루시는 하나님! 하나님이 준비하실 때, 하나님의 방법대로 모든 것이 이루어질 줄 믿습니다. _____님이 개업을 준비하면서 여러 여건과 환경으로 인해 매우 어려웠습니다. 하나님을 믿는 그리스도인이기 때문에 더욱 괴롭고 힘든 점이 많았습니다. _____님이 새 일을 이루시는 하나님만을 더욱 바라보고, 의지하게 하소서. 한두 가지 타협하게 될 때 세상에서는 성공할지 모르지만, 결국 하나님이 보실 때는 실패라는 것을 잊지 말게 하소서. 개업을 준비하는 이 시간부터 오직 하나님만을 신앙하며 나아가도록 믿음을 주소서. 예수님의 이름으로 기도합니다. 아멘.

직장과 사업 대표기도문

개업

빌립보서 1장 6절

열매를 주시는 하나님! 감사합니다. 개업을 잘 준비하게 하시고, 이처럼 개업하도록 인도하시니 감사합니다. "너희 안에서 착한 일을 시작하신 이가 그리스도 예수의 날까지 이루실 줄을 우리는 확신하노라." 오직 하나님께서 시작하신 일이오니, 하나님의 뜻대로 이 사업체가 운영되도록 역사하여 주소서. 이제 시작입니다. 앞으로 이 사업체를 통해 하나님께서 영광받아 주시고, 하나님이 기뻐하시는 열매로 풍성히 채워 주소서. 성실과 정직으로 일하며 땀 흘리게 하셔서 그 흘린 땀의 결실을 반드시 거둘 수 있도록 도우소서. 악한 영들이 틈타지 못하게 막아 주시고, 성령님께서 이 사업체의 주인이 되어 주소서.

번창하게 하실 하나님! 개업은 했지만 여전히 부족하고 미흡한 점들이 있습니다. _____님이 기도하며 더욱 살피고, 더욱 준비하여 부족하고 미숙한 부분들이 노련해지고 완숙해질 수 있도록 역사하여 주소서. 무엇보다도 _____님의 모든 연약함을 하나님께서 채워 주소서. 그리하여 이 사업체가 더욱 번창하게 하소서. 이곳에 드나드는 모든 손님이 만족하게 하시고, 좋은 소문이 날 수 있도록 인도하여 주소서. 사업체로서 지켜야 할 법들을 잘 숙지하여 준수하게 하시고, 정직하고 투명하게 모든 것을 운영해 나가도록 인도하여 주소서. 예수님의 이름으로 기도합니다. 아멘.

직장과 사업 대표기도문

폐업

데살로니가후서 2장 16-17절

소망의 주 하나님! 하나님의 은혜로 기업을 시작하였고, 잘 운영하다가 이제 폐업을 하게 되었습니다. 폐업할 수밖에 없는 안타까운 상황을 하나님이 가장 잘 아시는 줄 믿습니다. 폐업을 해야만 하는 _____ 님의 마음을 하나님께서 위로하여 주시고, 새로운 소망을 품을 수 있도록 인도하여 주소서. 이 모든 일에 분명 하나님의 뜻이 있는 줄 확신합니다. _____ 님이 깊으신 하나님의 뜻을 알고 이해하고 깨달을 수 있도록 도우소서. 좌절하고 낙담할 수밖에 없는 상황 속에서도 오직 하나님을 바라보며 하나님이 원하시는 것이 무엇인지 확실하게 보고, 그 일을 행하게 하소서.

선하신 하나님! _____ 님이 운영하는 사업체를 폐업하지만, 결국 선하신 하나님께서 앞으로 모든 길을 인도해 주실 줄 믿습니다. 눈에 보이는 사업체의 폐업 이면에서 일하고 계실 선하신 하나님을 _____ 님이 볼 수 있도록 믿음의 눈을 뜨게 하소서. 섣불리 다른 일을 하거나 옛 일에 매이지 않도록 붙들어 주시고, 더욱 신중하게 자신을 돌아보며 사업체를 살필 수 있도록 역사하여 주소서. 폐업을 하는 데 정리해야 할 것이 많습니다. 적법한 절차에 따르게 하시고, 연관된 사람들이나 사업체에 나쁜 영향을 주지 않도록 최선을 다하게 하소서. 선한 길로 인도하실 것을 믿으며, 예수님의 이름으로 기도합니다. 아멘.

직장과 사업 대표기도문

사업장 이전

창세기 39장 23절

전능하신 하나님! 날마다 _____ 님의 사업장을 보호하여 주시고 인도해 주시니 감사합니다. 이번에 여러 가지 사정이 있어서 사업장을 이전하게 되었습니다. 이것도 전능하신 하나님의 계획 아래 있음을 믿습니다. 하나님의 도우심과 인도하심으로 이전을 은혜 중에 마칠 수 있습니다. 새롭게 이전한 _____ 님의 사업장을 하나님께서 형통하게 하소서. _____ 님이 더욱 깨어 하나님께 기도하고, 하나님의 말씀 안에서 사업장을 운영할 수 있도록 믿음을 더하여 주소서.

좋은 것을 날마다 주시는 하나님! 새롭게 이전한 사업장을 통해 하나님이 기뻐하시고 원하시는 뜻이 이루어질 수 있도록 인도하여 주소서. 그리스도의 선한 영향력을 끼칠 수 있는 사업장이 되게 하소서. 새로운 이웃들이 생겼습니다. 하나님이 은혜를 부어 주셔서 서로 즐겁고 행복한 관계를 맺어 갈 수 있도록 인도하여 주소서. 사업장이 좋은 실적을 낼 수 있도록 인도하여 주소서. 편법이나 요행을 부리지 않게 하시고, 성실과 정직함으로 나아갈 수 있도록 날마다 깨워 주시고, 하나님이 친히 지도하여 주소서. 사업장 이전이 새로운 도약의 기회가 될 줄 믿습니다.

예수님의 이름으로 기도합니다. 아멘.

직장과 사업 대표기도문

사업장 확장

신명기 29장 9절

새 일을 행하시는 하나님! _____님의 사업장을 하나님께서 인도하여 주심을 감사합니다. 열악한 환경에서 시작했지만, 지금까지 꾸준히 성장할 수 있었던 것은 오직 하나님의 은혜와 인도하심 덕분이었음을 믿습니다. 계속해서 새 일을 행하시는 하나님의 일하심을 기대하며 나아갈 수 있도록 역사하여 주소서. 금번에 사업장을 확장하게 되었습니다. 사회 전반에 걸쳐 경기가 어렵지만 하나님께서 _____사업장에 복 주셔서 이처럼 확장하게 됨을 진심으로 감사합니다. "언약의 말씀을 지켜 행하면 하는 모든 일이 형통하리라"시는 하나님의 말씀을 잊지 않게 하소서. 하나님의 은혜를 기억하며 말씀에 온전히 순종하도록 인도하여 주소서.

문제를 해결해 주시는 하나님! _____님에게 지혜와 명철을 더하여 주셔서 중요한 선택과 결정을 해야 할 때마다 하나님의 말씀이 기준이 되게 하소서. 예수 그리스도의 십자가를 붙들고, 그 십자가를 지며 사업장을 운영할 수 있도록 도와주소서. 사업장을 더욱 확장해 나갈 수 있도록 인도하시고, 이 모든 것을 통해 오직 하나님께 영광이 되며, 복음이 전파되는 기회가 되게 하소서. _____사업장이 복음의 기지가 되게 하셔서, 확장될수록 복음의 열매를 많이 거두도록 역사하소서. 예수님의 이름으로 기도합니다. 아멘.

직장과 사업 대표기도문

출국
신명기 32장 10절

우리와 동행하시는 하나님! _____로 출국하는 _____님과 동행하여 주소서. 낯선 곳에서 낯선 사람들을 만나야 합니다. 늘 동행하여 주소서. 눈동자와 같이 _____님을 보호하여 주셔서, 어디에서 무엇을 하든지 아무런 사고가 나지 않게 하소서. 악한 사람들로부터 보호하여 주시고, _____님 자신도 악한 생각이나 행동을 하지 않도록 늘 깨어 있게 하소서. 선한 사람들을 만나게 하시고, 선한 것들을 보게 하셔서 모든 일정이 감사와 기쁨으로 가득차게 하소서.

우리와 함께하시는 하나님! _____님이 이번에 출국해서 처리해야 할 일이 많습니다. 그 모든 일을 처리할 때마다 하나님의 도우심을 구하게 하시고, 하나님이 주시는 지혜를 가지고 원만하게 해결할 수 있도록 도우소서. 임마누엘! 예수님과 동행함을 기억하며 모든 사무를 처리하게 하시고, 원하는 결과를 얻을 수 있도록 역사하여 주소서. _____님이 이번 일을 처리하면서 하나님의 살아 계심을 경험하고, 함께하시는 예수님의 은혜를 감사하는 기회가 되게 하소서. 하나님이 아니고서는 아무것도 할 수 없는 연약한 존재임을 인정하는 은혜로 채우소서. 타국에서의 숙식도 불편함이 없게 하셔서 건강이 상하지 않도록 은혜를 베풀어 주소서. 하나님으로 인하여 편한 여행이 되고, 필요한 일을 순조롭게 처리하도록 인도하소서. 예수님의 이름으로 기도합니다. 아멘.

직장과 사업 대표기도문

이민

창세기 12장 1절

능력의 주 하나님! 날마다 능력으로 _____님의 삶을 인도하여 주시고, 보호하여 주시니 감사합니다. 이번에 하나님께서 좋은 기회를 주셔서 이민을 가게 되었습니다. 이민을 결정하는 것은 쉽지 않은 일이었지만, 그동안 마음에 소원을 품고 기도하였을 때 하나님께서 보여 주셨고 모든 여건과 환경을 열어 주셨습니다. 이 하나님의 인도하심을 믿기에 이민을 결정하고 이제 나아갑니다. 능력의 주 하나님께서 나아가는 모든 여정에 동행하여 주시고 인도하여 주소서.

길 되신 하나님! _____님의 가정에 길이 되어 주소서. 이제 정든 고향 한국을 떠나 낯선 이방의 나라로 갈 때 _____님의 앞에 많은 일이 있을 것으로 예상됩니다. 그 모든 일 가운데 예수님이 함께하여 주소서. 새로운 곳에 잘 정착할 수 있도록 은혜를 주시고, 선한 이웃들을 만나게 하시고, 새롭게 시작해야 할 일도 잘 준비하여 이루어 나가도록 역사하여 주소서. 선택과 결정의 순간에 항상 하나님의 말씀이 기준이 되게 하시고, 그 말씀의 능력으로 전진하도록 역사하여 주소서. 언어와 문화가 달라서 적응하는 데 쉽지 않을 것 같습니다. 모든 면에서 그 어느 것 하나 쉽지 않을 것입니다. 그만큼 더 예수님만 바라보고, 예수님만 의지하게 하소서. 예수님의 이름으로 기도합니다. 아멘.

직장과 사업 대표기도문

유학

시편 31편 3절

은혜의 주 하나님! _____에게 은혜를 주셔서 지금까지 인도해 주심을 감사합니다. 무엇보다도 학문에 대한 열정을 주셔서 성실하게 공부하게 하시고, 필요한 전문 지식들을 배우게 하시니 감사합니다. 이제 더 깊고 넓은 학문을 연구하기 위해서 유학을 가게 되었습니다. _____가 하나님을 더욱 의지하며 하나님께서 보여 주고 인도하시는 길로 나아갈 수 있도록 역사하여 주소서. 타국에서 공부할 때 하나님이 동행하여 주셔서, 좋은 선생님과 친구들을 만날 수 있기를 기도합니다. 육신의 건강함을 가지고 더욱 성실하게 학문에 매진하게 하셔서 학문적인 결실들을 잘 맺을 수 있도록 도와주소서.

지혜의 근본이신 하나님! _____에게 지혜를 내리어 주소서. 유학을 하며 많은 학문을 배워 지식만 쌓을 때 하나님을 잃어버리는 함정이 도사리고 있음을 알게 하소서. 많은 유학생이 세상에서의 성공적인 삶을 목표로 달리다가 복음을 잃어버리거나 타협하고 있습니다. 이 함정에 빠지지 않도록 보호하여 주소서. 지식이 깊어지고 높아지고 넓어질수록 하나님을 경외하는 것도 깊어지고 높아지고 넓어져 하나님이 주시는 지혜로 충만하게 하소서. 유학 생활을 통해 신앙이 더욱 견고하게 세워지고, 하나님과 친밀한 관계가 되게 하소서. 예수님의 이름으로 기도합니다. 아멘.

직장과 사업 대표기도문

자격증 시험

고린도후서 13장 11절

우리에게 달란트를 주신 하나님! _____ 님에게도 달란트를 주셔서 자격증 시험을 준비하게 하시니 감사합니다. 하나님의 영광을 위해, 복음의 귀한 사역을 감당하기 위해서 꼭 필요한 자격증입니다. 시험을 준비하는 것이 힘들고 어려울지라도 성실하게 준비할 수 있도록 인도하여 주소서. 시험을 치르는 마지막 순간까지 후회가 없도록, 최선을 다할 수 있도록 은혜를 베풀어 주소서. 자신의 목적을 이루기 위한 수단이 아닌, 하나님의 목적을 위해서 순종하는 시험이 되게 하소서.

도우시는 하나님! _____ 님을 도우소서. 시험을 앞두고 신경이 예민해지고 긴장을 하고 있습니다. '과연 잘할 수 있을까?' 불안해하며 걱정하고 있습니다. 이 모든 것들을 십자가 아래 내려놓고, 도우시는 하나님을 의지하게 하소서. 능력의 손을 내밀고 계시는 예수님을 보게 하시고, 그 손을 붙들고 나아갈 수 있도록 믿음을 더하여 주소서. 자격증 시험을 준비하는 과정이 은혜의 시간이 되게 하시고, 더욱 믿음이 깊어지는 시간이 되게 하소서. 시험 준비 과정을 통해 더욱 단련되고 연단되어 하나님이 원하시는 모습으로 거듭나게 하시고, 복음 전파를 위해서 꼭 필요한 도구가 될 수 있도록 역사하여 주소서. 시험을 위해서 준비하는 모든 수고와 땀이 헛되지 않도록 합격의 영광도 누리게 하소서. 예수님의 이름으로 기도합니다. 아멘.

직장과 사업 대표기도문

수상

창세기 15장 1절

은혜로우신 하나님! 날마다 은혜를 베풀어 주셔서 이 험한 세상을 살아가게 하시니 감사합니다. 특별히 이번에 귀한 상을 받을 수 있도록 은혜를 주시니 더욱 감사합니다. 대회에 참석하여 함께 선의의 경쟁을 펼친 친구들도 다함께 열심히 했지만, 이처럼 특별히 선별되어 수상하게 되었습니다. 성실하게 최선을 다하여 땀을 흘렸을 뿐인데 이처럼 귀한 영광을 누릴 수 있는 것은 전적인 하나님의 은혜입니다. 큰 대회에서 이 귀한 상을 받을 수 있도록 역사하신 하나님께 감사드리며 이 모든 영광을 하나님께 돌립니다. 더욱 더 하나님의 영광을 위해 살도록 역사하여 주소서.

"아브람아 두려워하지 말라 나는 네 방패요 너의 지극히 큰 상급이니라" 하신 하나님의 말씀을 기억합니다. 진실로 우리의 상은 하나님이 되게 하소서. 세상의 상을 얻기 위해서 나아갈 때 죄의 함정에 빠질 수 있습니다. 탐욕으로 인하여 결국 하나님이 아닌 세상을 선택하게 될 것입니다. 오, 하나님! 이 귀한 상이 하나님의 은혜를 기억하는 표적이 되게 하소서. 절대로 우리의 공로와 능력을 나타내는 교만의 올가미가 되지 않도록 인도하여 주소서. 귀한 상을 받기까지 함께 땀을 흘린 친구들에게도 동일한 은혜를 주시고, 늘 눈물로 기도해 주시는 부모님의 은혜도 잊지 않게 하소서. 예수님의 이름으로 기도합니다. 아멘.

크리스천
대표
기도문

4장 병원심방 대표기도문

병원심방 대표기도문

응급 입원
이사야 38장 16절

생명의 주인이신 하나님! _____님의 생명을 붙들어 주소서. 갑작스럽게 건강에 문제가 생겨서 응급으로 입원하게 되었습니다. 모든 생명이 하나님의 손에 있으니, _____님의 생명도 하나님께서 붙들어 주셔서 속히 회복될 수 있도록 역사하여 주소서. 놀란 가슴을 진정시켜 주시고, 가족에게도 하늘의 평안을 내리어 주소서. 무엇보다도 의사 선생님을 통해 무엇이 문제인지 원인을 정확하게 진단하게 하시고, 그에 따른 적절한 치료가 이루어질 수 있도록 인도하여 주소서. 주사와 약물 등에 부작용이 생기지 않도록 은혜를 주시고, 치료를 돕는 간호사도 실수하지 않도록 인도하여 주소서.

치료하시는 하나님! _____님을 치료하여 주소서. 이번 일을 통해 육신이 얼마나 연약한지 다시 한번 깨닫게 하시니 감사합니다. 순간적인 실수나 갑작스런 사고로, 다치거나 병들 수밖에 없는 연약한 육신이라는 사실을 잊은 채 교만하게 말하고 행동하였습니다. 우리를 긍휼히 여기소서. _____님이 이번 일을 통해 더욱 하나님을 의지하며, 하나님을 믿는 믿음이 깊어지고 견고해지도록 역사하소서. 치료하시는 하나님의 은혜를 간증하며 겸손히 하나님을 경외하도록 인도하여 주소서.

예수님의 이름으로 기도합니다. 아멘.

> 병원심방 대표기도문

장기 입원

말라기 4장 2절

살아 계신 하나님! _____님이 병으로 입원하여 치료를 받고 있습니다. 오랜 기간 병원에 입원하여 치료를 받아야 합니다. 좁은 병실에서 오랫동안 입원하여 치료받는 것이 힘들고 어려울지라도 하나님께서 은혜를 주셔서, 그 시간이 하나님의 살아 계심을 경험하는 은혜의 시간이 되게 하소서. 하나님을 더욱 깊이 부르짖는 시간이 되게 하시고, 성경을 읽고 깊이 묵상하게 하소서. 하나님을 경외함으로 영혼이 치유되게 하시고, 육신의 연약한 부분도 완전히 치료되어서 건강한 모습으로 퇴원할 수 있도록 인도하여 주소서.

늘 동행하시는 하나님! _____님과 동행하여 주소서. 병원에서 다양한 치료가 이루어질 때 늘 동행하여 주소서. 아무런 기대와 소망 없이 치료받지 말게 하시고, 의사 선생님의 처방과 치료를 통해 회복될 것이라는 소망을 가지고 약을 먹고 주사를 맞고, 또 때에 따라 필요한 치료를 받을 수 있도록 인도하여 주소서. _____님의 마음을 붙들어 주셔서 원망과 불평이 사라지게 하시고, 주어진 환경 속에서 하나님을 찬양하고 감사하게 하소서. 장기간 한 병실에서 생활할 때 만나는 환자들과 그의 가족에게 그리스도의 향기를 내게 하시고, 그리스도의 편지가 되는 병실 생활이 되게 하소서. 예수님의 이름으로 기도합니다. 아멘.

> 병원심방 대표기도문

어린이 입원

마가복음 5장 41절

능력이 많으신 하나님! ＿＿＿가 아파서 병원에 입원했습니다. 능력이 많으신 하나님께서 ＿＿＿의 아픈 곳을 만져 주셔서 깨끗하게 치료해 주소서. 회당장의 12살 딸에게 "소녀야 일어나라" 말씀하심으로 죽음에서 다시 살리신 예수님을 기억합니다. 그 예수님의 능력으로 사랑하는 ＿＿＿도 치료해 주소서. 이 세상의 모든 것을 만드신 하나님의 능력을 믿습니다. ＿＿＿가 지금까지 멋지게(또는 예쁘게) 자랄 수 있었던 것도 하나님이 그렇게 만들어 주셨기 때문임을 믿습니다.

사랑이 많으신 예수님! 좋은 의사 선생님과 간호사 선생님이 있는 병원에 있게 해주셔서 감사합니다. 예수님이 그분들과 함께하셔서, ＿＿＿의 아픈 곳을 정확하게 보게 해주소서. 또한 ＿＿＿와 함께하셔서 필요한 약을 잘 먹을 수 있도록 도와주시고. 아프겠지만 울지 않고 주사도 맞을 수 있도록 해주소서. 그래서 ＿＿＿가 얼른 나아서 집에 갈 수 있게 해주소서. 집에 빨리 가면 좋지만, 의사 선생님이 말씀하실 때까지 기다리는 인내를 허락하시고, 다 나을 때를 기다리면서 ＿＿＿가 하나님께 매일 기도하고, 하나님의 말씀을 읽게 해주소서. 그래서 병원에 있을 때, 믿음이 무럭무럭 자랄 수 있게 은혜를 내려 주소서. 더욱 예수님을 닮아가도록 인도해 주소서. 예수님의 이름으로 기도합니다. 아멘.

병원심방 대표기도문

학생 입원

말라기 4장 2절

_____를 사랑하시는 하나님! 지금까지 _____의 삶을 인도해 주셔서 감사합니다. 학생으로서 성실히 공부하며 푸른 미래를 향해서 한걸음씩 나아가도록 동행하여 주심도 감사합니다. 지금 _____가 많이 아파 입원하여 치료를 받고 있습니다. 비록 질병으로 육신이 아프고 고통스러울지라도 잘 이겨 내도록 하나님께서 마음을 붙들어 주소서. 약할 때 강함을 주시는 예수 그리스도의 십자가의 은혜와 능력을 경험하는 시간이 되도록 은총을 베풀어 주소서. 속히 치료되어 활기차게 생활할 수 있도록 인도하여 주소서.

동행하시는 하나님! 아픈 _____와 동행하여 주셔서 감사합니다. 입원 치료를 받는 동안 말동무가 되어 주시고, 위로해 주시고, 격려해 주시옵소서. 답답하고 짜증나는 병원 생활이 아니라 예수님의 사랑을 깊이 경험하고, 하나님을 향한 믿음이 더욱 견고해지는 은혜로 충만하도록 역사하여 주소서. 계속해서 약을 먹고 주사를 맞으며 또 검사를 받는 모든 치료의 과정 속에서 하나님이 주시는 감사와 평안을 누리도록 도와주소서. 특별히 _____의 가족에게도 하늘의 평안을 주셔서 불안하거나 근심하지 않도록 은혜를 주시고, 반드시 치료하실 하나님의 역사를 기대하며 기쁨으로 간호하며, 감사함으로 기도하게 하소서. 예수님의 이름으로 기도합니다. 아멘.

병원심방 대표기도문

청년 입원

열왕기상 17장 21-22절

사랑의 주 하나님! _____ 청년이 몸이 상하여 병원에 입원 치료를 받고 있습니다. 사랑으로 _____ 청년을 품어 주셔서 그 영혼이 치유되게 하시고, 그의 연약한 육신도 치료될 수 있도록 인도하여 주소서. 한창 열정적으로 일하고 미래를 향해 나아갈 때 이처럼 몸이 연약하여 병원에 있습니다. 그러나 입원하는 기간이 _____ 에게 쉼과 새로운 도약을 위한 재충전의 시간이 되도록 역사하여 주소서. 슬퍼하거나 좌절하지 말게 하시고, 조급해하거나 걱정하지 않도록 마음을 붙들어 주셔서, 더욱 하나님을 의지하고 하나님의 일하심을 기대하는 믿음으로 충만하게 하소서. "여호와께서 엘리야의 소리를 들으시므로 그 아이의 혼이 몸으로 돌아오고 살아난지라." 이 기적의 치료가 _____ 에게 일어나게 하소서.

_____ 청년을 사랑하시는 하나님! 그의 아픈 곳을 속히 치료하여 주소서. 의사는 아픈 곳을 정확하게 진단하여 처방하게 하시고, 간호사도 실수하지 않고 적절하게 도와서 _____ 청년의 건강이 완전히 회복되게 하소서. 입원해 있는 병실이 겟세마네 동산이 되어서 더욱 하나님께 기도하며, 하나님과의 관계가 회복되게 하시고 하나님의 뜻이 무엇인지 확실히 알고 깨달을 수 있도록 인도하여 주소서. 예수님의 이름으로 기도합니다. 아멘.

병원심방 대표기도문

여성 입원

누가복음 8장 48절

평안을 주시는 하나님! _____ 님에게 평안을 내리어 주소서. 질병으로 병원에 입원하여 치료를 받고 있습니다. 치료를 받는 과정이 매우 힘들고 아픕니다. 육신의 고통뿐만 아니라 심리적인 스트레스도 많이 받고 있습니다. 예수님의 옷자락을 만진 여인의 병을 즉시 치료하신 것처럼 _____ 님의 육신의 질병을 치료하여 주시고, 영혼의 짐도 벗을 수 있도록 역사하여 주소서. 치유하시는 하나님의 은혜를 간구합니다. 치료하여 주소서.

자비로우신 하나님! _____ 님이 입원 기간을 통해 하나님과 더 친밀해지는 시간이 되도록 자비를 베풀어 주소서. 그동안 분주한 일상 속에서 '하나님을 잃어버리고 세상의 넓은 길을 더 선호하지는 않았는지' 돌아보며, 더욱 하나님을 향한 믿음을 견고히 세우도록 인도하여 주소서. 예수 그리스도의 십자가를 잃어버리고, 그 십자가를 지기보다 세상의 부와 명예를 얻기 위해서 동분서주했던 연약함을 회개하도록 역사하여 주소서. 그리하여 치료의 과정이 육신뿐만 아니라 영혼까지 십자가 보혈로 정결해지도록 자비를 베풀어 주소서. 함께 병실 생활을 하는 환자들에게 그리스도의 본이 되게 하시고, 그리스도를 아는 냄새를 풍길 수 있도록 도우소서. 더욱 기도하게 하시고, 말씀이 주는 은혜로 가득 채우소서. 예수님의 이름으로 기도합니다. 아멘.

병원심방 대표기도문

남성 입원
출애굽기 15장 26절

능력의 주 하나님! _____님이 연약하여 병원에 입원하였습니다. 원치 않는 질병(사고)으로 이렇게 병실 생활을 하고 있지만, 하나님께서 능력을 베풀어 주셔서 속히 완치되도록 역사하여 주소서. 나는 너희를 치료하는 여호와라고 말씀하신 하나님. 하나님의 치료의 능력이 _____님의 아픈 곳(질병)의 원인을 밝혀 주시고, 그에 따른 적절한 치료가 이루어지도록 인도하여 주소서. 좋은 병원에서 치료받을 수 있도록 기회를 주셨으니, 부작용이나 후유증이 생기지 않게 하소서.

치료하시는 하나님! _____님의 질병을 완치시켜 주실 줄 믿습니다. _____님이 많이 두려워하고 있습니다. 육신의 고통도 호소하고 있습니다. 이것을 옆에서 가족과 친지들이 안타깝게 지켜보고 있습니다. 하나님께서 이 모든 것을 가장 잘 아시오니 치료하여 주소서. _____님이 육신의 고통 속에서 예수 그리스도의 십자가 고난을 기억하게 하시어, 그 모든 고난을 감내할 수 있도록 인도하여 주소서. 가족과 친지들도 안타까워만 할 것이 아니라 _____님의 영혼과 육신의 치료를 위해 더욱 간절히 간구하게 하소서. 그리고 _____님을 반드시 치료하실 것이라는 믿음으로 평안히 기다리며 인내하는 병실 생활이 되게 하소서.

예수님의 이름으로 기도합니다. 아멘.

병원심방 대표기도문

노년의 병

시편 71편 8-9절

우리의 힘이 되신 하나님! 하나님의 은혜로 지금까지 _____님의 삶을 인도하여 주셔서 감사합니다. 젊은 시절부터(평생) 예수님을 믿어 지금까지 하나님을 경외하며 복음을 전하는 귀한 일들을 감당해 왔습니다. 청년의 때와 장년의 때를 지나 이제 노년의 때를 보내고 있는 _____님에게 은총을 베풀어 주소서. 이제 육신이 쇠약하여 _____님이 여러 가지 질병 가운데 아파하고 있습니다. 육신의 연약함이야 어쩔 수 없겠지만, 그 영혼만큼은 연약해지지 않도록 하나님의 강하신 '힘'으로 붙들어 주시고, 천성에 이를 때까지 오직 믿음으로 나아가게 하소서.

늘 동행하시는 하나님! _____님과 동행하여 주소서. 온 몸이 아프고 고통스러울 때마다 하나님이 만져 주시고 치료하여 주셔서, 온전히 이길 수 있도록 동행하여 주소서. 하나님과 동행함이 기쁨이 되게 하시고, 그것이 행복이 되도록 믿음을 더하여 주소서. 행복한 노년을 위해서 많은 사람이 노후 대책을 세우지만, 결국 죽음을 위한 준비라는 사실을 알고 있습니다. 그러나 _____님은 가장 확실한 노후 대책, 영원히 보장되는 노후 대책인 '예수 그리스도의 십자가'가 있는 줄 압니다. 끝까지 십자가를 붙들고 예수 그리스도 안에 거하는 삶을 통해 하나님과 동행하는 은혜로 노년의 병마와 싸워 이기게 하소서. 예수님의 이름으로 기도합니다. 아멘.

병원심방 대표기도문

수술 전

욥기 10장 11-12절

인자하신 하나님! 변함없는 하나님의 인자하심으로 _____님을 붙들어 주시고, 질병의 원인을 밝혀 주셔서 이처럼 수술을 받을 수 있도록 인도하여 주시니 감사합니다. _____님을 창조하신 하나님께서 이 질병을 가장 잘 아시오니, 이번 수술을 통해 질병의 원인이 되는 아픈 곳을 완전히 도려내 주시고, 그의 영혼까지도 깨끗해질 수 있도록 역사하여 주소서. 수술을 앞두고 _____님이 많이 불안하여 두려워하고 있습니다. 인자하신 하나님께서 평안의 손을 내밀어 주셔서 하늘의 평강을 내려 주소서.

은혜로우신 하나님! _____님의 수술을 집도하시는 의사들과 돕는 간호사들에게 은혜를 베풀어 주소서. 모든 의료진이 고귀한 생명을 향한 마음으로 최선을 다하여 수술에 임하게 하시고, 그들의 손을 세밀하게 인도해 주셔서 작은 실수도 하지 않도록 역사하여 주소서. 각각의 위치에서 한 치의 오차도 없이 맡겨진 역할을 정확하게 감당하게 하시고, 판단하고 결정하게 하셔서 그 어떤 부작용이 생기지 않도록 도와주소서. 특별히 _____님의 가족에게 믿음을 더하셔서 하나님의 도우심을 구하게 하소서. 수술 시작부터 마칠 때까지 깨어 하나님께 기도하며 하나님의 치료하심을 기대하게 하소서. 예수님의 이름으로 기도합니다. 아멘.

병원심방 대표기도문

수술 후

요나 2장 6절

회복시키시는 하나님! 감사합니다. _____ 님이 어려운 수술을 잘 마칠 수 있도록 인도해 주셔서 감사합니다. 쉽지 않은 수술이었음에도 예정대로 모든 수술을 잘 마쳤습니다. 이제 아무런 부작용이나 후유증 없이 회복될 수 있도록 역사하여 주소서. 수술 후에 완전히 회복되기까지 모든 의료진이 잘 점검하고 진단할 수 있도록 능력을 베풀어 주소서. 이제 더욱 하나님을 신뢰하고 의지하며 살도록 인도하여 주소서. 하나님이 주시는 육신의 회복과 더불어 영적인 부분도 회복되게 하소서.

사랑의 주 하나님! _____ 님을 사랑하여 주시니 감사합니다. 이제까지 사랑하여 주셨고, 힘든 수술도 잘 마칠 수 있도록 사랑을 베풀어 주셨고, 앞으로도 변함없이 이 사랑을 베풀어 주실 줄 믿습니다. _____ 님이 이 하나님의 사랑을 잊지 않고, 하나님을 더 사랑하며 살게 하소서. 수술 부위가 잘 아물게 하시고, 이 질병이 재발되지 않도록 은혜를 베풀어 주소서. 병에 대한 '트라우마'나 사람이나 병원에 대한 아픈 추억이 남지 않게 하소서. 갑작스럽게 병(사고)에 걸리고 수술하기까지의 모든 과정이 하나님의 사랑의 흔적이 되게 하소서. 수술 자국이 예수의 흔적이 되어, 이것을 볼 때마다 하나님의 사랑과 은혜를 기억하게 하소서. 예수님의 이름으로 기도합니다. 아멘.

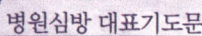
병원심방 대표기도문

퇴원

시편 63편 3-4절

전능하신 하나님! 감사합니다. 오랜 병실생활을 마치고 이제 퇴원합니다. 하나님의 능력과 병원의 적절한 치료로 _____ 님의 건강이 회복되었습니다. 치료된 부위가 통증이 있거나 재발되지 않도록 전능하신 하나님께서 보호하여 주시고, 인도하여 주소서. 병원에서 입원해 치료받는 시간이 참으로 힘들고 외로운 시간이었습니다. 그러나 한편으로 입원해 있는 동안에 더욱 하나님을 향한 신앙을 견고히 세울 수 있었습니다. 더 깊이 울부짖으며 기도하였고, 말씀을 깊이 묵상할 수 있는 은혜를 베풀어 주셔서 감사할 따름입니다.

오, 예수님! _____ 님이 이제 십자가를 붙들고, 십자가를 지고 살아가게 하소서. 육신의 고통 속에서 예수님이 지신 십자가의 고통을 깊이 묵상했습니다. 전혀 죄가 없음에도 예수님은 가장 고통스런 십자가 고난을 당하셨고 죽으셨습니다. _____ 님이 질병으로 고통을 겪으며 예수님의 십자가 고통을 조금이나마 경험하였습니다. _____ 님이 이것을 기억하게 하셔서, 앞으로 더욱 예수님을 바라보며, 십자가의 은혜로 살아가게 하소서. 건강을 회복시켜 주신 하나님의 사랑과 십자가의 은혜를 전하게 하소서.

예수님의 이름으로 기도합니다. 아멘.

병원심방 대표기도문

사고환자

시편 6편 2절

위로의 주 하나님! _____님이 갑작스런 사고를 당했습니다. 지금 많이 다쳐서 병원에서 치료를 받고 있습니다. 많이 놀랐고, 육신의 고통도 심합니다. 하나님께서 위로하여 주소서. _____님의 마음을 진정시켜 주시고, 다친 곳이 잘 치료될 수 있도록 역사하여 주소서. 약할 때 강함을 주시는 예수 그리스도의 은혜가 _____님의 심령에 넘치게 하셔서 사고로 인한 충격에서 속히 헤어날 수 있도록 역사하여 주소서. 의사들을 통해 다친 정도를 정확하게 진단하여서 속히 치료될 수 있도록 역사하여 주소서.

인생의 주인이신 하나님! 이번 사고를 통해 _____님이 연약한 인생을 깨닫게 하소서. 사람이 제아무리 철저하게 계획할지라도 한순간에 무너질 수 있다는 한계를 인정하며, 더욱 인생의 주인이신 하나님을 의지하게 하소서. 유한한 인생의 굴레 속에 살다가 영원한 죽음의 길을 가는 어리석은 인생이 되지 않게 하소서. 유한한 인생을 영원한 삶으로 바꾸실 하나님을 경외하게 하시고, 구원을 주시는 예수 그리스도를 향한 믿음을 견고히 세울 수 있도록 역사하여 주소서. 이제 치료받는 과정을 통해 육신의 회복은 물론이거니와 영적 회복의 역사가 일어나게 하소서. 예수님의 이름으로 기도합니다. 아멘.

병원심방 대표기도문

중환자
예레미야 17장 14절

구원의 주 하나님! _____님의 병이 몹시 위중합니다. 구원의 주 하나님께서 _____님의 생명을 구원하여 주소서. 하나님이 고쳐 주소서. 현재 의식이 없는 상태로 중환자실에 누워 의료기기에 의존한 채 가쁜 숨을 내쉬고 있습니다. 우리가 할 수 있는 것은 아무것도 없습니다. 치료하는 의료진을 신뢰할 뿐이며, _____님의 생명줄을 쥐고 계신 하나님만 바라볼 뿐입니다. _____님에게 생명을 주신 분이 하나님이시며, 그분의 생명을 취하실 분도 하나님이라는 사실을 믿습니다. 그러기에 더욱 하나님께 구합니다. 하나님의 선하신 뜻대로 하소서.

생명의 주 하나님! _____님을 살려 주소서. 아직 할 일이 많이 있습니다. 함께 주님의 뜻을 이루어가야 할 가족이 있습니다. 지금까지 신실하게 하나님을 섬기며 맡은 일에 충성을 다하였던 _____님을 긍휼히 여겨 주소서. 그의 생명을 연장시켜 주소서. 예수님의 이름으로 간절히 구할 때 반드시 응답하리라고 약속하신 하나님의 말씀을 믿습니다. 생과 사의 사이에 있는 _____님을 다시 일으켜 세우셔서, 하나님의 살아계심을 간증하며 평생 하나님의 영광을 위해 살아갈 수 있도록 기회를 허락하여 주소서. 생명의 주인이신 하나님이 그의 호흡을 연장시켜 주소서. 예수님의 이름으로 기도합니다. 아멘.

병원심방 대표기도문

암환자

창세기 16장 11절

임마누엘 하나님! _____ 님과 함께하여 주심을 감사합니다. 지금 암으로 너무나 고통스런 하루하루를 보내고 있습니다. 암세포가 _____ 님의 생각과 육신을 좀 먹고 온전한 신앙생활도 막고 있습니다. 어찌하면 좋겠습니까! 임마누엘 하나님께서 은혜를 베풀어 주소서. 모든 암세포가 사라지고, 오직 임마누엘 하나님과 함께 거하도록 역사하소서. 하나님이 함께하시면 그 누가 대적할 수 있습니까! 그 어떤 힘도 하나님의 권세에 복종할 줄 믿습니다. _____ 님을 병들게 만든 모든 원인이 사라지고, 오직 하나님과 함께하는 은혜로 충만하게 하소서.

하갈의 고통을 들으신 하나님! 고통 중에 _____ 님이 하나님께 간구하고 있습니다. 방사선 치료를 받고 주사를 맞을 때 고통이 너무나 심하지만, 십자가의 예수님을 바라보고 있습니다. 머리카락이 빠지고 피부색이 변하는 충격 속에서도 하나님을 의지하고 있습니다. 반드시 치료해 주실 하나님만을 의지하고 있습니다. 하나님께서 모든 의료진을 통해 _____ 님을 치료하여 주소서. 의사와 간호사 그리고 약사의 손길까지 하나님께서 세밀하게 주관하여 주셔서, 저들의 손길을 통해 하나님이 치료하여 주소서. _____ 님이 반드시 치료해 주실 하나님을 끝까지 의지하며 인내하게 하소서. 절대로 소망을 잃어버리지 않도록 매순간 말씀하여 주소서. 예수님의 이름으로 기도합니다. 아멘.

병원심방 대표기도문

유산

시편 118편 5-6절

위로의 하나님! _____ 님을 위로하여 주소서. 하나님께서 생명을 잉태하게 하셨기에 그 생명의 신비를 느끼며 기뻐하였습니다. 그러나 갑작스럽게 유산이 되었습니다. 지금 _____ 님이 생명을 잃어버린 아픔 가운데 슬퍼하고 있습니다. 멈출 수 없는 눈물을 흘리며 안타까워하고 있습니다. 하나님께서 _____ 님의 마음에 친히 임재하여 위로해 주소서. 변함없이 _____ 님과 그의 가족을 사랑하시는 하나님의 인도하심을 바라보게 하시고, 끝까지 _____ 님의 편이 되어 주실 하나님의 은혜를 감사하게 하소서.

생명을 주시는 하나님! 하나님께서 모든 생명의 주인이심을 믿습니다. 우리가 이처럼 살아갈 수 있도록 생명을 주신 분도 하나님이심을 확신합니다. 생명을 주신 분도 하나님이시고, 취하실 분도 하나님이라는 말씀을 의지하기에 _____ 님에게 주실 새로운 생명을 기대합니다. 유산의 고통이 변하여 기쁨이 되게 하실 하나님을 찬송합니다. _____ 님의 눈물을 닦아 주시고 하나님이 주실 생명으로 기뻐 춤출 그날을 소망합니다. 하나님의 때에, 하나님의 방법으로 이 모든 것을 이루소서. 이제 _____ 님이 다시 일어나 믿음의 길을 걷게 하소서. 이 가정이 더욱 하나님을 향해 무릎을 꿇게 하소서. 생명의 주인이신 하나님을 온전히 경외하는 가정이 되게 하소서. 예수님의 이름으로 기도합니다. 아멘.

병원심방 대표기도문

정신질환

에베소서 6장 12-13절

승리를 주시는 하나님! 예수 그리스도의 십자가로 승리하신 예수님을 믿게 하시니 감사합니다. 오직 예수님의 이름을 힘입어 영적 전쟁에서 승리할 수 있음을 믿사오니, _____ 님이 오직 예수님의 이름으로 치열한 영적 전쟁의 승리자가 되게 하소서. _____ 님이 하나님의 전신갑주를 입고, 모든 정신과 치료를 받게 하소서. 약물과 상담으로 치료가 가능한 상태라면 그 방법을 통해 하나님이 치료하여 주소서. 그러나 악한 사탄의 역사라면, 예수님께서 친히 대장이 되어 주셔서 _____ 님 안에 있는 모든 악의 영, 어둠의 영이 쫓겨 가게 하소서. 이미 십자가에서 승리하신 예수님을 믿음으로, 그 십자가의 능력으로 _____ 님이 영적 전쟁에서 승리하게 하소서.

말씀의 검을 주신 하나님! _____ 님이 말씀의 검을 들고 모든 영적 전쟁에 나서게 하소서. 그 안에 있는 모든 죄악을 십자가 보혈로 깨끗하게 씻어 주소서. 그리스도의 보혈로 십자가 군병이 되어 성령의 검을 들고 악한 사탄과 맞서 싸우게 하소서. _____ 님을 돕는 의사 선생님의 처방을 잘 따르게 하시고, _____ 님 뒤에서 기도하고 계시는 목사님과 성도들의 능력이 있음을 알게 하소서. 오직 말씀의 권세로 사탄을 물리치신 예수님처럼, 오직 말씀의 검으로 이기게 하소서. 예수님의 이름으로 기도합니다. 아멘.

크리스천 대표 기도문

5장
애도와 추모 대표기도문

애도와 추모 대표기도문

임종예배
욥기 1장 21절

생명의 주 하나님! 모든 생명이 하나님의 손에 있음을 믿습니다. 이제 _____님의 생명이 경각간에 놓여 있습니다. 주신 이도 여호와시요 거두신 이도 여호와시오니 여호와의 이름을 찬송하는 믿음을 _____님이 고백하게 하소서. 그동안 하나님의 은혜로 살아왔습니다. 이 한량없는 하나님의 은혜를 감사하며 천성을 향해 나아가도록 역사하여 주소서. 예수님을 믿지 않는 자들에게 죽음은 영원한 고통과 형벌의 시작이 겠지만, _____님에게 죽음은 영원한 안식과 생명의 시작이 됨을 믿습니다. 하나님께서 인도하여 주소서.

동행하시는 하나님! 생명을 다하는 마지막 순간에 하나님을 예배하며, 천국을 소망하게 하시니 감사합니다. 하나님께서는 때로는 아버지가, 때로는 친구가, 때로는 선생님이 되어 삶을 인도해 주셨습니다. 수많은 사건과 사고 속에서도 변치 않는 사랑과 은혜를 베풀어 주시며 동행하여 주셨습니다. 이제 죽음의 터널을 지나 하늘 가는 길에도 동행하여 주셔서, 그 길이 밝은 길이 되게 하소서. 죽음의 순간이 두려움과 공포가 아닌 설렘과 기대의 순간이 될 수 있도록 역사하여 주소서. _____님의 마지막 순간을 지켜보는 가족에게도 은혜를 베풀어 주셔서 천국을 소망하게 하소서. _____님이 가실 천국에서 모두 재회할 수 있도록 인도하여 주소서. 예수님의 이름으로 기도합니다. 아멘.

애도와 추모 대표기도문

입관예배

잠언 14장 32절

생명의 주인이신 하나님! _____ 님의 입관을 진행합니다. 생명의 주인이신 하나님께서 이 모든 절차 가운데 은혜를 베풀어 주소서. 이제 입관을 위해서 모인 모든 유족이 다시 한번 유한한 생명, 나약할 수밖에 없는 인생의 한계를 보게 하시고 더욱 하나님의 나라를 소망하는 귀한 시간이 되도록 역사하여 주소서. 인생에 있어 제일 중요한 것은 생명의 주인이신 하나님을 경외하며, 그분을 위해서 사는 것임을 알게 하소서.

_____ 님을 천국으로 인도하신 하나님! 참으로 성실하게 맡겨진 일을 묵묵히 감당하였고 하나님을 경외하며 살아오셨던 _____ 님의 모습이 기억납니다. 늘 최선을 다하여 열정적으로 활동하시던 그 활기찬 모습은 온데간데없고, 영정사진 속의 웃는 얼굴만 남아 있습니다. 이처럼 죽음을 맞이한 _____ 님이지만, "악인은 그의 환난에 엎드러져도 의인은 그의 죽음에도 소망이 있느니라"는 말씀을 믿기에 다시금 기쁨으로 _____ 님을 보내 드립니다. _____ 님을 입관합니다. 이것이 새로운 만남을 위한 잠깐의 이별임을 믿기에 흐르는 눈물을 닦으며 입관을 합니다. 유족도 믿음의 눈을 떠서 _____ 님이 계신 곳을 소망하도록 이끌어 주소서. 오직 천국의 소망을 품게 하소서.

예수님의 이름으로 기도합니다. 아멘.

애도와 추모 대표기도문

하관예배

전도서 3장 20-21절

창조주 하나님! _____ 님의 하관 예배를 드립니다. 이제 흙으로 말미암은 _____ 님의 육신을 흙으로 돌려보냅니다. 육신의 무거운 장막을 벗고 영원한 본향에 들어간 _____ 님의 모습을 보니 이 하관의 절차가 슬프지만은 않습니다. 오히려 하관 예식이 허물과 죄로 이미 죽은 육신을 벗고, 진정한 참 자유를 얻는 시간이 되는 것 같아 더욱 은혜가 됩니다. 창조주 하나님께서 이 시간 이 모든 절차 가운데 역사하여 주셔서, 천국 소망으로 행복한 시간이 되게 하소서.

자비로우신 하나님! _____ 님의 삶에 자비를 베풀어 주셨음을 감사합니다. 이제 때가 되어 인생의 시간을 마감했지만, 이것이 끝이 아님을 믿기에 이 시간 하나님을 찬송하며, 하나님의 말씀에 귀를 기울입니다. _____ 님의 삶에는 하나님의 무한한 자비의 흔적이 깊이 배어 있습니다. 늘 연약하여 흔들리고 넘어질 때마다 _____ 님에게 자비의 손길을 내밀어 주셔서 하나님의 손을 놓지 않도록 인도해 주셨습니다. 이 풍성한 자비로 말미암아 이제 육신이 흙으로 돌아가는 마지막 순간에 영혼은 살아서 하나님의 품에 안길 수 있게 하시니 진정 감사합니다. _____ 님이 누린 이 놀라운 은혜가 이 시간 함께하는 모든 유족과 친지, 성도의 삶에 임하여 주소서. 육신의 장막을 벗을 날을 소망하는 믿음을 갖게 하소서. 예수님의 이름으로 기도합니다. 아멘.

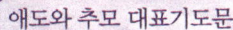 애도와 추모 대표기도문

발인예배

고린도전서 15장 21-22절

부활의 주 하나님! _____ 님을 발인하며, 하나님을 예배하게 하시니 감사합니다. 예배하는 우리 모두의 심령을 예수 그리스도의 십자가 보혈로 깨끗하게 씻어 주셔서 부활의 주 하나님을 온전히 예배하게 하소서. 죽은 자를 위한 예배가 아닌, 살아 계신 하나님을 예배하며 영원한 본향을 향해 나아가는 _____ 님의 천국 환송식이 되도록 역사하여 주소서. 아담의 원죄로 죽음의 고통을 겪어야 하지만, 예수님의 십자가와 부활의 은총으로 우리로 하여금 부활의 영광을 누리게 하시니 감사합니다. _____ 님이 부활의 주인공이 되게 하시니 더욱 감사합니다.

은혜로우신 하나님! _____ 님 발인 예배를 통해 함께 모여 예배하는 유족과 친지, 그리고 모든 성도에게 은혜를 베풀어 주소서. 하늘의 신령한 복을 내리어 주셔서, 하나님이 죽은 자의 하나님이 아니라 산 자의 하나님이라는 사실을 분명히 믿고, 감사하는 시간이 되게 하소서. _____ 님이 살아생전에 늘 좋아했던 하나님의 말씀, 그리고 늘 노래했던 찬송을 부르며 하나님을 예배할 때, 천국에서 동일한 모습으로 예배하고 있을 _____ 님의 모습을 보게 하소서. 예수 그리스도의 은혜로 부활한 _____ 님의 모습을 기뻐하는 예배가 되게 하여 주소서. 예수님의 이름으로 기도합니다. 아멘.

애도와 추모 대표기도문

위로예배

베드로전서 1장 3절

살아 계신 하나님! _____님의 죽음 앞에 그 어떤 말도 위로가 되지 않음을 고백합니다. 그러나 이것이 영원한 끝이거나 영원한 이별이 아니기에 다시 한번 살아 계신 하나님을 바라봅니다. "예수 그리스도를 죽은 자 가운데서 부활하게 하심으로 말미암아 우리를 거듭나게 하사 산 소망이 있게 하시며." 예수 그리스도의 십자가와 부활의 은총으로 우리에게 산 소망을 주신 하나님. _____님이 죽은 것이 아니라 이제 여기보다 더 나은 본향에 들어갔기에 하나님을 찬송합니다.

산 소망을 주시는 하나님! 예수님을 구주로 믿은 _____님이 천국에 들어갔음을 확신합니다. 어둠이 아닌 빛의 자녀였기에 빛나고 높은 하늘 보좌 앞으로 나아갔음을 믿습니다. 이제 죽음이 절망과 슬픔이 아니라, _____님에게는 소망과 기쁨이었다는 사실을 알았습니다. 이 소망을 주시는 하나님을 남겨진 유족이 믿게 하시고, 더욱 견고한 믿음의 사람이 되도록 역사하여 주소서. 슬픔의 눈물을 거두고 기쁨의 눈물을 흘리며, _____님이 가신 그 십자가의 길을 거쳐 천국에서 재회할 수 있도록 역사하여 주소서. 하늘의 산 소망을 가지고 더욱 예수님을 믿고, 천국의 복음을 전하며 살도록 역사하여 주소서.

예수님의 이름으로 기도합니다. 아멘.

애도와 추모 대표기도문

추모예배 1

빌립보서 2장 12절

생사화복을 주관하시는 하나님! _____님을 추모하며 하나님을 예배하게 하시니 감사합니다. _____님이 늘 하나님을 경외하며 하나님의 자녀다운 본을 보여 주셨던 것을 기억합니다. 힘들 때 기도하고, 기쁠 때 찬송하며, 하나님을 사랑하는 마음으로 이웃을 사랑하였던 _____님의 모습이 아직도 생생합니다. 지금은 잠시 이별하여 만날 수 없지만, 이제 곧 다시 만날 그날을 소망하며 믿음의 경주를 하게 하소서. "그러므로 나의 사랑하는 자들아 너희가 나 있을 때뿐 아니라 더욱 지금 나 없을 때에도 항상 복종하여 두렵고 떨림으로 너희 구원을 이루라"는 말씀처럼 _____님을 따라 우리 모두도 늘 예수 그리스도 안에서 복음에 순종하며 살도록 역사하여 주소서.

영원한 생명을 주시는 하나님! _____님이 지금 하나님과 누리고 있을 영원한 생명의 은혜를 그려봅니다. 얼마나 좋을까요! 얼마나 기쁠까요! 현재 _____님이 누리고 있을 이 기쁨과 은혜를 우리도 누릴 수 있도록 우리의 믿음을 붙들어 주소서. 오직 예수님을 믿음으로 구원을 받을 수 있는 진리에서 떠나지 않도록 도와주소서. 자기를 부인하고 자기 십자가를 지고 예수님을 따라 전진할 수 있도록 인도하여 주소서. 그리하여 우리 인생의 종착지에서 _____님과 다시 재회하는 은혜를 누리도록 역사하여 주소서. 예수님의 이름으로 기도합니다. 아멘.

애도와 추모 대표기도문

추모예배 2
데살로니가전서 4장 16-17절

다시 오실 하나님! _____님을 추모하며 하나님을 예배하게 하시니 감사합니다. 함께 예배하는 우리의 심령을 십자가 보혈로 씻어 주소서. 정결한 마음으로 이 시간 하나님을 예배하며, _____님이 먼저 가 계신 천국을 소망하는 은혜가 넘칠 수 있도록 역사하여 주소서. 반드시 다시 오실 하나님을 생각할 때마다 지금 우리의 모습을 돌아보며 회개하게 됩니다. 하나님을 온전히 믿지 못하는 연약한 우리의 모습을 긍휼히 여겨 주셔서 추모 예배를 통해 우리의 믿음을 굳게 하소서.

능력의 주 하나님! _____님의 살아생전에 늘 하나님을 경외하며 믿음으로 살았던 모습을 기억합니다. 능력의 하나님께서 늘 _____님과 동행하여 주셨고, 은혜를 베풀어 주셨기에 가능한 하나님의 역사입니다. 이 시간 _____님을 추모하기 위해 모인 가족과 성도에게도 동일한 능력을 주셔서 늘 하나님을 경외하며, 다시 오실 예수님을 맞을 준비를 하게 하소서. 세상의 유혹과 맞서 싸워 이길 수 있도록 하나님께서 능력을 베풀어 주소서. 믿음의 경주자로서 완주하신 _____님을 따라 우리 모두도 신앙의 마라톤을 완주할 수 있도록 인도하여 주소서. 푯대를 향하여 힘차게 전진하게 하소서.

예수님의 이름으로 기도합니다. 아멘.

애도와 추모 대표기도문

부모의 장례

요한복음 11장 25-26절

부활의 주 하나님! 사랑하는 부모님(아버지 또는 어머니)의 장례를 은혜 중에 마칠 수 있도록 인도해 주시니 감사합니다. 모든 장례 예식을 통해 하나님의 살아 계심을 경험하고, 부활의 주 하나님이 주시는 하나님 나라의 소망과 기쁨으로 가득 채워 주셨습니다. 유족과 조문객이 기쁨으로 부모님을 천국으로 환송하는 장례 예식이 되도록 인도하여 주셔서 감사합니다. 장례 예식을 위해서 수고한 목사님과 모든 장례 위원에게 새 힘을 주소서. 무엇보다도 유족에게 천국을 향한 소망을 품게 하시어 부모님을 먼저 보낸 슬픔과 회한의 감정을 내려놓게 하소서. 다시 만날 그날을 위해 더욱 맡겨진 본연의 생활에 충실하며, 신앙에 전념할 수 있도록 역사하여 주소서.

천국 소망을 주시는 하나님! _____님의 유족에게 천국 소망을 주시니 감사합니다. 천국의 소망이 있기에 예수 그리스도를 바라보며 돌아가신 부모님과 다시 만날 수 있음을 확신합니다. 부활하심으로 영원한 생명을 약속하신 예수님을 온전히 믿을 수 있도록 유족을 인도하소서. 남겨진 유족이 더욱 천국을 소망하며 살아갈 수 있도록 믿음으로 더하여 주소서. 날마다 말씀과 기도를 중심으로 살게 하소서. 자기를 부인하고 자기 십자가를 질 때 예수님을 따를 수 있으니, 이 말씀에 순종하여 천국에 이르게 하소서. 예수님의 이름으로 기도합니다. 아멘.

애도와 추모 대표기도문

배우자의 장례

요한계시록 21장 3-4절

위로의 주 하나님! 사랑하는 배우자를 잃어버린 남편(아내)과 그의 가족을 위로하여 주소서. 무어라 말로 표현할 수 있는 슬픔 속에 잠겨 있습니다. 눈물이 멈추지 않습니다. 어떻게 이런 일이 일어날 수 있는지 자꾸만 의문이 생깁니다. 그러나 우리를 우리 자신보다 더 많이 사랑하시는 하나님이심을 믿기에 모든 인간적인 감정을 내려놓고 하나님을 바라봅니다. 외아들 예수님을 내어주실 정도로 우리를 사랑하시는 하나님이심을 알기에 다시금 이 슬픔 속에서도 눈물을 닦고 하나님의 뜻이 무엇인지 기도하게 됩니다. 하나님! 배우자를 잃은 슬픔 속에 있는 가족을 위로하여 주소서. 하나님의 사랑의 손길로 눈물을 닦아 주시고, 넓으신 가슴으로 안아 주소서.

소망의 주 하나님! 배우자를 잃은 가족이 소망의 하나님을 바라보게 하소서. 인간적인 그 어떤 말로도 위로할 수 없고, 그 뼈 속에 사무치는 아픔을 공감할 수 없지만, 하나님의 말씀을 의지하여 다시 일어서게 하소서. "그들은 하나님의 백성이 되고 하나님은 친히 그들과 함께 계셔서 모든 눈물을 그 눈에서 닦아 주시니, 다시는 사망이 없고 애통하는 것이나 곡하는 것이나 아픈 것이 다시 있지 아니하리니 처음 것들이 다 지나갔음이러라." 소망 넘치는 천국에서의 삶이 있음을 믿게 하소서. 예수님의 이름으로 기도합니다. 아멘.

애도와 추모 대표기도문

자녀의 장례

이사야 61장 2~3절

눈물을 닦아 주시는 하나님! 자녀를 잃고 하염없이 슬퍼하는 부모님의 눈물을 닦아 주소서. 마음속에 사무쳐 흐르는 고통을 쏟아 내는 눈물도 하나님의 손길로 닦아 주소서. "시온에서 슬퍼하는 자에게 화관을 주어 그 재를 대신하며, 기쁨의 기름으로 그 슬픔을 대신하며 찬송의 옷으로 그 근심을 대신하시고, 그들이 의의 나무 곧 여호와께서 심으신 그 영광을 나타낼 자라 일컬음을 받게 하려 하심이라." 주의 말씀으로 위로를 받게 하소서. 사랑하는 자녀를 먼저 보냈다는 자책감, 죄책감, 자괴감을 내려놓고, 도저히 이해할 수 없지만 자녀의 죽음 속에 담겨 있는 하나님의 음성을 듣게 하소서.

사랑으로 인도하시는 하나님! 자녀의 장례를 치른 가족을 사랑으로 인도하여 주소서. 깊은 절망과 슬픔에서 헤어나도록 인도하여 주소서. 사랑하는 자녀의 죽음이 영원한 끝이 아님을 믿게 하소서. 예수님을 믿은 자녀이기에 반드시 천국에서 하나님의 품속에 있을 것이라는 말씀을 믿게 하소서. 그리하여 남겨진 가족이 더욱 천국을 사모하며 신앙생활 하도록 인도하여 주소서. 무엇보다도 외아들 예수님을 보내신 하나님의 사랑을 알게 하소서. 인류의 구원을 위해서 그 아들을 보내시고, 십자가의 고통 속에 죽기까지 내버려 두신 사랑을 믿게 하소서. 더욱 그 사랑의 은혜로 살게 하소서. 예수님의 이름으로 기도합니다. 아멘.

애도와 추모 대표기도문

불신자의 장례

요한복음 3장 16-17절

구원의 주 하나님! _____님의 장례를 은혜 중에 마치게 하심을 감사합니다. 남겨진 유족에게 은혜를 더하여 주셔서 사랑하는 가족을 잃은 슬픔에서 속히 일어날 수 있도록 역사하여 주소서. 무엇보다도 안타까운 사실은 _____님이 예수님을 믿지 않았다는 점입니다. 예수님을 믿지 않을 때 하나님의 진노의 심판으로 멸망할 수밖에 없다고 성경은 경고하십니다. 이 말씀을 남겨진 유족이 기억하게 하시고, 예수님을 믿고 구원을 받을 수 있도록 은혜를 베풀어 주소서.

긍휼이 풍성하신 하나님! _____님의 장례 예식을 통해 온 가족이 다시금 죽음이라는 인간의 한계를 경험하게 하셨습니다. 이 세상의 그 어떤 권력자, 부자일지라도 죽음을 피할 수 없습니다. 더욱이 이 죽음 후에는 영원한 지옥 형벌이 있음이 우리를 더욱 안타깝게 합니다. 지금 기회가 있을 때 예수님을 믿어 구원과 영생의 은총을 받을 수 있도록 인도하여 주소서. 남겨진 유족이 사랑하는 가족(친구)을 먼저 보냈다는 슬픔을 이겨 내고, 영원한 삶을 준비하도록 지혜와 믿음을 내리어 주소서. 긍휼이 풍성하신 하나님 앞에 무릎을 꿇고 회개하며, 하나님의 긍휼하심을 구하며 생명의 길로 나아가게 하소서. 예수님의 이름으로 기도합니다. 아멘.

애도와 추모 대표기도문

자살

고린도후서 6장 2절

자비로우신 하나님! 자비를 베풀어 주소서. _____ 님이 스스로 목숨을 끊었다는 소식을 듣고 아무것도 할 수 없었습니다. 그와 같은 극단적인 선택과 결정을 무슨 이유로 했는지 몰랐다는 사실이 우리 자신을 더욱 초라하고 아프게 합니다. 가족과 친구들 그리고 주변의 이웃도 그가 이처럼 고민하고 고통 속에 있었다는 사실을 정확하게 알지 못했습니다. 오, 하나님! 우리의 연약함을 긍휼히 여겨 주시고, 이와 같은 일이 또 다시 생기지 않도록 우리를 깨워 주소서.

은혜로우신 하나님! _____ 님을 불쌍히 여겨 주소서. _____ 님을 대신하여 십자가를 지신 예수 그리스도의 사랑으로 그의 영혼을 덮어 주소서. 하나님의 뜻대로 행하소서. _____ 님의 모든 행위와 은밀한 일까지 아시는 하나님께서 자비를 베풀어 주소서. _____ 님의 안타까운 죽음을 앞에 놓고, 더욱 우리가 해야 할 사명이 무엇인지 깨닫게 하시고 행하게 하소서. 지금 우리에게 기회가 있을 때, 한 영혼 한 사람을 더 사랑으로 대하며 복음을 전하게 하소서. 거친 세상 속에 우리를 홀로 내버려 두지 않으시고, 십자가에서 죽기까지 우리를 사랑하시는 예수님이 계시다는 복음을 쉬지 않고 전할 수 있도록 우리 모두에게 은혜를 베풀어 주소서. 예수님의 이름으로 기도합니다. 아멘.

애도와 추모 대표기도문

사고로 인한 사망

데살로니가후서 2장 16-17절

위로하시는 하나님! _____ 님의 가족을 위로하여 주소서. _____ 님이 갑작스럽게 사고를 당하고, 죽었다는 사실이 믿어지지 않습니다. 어떻게 갑자기 이런 일이 일어날 수 있는지요! 아직 우리와 함께하는 일도 있고, 해야 할 일도 많은데 이렇게 먼저 하나님께서 데려가시면 어떻게 합니까! _____ 님의 사고와 죽음을 우리가 어떻게 받아야 하는지 하나님께서 말씀하여 주소서. 우리가 모두 이해할 수 없지만 이 모든 상황 속에 하나님의 뜻이 있음을 믿습니다. 영원한 위로와 좋은 소망을 주신 하나님을 바라보며 다시 일어나게 하소서.

소망의 주 하나님! _____ 님의 사고와 죽음 속에서도 소망의 하나님을 바라보는 믿음을 주소서. 십자가의 죽음에서 구원의 소망과 영생의 기쁨을 주셨듯이, 이 안타까운 죽음 속에서도 하나님께서 우리로 하여금 하나님을 더 의지하라고 말씀하고 계신 것 같습니다. 유한한 인생, 그 연약함을 알고 더욱 하나님을 소망하는 삶을 살라고 호소하고 계신 것 같습니다. 계속해서 눈물이 우리의 앞을 가로막지만, 다시금 눈물을 닦고 영원한 소망이신 예수 그리스도를 바라보게 하소서. _____ 님의 영혼을 천국으로 인도하신 하나님께 모든 소망을 두고 살아가게 하소서. 이제 내가 사는 것이 오직 하나님의 영광을 위한 것이 되게 하소서. 예수님의 이름으로 기도합니다. 아멘.

애도와 추모 대표기도문

지병으로 인한 사망

시편 90편 3-4절

인생의 주인이신 하나님! _____님의 영혼을 천국으로 인도해 주시니 감사합니다. _____님은 오랫동안 지병으로 힘겨운 나날을 보냈습니다. 계속해서 병이 치료되기를 기도하며 하나님께 간절히 호소하였습니다. 고통스러운 시간을 보내면서도 믿음을 잃지 않았고, 끝까지 천국을 소망하였습니다. 이 모든 것은 _____님의 주인이신 하나님의 은혜였습니다. 약할 때 강함을 주시는 그리스도를 의지하도록 역사하신 십자가의 사랑이었습니다. 그의 육신은 병으로 쇠약해지고 있었지만 그의 영혼만큼은 어린 아이가 되어 천국에서 하나님과 뒹굴며 지낼 그날을 소망하였습니다. 오, 하나님! _____님의 인생의 주인이 되어 주셔서 진정으로 감사합니다.

영생의 근원이신 하나님! 이제 _____님은 눈물도 고통도 없는 곳, 더 이상의 약도 주사도 필요 없는 곳으로 가셨습니다. 연약하고 병든 육체를 벗어버리고 영원의 시간 속으로 가신 _____님을 생각할 때 기쁨의 눈물이 납니다. 그간 _____님을 간호하며 힘겨운 시간을 보내며 눈물을 쏟았던 가족에게 새 힘을 주시고, 영생의 근원이신 하나님을 경외하며 살게 하소서. 육신도 건강도 허락하여 주셔서 하나님을 예배하며, 복음의 사명을 감당하다가 하나님을 만나도록 은혜를 베풀어 주소서. 예수님의 이름으로 기도합니다. 아멘.

크리스천 대표 기도문

6장
각종 심방 대표기도문

각종 심방 대표기도문

새신자 등록
누가복음 15장 10절

사랑의 주 하나님! "내가 너희에게 이르노니 이와 같이 죄인 한 사람이 회개하면 하나님의 사자들 앞에 기쁨이 되느니라"고 말씀하셨는데, _____ 님을 우리 교회로 보내 주셔서 함께 신앙생활을 할 수 있도록 인도하심을 감사합니다. 하나님의 사자들이 기뻐하는 것 이상으로, 기뻐하며 감사하고 있습니다. _____ 님이 우리 교회에 잘 정착할 수 있도록 사랑의 주 하나님께서 인도하여 주소서. _____ 님이 처음으로 교회에 나왔기 때문에 모든 것이 낯설고 어색합니다. 그러나 이 모든 것들을 하나씩 배워가며 익힐 수 있도록 은혜를 주시고, 형식적인 종교 생활이 아닌 하나님을 온전히 신앙하는 믿음의 뿌리가 내리게 하소서.

동행하시는 하나님! _____ 님과 동행하여 주소서. 세상의 무거운 짐을 내려놓고, 하나님을 신앙하며 예수님을 믿는 일이 얼마나 큰 기쁨이고 평안인지 알게 하소서. 예배를 드림으로 하나님이 주시는 은혜를 경험하게 하소서. 새신자 교육을 통해서 예수님을 알아가는 기쁨이 있게 하소서. 신앙 활동을 통해 아름다운 교제가 있게 하시어 우리 교회에 잘 정착할 수 있도록 역사하여 주소서. 신앙생활을 막는 많은 요인이 생길 것입니다. 그와 같은 장애가 있을 때마다 하나님이 도우소서. 인내하고 절제하여 이기게 하소서. 하나님께 기도함으로 나아가게 하소서. 예수님의 이름으로 기도합니다. 아멘.

각종 심방 대표기도문

기신자 등록

디모데전서 2장 4-5절

만복의 근원이신 하나님! _____ 성도를 우리 교회로 보내 주셔서 감사합니다. 새로운 곳으로 이사를 와서, 이제 새로운 교회에 등록하여 신앙생활할 때 만복의 근원이신 하나님께서 인도하여 주소서. 그동안 신앙생활하던 교회에서의 믿음의 유업을 이어서, 우리 교회에서도 하나님을 온전히 경외하며 예수님을 믿는 믿음을 견고히 세우도록 인도하여 주소서. 오직 예수님을 바라보며 낯선 환경에 잘 적응하게 하시고, 적극적으로 주의 일에 동참하도록 인도하여 주소서.

_____ 님을 지금까지 인도해 주신 하나님. 감사합니다. 앞으로도 변함없는 인자하심으로 계속 인도하여 주실 줄 믿습니다. 원래 신앙생활을 하였지만, 혹시 부족하고 연약한 면이 있었다면, 우리 교회에서 신앙생활을 하면서 알고 배우게 하소서. 더욱 그리스도의 장성한 분량에 이르기까지 성장하는 성숙한 신앙이 되도록 역사하여 주소서. 성도의 아름다운 교제가 있게 하시고, 서로 주 안에서 사랑하고 격려하고 기도해 주는 믿음의 동역자가 되게 하소서. 추수할 일꾼이 필요한 이때에 _____ 님을 잘 준비시키셔서 복음의 사역을 위해서 함께 일할 수 있는 기회도 속히 허락하여 주소서. _____ 님뿐 아니라 그의 가정도 하나님께서 믿음의 자리로 인도하여 주소서. 예수님의 이름으로 기도합니다. 아멘.

각종 심방 대표기도문

유아세례 가정

사도행전 16장 33-34절

사랑의 주 하나님! _____님 가정을 복주시어 믿음의 가정이 되게 하셔서 감사합니다. 하나님을 경외하며 예수님을 믿는 믿음으로 오늘까지 풍성한 사랑을 누리게 하시니 그저 감사할 따름입니다. 특별히 이 가정에 새로운 생명을 주시고, 이제 세상과 구별된 하나님의 자녀라는 표인 유아세례를 받도록 은혜를 주시니 진정 감사합니다. 빌립보에서 간수의 가정이 바울을 통해 복음을 듣고 세례를 받은 후 누렸던 큰 기쁨이 _____님 가정에 넘치도록 역사하여 주소서.

동행하시는 하나님! 유아세례를 받은 _____가 부모님의 신앙을 유업으로 받아 건강한 신앙을 가진, 예수님을 닮아 가는 아이가 되도록 날마다 동행하여 주소서. 입교하기 전까지 부모님을 통해 가정 안에서 신앙 교육을 잘 받게 하시어 세상의 유혹에 빠지지 않도록 매순간 동행하여 주소서. 아프지 않도록 늘 강건하게 붙들어 주시고, 그의 영혼도 하나님께서 보호하여 주소서. 무엇보다도 _____의 부모님의 신앙이 흔들리지 않도록 도와주소서. 부모님이 하나님의 말씀을 토대로 이 아이를 가르치게 하셔서, 그가 이 세대를 분별하여 세상의 유혹과 시험에 빠지지 않고 승리하는 신앙의 용사로 자라나게 하소서. 늘 동행하여 주소서. 예수님의 이름으로 기도합니다. 아멘.

각종 심방 대표기도문

세례 가정

갈라디아서 3장 27절

은혜를 주시는 하나님! _____ 님 가정을 늘 사랑하여 주시고 은혜를 베풀어 주셔서 감사합니다. 특별히 이번에 세례를 받았습니다. "누구든지 그리스도와 합하기 위하여 세례를 받은 자는 그리스도로 옷 입었느니라"는 말씀대로 이제 그리스도의 옷을 입고, 믿음의 길을 걷게 되었습니다. 이 옷이 해지거나 찢어지지 않도록 보호하여 주소서. 더욱 예수님을 바라보며 십자가의 은혜로 살아가도록 역사하여 주소서. 구원의 분명한 표시가 _____ 님의 심령에 각인되고, 이 가정에 새겨졌으니 더 이상 악한 사탄들이 틈타지 못하도록 도우소서.

구원의 주 하나님! 세례를 받은 _____ 님이 구원의 은총을 입은 하나님의 자녀로서 행함이 있게 하소서. 물세례를 받았지만, 여전히 죄의 본성은 살아 있기에 육체의 소욕을 좋아하는 옛 습성이 살아나려고 합니다. 성령 세례를 받게 하셔서, 성령 충만함으로 악한 정욕과 탐심을 십자가에 못 박고, 성령님을 따라 성령님이 이끌어 주시는 대로 순종하는 실천이 있게 하소서. 구원을 주시는 하나님의 은총을 감사하며, 기쁨으로 하나님을 찬송하며 살게 하소서. 날마다 예수 그리스도의 십자가를 기념하며, 주님이 다시 오실 때까지 십자가와 부활의 복음을 전하는 전도자가 되게 하소서. 구원의 향기를 날리는 삶을 통해 하나님께 영광 돌리게 하소서. 예수님의 이름으로 기도합니다. 아멘.

각종 심방 대표기도문

직분자 가정

디도서 2장 7-8절

충성된 일꾼을 찾으시는 하나님! _____님 가정을 붙들어 주시고, 주님의 귀한 사명을 감당하는 가정이 되게 하시니 감사합니다. 충성된 일꾼을 찾으시는 '하나님의 열심'이 _____님 가정을 통해서 열매를 맺을 수 있도록 역사하여 주소서. 하나님의 일을 억지로 하는 것이 아니라, 자원하는 믿음과 기쁨의 심령으로 감당할 수 있도록 도우소서. 사람을 기쁘게 하거나, 사람에게 인정을 받기 위함이 아니라 오직 하나님의 기쁨이 되며 하나님의 인정을 받는 직분자가 되도록 인도하여 주소서.

능력을 주시는 하나님! 하나님의 일을 감당하는 것이 쉽지 않습니다. _____님이 하나님의 사역을 감당하도록 필요한 능력을 부어 주소서. 특별히 _____님 가족에게도 능력을 주소서. 가족이 사역을 위해서 함께 기도하며 협력하게 하소서. _____님이 믿음으로 가정을 잘 다스리게 하시고, 가족들도 서로 소통하며 순종하며 주님의 뜻이 온전히 이루어지는 데 장애가 없도록 역사하여 주소서. 오직 하나님의 귀한 직분을 감당하는 일에 온 가족이 합력하여 하나님이 기뻐하시는 선을 이루어가도록 인도하여 주소서. 매순간 사탄의 유혹이 도사리고 있습니다. 그때마다 성령님께서 역사하여 주셔서 사탄을 물리치게 하시고, 오직 예수님의 이름으로 승리하게 하소서. 예수님의 이름으로 기도합니다. 아멘.

각종 심방 대표기도문

교사 가정

갈라디아서 6장 6-7절

선한 목자이신 하나님! _____님 가정의 목자가 되어 주셔서 늘 선한 길로 인도하여 주시니 감사합니다. _____님 가정이 날마다 선한 목자의 음성을 듣고, 그 음성대로 나아갈 수 있도록 은혜를 베풀어 주소서. 특별히 _____선생님이 주일학교를 위해서 땀 흘리며 헌신하고 있습니다. 매우 분주한 일상이지만 주일학교 선생님으로서 최선을 다하도록 믿음을 주시고 여건과 환경을 열어 주셔서 감사합니다. 때로는 정말로 힘든 상황 속에서도 교사의 사명을 감당하기 위해서 동분서주하는 모습을 봅니다. 우리가 볼 때도 그 모습이 귀한데, 하나님이 보실 때에는 더욱 귀하고 귀한 줄 믿습니다. _____선생님이 이 사명을 끝까지 감당할 수 있게 하소서.

_____님을 교사로 부르신 하나님! 아무 공로 없는 죄인을 교사로 불러 주신 하나님의 은혜를 날마다 감사하며, 그 구원의 기쁨과 생명의 복음을 함께 나누고 전하고 가르치는 선생님이 되도록 역사하여 주소서. 좋은 것을 심을 때 반드시 좋은 열매가 날 줄 믿습니다. 이 믿음으로 _____선생님이 교사의 사명을 감당하게 하시고, 선생님의 가족도 날마다 기도로 도와 충성되게 직분을 감당하는 데 동역하도록 인도하여 주소서. 예수님의 이름으로 기도합니다. 아멘.

각종 심방 대표기도문

교회를 정하지 못해 갈등하는 가정

에베소서 1장 22-23절

교회의 주인이신 하나님! _____님 가정이 하나님의 은혜로 예수님을 믿고 생명의 길로 나아가게 하시니 감사합니다. 수많은 시험이 도사리고 있지만, 흔들리거나 넘어지지 않도록 하나님이 붙들어 주셔서 끝까지 생명의 길을 걷게 하소서. 특별히 교회의 울타리 안에서 온전한 믿음의 생활을 이어가기 원합니다. 그러나 여러 가지 이유로 교회를 정하지 못하고 있습니다. 무엇이 고민이고, 무엇이 문제인지 하나님이 가장 잘 아시는 줄 믿습니다. _____님 가정의 문제를 풀어 주셔서 속히 교회를 정하여 하나님의 백성들과 함께 신앙생활을 하게 하소서.

교회의 모든 것 되시는 예수님! _____님 가정이 예수님을 바라보게 하소서. 세상의 조건으로 나에게 맞는 교회를 찾기보다는, 예수님이 모든 것 되시는 교회로 나아가 자신을 예수님께 맞출 수 있는 믿음을 허락하여 주소서. 아무런 문제가 없고, 성도들의 사랑이 넘치는 교회만을 찾을 것이 아니라, 어떤 문제가 발생했을 때 그 문제를 해결하고 사랑을 실천하는 _____님 가정이 되게 하소서. _____님 가정이 다니는 교회가 이 가정을 통해 사랑과 믿음과 소망이 넘치는 교회로 바뀌는 역사가 일어날 수 있도록 인도하여 주소서. 더욱 깨어서 주님의 말씀에 귀를 기울여 교회를 정할 수 있도록 도우소서. 예수님의 이름으로 기도합니다. 아멘.

각종 심방 대표기도문

불신자가 있는 가정

누가복음 9장 41절

우리와 함께하시는 하나님! 하나님의 은혜로 _____님 가정이 하나님을 믿게 하시고, 항상 함께하여 주시니 감사합니다. 하나님이 이 가정의 가장이 되어 주셔서 하나님께 영광을 돌리도록 역사하여 주소서. 날마다 그리스도의 향기를 퍼뜨리며, 그리스도의 편지가 되는 가정이 되도록 인도하여 주소서. 그러나 _____님 가정에 예수님을 믿지 않는 _____가 있습니다. 그의 영혼을 불쌍히 여기소서. "내가 얼마나 너희와 함께 있으며 너희에게 참으리요. 네 아들을 이리로 데리고 오라"는 말씀대로 이 가정이 _____를 예수님께로 데리고 나아갈 수 있도록 믿음을 주소서. 예수님을 부인하며 믿지 않는 _____를 변화시켜 주소서.

영혼을 사랑하시는 하나님! 아직은 예수님을 믿지 않지만 하나님은 그 누구보다도 _____의 영혼을 사랑하시는 줄 믿습니다. 예수님이 그의 영혼 구원을 위해서도 십자가에 달려 죽으신 줄 믿습니다. 문을 두드리고 계시는 예수님을 믿을 수 있도록 성령님께서 역사하여 주소서. 가족들이 그의 구원을 위해서 날마다 기도하고 있습니다. 그가 교회에 나올 수 있도록 최선을 다하고 있습니다. 그러나 잘 되지 않습니다. 모든 것을 포기하고 싶을 때가 한 두 번이 아닙니다. 그때마다 _____의 영혼을 사랑하시는 하나님을 더욱 굳게 의지하게 하셔서, 포기하지 않고 계속 시도하는 믿음을 주소서. 예수님의 이름으로 기도합니다. 아멘.

각종 심방 대표기도문

하나님을 떠난 가족이 있는 가정

디모데전서 5장 8절

한 영혼을 천하보다 귀히 보시는 하나님! _____님 가정을 사랑하여 주시고, 하나님을 경외하는 복된 가정이 되게 하시니 감사합니다. 날마다 하나님의 기쁨이 되며, 하나님의 영광을 드러내는 가정이 될 수 있도록 인도하여 주소서. 그러나 하나님, 어떻게 하면 좋겠습니까? 한때 열정적으로 하나님을 믿으며 신앙생활을 잘하던 _____가 신앙과 거리 먼 생활을 하고 있습니다. _____님 가정을 불쌍히 여기시고, 특별히 하나님을 떠난 _____를 긍휼히 여겨 주소서.

잃어버린 영혼을 끝까지 찾으시는 하나님! _____의 잃어버린 신앙을 찾아 주소서. 그가 돌이킬 수 없는 길로 나아가지 않도록 붙들어 주소서. 어둠 속에서 방황하고 헤매지 말고, 속히 빛이신 예수님 앞으로 돌아올 수 있도록 그의 길을 비춰 주소서. _____가 하나님 앞으로 돌아오도록 가족이 눈물로 기도하고 있는데 잘 되지 않습니다. 다가가면 갈수록 멀어지는 것 같습니다. 오직 하나님만이 이 일을 행하시고 이루실 줄 믿습니다. 우리가 할 수 있는 것은 하나님 앞에 엎드려 간구하는 것밖에 없습니다. 눈물로 씨앗을 뿌릴 때 기쁨으로 단을 거둘 수 있다는 말씀을 믿사오니, 그의 신앙이 이전처럼 회복되도록 역사하여 주소서. 아니, 이전보다 더욱 하나님을 경외하고 예수님을 믿는 신앙이 될 수 있도록 도우소서. 예수님의 이름으로 기도합니다. 아멘.

각종 심방 대표기도문

이단에 빠진 자가 있는 가정
여호수아 24장 15절

갈 길을 밝히시는 하나님! _____님 가정이 하나님이 보여 주신 예수 그리스도의 빛을 따라 행할 수 있도록 인도하여 주소서. 악한 사탄의 계략과 술수에 빠지지 않도록 날마다 붙들어 주시고, 깨워 주시고, 가르쳐 주소서. 하나님의 백성으로서 마땅히 가야 할 길로 인도하여 주소서. 예수 그리스도를 통해서만 얻을 수 있는 구원의 길에서 벗어나지 않도록 보호하여 주소서. 안타까운 소식을 들었습니다. _____가 이단의 미혹에 빠졌답니다. 하나님! _____를 깨워주소서. 그의 영혼의 눈을 뜨게 하시고 귀를 열어 주시어, 무엇이 진리이고 이단인지 분별할 수 있도록 역사하여 주소서. 광명의 천사로 위장한 악한 사탄의 함정에서 벗어날 수 있도록 예수 그리스도의 십자가를 붙들게 하소서. 구원은 오직 예수님께 있음을 확신하게 하소서.

사망의 음침한 골짜기에서도 인도하시는 하나님! _____가 이단에서 벗어날 줄 믿습니다. 지금은 사망의 음침한 골짜기를 잠시 걷고 있지만, 이제 곧 하나님께서 그를 깨닫게 하시어 회개하고 돌아오게 하실 줄 믿습니다. 그날이 속히 올 수 있도록 인도하여 주소서. 이 일을 통해 _____님 가정이 더욱 하나님만을 의지하게 하소서. "오직 나와 내 집은 여호와를 섬기겠노라" 하는 말씀 위에 이 가정이 굳게 서도록 은혜를 베풀어 주소서. 예수님의 이름으로 기도합니다. 아멘.

각종 심방 대표기도문

주일 성수가 힘든 가정

마태복음 11장 28-29절

주일을 지키라 명하신 하나님! 예수님의 부활을 기념하며 예배하고 안식하는 주일을 통해 항상 은혜를 부어 주시니 감사합니다. 그러나 _____님 가정이 매우 안타깝게도 주일 성수가 힘듭니다. 여러 가지 이유로 주일을 온전히 성수하지 못하고 있습니다. 사업의 문제, 건강의 문제, 자녀의 문제 등이 하나님 앞으로 나아가지 못하도록 발목을 잡고 있습니다. 하나님께서 _____님 가정에 긍휼을 베풀어 주셔서 주일을 지키라 명하신 하나님의 말씀에 온전히 순종할 수 있도록 역사하여 주소서. 주의 날을 통해 살아갈 새 힘을 얻도록 인도하여 주소서.

참된 안식을 주시는 하나님! _____님 가정이 예수 그리스도를 통해 하나님이 주시는 참된 안식을 누릴 수 있도록 역사하여 주소서. 예수님 앞으로 나아가게 하소서. 무엇이 가장 중요한지 우선순위를 확실히 정하게 하셔서 _____님 가정이 주일을 성수함으로 하늘의 신령한 은혜를 누릴 수 있도록 역사하여 주소서. 예수님의 십자가 아래로 모여, 참된 안식을 누리는 복된 가정이 되도록 인도하여 주소서. 가정 안에 있는 문제를 해결하여 주소서. 가정의 문제 너머에 있는 하나님을 바라보게 하소서. 가정의 모든 문제를 궁극적으로 해결해 주실 하나님을 온전히 의지하게 하소서. 다시 한번 은혜로 이 가정을 세워 주소서. 예수님의 이름으로 기도합니다. 아멘.

각종 심방 대표기도문

교우 간에 문제가 있는 가정

빌립보서 2장 2-3절

화평하게 하시는 하나님! 교우 간의 문제로 _____ 님 가정이 어려움에 처했습니다. 시험을 이길 수 있도록 _____ 님 가정을 인도하여 주소서. 하나님의 화평으로 채워 주소서. 예수 그리스도의 사랑으로 하나가 되어서 한마음을 품을 수 있도록 인도하여 주소서. 오직 겸손한 마음으로 다시 한번 문제의 원인을 돌아보게 하시어 원만하게 해결할 수 있도록 역사하여 주소서. 결국 이 문제의 이면에서 역사하고 있는 사탄의 속임수를 보게 하셔서 더 이상 속지 않도록 붙들어 주소서.

우리를 용납하여 주신 하나님! 우리가 하나님께 용서를 받은 것처럼 우리도 용서하며 살게 하소서. 자신의 주장만을 내세울 때 싸움의 골은 더 깊어질 수밖에 없음을 잘 알고 있습니다. 서로의 주장을 십자가 앞에 내려놓고 한 발자국 뒤로 물러서서 하나님의 은혜를 구하며 용서하여 관계가 회복될 수 있도록 역사하여 주소서. 주님의 교회 안에서 하나님의 나라를 위하여 기도하며, 복음을 위해서 협력하여 교회를 섬길 수 있도록 은혜를 베풀어 주소서. 이 귀한 일을 감당할 때마다 하나님께서 우리의 심령을 주관하여 주셔서, 오직 하나님의 영광을 위해 서로 사랑하고 순종하며 섬기도록 인도하여 주소서. 내 생각이 아닌, 오직 하나님의 뜻대로 순종하여 한마음이 되게 하소서. 예수님의 이름으로 기도합니다. 아멘.

각종 심방 대표기도문

헌금으로 시험에 든 가정

마태복음 6장 24절

사랑의 주 하나님! 우리를 살아가게 하시는 하나님의 은혜와 사랑을 날마다 감사하게 하소서. 우리가 물질로 인하여 시험을 받으며, 감사보다는 불평과 원망을 할 때가 많습니다. 무엇을 먹을까, 마실까, 입을까 고민하며 탐욕에 빠지지 않도록 성령님께서 역사하여 주소서. _____ 님 가정이 물질로 인하여 시험 중에 있습니다. 하나님 앞에 드리는 헌금으로 인하여 상처를 받아 몹시 힘들어하고 있습니다. _____ 님의 마음을 하나님께서 사랑으로 품어 주셔서 모든 아픔과 상처를 치료하여 주시고, 오직 하나님의 은혜로 살아가도록 역사하여 주소서.

만물의 주인이신 하나님! _____ 님 가정이 만물의 주인이신 하나님 앞에 드리기를 힘쓰며 살게 하소서. "너희가 하나님과 재물을 겸하여 섬기지 못하느니라"고 예수님이 말씀하셨습니다. _____ 님 가정이 이 말씀에 따라 오직 하나님만을 섬기며, 하나님이 주신 은혜를 따라 살아가도록 인도하여 주소서. 세상적으로 부요한 삶을 추구하기보다 영적으로 풍성하고 충만한 삶을 소망하는 믿음을 내리어 주소서. 그리하여 이 가정의 쓸 것을 날마다 채워 주시고, 그 은혜로 날마다 기뻐하고 감사하게 하소서. '헌금의 문제'로 더 이상 고민하지 말게 하시고, '온전한 헌신의 삶'을 위해서 더 기도하며 하나님의 음성을 들을 수 있도록 역사하여 주소서. 예수님의 이름으로 기도합니다. 아멘.

각종 심방 대표기도문

교회 문제로 시험에 든 가정

히브리서 12장 1-2절

동행하시는 하나님! ＿＿＿＿님 가정이 항상 예수님과 동행하도록 은혜를 베풀어 주소서. 날마다 이 가정을 뒤흔드는 사람들과 환경들 그리고 갑작스럽게 일어나는 다양한 문제가 있습니다. 이 모든 문제를 십자가 앞으로 가져오게 하시고, 예수님의 방법대로 해결되도록 인도하여 주소서. 무엇보다도 이번에 불미스러운 교회의 문제로 ＿＿＿＿님 가정이 큰 시험에 빠져 있습니다. 연약한 죄인들이 모인 교회이기에 생긴 문제였습니다. 교회를 다투게 하고 분열시키기 위한 사탄의 음모가 그 배후라는 것을 잘 알고 있습니다. 결국은 하나님의 방법대로 교회의 문제들이 해결될 줄로 믿습니다. ＿＿＿＿님 가정도 더 이상 교회의 문제로 인하여 고민하고 괴로워하지 않도록 보호하여 주소서.

승리를 주시는 하나님! ＿＿＿＿님 가정이 예수님을 믿는 믿음으로 승리하게 하소서. "이러므로 우리에게 구름같이 둘러싼 허다한 증인들이 있으니 모든 무거운 것과 얽매이기 쉬운 죄를 벗어 버리고 인내로써 우리 앞에 당한 경주를 하며 믿음의 주요 또 온전하게 하시는 이인 예수를 바라보자." 교회의 문제를 보며 괴로워하지 말게 하시고, 구름같이 둘러싼 허다한 증인들을 통해 은혜받고 도전받아 계속해서 믿음의 경주를 하도록 인도하여 주소서. 문제의 답은 예수님께 있음을 믿게 하소서. 예수님의 이름으로 기도합니다. 아멘.

각종 심방 대표기도문

자녀 교육에 문제가 있는 가정

누가복음 23장 28절

선한 목자이신 하나님! _____님 가정의 선한 목자가 되어 주소서. 지금 _____님이 자녀 문제로 몹시 힘들어하고 있습니다. 자녀 교육 문제로 고민하며 괴로워하고 있습니다. 우리와 우리 자녀를 위하여 울라신 예수님 말씀대로 먼저 자녀의 문제를 놓고 하나님 앞에 엎드려 울부짖게 하소서. _____님의 자녀이기도 하지만 동시에 하나님의 자녀이기도 합니다. 하나님의 자녀가 더 이상 그릇된 길로 나아가지 않도록 붙들어 주소서. 육신의 부모로서 할 수 있는 일은 그저 눈물로 기도하는 것 외에 아무것도 없습니다. 선한 길로 인도하여 주소서.

자비로우신 하나님! _____님의 자녀를 어여삐 여기소서. 그의 마음을 사로잡고 있는 모든 어둠의 영들이 물러가게 하시고, 성령 충만하게 하소서. 성령님이 증언하시는 예수 그리스도가 그의 마음의 중심이 되고, 그의 삶의 전부가 되도록 역사하여 주소서. 자신의 악함을 회개하고 하나님께로, 가족의 품으로 돌아올 수 있도록 인도하여 주소서. 이 모든 일은 오직 하나님만이 하실 수 있는 역사입니다. 사랑하는 자녀의 문제를 놓고 기도하는 부모님에게 자비를 베풀어 주셔서, 억장이 무너지는 아픔 속에서 벗어나도록 손을 붙들어 주시고 평안과 기쁨을 회복시켜 주소서. 반드시 하나님께서 인도해 주실 것을 확신하며 믿게 하소서. 예수님의 이름으로 기도합니다. 아멘.

각종 심방 대표기도문

낙심했다가 다시 돌아온 가정

시편 42편 5절

치료자 되시는 하나님! _____님 가정을 치료하여 주시고 회복시켜 주시니 감사합니다. 그동안 많은 일로 큰 낙심에 빠져 있었습니다. 살아갈 힘조차 없어 모두 포기하고 싶은 생각에 괴로워했습니다. 그러나 하나님께서는 _____님 가정을 붙들어 주시고 이 모든 환난을 이기게 하셨습니다. "너는 하나님께 소망을 두라. 그가 나타나 도우심으로 말미암아 내가 여전히 찬송하리로다." 이 말씀대로 이제 하나님을 소망하며 찬송하도록 인도하여 주소서. 다시는 사망의 음침한 골짜기로 나아가지 않도록 도와주소서.

인도하시는 하나님! _____님 가정을 하나님의 뜻대로 인도하여 주소서. 이제 막 어둠의 긴 터널을 지나왔습니다. 많이 지치고 곤한 마음에 하나님이 새 마음을 주셨습니다. 예수님이 십자가를 통해서 주시는 새 힘으로 성령님이 친히 열어 주시는 새 길을 향해 힘차게 전진할 수 있도록 인도하소서. 자신의 뜻과 고집을 앞세웠던 지난날의 죄를 반복하지 않도록 늘 깨어 있게 하시고, 자기 십자가를 지며 예수님이 가신 길을 향해 나아가도록 도와주소서. 세상의 환경과 사람을 볼 때 또 다시 낙심할 수밖에 없습니다. 오직 예수님을 바라보며, 십자가를 붙들고 산 소망을 품고 나아가게 하소서. 결코 우리의 손을 놓지 않고 인도하시는 하나님을 믿게 하소서. 예수님의 이름으로 기도합니다. 아멘.

각종 심방 대표기도문

구원의 확신이 필요한 가정

사도행전 4장 12절

유일한 구원자이신 하나님! _____님 가정을 구원하여 주시니 감사합니다. 예수 그리스도의 십자가와 부활로 구원해 주신 그 은혜를 늘 기억하며, 늘 감사하며, 늘 찬송하게 하소서. 연약한 우리는 죄의 본성을 따라 범하는 죄 때문에 구원의 확신을 잃어버릴 때가 많습니다. 착한 일을 많이 하고, 교회를 위해서 헌신적으로 일해야만 구원받을 수 있는 것인 양 착각할 때가 종종 있습니다. 지금 당장 죽으면 구원을 받지 못할 것이라는 불안에 떨 때가 많습니다. 주님, 구원은 우리의 행위나 공로가 아니라 오직 예수님의 십자가의 은혜로 거저 받은 선물이라는 사실을 확신하게 하소서.

구원의 확신을 주시는 하나님! _____님 가정이 구원의 확신을 가지고 십자가의 길로 나아가게 하소서. 허물과 죄로 인하여 이미 죽은 자들이 무엇을 할 수 있겠습니까? 절망에 빠진 우리에게 하나님은 예수님을 통해 구원의 은총을 베풀어 주셨습니다. "다른 이로써는 구원을 받을 수 없나니 천하 사람 중에 구원을 받을 만한 다른 이름을 우리에게 주신 일이 없음이라 하였더라"는 말씀대로 구원을 주시는 분이 오직 예수님임을 확신하게 하소서. 오직 예수님의 이름 앞에 무릎 꿇고, 오직 예수님의 이름을 전하는 가정이 되도록 하여 주소서. 예수님의 이름으로 기도합니다. 아멘.

각종 심방 대표기도문

부모님을 모시는 가정

신명기 5장 16절

부모를 공경하라 하신 하나님! 하나님의 말씀에 따라 ＿＿＿＿＿님 가정이 부모를 공경하게 하시니 진실로 감사합니다. "너는 네 하나님 여호와께서 명령한 대로 네 부모를 공경하라 그리하면 네 하나님 여호와가 네게 준 땅에서 네 생명이 길고 복을 누리리라"는 말씀에 순종하고 있습니다. 이 믿음이 흔들리지 않도록 은혜를 베풀어 주소서. 부모님을 모시는 것이 쉽지는 않습니다. 육신적으로나 정신적으로 힘들고 어려운 일이 많습니다. 그때마다 하나님께서 주시는 은혜로 이기게 하시고, 불평보다는 기쁨과 감사함으로 부모님을 섬기게 하소서. 부모님의 마음에 흡족한 섬김이 되도록 ＿＿＿＿＿님과 그의 가족에게 지혜를 허락하여 주소서.

화목한 가정을 원하시는 하나님! ＿＿＿＿＿님 가정이 부모님을 모시고 있음으로 더욱 화목한 가정이 되게 하소서. 연약한 서로를 위해서 기도해 주고, 품어 주며, 힘이 되어 주는 가정이 되게 하소서. 부모님이 가지고 계신 삶의 지혜를 배우게 하시고, 그분들의 선한 영향력을 통해 가정이 더욱 하나되도록 인도하여 주소서. 모시고 계신 부모님이 건강하게 사시다가 하나님을 뵈옵는 은혜를 주시고, ＿＿＿＿＿님의 가족에게도 건강의 은혜를 허락하시고, 모든 일에 부족함이 없게 하소서. 예수님의 이름으로 기도합니다. 아멘.

각종 심방 대표기도문

부모님과 불화가 있는 가정

골로새서 3장 20-21절

화목하게 하시는 하나님! _____님 가정 내에 부모님과의 불화로 몹시 괴로워하고 있습니다. 화목하게 하시는 하나님께서 은혜를 베풀어 주셔서 부모님과의 불화가 해결될 수 있도록 역사하여 주소서. 무엇이 문제인지 따지기 전에 먼저 하나님의 말씀 앞에 자신의 연약함을 고백하게 하시고, 그 안에서 기도함으로 모든 문제가 해결될 수 있도록 역사하여 주소서. 자녀는 부모님의 입장에서 생각하고 부모님은 자녀의 입장을 배려하여, 잘잘못을 따지기보다 서로 사랑으로 품으며 한마음이 되도록 인도하여 주소서.

사랑의 주 하나님! _____님 가정이 하나님의 사랑, 예수 그리스도의 십자가 사랑으로 충만해지도록 도와주소서. 부모님과 불화할 수밖에 없는 근본적인 이유는 하나님의 사랑을 잊었기 때문이며, 예수 그리스도의 십자가를 바라보지 않기 때문입니다. 예수님이 십자가에서 보여주신 사랑은 그 어떠한 허물이나 죄도 용서할 수밖에 없는 충분하고도 완전한 근거가 됨을 믿습니다. _____님 가정이 하나님의 사랑과 예수 그리스도의 십자가 사랑으로 이 위기를 극복하게 하시고, 이전보다 더욱 십자가 안에서 화목한 가정이 되도록 역사하여 주소서. 예수님의 이름으로 기도합니다. 아멘.

각종 심방 대표기도문

비전이 필요한 가정

시편 119편 105-106절

생명의 빛이신 하나님! _____님 가정을 예수 그리스도의 빛으로 밝히 비추소서. _____님의 가정에 하나님이 주시는 비전이 필요합니다. 하나님이 말씀하여 주시고, 그 말씀에 따라 나아가도록 믿음을 더하여 주소서. 세속적인 가치에 따라 비전을 품을 때 결국 그것의 끝은 영원한 죽음이라는 사실을 깨닫게 하소서. _____님 가정을 향하신 하나님의 뜻이 무엇인지 말씀 안에서 발견하도록 도와주소서. 가정의 필요에 따라 원하는 것이 아닌, 하나님이 원하시는 것이 무엇인지 알아가기 위해 기도하며 말씀 안에서 응답받도록 이 가정에 빛을 비추어 주소서. 오직 하나님의 비전을 이루는 통로가 되게 하소서.

비전을 이루도록 힘 주시는 하나님! _____님 가정이 하나님의 능력으로 비전을 이루게 하소서. 우리가 계획할지라도 그 걸음을 이루어 가시는 분은 오직 하나님이라는 사실을 이 가정이 믿게 하소서. 자신의 힘으로 하려고 할 때 중도에 포기하거나 방향이 잘못될 수 있습니다. 하나님의 비전은 하나님이 이루실 것이라는 확신을 가지고 오직 하나님의 능력만을 의지하며 나아가도록 역사하여 주소서. _____님 가정이 하나님의 비전을 잃어버리지 않도록 더욱 깨어 예수님을 바라보게 하시고, 성령 충만하도록 인도하여 주소서. 이 가정을 통해 하나님의 비전이 성취되게 하소서. 예수님의 이름으로 기도합니다. 아멘.

각종 심방 대표기도문

공동체에 적응을 못하는 가정

전도서 4장 11-12절

한 몸을 이루게 하시는 하나님! _____ 님 가정이 예수 그리스도 안에서 한 몸을 이루도록 역사하여 주소서. 가정이 한 몸이 되게 하시고, 교회 안에서도 한 몸을 이루도록 인도하여 주소서. 예수님이 주인이 되시는 교회의 한 지체로서 그 역할을 온전히 감당하게 하시고, 교회와 한 몸이 되게 하여 주셔서 하나님의 선한 열매를 맺게 하소서. _____ 님 가정이 아직 교회 안에서 한 지체로서 한 몸을 이루지 못하고 있습니다. 서로의 연약함과 부족함을 채워가며 함께 믿음의 길을 향해 전진하도록 _____ 님 가정을 붙들어 주소서.

공동체를 통해 일하시는 하나님! _____ 님 가정이 공동체의 일원이 되어 주님의 귀한 사역을 감당하게 하소서. 교회 공동체에 맡겨 주신 많은 사역이 있습니다. 각 지체가 충성되게 그 일을 감당해야만 합니다. 추수할 곳은 많지만 일꾼이 턱 없이 부족합니다. 이처럼 추수의 때에 공동체를 통해 일하시는 하나님께서 _____ 님 가정을 사용하여 주시어 그 역할을 잘 감당하는 지체가 되게 하소서. 오직 하나님의 선한 뜻이 이루어지도록 이 가정을 인도하여 주소서. _____ 님 가정이 공동체에 적응하기 어려운 원인을 하나님께서 가장 잘 아십니다. 하나님의 방법으로 하나님의 때에 해결하여 주셔서, 성령의 열매로 가득한 교회 공동체가 되게 하소서. 예수님의 이름으로 기도합니다. 아멘.

각종 심방 대표기도문

이혼 가정

시편 111편 4-5절

은혜로우신 하나님! _____ 님 가정을 은혜로 인도하여 주시고, 은혜로 품어 주시니 감사합니다. 세상의 눈으로 볼 때 이혼 가정으로서 어렵고 힘든 일이 한 두 가지가 아닙니다. 그러나 _____ 님 가정이 "여호와는 은혜로우시고 자비로우시도다. 여호와께서 자기를 경외하는 자들에게 양식을 주시며 그의 언약을 영원히 기억하시리로다"라는 하나님의 말씀을 붙들어, 지금의 어려운 시기를 이기게 하소서. 경제적인 문제도 있습니다. 홀대받는 인간관계의 문제도 있습니다. 이 모든 문제 앞에 좌절하거나 실망하지 않도록 붙들어 주시고 하나님의 능력을 베풀어 주소서. 연약한 자를 절대로 외면하지 않으시는 하나님의 은혜 안에 거하게 하소서.

자비로우신 하나님! _____ 님 가정이 다시 회복되도록 자비를 베풀어 주소서. 이혼의 충격과 아픔을 치료하여 주시고, 다시금 선한 가정을 이룰 수 있도록 인도하여 주소서. 하나님께서 _____ 님 가정을 어떻게 회복하실지 기대합니다. 하나님의 원대로 이루소서. 바라기는 다시는 이혼의 상처가 나지 않도록 자비를 베풀어 주소서. _____ 님의 자녀들도 하나님께서 도와 주셔서 이혼 가정의 자녀라는 아픔 속에서 더욱 하나님을 신앙하는 믿음이 깊어지게 하시고, 예수님이 주인이 되시는 건강한 가정을 소망하게 하소서. 예수님의 이름으로 기도합니다. 아멘.

각종 심방 대표기도문

재혼 가정

요한일서 4장 18절

회복시키는 하나님! _____ 님 가정을 회복시켜 주시니 진실로 감사합니다. 그동안 _____ 님 가정 안에 있는 아픔과 상처로 인하여 참 많이 힘들었습니다. 신앙생활은 물론이거니와 정상적인 생활을 하는 것도 쉽지 않았습니다. 날마다 눈물로 밤을 지새우며, 깊은 절망의 늪에서 허우적거리는 삶이었습니다. 그러나 이제 회복시키는 하나님의 은혜로 새로운 가정을 이루게 하시니 진정 감사합니다. 또 다시 _____ 님 가정에 문제가 생기지 않도록 역사하여 주소서. "사랑 안에 두려움이 없고 온전한 사랑이 두려움을 내쫓나니"라는 말씀대로 오직 사랑의 힘으로 하나가 되도록 완전히 회복시켜 주소서.

온전한 사랑을 주시는 하나님! _____ 님 가정에 하나님의 온전한 사랑이 뿌리내리도록 역사하여 주소서. 하나님의 온전한 사랑이 이 가정에 열매를 맺게 하소서. 이제 재혼하여 이룬 새 가족이 부족하여 실수할지라도 그것을 예수 그리스도의 십자가 사랑으로 서로 품어 주게 하소서. 서로의 허물이 보일지라도 우리의 허물을 용서하신 예수님의 마음으로 용서하는 믿음을 주소서. 세상의 그 어떤 것으로도 절대로 끊을 수 없는 하나님의 사랑으로 한 몸을 이루는 가정이 되게 하소서. 함께 말씀 안에서 기도하며, 손을 맞잡고 천성을 향해 나아가는 사랑의 가정이 되도록 역사하여 주소서. 예수님의 이름으로 기도합니다. 아멘.

각종 심방 대표기도문

조손 가정

이사야 40장 31절

새 힘을 주시는 하나님! _____님 가족에게 새 힘을 내려 주소서. 오직 하나님을 앙망할 때 주시는 하나님의 능력이 _____님 가정의 능력이 되게 하소서. 부모님을 잃은 아픔(부모님의 이혼의 아픔)이 늘 이 가정의 짐이 되어 힘들었습니다. 다른 가정과 비교하면서 절망하기 일쑤였습니다. 할아버지 할머니 손에 자란다고 수군거리는 소리를 들을 때마다 참기 힘들었습니다. 하나님께서 힘이 되어 주소서. 하나님만을 사랑하고, 하나님의 말씀에 온전히 순종할 때 하나님의 능력이 선명하게 드러날 줄 믿습니다. 이 가정을 통해 하나님께서 원하시는 놀라운 일들을 행하실 줄 믿습니다. 독수리가 날개 치며 올라감 같은 새 힘으로 _____님 가정이 일어서게 하소서.

새 일을 행하시는 하나님! _____님 가정을 통해 새 일을 이루어 주소서. 세상의 사람들은 성공의 조건을 말하며 조손가정의 불리함만을 이야기하고 있습니다. 부모의 사랑을 받지 못했고 가족의 따스함을 경험하지 못했기 때문에 정상적인 생활을 하기는 아주 많이 어려울 것이라고 입을 모읍니다. 그러나 하나님은 하실 줄 믿습니다. 하나님의 계획 가운데 _____님 가정을 위한 계획이 있을 것이라 확신합니다. 세상 사람들이 생각하는 대로가 아닌, 하나님의 뜻대로 이 가정이 나아가도록 역사하여 주소서. 예수님의 이름으로 기도합니다. 아멘.

각종 심방 대표기도문

독거노인

로마서 8장 26절

동행하시는 하나님! _____님과 동행하여 주심을 감사합니다. 인생의 황혼기에 홀로 되어 살고 있는 _____님에게 하나님이 친구가 되어 주시고 동반자가, 조언자가 되어 주시니 참으로 감사합니다. 우리와 함께 하시는 성령님이 계심을 기억하여 혼자가 아님을 믿게 하소서. 하나님과 동행하며 그 은혜 가운데 살고 있음을 _____님이 감사하고 기뻐하게 하소서. 고독함을 이기기 위해서 세속적인 방법을 찾지 않고, 더욱 하나님 앞으로 나오도록 믿음을 주소서.

천국의 소망을 주신 하나님! _____님이 천국을 소망하게 하소서. 이 세상에 소망을 둘 때 결국 더 절망하고 실망할 수밖에 없습니다. 비슷한 처지의 사람들과 비교하면서 더 큰 고독과 외로움에 빠지게 됩니다. 하나님께서 _____님 심령에 은혜를 주셔서, 이 세상의 것들을 소망하려는 마음을 내려놓고, 이 세상의 것과 감히 비교할 수 없는 하늘의 영광을 소망하게 하소서. 썩지 않고 쇠하지 않는 하늘의 유업을 기대하며 나아가게 하소서. 예수님이 친히 _____님을 위해서 건축하고 계실 하늘의 집을 소망하고, 먼저 천국에 가 있는 사랑하는 사람들과의 재회를 기대하며 살아가도록 역사하여 주소서. 그리하여 천국을 향해 열려 있는 믿음의 길에서 떠나지 않도록 도와주소서. 예수님의 이름으로 기도합니다. 아멘.

각종 심방 대표기도문

교도소

스바냐 3장 17절

우리 가운데 계신 하나님! 교도소에 수감 중인 ＿＿＿＿＿님에게 은혜를 주셔서 예수님을 믿게 하시고, 하나님 안에 거하는 은혜를 베풀어 주시니 감사합니다. 하나님의 은혜와 사랑을 잊지 말게 하셔서, 날마다 하나님을 경외하며 자신의 과오를 뉘우칠 수 있도록 이끄소서. 하여 ＿＿＿＿＿님이 온전히 갱생되는 역사가 일어나도록 함께하여 주소서. 하나님의 구원하심이 ＿＿＿＿＿님 영혼을 자유롭게 하며, 하나님의 사랑하심이 그 영혼을 치유하고, 하나님의 인자하심이 그 영혼에 진정한 기쁨을 내려 주시기를 소망합니다.

새로운 피조물로 거듭나게 하신 하나님! ＿＿＿＿＿님을 새로운 피조물이 되게 하소서. 물과 성령으로 거듭난 하나님의 자녀가 되게 하소서. 한때 육신의 정욕과 탐욕으로 죄를 범하였습니다. 결국 이렇게 수감 생활을 하면서 그 죄 값을 치르고 있습니다. 이 수감 기간이 지난 잘못을 철저히 뉘우치고 다시는 그와 같은 죄를 범하지 않을 수 있는 갱생의 시간이 되게 하소서. 무엇보다도 신앙을 갖게 하시고, 예수님을 믿게 하셨습니다. 예수님의 십자가 앞으로 나아가오니 ＿＿＿＿＿님 영혼을 씻겨 주시고, 거듭난 하나님의 자녀가 되게 하소서. 이곳에서 하나님이 허락하신 새로운 인생을 시작하게 하소서. 예수님의 이름으로 기도합니다. 아멘.

각종 심방 대표기도문

요양원

시편 86편 17절

우리를 도우시는 하나님! 요양원에 계신 _____님을 도우소서. 심신이 매우 연약하여 이곳에서 보호를 받으며 요양하고 있습니다. 이곳에서의 삶이 도우시는 하나님의 은혜로 가득하게 하소서. _____님이 자신을 돕고 위로하시는 하나님만을 신앙하며, 은혜가 충만한 요양원 생활을 하도록 역사하여 주소서. 연약한 육신이 안식을 얻고, 치료와 치유가 필요한 부분들이 회복되고 소생하도록 도와주소서. _____님을 지으신 하나님께서 그의 몸의 상태를 가장 잘 아시는 줄 믿습니다. 하나님이 친히 그를 치료하여 주소서.

회복시키시는 하나님! _____님을 회복시켜 주소서. 육신의 회복뿐 아니라 예수님을 향한 구원의 확신을 가지고 살아가는 진정한 그리스도인으로 회복하여 주소서. 외식적이고 위선적인 신앙의 모습을 버리고, 전심으로 하나님을 경외하며 예배하는 하나님의 자녀로 회복하여 주소서. 한 영혼을 천하보다 귀하게 여겨 예수 그리스도의 복음을 전하는 복음의 증인이 되게 하소서. 함께 요양을 하는 분들도 회복될 수 있도록 은총을 베풀어 주소서. 또한 요양원의 모든 직원이 성실하게 맡겨진 일을 감당할 수 있도록 세밀하게 인도하여 주소서. 이 요양 시설이 하나님을 경외하고, 예수님을 전하는 통로가 될 수 있도록 역사하여 주소서. 예수님의 이름으로 기도합니다. 아멘.

각종 심방 대표기도문

독신여성모임

이사야 41장 10절

지극히 높으신 하나님! 독신 여성들이 함께 모여 교제하며 은혜를 나눌 수 있도록 기회를 주시니 감사합니다. 이 모임이 세속적인 모임이 되지 않도록 하나님께서 모든 회원의 마음을 주장하여 주시고 일깨워 주소서. 특별히 이 시대에 여성으로 살아가는 것은 쉽지 않습니다. 위험 요소가 이곳저곳에 있습니다. 예전보다 훨씬 개선되고 있지만 여전히 여성들이 제대로 능력을 발휘하여 인정을 받는 것에도 많은 장애가 있습니다. 그러나 우리는 소망이 있습니다. 지극히 높으신 하나님이 나의 주 나의 하나님이시기 때문입니다. "두려워하지 말라 내가 너와 함께함이라. 놀라지 말라 나는 네 하나님이 됨이라. 내가 너를 굳세게 하리라 참으로 너를 도와주리라. 참으로 나의 의로운 오른손으로 너를 붙들리라"고 말씀하시는 하나님을 의지하며 살게 하소서.

인생의 주인이신 하나님! 우리 모임이 더욱 하나님을 신앙하여, 말씀과 기도가 중심이 되는 모임이 되도록 역사하여 주소서. 하나님의 딸로서 어떻게 살 것인지 고민하고, 바르게 살아가도록 힘을 주는 모임이 되기를 기도합니다. 인생의 주인이신 하나님께 자신의 모든 것을 내려놓고, 하나님께서 말씀하시는 길을 향해 믿음으로 전진하게 하소서. 예수 그리스도의 은혜와 능력을 힘입어 승리하는 인생이 되도록 도와주소서. 예수님의 이름으로 기도합니다. 아멘.

각종 심방 대표기도문

독신남성모임

에베소서 2장 10절

준비하시는 하나님! 독신남성모임을 통해 서로 교제하며 하나님을 신앙하도록 준비하게 하시니 감사합니다. 육신의 정욕과 안목의 정욕 그리고 이생의 자랑이 판치는 세상 속에서 오직 하나님을 경외하며 예수 그리스도를 신앙하는 온전한 믿음의 청년이 되도록 인도하여 주소서. 우리 모임을 통해 하나님을 만나게 하시고, 예수님을 나의 구주로 영접하여 진정한 하나님의 아들로 살아가는 출발점이 되도록 인도하여 주소서. 하나님의 선한 일을 위하여 우리의 전부를 내어드릴 수 있는 헌신의 삶으로 이어지는 모임이 되도록 역사하여 주소서.

창조주 하나님! 모든 회원이 죄로 오염되고 부패한 하나님의 형상을 회복하기를 원합니다. 이 시대가 요구하는 남성상을 쫓아가는 어리석음을 버리게 하소서. 오직 하나님의 지으심을 받고, 하나님의 부르심을 받은 자녀로서 새롭게 창조하여 주소서. 하나님 나라의 확장을 위하여 헌신된 복음의 일꾼이 되도록 우리 모두를 변화시켜 주소서. 이 일을 위하여 필요한 것들이 무엇인지 우리를 깨우쳐 주셔서 그 일에 헌신하고, 열정을 불태울 수 있도록 역사하여 주소서. 준비된 돕는 배필도 만나 행복한 가정을 이룰 수 있게 하시고, 직장에서 그리스도의 빛을 발하며 사업장에서 그리스도의 편지가 되는 모든 회원이 되게 하소서. 예수님의 이름으로 기도합니다. 아멘.